中华传世藏书 【图文珍藏版】

王陽明全集

［明］王阳明⊙原著

马昊宸⊙主编

线装書局

附：《传习录》下今译

陈九川录

正德十年（1515 年），九川（我）在龙江初次见到了阳明先生。当时先生正和甘泉（湛若水）先生谈论"格物"的学说，甘泉先生坚持朱熹的观点。先生说："这是求之于外了。"甘泉先生说："如果说格物的道理是求之于外，那就把自心看小了。"九川很赞成朱熹的说法。先生又谈到《孟子·尽心》章，九川听后，对先生的"格物"的学说就不再怀疑了。

后来在家闲居，九川又以格物之说问先生，先生答："只要你能下真工夫，时间长了自然就明白了。"在山中静养时九川抄录了《大学》旧本来读，于是，觉得朱熹的格物学说不太正确。但也怀疑先生认为意念所指即为物的说法，这个"物"字还是没弄明白。

正德十四年，九川从京城回来，在南昌再次见到先生。先生此时正忙于军务，只能趁着空闲时间给九川讲课。先生首先问："这几年用功用得怎么样？"

九川说："我这几年体会到'明明德'是要在'诚意'上着手下功夫。从'明明德于天下'，一步步往下推，到'诚意'上就再也推不下去了。为何'诚意'之前还有'格物''致知'的功夫？后来又仔细揣摩体会，觉得意的真诚与否，必须先有知觉才行，以颜回说的'有不善未尝不知，知之未尝复行'来验证，顿时觉得豁然开朗，好像是没什么疑惑了，但又多了一个'格物'的功夫。九川又考虑到，凭借我心的灵明又怎能不知道意的善恶呢？只是被私欲蒙蔽了而已，必须格除私欲，才能像颜回那样善恶尽知。九川又怀疑自己是不是把下功夫的次序给颠倒了，致使'格物'和'诚意'联系不起来。后来问了希颜，希颜说：'先生说格物致知是诚意的功夫，我认为极是。'九川又问：'为何是诚意功夫？'希颜让九川再仔细体察。九川终是不解，现在向先生请教。"

先生说："真可惜呀！这本来是一句话就能明白的，你所举的颜回的例子就可以说明问题了，只要明白身、心、意、知、物是一件事就行了。"

九川仍疑惑地问："物在心外，怎么能说与身、心、意、知是一件事呢？"

先生说："耳、目、口、鼻及四肢，都是人体的一部分，如果没有心，它们怎么能视、听、言、动呢？心想要视、听、言、动，没有耳、目、口、鼻、四肢，那也是不行的。因此讲，没有心就没有身，没有身也就没有心。只不过从它充塞空间上来说称为身，从它的主宰作用上来说称为心，从心的发动上来说称为意，从意的灵明上来说称为知，从意的涉外来说称为物，都是一回事。意是不能悬空的，必然要指向具体事物。所以，想要做到诚意，就可以随着意在某一件事上去'格'，去除掉私欲归于天理，那么良知在这件事上，就不会被蒙蔽而能够'致知'了。'诚意'的功夫正在这里。"

听了先生这番话，九川几年来的疑惑从此解除了。

九川又问："甘泉先生最近也相信《大学》旧本，认为'格物'就像求道，认为穷理的穷，就像穷其巢穴的穷，必须亲身到巢穴中去。因此格物也就是随处体认天理，这似乎同先生的主张逐渐接近了。"

先生说："甘泉还是很用功的，所以才能转回来。从前我对他说'亲民'不能改为'新民',他还不信。现在他谈论的'格物'同我的观点也接近了,只是没有必要把'物'字改为'理'字,还依旧用'物'字比较好。"

后来有人问九川:"你现在为何不怀疑'物'字呢?"

九川说:"《中庸》中说'不诚无物',程颢说'物来顺应',还有'物各付物'、'胸中无物'等,从这些可以看出,'物'是前人常用的字。"后来有一天,先生也这样说。

九川问:"近年来因为厌烦各家学说泛滥成灾,常常想独自静坐,以求摒弃思虑意念,非但做不到,却越发感觉纷扰不已,这是什么原因?"

先生说:"思虑意念怎么能摒弃呢?只能让它归于纯正。"

九川问:"念头是否有不存在的时候?"

先生说:"的确没有无念之时。"

九川问:"既然这样怎么能说'静'呢?"

先生说:"静不等于不动,动也不等同于不静。戒慎恐惧就是念头,怎么能区分动静?"

九川说:"周敦颐为什么又要说'定之以中正仁义而主静'呢?"

先生说:"没有欲念自然会静,周敦颐说的'定'也就是程颢所说的'静亦定,动亦静'中的'定','主'就是指本体。戒慎恐惧的念头是活泼的,正体现了天机的流动不息。也就是《诗经》中所说的'维天之命,于穆不已'。一旦有所停息也就是死亡,不是本体的念头那就是私心杂念。"

九川又问:"用功敛神收心时,如果有声、色出现,还像平常那样听和看,恐怕这算不得是专一吧?"

先生说:"怎么能做到充耳不闻、视而不见?除非是槁木死灰,或者是九川说："从前有人静坐，他儿子在隔壁琅琅读书，他却不知道儿子是勤奋还是懒惰。程颐赞扬他很能持敬。这又是为什么呢？"

先生说："程颐怕是在讽刺他。"

九川又问："静坐用功时，特别能感觉到自己的心正在收敛。可一旦遇到什么事情这种收敛却又被打断了，马上就起了个念头在具体事上省察，事过之后又去寻找旧的功夫。这样就总是觉得内外连不成一体。"

先生说："这是因为你对'格物'的理解还不够透彻。心哪里会有内外呢？比如说你现在和我在这儿讨论，难道还有另外一个心在里边照管着？这个专心听和说的心就是静坐时的心。功夫是贯通的，哪里需要又起一个念头？人必须通过具体事上的磨砺，对做学问才是有益的。如果只是一味好静，那么一旦遇到事就会乱了方寸和头绪，始终不会有长进。那种求静的功夫，表面看似乎有所收敛，其实是放任自流。"

后来在南昌时，九川又和于中、国裳讨论心内心外的说法，他们也认为格物应该分内外，只是要内外一起用功，不可有间隔而已。就这个问题，九川向先生请教。

先生说："功夫与本体不可分离，本体是不分内外的；只不过是后来世人做学问分出了个内外，于是就丧失了本体。现在正是要讲明功夫不要分内外，这个才是本体的功夫。"

这一天大家都有所省悟。

九川又问："陆九渊先生的学说该怎么评价？"

先生说："周敦颐、程颢以后，还数陆九渊的学问了，只是稍显粗糙了。"

九川说："看他的论学著作，每篇都能说出精髓，句句深入透彻，却看不出他粗糙的地方。"

先生说："是这样的，他曾在心上下过功夫。这与只在义上揣测模仿、求个字面意思的自然不同，但仔细看就能发现他粗糙的地方，你用功时间长了，就应该能发现。"

庚辰年（1520 年，正德十五年），前往虔州，再次见到先生，九川说："最近，我做功夫虽然略微掌握些要领，但总是不能做到自信与快乐常伴心间。"

先生说："你只是一味地在心上寻求天理，这就是所谓的'理障'。这里边有个诀窍。"

九川问："请问是什么诀窍？"

先生说："就是'致知'。"

九川问："怎样致知呢？"

先生说："你的那一点良知，就是你自己的行为准则。你的意念所到之处，正确的就明白正确，错误的就明白错误，不可能有丝毫的隐瞒。只要你不去欺骗良知，实实在在地遵循着良知去做，是善就存养，是恶就除去，这样是何等的自信快乐啊！这些就是'格物'的诀窍，'致知'的真功。如果不靠这样的真知，又怎么去'格物'呢？我也是近几年才领悟得如此清楚明白的，刚开始，我还犹豫依照本心恐怕还有不足之处，但经过仔细体悟，发现并没有一丝缺陷。"

在虔州的时候，我和于中、邹守益一块陪伴先生。先生说："每个人内心里都藏着一个成为圣人的可能和愿望，只是因为不自信，就都被湮没了。"先生因此看着于中说："你的胸中原本是有圣人的。"

于中赶紧站起来说："不敢当，不敢当！"

先生说："这是你自己本来就有的，为何要谦虚推辞呢？"

于中赶紧又说："不敢当，确实不敢当。"

先生说："每个人都有，更何况于中你呢？为什么要谦让呢？这是谦让不得的。"

于中于是就笑着接受了。

先生又说："良知自在人心，随你怎么变化都不会被泯灭，就算是盗贼，他也明白自己不应该去偷窃，你说他是贼，他也会羞愧不好意思的。"

于中说："那只是良知被物欲给蒙蔽了，良知依旧在人的心中，不会自己消失。这就如同乌云蔽日，而太阳并不会因此而真的消失。"

先生说："于中如此聪明，别人的见识是达不到这个高度的。"

先生说："人如果熟知这良知的诀窍，随便任何人说千道万，是非诚伪，到跟前就会一眼明辨。相符合的就正确，不相符的自然错。这和佛家所说的'心印'相似，是万试不爽的试金石、指南针。"

先生说："人如果深谙良知的诀窍，随便他有多少邪思枉念，只要被良知察觉，自然会被消除。就像灵丹妙药，可以点铁成金。"

欧阳崇一说："先生把致良知的宗旨阐发得淋漓尽致，看来想在这个问题上再讲是不可能了。"

先生说："怎能说这么容易？再下半年的功夫，看看会怎样？再下一年的功夫，看看又会怎样？用功愈久，愈会感到不一样，这里的奥妙是难以用语言来表达的。"

先生问："九川你对于致知的学说体验如何？"

九川说："自我感觉与以往不一样。以往应用起来时常不能恰到好处，现在用得熟了基本能做到恰到好处了。"

先生说："可见亲身体验的和听到的就是不一样。我当初给你讲的时候，知道你听得糊里糊涂的，没有真切体味到。从恰到好处再往深处体会，每天都有新的认识，这是没有止境的。"

先生又说："这'致知'两字，的确是千古圣贤相传的秘诀，懂得了这个道理，就能像《中庸》所说的那样'百世以俟圣人而不惑'。"

九川问："当程颐先生说到'体用一原，显微无间'时，他的弟子都说他泄露了天机。先生的致良知的学说，是不是也泄露了过多的天机。"

先生说："圣人早已把致良知的学说指示了世人，只是因为被后人隐匿了，我不过使它重新显露而已，何来泄露天机之说呢？良知是每个人天生就有的，虽觉察到，也觉得无关紧要。因而，我向没有切实用功的人说致知，只可惜他们也不屑一顾，对彼此都没有什么收益；我同踏实用功却不得要领的人谈致知，讲解清晰，他们则感到受益匪浅。"

先生又说；"知道了才发现本来是不知道，觉察到了才发现本来是没觉察，但如果不知道，那么良知随时都会被沦落埋没。"

先生又说："大凡朋友间相处，彼此间应当批评指责少、开导鼓励多，如此才是正确的。"

随后先生又训诫九川说："和朋友一起探讨学问，应该谦虚谨慎，宽以待人。"

九川在虔州卧病在床。

先生说："疾病这个东西很难格，你感觉呢？"

九川说；"这个功夫确实很难。"

先生说："你只要经常能使自己快活起来，就是功夫。"

九川问："我反省自己的种种欲念和顾虑，有时涉及邪心妄念，有时又想去治理天下大事。思考到深处时，也觉得津津有味，达到难分难舍的地步了。这种情况发觉得早还容易去掉，发觉晚了就难以除去。用心尽力加以克制，却觉得相互抵触、格格不入，只有掉转念头想点别的事，才能把这些忘掉。这样理清思绪，似乎也无妨害。"

先生说："何必如此，只要在致良知上下功夫就行了。"

九川说："我所讲的正是还不知道良知时的情况。"

先生说："我说的里面自有致良知的功夫，怎么会有不知道的这种现象呢？只是因为你的致良知功夫间断了，所以你的良知才会被蒙蔽。既然有间断，还接着原有的功夫继续下就是了，为何非要这样？"

九川说："那几乎是一场恶战，虽然明白了，仍是不能去掉。"

先生说："必须有勇气。用功久了，勇气自然就有了。因此孟子说'是集义所生者'。如果很容易就能取胜，那就是大贤人了。"

九川问："致良知的功夫只能在心里体验明白，光读书是读不通的吧。"

先生说："只需要在心上理解体会。心里明白了，书上的文句意思自然能融会贯通。如果心里不明白，只是通晓了书上的文句意思，还是会生出歧见的。"

有一位下属官员，常听先生讲学，他说："先生的学说的确很好，只是我日常工作太繁重，没时间跟他学习。"

如意海星青花大盘

先生听了对他说："我什么时候让你放弃日常工作悬空去研究学问了？你既然日常需要断案，就从断案的事上学习，这样才是真正的'格物'。譬如你审一个案子，不可因为原被告任何一方的发言礼数不周，就憎恶他；不能因为对方措辞婉转周密而高兴；不能因为厌恶他的请托，而故意整治他；不能因为对方哀求，而屈意宽容他；不能因为自己工作繁巨，而草率结案；不能因为旁人诋毁罗织，而按别人的意思去处理。以上讲的情况都是私心杂念，只有你自己知道，必须仔细反省体察克治，唯恐心中有丝毫偏倚而枉人是非，这就是格物致知。处理文件与审理案件，无不是实实在在的学问。如果离开了具体的事物悬空去做学问，反而是空谈不着边际。"

九川将要从虔州回家时，作了一首诗向先生告别："良知何事系多闻，妙合当时已种根。好恶从之为圣学，将迎无处是乾元。"

先生看后说："你若没来此处讲论良知，就不会理解'好恶从之'从的是什么。"

在座的敷英在旁边说："的确是这样。我曾经读了先生的《大学古本序》，不明白说的是什么。后米到这里听讲了一段时间，才稍微明白了大概意思。"

于中、国裳等人陪同先生就餐。

先生说："吃饭只是为了滋养我们的身体，吃了要能够消化。如果只是把食物积在肚子里，就会成为痞病，如何能滋养身体呢？后世的学者博学多识，把学问都滞留在胸中，都是患了吃而不消化的痞病。"

先生说："圣人也是学而知之，普通人也是生而知之。"

九川问："为何这样说？"

先生说；"良知是人人天生都有的。圣人也不过是保全得好不被障蔽，兢兢业业，勤勤恳恳，良知自然会不停息，这也是学习。只是'生知'的成分比较多，所以称生知安行。普通人在还是孩子时也都完全具备良知，只是障蔽多了一些，可他的根本良知是不会泯灭的，即便求学克治，也只是依循良知。只是学知的成分多，所以说普通人是学知利行。"

黄直录

黄以方我曾问："先生格致的学说，倡导随时随地格物致知，那么这样的'知'是片段的'知'，并非完整的'知'，又怎么能达到'溥博如天，渊泉如渊'的境界呢？"

先生回答说："人心就是'天'和'渊'。心的本体，无所不包，原本就是一个天。只是因为被私欲所阻碍，所以就是失去了天的本体。心中的理也是无穷无尽，原本就是一个渊。只因为被私欲堵塞，才失去了渊的本体。如今念念不忘致良知，把这些阻碍堵塞全都去除，那么本体就恢复了，就还是'天'和'渊'了。"说完以后，先生指着天跟我说："比如眼前所见的天，是光明的天，四外见到的天，也还是光明的天。只因为被许多房子和墙壁遮蔽，就看不到天的全部，如果撤去房子和墙壁，就是一个完整的天了。不可以说眼前的天是光明的天，外面的就不是光明的天了。这样看来，就能知道片段的"知"就是完整的"知"，全部的"知"其实也就是片段的"知"，都是一个本体。"

先生说："圣贤并非不追求功业和气节。只是他们遵循着天理，这样便是得道。不可为了求名而致力于功业和气节。"

"'发愤忘食'，是圣人的志向。真格是没有停止的时候的。'乐以忘忧'，是圣人之道。真格是没有悲戚之时的。恐怕不必说什么'得'还是'不得'的话。"

先生说："我们这些人的致知，只是各自随着自己天赋的限度去做。今天发现了良知在这里，就只根据今天的所知去扩充到底。明天对良知又有所醒悟，就根据明天所知的去扩充到底，这样做才是'精一'的功夫。和别人谈论学问，也一定要根据别人天赋的限度去做。就像树木长出萌芽，就要用水去灌溉。萌芽一点点生长，加水才一点点增多。树木从能一把抓起一直长到合抱那么大，灌溉所发挥的作用都是根据天分的限度去做的。如果在小萌芽的时候，就接满一桶水，全部浇过去，那样就会把它泡坏的。"

我向先生请教"知行合一"的道理。

先生说："这必须要先了解我理论的宗旨。现在人做学问，因为把知和行分成两件事，所以有一念萌发出来，即使是不善的，但是因为还没有实施，就不去禁止。我今天所说的'知行合一'，正是要人懂得念头萌发的时候，就是实施了。萌发时发现是不善的，就要将这个不善的念头克服掉，一定要彻底根除那种念头，而不使不善的念头潜伏在心中。这就是我理论的宗旨。"

"说圣人无所不知，其实也只是知道一个天理；说圣人无所不能，也只是能遵循天理而已。圣人的本体明澈通透，所以对所有事情都能知道天理的所在，然后就去穷尽天理，并不是说在本体明澈以后，对天下所有的事物就都知道了，就都能做得了。天下的事物，就像名物度数、草木鸟兽之类，无穷无尽。圣人就算本体明澈，又怎么能全都知道呢？只要是不需要知道的，圣人自然不用去求知，对应当知道的，圣人自然可以去问人。就像'子入太庙，每事问'一类的事情。前代大儒认为'虽知亦问，敬谨之至'，这样是说不通的。圣人对于礼乐名物一类，其实不必全都知道。但是他知道天理，就自然能懂得许多的规矩礼仪。不知道就问，这也属于天理的规矩礼仪。"

我问先生说："先生曾经认为善恶只是一个事物。但是善与恶各执一端，就像冰和火炭一样截然相反，怎么能说只是一个东西呢？"

先生说："至善，就是心的本体。在本体上有些过分，就变成了恶。并不是说有一个善，还有一个恶与之相对。所以说善恶只是一个东西。"

黄直我因为听了先生这番话，才明白了程子所说的"善固性也，恶亦不可不谓之性"。他还曾说："善恶皆天理。谓之恶者，本非恶，但于本性上过与不及之间耳。"这些说法都没有什么值得怀疑的。

先生曾跟别人说过，只要喜欢善如同喜欢美色，厌恶恶如同厌恶恶臭，就是圣人了。

黄直我一开始听到，觉得很简单，后来经过体验才知道，这个功夫实在很难。比如，一念之间即使知道喜欢善和厌恶恶，然而不知不觉中，又夹杂了私欲。因为夹杂了私欲，就不是"喜欢善如同喜欢美色，厌恶恶如同厌恶恶臭"的心了。能真心实意地喜欢善，就是没有哪个念头不善。能实实在在厌恶恶，就是没有哪个念头提及恶。这样怎么会不是圣人呢？所以圣人的学问，也只是一个"诚"字而已。

黄直我问先生《修道说》中所说的"率性之谓道"是属于圣人天分上的事，"修道之谓教"是属于贤人天分上的事，这话应该怎么理解。

先生回答说："普通人也能做到'率性'，只是'率性'在圣人的天分中比较多，所以说'率性之谓道'是属于圣人的事。圣人也能'修道'，只是'修道'在贤人天分上多一些，所以说'修道之谓教'是属于贤人的事。"

先生还说："《中庸》一书中，大部分都是说修道的事。所以后面但凡说到君子，说到颜渊，以及说到子路，都是能修道的人。说到小人，说起贤、知、愚、不肖的话题，说起庶民，都是不能修道的人。其他谈及舜、文王、周公、孔子等至诚至圣一类人，既是圣人，也是能自己修道的人。"

我问道："儒生到了半夜三更时分，要扫荡胸中的思虑，保持内心空空静静，这与佛门的静是一样的，佛、儒两家在不与外物交接时，有什么分别呢？"

先生说："动和静其实是同一种状态。三更时分，保持心中的空空静静，只是要存续天理，也就是现在应接外部事物的心。现在应接外部事物的心，也是在遵循这样的天理，也就是那三更时分空空静静的心。所以动静只是一种状态，是分不开的。懂得动静合一，与佛门那些毫厘的差别也就自然掩盖不了了。"

有个门人在座位上，看起来举止非常矜持。先生便说："人如果过分矜持，终究是个毛病。"

那人问："过分矜持，为什么就有毛病？"

先生说："人只有那么多的精力，如果我们在容貌方面用功，那么对心中的很多方面就照顾不到。"

有个人过于直率。先生就说："现在你学习我的学问，却在外表上完全不检点约束，这也是把心和事一分为二的做法。"

有个门人写了篇文章送别朋友，后来去问先生说："写文章不免会费心思，即使写完以后，一两天内也常常记在心里。"

先生说："思考文章本来也没有害处。只是写完以后经常在心里记起来，就是被文章所累，心中就多了一样东西。这就不对了。"

还有人写诗送人。先生看完诗，就告诉他说："但凡写文章，就都要根据自己的天分的限度。如果说得太过分了，其实就也不是'修辞立诚'了。"

"朱文公'格物'的学说，只是缺少核心。比如他所说的'察之于念虑之微'，这一句不应该和'求之文字之中'，'验之于事为之著'，'索之讲论之际，混为一谈，这样一来就没有轻重之分了。"

有人向先生请教"有所忿懥"这一条。

先生回答说："'忿懥'等几种情感，人心中怎么会没有，只是不应该有罢了。一般人在'忿懥'时，再加上一点格外的心意，就会过分发怒，就不再是廓然大公的本体了。所以有了忿懥的感情，就不能保持中正了。如今一般对待忿懥等事，只是顺应，不要有一点动意，这样心的本体就会达到廓然大公的境界，就会保持本体的中正了。就像出门遇到有人打架，看到不对的一方，我也会生气。虽然生气，但是心中却能坦然，不会十分动气。现在对别人发怒时，也应该这样，这才是正确的。"

先生曾经说过："佛家不执着于表相，其实却执着于表相。我们儒家重视表相，其实并不执着于表相。"

有人向先生求教。

先生说：佛家害怕被父子关系拖累，就逃避父子亲缘；害怕被君臣关系拖累，就逃避君臣关系；害怕被夫妻关系拖累，就逃避夫妇情爱。都是因为对君臣、父子、夫妇等关系而执着，就一定要去逃避。像我们儒家讲究父子亲情，对其施行仁爱；讲究君臣关系，就对其施行道义；讲究夫妻情爱，就对其区别对待。我们又何曾执着于父子、君臣、夫妇等这些表相呢？"

黄修易录

黄勉叔我曾问先生说："心中没有恶念的时候，自己心中便空空荡荡的，不知是否也需要在心中存一个善念？"

先生回答他说："既然已经除去了恶念，就全是善念，内心也恢复为本体了。譬如太阳光被云遮蔽，云散去以后太阳光也就恢复了。如果恶念已经去除，还想心存善念，就是在太阳的光芒中格外再点一盏灯。"

我问先生说："最近用功，也感觉到妄念不会再产生，只是心理还是黑漆漆的一片，不知道怎么样才能使它光明？"

先生回答说："才刚开始下功夫，怎么能使心里一下就光明？譬如奔流的浑水，刚贮存在缸里，虽然开始稳定，但也还是浑浊的。一定要等到澄定的时间久了，渣滓才会自然而然地全都被除去，才能变清澈。你只需要在良知上用功。良知存蓄久了，就自然能从黑漆漆变为光明了。现在就追求效果，便是揠苗助长，是成不了功夫的。"

先生说："吾教导人致良知要在格物上下功夫，这才是有根本的学问。每天都会有所进步，时间越长越觉得精明。但是世间的儒生却教导人在具体的事物上去寻求，那就是没有根本的学问了。在他们精壮的时候，虽然暂时能修饰外表，看不出来有什么过失，但是一到年老时，精神衰败老迈，终究会倒下。譬如没有根基的大树，将它移栽到水边，即使暂时鲜活，而时间久了最终会憔悴的。"

我向先生询问"志于道"一章。

先生说："仅仅'志道'这一句，就包含了以下几句的功夫，但又不能一直停留在这一句上。譬如建造这间房子，'志于道'就是念念不忘要去选择位置和收集材料，建造出来一个住宅。'据德'却是经营规划已经完成，已经有所依据了。'依仁'说的是经常住在房间里面，不再离开。'游艺'是加了一些壁画彩饰，使房子更加美观。艺，就是理所适宜的东西。如诵诗、读书、弹琴、习射之类，皆是用来调整自己心态的，使心更精熟于道。如果不'志道'，只去'游艺'，就会像不成器的小孩，不先去营造房屋，只知道去买画幅、修饰门面，却不知道该把这画挂在哪里？"

我问先生说："读书是调摄内心的有效方法，是不可缺少的。只是读书的时候，就会牵引出对科举考试的思虑来。不知如何才能免除这样的事情？"

先生说："只要保持良知真切，即使是下功夫准备科举考试，也不会拖累到内心。就算有所拖累，也是很容易发现并且克服的。而且，在读书时，良知能发现强记之心是不对的，就会马上克服并将它去除；有急于求成之心不对，就能马上克服并将它去除；有夸耀学问广博之心也不对，也能马上克服并将它去除。这样其实也只是一天到晚与圣贤印证比较，就是纯然合乎天理的心。任凭这样的人怎样读书，也都只是调整自己的内心而已，又怎么会被拖累呢？"

我便说："虽然承蒙先生启示，无奈我资质平庸，实在难以免受拖累。我私下里听说过贫穷和通达都是命中注定的，非常有智慧的人，恐怕对此不屑一顾。但是不肖之人却被名声利益所牵制，心甘情愿这样，只不过是自寻烦恼而已。想要将这些想法屏弃掉，却又被父母之命所牵制，无法舍弃，这可怎么办？"

先生回答说："把这些事归咎于双亲的人太多了。其实他们只是胸无大志。一旦指向确立起来，无论干事万事，对良知而言只是一件事。读书写作，哪里能拖累到人？只是人自己被得失所拖累而已！"先生于是叹息道："这良知的学问不发扬光大，不知道会有多少英雄好汉在这被耽误了！"

我问先生说："'生之谓性'，告子这句话说得也算正确，孟子为什么要反对呢？"

先生回答说："天生的固然是性，只不过告子的认识太偏颇了，没看懂其中的核心。如果懂得核心，这么说也是没错的。孟子也说：'形色，天性也。'这也说得是气。"

先生还说："凡是人信口说的话，随意做出来的行为，就都可以说是从自己的心性当中来的，也就是所谓的'生之谓性'。然而这样理解是会有差错的。如果懂得核心，依照自己的良知说出来、做出来，是自然正确的。但是良知也只能从自己嘴里说出来，自己去身体力行才行。哪能离得开气，而依靠别的东西去做去说呢？所以说：'论性不论气不备，论气不论性不明。'气也就是性，性也就是气。只是一定要认清核心才行。"

先生又说："'诸位下功夫时，最不可取的就是揠苗助长。有大智慧的人非常少，学者没有一下子就超脱入圣的道理。一起一伏，一进一退，都是下功夫的必要阶段。不可以因为我昨天用功了，今天却没取得收效，还勉强要做出一个没破绽的模样来。这就是助长，会连前边下的功夫都毁坏的。这可不是小过错。譬如走路的人不小心摔了一跤，站起来就走，不能骗人做出那副没有跌倒的样子来。诸位只要常常怀有'遁世无闷，不见是而无闷'的心，依照自己的良知，忍耐地做，不管别人的非议嘲笑，不管别人的毁谤，也不管别人的荣辱，任凭下功夫有进或者有退，而自己只是坚持致良知的主旨不放弃，时间久了就自然能感觉到获得了力量，对一切外在的事物，也就自然不会为之所动。"

他还说："人如果踏踏实实用功，随别人怎样毁谤，随别人如何欺侮怠慢，就都会处处得益，处处都是德行进步的动力。如果不用功，那些就都是魔障，最终一定会被拖累倒的。"

先生有一天去大禹陵游览，看见田间的禾苗说："这才多久呀，又长这么高了！"

范兆期在一旁说："这只是因为有根基。做学问能自己培养根基，也不愁长不大。"

先生却说："哪个人能没有根基，良知就是上天给人种植的灵根，自然会生生不息。只是被私欲所拖累，把这个根基毁坏堵塞了，不能萌发生长而已。"

有个朋友经常容易生气，并且在生气时斥责别人，先生警告他说："学习一定要反过来要求自己。如果只去斥责别人，只能看见别人的不是，就看不见自己的过错。如果能反过来要求自己，就会看见自己身上还有许多没做好的地方，哪还有时间去斥责别人呢？舜能化解象的傲慢，关键就在于看不见象的不对之处。如果舜只看到了他的奸恶，就是看到象的过错了。像是傲慢的人，一定不肯服从，又怎么能感化得了他？"

听完以后，这个朋友感到后悔。

先生要求他说："你从今往后只需要不去议论别人的是非，凡是应当责备别人的时候，就把这个当作大私心去自己克服，克制除去这私心以后才可以。"

先生说："凡朋友间相互问难，即使显露出浅近粗疏，或显露才能、自我夸耀，都是病发。只要对症下药就可以了。不可以因此怀有鄙薄之心。

这不是君子'与人为善'之心。"

我问先生说:"关于《易经》,朱子主要从卜筮的方面解释,《伊川易传》却主要从义理方面阐述,应该如何看待?"

先生回答说:"卜筮是理,理也是卜筮。天下的理哪有比卜筮更大的呢?只因为后世之人将卜筮专门视为占卦了,所以才认为卜筮是小技艺。很多人不知道现在师友之间的问答、博学、审问、慎思、明辨、笃行等,都属于卜筮。卜筮,不过是为了解决犹疑的问题,使自己的内心神明而已。《易经》是向天询问。人有疑问,无法相信自己,所以就通过《易经》去问天。这是认为人心还有所偏颇,只有上天不容得作假。"

黄省曾录

黄勉之问:"《论语》上说:'无适也,无莫也,义之与比。'是不是事事都要如此呢?"

先生说:"当然应该事事如此,只是要有一个主宰才行。义,就是良知,明白了良知是主宰,才不会执拗。这就像接受别人的馈赠,有今天应该接受而改天不该接受的情况,也有今天不该接受而改天接受的情况。你要是执拗地认为今天该接受,就什么都收下;今天不该接受,就什么都不接受,如此就是'适''莫'了,也就不是良知的本体,这怎么能称作义呢?"

问先生:"孔子的'思无邪'一语,为什么能概括《诗经》三百篇的意思呢?"

先生说:"何止《诗经》三百篇,整个儒家六经用这一句话也可以全部概括的，甚至古往今来的一切圣贤的言论，一句'思无邪'统统可以全部囊括。除此之外还有什么可说的？这是一了百当的功夫。"

问先生关于道心、人心的问题。

先生说："'率性之谓道'，就是道心。在其中若添加了一些私欲，就是人心。道心原本无声无味，因此说'微'；依从着人心去做，就有许多不安稳之处，因此说'唯危'。"

问先生："在《论语》上，孔子说：'中人以下，不可以语上'，愚笨的人教他高深的道理尚且没进步，何况是根本不教他，这能行吗？"

先生说："不是圣人根本不教他。圣人心中忧虑的是不能人人都做圣人，只不过是人的资质不同，施教方法就不能一样。对于中等水平之下的人，上来就给他讲性、命，他也不会理解，必须得慢慢地一点一点地从简单的知识起，慢慢去开导、启发他。"

一个学友问先生："读书记不住，该怎么办呢？"

先生说："只需要你读明白道理，为什么非要记住？读明白书其实已经是次一等的要求了，最根本的是使自己的心本体光明。若仅求记住，就是没读明白书；如果只求读明白书，就不能使自心的本体光明。"

问先生："《论语》中的'逝者如斯'，这句话是说自己心性本体活泼泼的吗？"

先生说："是这样的。必须时刻用致良知的功夫，才能活泼，方能像川流不息的江水一般。如果有片刻的间断，就和天地的生机活泼不相似了。这是做学问的关键。圣人也只是这样。"

问先生《论语》"志士仁人章"的问题。

先生说："只因世人都把生命看得太重，也不问应死不应死，一定要委屈地保全性命，因而把天理丢到一边。忍心伤害天理，还有什么事干不出来？做事如果违背了天理，就与禽兽一样了。就算在世上苟且偷生千百年，也不过是做了千百年的禽兽。学者务必要在这等关键之处看清楚。比干、龙逢，只因他们看得清楚，所以才能成就他们的千古之仁。"

问先生："《论语》中有一段'叔孙武叔毁仲尼'的记载，这么大的圣人怎么也免不了别人的诽谤呢？"

先生说："毁谤是外来的，就算是圣人也在所难免。人只应注重自身修养。如果自己实实在在就是个圣贤，纵然别人全都毁谤他，也不能说倒他，其奈他何？这就如同浮云遮日，如何能真的损坏太阳的光辉？如若他自己外表谦恭庄重，实则内心摇摆不定，纵然无人说他坏话，他内心的恶早晚有一天会暴露无遗。因此，孟子说：'有求全之毁，有不虞之誉。'毁誉来自外界，岂能躲避？只要能好好自我修炼，外来的毁誉又能如何呢？"

刘君亮要在山中静坐。

先生说："你要是以厌恶外物之心去静中寻求，反倒会养成骄横怠惰之气了。你要是以不厌外物之心再到静处去涵养，这样可以。"

王汝中、黄省曾陪先生坐着。

先生把扇子给他们，说："你们用扇子吧！"

黄省曾忙站起来恭恭敬敬地说："不敢，不敢！"

先生说："儒家圣人的学问，不是如此束缚痛苦的，用不着装出一副假道学的模样。"

王汝中说："这从《论语》里孔子和曾点关于言志一章就能看出大概。"

先生说："是这样的。从这章可看出，圣人有何等宽广博大的胸怀。孔子询问弟子们的志向，子路、冉求、公西华都很严肃地做了回答。而那曾点却是一副毫不在乎的样子，自己跑到一边鼓起瑟来，这是何等的狂态！当他说志向时，不针对老师的问题直接回答，满嘴狂言。假设这事儿发生在程颢身上，或许早就是一番痛斥。孔圣人却称赞了曾点，这是何等的气魄！圣人教育人，不是死守一个模式，碰上性格狂放的就从发挥狂之优势处成就他，遇到性格狷介的就从洁身自好的优势之处成就他，人的才能、气质怎么相同？"

先生对陆原静说："你虽然年轻也要注解《五经》，志向也是在博学。可孔子教育人只担心人不能简易，他所说的也都是怎样化繁为简的方法，只是现在人喜好广博，好像孔子当年是教错了似的。"

先生说："孔子从来不写他不清楚的事，颜回有不好的地方没有不自知的，这正是圣人之学的真正脉络。"

钱德洪录

何廷仁、黄正之、李侯璧、王汝中、钱德洪陪先生坐着。先生环顾大家说："大家的学问长进不大，主要是由于没有立志。"

李侯璧站起来说："我也愿意立志。"

先生说："不能说你没立志，但你立的还不是一定要成为圣人的志。"

李侯璧回答说："我愿意立一定要成为圣人的志。"

先生说："你真有做圣人的志向，良知就需纯洁明亮。如果良知上还留有别的牵挂，就不是成为圣人的志向。"

钱德洪以前听先生说立圣人之志时，心里还不太服气，此时亲耳听到不觉悚然汗下。

先生说:"良知是造化的精灵。这些精灵,生天生地,成鬼成帝,所有一切都由它产生,任何事物都不可与它相比。人如果使内心的良知归复完全,无一丝缺陷,自然就会手舞足蹈,不知天地间还有什么比这更快乐的?"

有位朋友在静坐中有所领悟,于是跑去与先生探讨。

先生说:"以前我在滁州住时,见各位学生十分重视在知识见闻上辩论,嘴里说的耳朵里听的都不一样,不容易获得真知,因此就教他们静坐。过一段时间再检查他们的进境,还是很有些时效的。但时间一久,逐渐产生了喜静厌动、陷入枯槁的毛病。有的人专注于玄妙的解释和感觉,借以耸人听闻。因此,我近来只是说'致良知'而不再提静坐冥想。理解了良知,任你去静处体悟、去事上磨炼都可以。良知的本体是无动无静的,这正是学问的关键。针对这个问题,从在滁州时到现在,我也反复比较对照琢磨了多少次了,发觉只有'致良知'这三个字没有问题。这如同医生需要经过长期磨炼,方能了解人的病理。"

有位学友问:"做功夫时我想让这良知能时时接续而不间断,而在应付事物时则感到照管不过来,如果周旋于事又感觉良知不见了,到底该怎么办呢?"

先生说:"这只是对良知的领悟还不够真切,所以才有内外不一致的感觉。我这个致良知的功夫不能急于求成。如果能掌握良知的主宰处,并切实地用功,自然会体悟透彻。到时就能内外交融、物我两忘,又怎么会有心、事不合一呢?"

先生又说:"不能在功夫上透悟良知的真机,心怎么会持续充满光辉呢?如果想透悟,不能仅依靠你的聪明智慧去理解,这需要心中渣滓浑化,没有丝毫粘连阻滞才行。"

先生说："'天命之谓性'的命即是性。'率性之谓道'的性即是道。'修道之谓教'的道即是教。"

问先生："为什么道即是教？"

先生说："道就是良知，良知本来是完完全全的，是就是是，非就是非，是非只根据良知，这样就不会再有闪失，这良知才是你的明师。"

问先生："在《中庸》中，'不睹不闻'是不是说本体，'戒慎恐惧'是不是说功夫呢？"

先生说："此处应相信良知的本体原本是不睹不闻的，也是戒慎恐惧的。戒慎恐惧不曾在不睹不闻上添加其他的东西。明白这一点，即便说戒慎恐惧是良知的本体，不睹不闻是致良知的功夫也行。"

问先生："《易经·系辞》中的'通乎昼夜之道而知'这句话怎么理解。"

先生说："良知原本就是知道昼夜的。"

又问先生："当人熟睡时，良知也就没有知觉吧。"

先生说："如果没有知觉，为什么一叫就应答呢？"

问先生："良知若是常知的，怎么会有睡熟的时候呢？"

先生说："夜晚都要休息，这是自然常理。夜里天地混沌，万物的形状和颜色都消失了，人的眼睛耳朵看不见听不到，七窍都歇息了，此时正是良知收敛凝聚的时刻。天拂晓，万物显现，人也能听到声音，看到形状、颜色，七窍的功能也恢复正常，这正是良知妙用开始发生之时。由此可见，人心与天体原本是一体的。因此孟子说'上下与天地同流'。如今的人，夜晚不擅长休息，不是沉睡不醒，就是胡思乱想、噩梦连连。"

问先生："睡觉时如何用功夫？"

先生说："知道白天如何用功夫，也就知道夜晚如何用功夫。白天良知是顺应无滞的，夜里良知是收敛凝聚的，有梦就是先兆。"

先生又说："在夜气下发的良知才是良知的本体，因为它没有丝毫物欲掺杂其间。学者要在事物烦忧时仍如夜气一般，就是'通乎昼夜之道而知'。"

先生说："道家讲虚，圣人岂能在虚上再添加一丝一毫的实？佛家说无，圣人岂能在无上再添加一丝一毫的有？然而，道家讲虚是从养生上来说的，佛家说无是从脱离生死苦海上来说的。他们在本体上又添加这层意思，就不是虚无的本色了，对于心的本体有障碍。圣人所做的不过就是还良知的本色，更不会添加其他的意思。良知之虚就是天之太虚，良知之无就是太虚之无形。日、月、风、雷、山、川、民、物，凡是具有具体形状样貌的事物，都是在太虚无形之中生发成长，谁又会成为大的障碍呢？圣人仅是顺应良知的作用，天地万物皆在我良知的范围内运动。哪里又会有什么物事于良知之外成为障碍呢？"

有人问："佛教也十分重视养心，但是不可以据此治理天下，这是为什么呢？"

先生说："我们儒家所说的养心，从来也没离开过具体事物而去空谈养心，只是顺应它的自然天性，这就是功夫。佛教却要杜绝事物，将心当成幻相，渐渐走入到空寂中去了，似乎与世间事物毫无关系，当然是不可以据此治理天下了。"

有人问："何为异端？"

先生说："与愚男蠢女想的相同的，叫作同心同德；与愚男蠢女想的不同的，就叫作异端。"

先生说："孟子的不动心和告子的不动心，两者的区别只在毫厘之间。告子仅在不动心上用功夫，孟子则直接从此心原本就不动上用功夫。心的本体原本不动。只因为言行有不符合义的，心才会动。孟子不讨论心动与不动，只管去'集义'。若所行都是义，这个心自然就没有可动之处。告子仅要此心不动，好似要按住自心一样，如此，反把这个心生生不息的根给阻挠了，这不仅是徒劳无益，反而是有害的。孟子所讲的'集义'功夫，自然可以把这个心修养得充实丰满，没有丝毫缺陷，这样自然就会纵横自在、鲜灵活现，此乃他所说的浩然之气。"

先生又说："告子的病根，是他认为性无善无不善。性无善无不善，这话就这么说也没什么大毛病，但告子把它看得过于呆板，如此就有个无善无不善的性在心中，有善有恶，又多从事物上看，就有个物在心外。这样就把人性分成了两个方面，便会出差错。无善无不善，性原本如此。悟得出来，只要这一句话就行了，再无内外之别。告子主张性在心内，物在心外，这足以看出他于人性上没有看透。"

朱本思问："人先有虚灵，而后才有良知。像草、木、瓦、石之类，也有良知吗？"

先生说："人的良知，也就是草木瓦石的良知。如果草木瓦石没有人的良知，那么也就不可能成其为草木瓦石了。何止草木瓦石是这样？天地如果没有人的良知，也就不可能成其为天地了。天地万物与人原系一体，其开窍的关键是人心的一点灵明，风雨雷电、日月星辰、禽兽草木、山川土石与人原本就是一体的。因此，五谷禽兽等皆可养人，药石之类皆可治病。这是因为它们是一气同体的，所以能够相通。"

先生游览南镇，一位朋友指着山岩中的花树问："先生认为天下没有心外之物，比如这些花树，它在深山中自开自落，与我的心有何关系呢？"

先生说："你未观赏这树上的花时，此花与你的心同样寂静。你来欣赏这树上的花时，花的鲜艳就被你感知了，从这儿就该知道此花不在你的心外了。"

有人问："大人与物同为一体，而《大学》中为什么又说厚薄呢？"

先生说："只因为道理自然有厚薄。例如，人的身是一体的，用手脚去捍卫脑袋和眼睛，

万历年制团龙碗

难道是刻意的要看轻手和脚吗？而只是从道理上讲就应该如此。同样，对禽兽和草木一样有着爱，但是却拿草木去养禽兽，又怎忍得？对人和禽兽一样有着爱，但宰杀禽兽去孝养亲人、祭祀祖先、招待宾客，人心又怎忍得？对至亲和路人一样有着爱，但如果你只有一碗饭，得到就能活，得不到就会饿死，在此无法两全的情形下，你先去救亲人，而不救路人，人心又怎忍得？等等这些，都是因为从道理上讲应该如此。至于我自己和骨肉至亲，更不能分厚此薄彼。所以仁民爱物都是从这个简单道理出发的，若此处能忍心，则会无所不忍了。《大学》上说的'其所厚者薄，而其所薄者厚，未之有也！'实乃良知上的自然条理，不可逾越，这就是所谓的义。遵循这个秩序，就称为礼；明白这个秩序，就称为智；始终坚持遵守这个秩序，就称为信。"

先生又说："眼睛没有本体，它就以万物之色作为本体；耳朵没有本

体，它就以万物之音作为本体；鼻子没有本体，它就以万物之气味作为本体；嘴巴没有本体，它就以万物的味道作为本体；心灵没有本体，它就以天地万物感知的是非作为本体。"

问先生怎么理解"夭寿不二"。

先生说："做学问的功夫，可以把一切的声名、利禄、嗜好等抛诸脑后。然而，若仍有一种贪生怕死的念头存留在心，那么学问功夫就一定会有融会贯通不到之处。人的生死之念，原本是从生身命根上带来的，因此不能轻易去掉。如果能把生死看透，人心就会流转无碍，才是尽性知命的学问。"

有位朋友问："想要在安静打坐时将好名、好色、好货等病根儿逐一搜寻出来扫除廓清，只怕又是割肉疗伤吧？"

先生严肃地说："我这可是医治人心的药方，能完全铲除人的病根。即使他的本领再大，过了十数年也还是用得上。你如果不想用，就收起来，不要败坏我的药方。"这位朋友十分惭愧地向先生道了歉。

过了一会儿，先生说："这恐怕也不是你的错，一定是那些对我的主张略懂一些的学生对你讲的，这倒是耽误了你。"满座学生谁都不敢吭气。

有位朋友问，当功夫不真切时怎么办？

先生说："学问的功夫，我曾一句话概括完了，现在怎么越说越远，连根基都着不了呢？"

回答说："致良知是曾经听先生讲过，但没讲明白。"

先生说："既然你知道致良知，还有什么可讲明的？良知本身就是明白的，你踏实用功便是了，你不愿意用功，只在言语上说，越说越糊涂。"

朋友说："我正是想让您讲明致良知的功夫。"

先生说："这也需要你自己探求，我没有其他的办法可以讲。以前有一位禅师，别人来问佛法，他只是把拂尘提起来。有一天，他的徒弟把拂尘藏了起来，想看看他还怎么回答。禅师找不到拂尘，只好空手做出提拂尘的样子。我这个良知就是启发人的拂尘，除此而外，还有什么可提的？"

过了一会儿，又有一个学生问先生致良知功夫的要点。

先生四下看了看说："我的拂尘在哪儿？"

一时间，在座的人都乐翻了。

有人就《中庸》上的"至诚之道，可以前知"请教于先生。

先生说："诚是实理，诚就是良知。实理的流畅运行就是神，它的初始萌动就是几（预兆、苗头的意思），具备诚、神、几的人叫圣人。圣人对预知不怎么重现。祸福降临，圣人也在所难免。圣人只知晓契机，善于应付各种变化而已。良知不分前后，只要看出现在的契机，就能一了百了。如果存个前知的心，那就是私心，就是想要趋利避害。邵子（即邵雍，北宋哲学家、易学家）非常看重前知，就是因为他那趋利避害的私心没有涤除干净。"

先生说："无知无不知，本体就是如此。这好比太阳，它没有刻意要去照射宇宙间万物，但又无物不照射。因此，无照无不照，原就是太阳的本体。良知本来是无知的，如今却要它有知；良知本来是无不知的，如今却怀疑它有不知。这些都是因为没有完全相信良知罢了。"

先生说："《中庸》中的'唯天下之圣为能聪明睿智'这句话，以前看时觉得是何等玄妙。如今看来，现在才晓得原来聪明睿智是人人所固有的。耳原本就聪，目原本就明，心原本就睿智，圣人只是能够一一做到罢了，之所以能够做到是因为他能致良知；普通人不能做到这点，只是因为不能致良知。这是多么简单明显的道理啊！"

有人问："孔子所说的远虑，周公的夜以继日思虑善否，与迎来送往有什么区别？"

先生说："远虑并不是不着边际地去思考，只是要存这个天理。天理自在人心，且亘古亘今，无始无终。天理即是人的良知，千思万虑的目的不过是致良知。良知是越思索越精明。若不深思熟虑，只是随随便便地随事情转，良知就变得粗陋了。但如果你只是在具体事上不着边际地思考，就自以为是远虑了，就不免有毁誉、得失、私欲掺杂其间，也就和迎来送往没区别了。周公的夜以继日思虑善否，其实是'戒慎不睹，恐惧不闻'的功夫。认识了这一点，自然就知道周公的气象与迎来送往之别。"

问先生："在《论语》中，孔子说'一日克己复礼，天下归仁'这句话，朱熹说这是关于效验的学说，这种说法对吗？"

先生说："孔子对于自己的克己之学说，重视功夫而不重视效验。仁者与万物为一体。不能一体的，是自己的私欲还没有克除干净。自己成全了仁的本体，那么，天下都将归于我的仁中，也就是'荒皆在我闳'的意思。天下都能做到仁，我的仁也在其中了。比如'在邦无怨，在家无怨'，说的也是自身没有怨恨，一如'不怨天，不尤人'的意思。但是，家邦皆无怨，我也就在其中了。只是，这不是该重视的地方。"

问先生："孟子主张巧、力、圣、智之说，朱熹认为是'三子力有余而巧不足'，先生怎么看？"

先生说："三个人（伯夷、伊尹、柳下惠）固然有力，但也有巧。巧和力并非两回事，巧是用力时的巧，有力而无巧，只是空有其力。他们三个人若用射箭作比，就是一个人能站在地上射、一个人能骑在马上射、一个人能远射。他们能射到目标所示处，就可以称为力；他们能命中目标，就可以称为巧。但能站地上射的，上了马就不会射了；骑在马上能射的，射得又不够远，只能说他们各有所长，这就是才力各有不同。而孔子则兼有三个人的长处，但孔子的和只能达到柳下惠那样的程度；孔子的清只能达到伯夷那样的程度；孔子的以天下为己任的心情只能达到伊尹那样的程度，没法再增加了。如果像朱熹说的'三子力有余而巧不足'，那么，他们的力是超过孔子的。巧和力只是用来说明圣、智的。若明白了圣、智的本体是什么，便就一目了然了。"

先生说："'先天而天弗违'，说明天就是良知；'后天而奉天时'，说明良知就是天。"

"良知，其实就是判断是非的心，是非仅是个好恶。明白好恶就穷尽了是非，穷尽了是非就穷尽了万事的万般变化。"

先生又说："是非两个字是一个大的框架，巧妙运用则在于个人领会。"

先生说："圣人的良知一如青天白日，贤人的良知就像有浮云的天气，愚人的良知好比阴霾满天。虽然他们浑浊清明的程度有差别，但辨别黑白则是一致的。即便在昏黑的夜晚，也能隐约看出黑白，这说明太阳的光辉还没完全被遮蔽。在逆境中学功夫，也只是从这一点光明处去细致鉴察体会。"

有人问："良知就像太阳，私欲就像浮云。浮云虽能一时遮蔽太阳，然而也是天上的气应该有的，那么私欲是不是也是人心所该有的呢？"

先生说："喜怒哀惧爱恶欲，就是所谓的七情，这七情都是人心该有的，但是需要将良知理解清楚。例如阳光，不能说非得直射才算是阳光，一条缝隙所透出的明亮也是阳光。天空即便布满云雾，只要太虚中还能分辨颜色和形式，均为阳光不灭处。不能因为云能蔽日，就让天不要生云。七情顺其自然地在人身心之上流转，就都是良知的表现形式之一，因此不能把七情分成哪个好哪个坏。但是又不能太执着。执着，七情都称为欲，都是遮蔽良知的。当然，稍有执着，良知就会发觉。发觉了就会克除遮蔽，也就回复了良知的本体。这些地方看明白了，才是简易透彻的功夫。"

问先生："圣人生知安行是自然就能如此的，这还需要其他的功夫吗？"

先生说："知与行这两个字就是功夫，不过是有浅深难易之别罢了。良知原本是精精明明的。例如，孝敬父母，生知安行的人只是依从良知切实地去尽孝道；学知利行的人只是要时时省察自己，努力依从良知去尽孝道；至于困知勉行的人，被蒙蔽禁锢已深，即便想依从良知去尽孝道，却又被私欲所阻，因此不能尽孝道。这就需要付出比旁人多十倍、百倍的功夫，才能依从良知去尽孝道。圣人虽然是属于生知安行的，但他的心里不敢自以为是，所以他宁肯做困知勉行的功夫。然而，困知勉行的人则思量着做生知安行的事，那怎么能行呢？"

有人问："先生曾主张乐是心的本体，不知遇到大的悲惨变故哀哭之时，这个乐还在不在？"

先生说："唯有痛哭之后才能乐，不哭就不会乐了。虽然是哭，此心却得到了安慰，因而也就是乐。心的本体是没有变化的。"

有人问："良知只有一个。周文王作卦辞，周公旦作爻辞，孔夫子作《周易》，是否各自看到的理不同？"

先生说："圣人怎会呆板地死守旧模式呢？只要根本点是从良知出发，说法有所不同又能妨碍什么呢？这就像一园子青竹，只要枝节相差不多，也就是大同了。但如果要是拘泥于每株竹子的每一枝节高低大小都相等，就不能体现造化的妙手了。要做的只是去认真培养良知，只要良知是同样的，有点差异也无关紧要。你们若不肯用功，就像竹子连笋都没有发出来，又到什么地方去谈论竹子的枝节呢？"

乡下有一对打官司的父子来找先生判案。随从想阻挡他们，先生要听他们说的情况，然后说了很简短的一番话，这对父子就相抱痛哭，最后和好离去了。

柴鸣治进来问："先生您说了什么话，让他们父子俩这么快就感动悔悟了？"

先生说："我只是说了舜是世间大不孝的子，瞽叟是世间大慈的父。"

柴鸣治感到十分惊讶，请问为什么。

先生说："舜常常自以为是最不孝的，因此他能孝；瞽叟常常自我感觉是最慈爱的父亲，所以他不能慈爱。只记得舜是自己养育大的，现在却不能使自己愉快，他不知道自己的心已转移到后妻身上了，尚且说自己慈爱，所以就更加不能慈爱了。舜总是记着小时候父亲是多么爱他，而如今之所以不爱了，只因为自己尽孝还不够。舜天天想夜夜思的都是检讨自己尽孝不够的地方，因此他就更加孝顺。等到瞽叟高兴时，他只不过是恢复了本心原有的慈爱而已。所以，后世的人称舜为古今能够大孝的儿子，瞽叟也就变成了一个慈祥的父亲。"

先生说："每次普通人向孔子请教有关问题，孔子事先都是没有准备的，他的心是空空如也的。但是，他从普通人自己知道的是非两方面加以分析，普通人的心里也就明白了。普通人所自知的是非，就是他本来就有的天理准则。即便是圣人的聪明睿智，也不能增加或减少一分一毫。普通人只是不能完全相信自己，孔子帮他一分析判断，他也就一下子明白了。

如果孔子与他谈话时，心中还有一些知识在，也就不能启发出他全然的良知，而道体将一分为二了。"

先生说："《尚书》上所谓的'烝烝义，不格奸'，本注上说这是指舜的弟弟象逐渐接近义，不至于成为大奸大恶了。舜被征用后，象仍每天想去谋杀他，什么样的大奸大恶能像他呀？但是舜只是以义来要求自己，用自我克治去感化象，而不是去指责纠正象的奸恶。文过饰非，这是恶人的常态。若要去责备他的过失，反倒会激起他的恶性。开始时，舜使得象要害他，只是因为他要象变好的心太急切了。这就是舜的过错。有了这段经历，舜认识到功夫只在自己身上，而不是去责人，所以能够达到和谐。这就是舜的动心忍性，增加自己能力的地方。古人的言论，都是自己亲身经历的，因此记得十分亲切，留存到了后世，歪曲变通，只把这个当作人情。如果不是自己亲身经历过，怎么能说得那么苦口婆心。"

先生说："古乐已很长时间没人演奏了。现今的戏和古乐的意思还比较相似。"

大家没明白，于是就请教先生。

先生说："韶乐的九章，是虞舜时演的一部戏；武乐的九章，是武王时演的一部戏，圣人一生的事迹都蕴涵在乐曲中。所以有德行的人听了就知道它的尽善尽美与尽美不尽善之处。如果后世作乐只是谱写一些词调，和民风教化毫无关系，那还怎么能够起到改善社会风气的作用呢？如今要想使民风返璞归真，就该把今天的戏曲拿来，删除乐曲中所有的妖淫词调，只保留忠臣、孝子的故事，演唱起来使得普通百姓人人明白，于有意无意之中激发他们的良知，如此，对移风易俗会有所帮助，同时，古乐渐渐地就可以恢复本来面貌了。"

钱德洪在旁边说："我连元声（基准音）都找不到，要恢复古乐恐怕很难。"

先生说："你认为元声应该到何处去找？"

钱德洪回答说："古人制造律管来候气，恐怕就是在找元声的办法吧？"

先生说："如果要从葭灰黍粒中寻找元声，犹如水底捞月，岂能找到？元声只需要从你的心里去找。"

钱德洪

钱德洪问："在心上如何找呢？"

先生说："古人治理天下，首先把人培养得心平气和，而后才作乐。比如你在这里吟咏诗歌，你的心气平和，听的人自然会感到愉悦满意，这就是元声的起始处。《尚书·尧典》中说：'诗言志'，志就是乐之根本；'歌永言'，歌唱就是乐调的根本；'声依永，律和声'，韵律只要与发音相和，和声就是旋律的根本，这些不都说明没有必要外求吗？"

钱德洪又问："古人以律管候气的办法，又是以什么为依据的？"

先生说："古人是以中和之体来作乐的。人的中和之体是与天地之气相呼应和的，候天地之气，与凤凰的鸣叫相谐合，不过是为了检验人的气是否中和。这是制成音律之后的事。不是必须等待天地之气来后才能制成音律。现今通过律管来候气，必须确定在冬至这天，但是，到了日子恐怕时辰又定不准，又到哪里去找标准呢？"

先生说："学习确实需要老师或朋友的开导点化，但不及自己所省悟理解的那样能一了百当。如其不然，开导点化再多也没有用。"

先生说："孔子的气魄宏伟，但凡帝王的所作所为，他都能从心上一一加以体会。就譬如不管大树有多少枝枝杈杈，都是从树根的培养做起，自然就枝繁叶茂起来，并不是从枝叶上用功去培养根本。学者向孔子学习，若不在内心的良知培养上用功，却急切地想去学那气魄，就是把功夫做颠倒了。"

先生说："人有过失之处，就把功夫多下在检讨弥补过失上，就好像修补破旧的甑（瓦罐），必定有文过饰非的毛病。"

先生说："现在人在吃饭时，即使无事，他的心经常忙乱而不安定，这是因为心忙碌乱了，所以才收摄不住。"

先生说："琴、瑟与书籍，这些都是学者须臾不可离开的工具，由于常有事可做，心就不会放纵。"

先生感叹地说："世间知学的人，只要这些毛病改不掉，就不为'善与人同'了。"

崇一接着说："这些毛病，也就是因为好高骛远但又不能舍己从人。"

有人问："良知本来是中和的，怎么还有过与不及的说法？"

先生说："良知无过不及，知道过或不及，就是中和，也是良知。"

先生说："《大学》中说的'厌恶上级对待下属（我）的态度'，属于良知；（我）不用同样的态度去对待自己的下属'，就是致良知。"

先生说："张仪、苏秦的智商，也是圣人的资质。后世的诸多事业文章，诸多的豪杰名家，只是学得了张仪、苏秦的套路。张仪、苏秦的学问很会揣摩人情，因此他们的说辞才能击中被说服者的要害，因此他们的学说不能穷尽。张仪、苏秦已窥到了良知的妙用处，只是用在诡计方面而已。"

有人就《大学》所谓的"未发""已发"问题请教先生。

先生说："只因朱熹将未发已发分开来讲了，所以我只有劈头说一个没有未发已发，让世人自己思考而有所得。如果说有一个已发未发，听讲的人就落入朱熹的套路里去了。如果能真正认识到没有未发已发，即使讲有未发已发也不妨事。因为本来就存在未发已发。"

问先生："未发并非不和，已发也并非不中。比如钟声吧，不敲也不能说就没有钟声，敲了也不能说就是有了钟声。但是，它到底有敲和不敲的分别，这样说对吗？"

先生说："没敲时原本就是惊天动地的，敲了之后也只是寂静无声。"

有人问："古人谈论人性，各有各的见解，到底哪种说法可作为至论呢？"

先生说："性本来就没有固定的体，所以谈论起来也说不出固定的体。有就本体而言的，有就发用的角度来谈的，有就源头上论的，有就流弊讲的。总之，说的不过还是那个性，唯看法有深浅罢了。如果固执地认定哪个就是对的、哪个肯定是错的，也是不对的。性的本体原本无善无不善，发用上也是可以为善，可以为不善的；性的流弊原本就是有的一定为善，有的一定为恶的。例如人的眼睛，有喜悦时的眼，有愤怒时的眼，直视时就是正面看的眼，偷看时就是窥视的眼。总而言之还是这个眼睛。如果只是看见了愤怒时的眼，就说没有喜悦的眼；见到直视的眼，就说没有窥视的眼，这都是犯了偏执一方的过错。孟子谈性，他是直接从源头上讲的，也不过是说了个大概。荀子的性恶说，是从流弊上说的，也不能说他说得全不对，只是认识的还不够精纯而已。然而，平常人则是丧失了心的本体。"

问先生："孟子从源头上谈性，让人在源头上用功，使性明彻；荀子从流弊上说性，功夫只下在末流上纠正人性，这就费力了。"

先生说："正是这样。"

先生说："用功到了精深处，愈发不能用言语来表达，说理也愈难。但如果你刻意追求精微，整体的功夫反会受到蒙蔽妨碍了。"

先生说："杨简（字敬仲，世称慈湖先生，陆九渊的高徒）并不是没有见解，他只是执着在无声无息方面理解认识问题。"

先生说："人在一天的时间里，会把古今世界全部经历过一遍，只是人不自知罢了。当夜气清明时，人无视无听、无思无作、淡泊恬静，此时就相当于伏羲的时代。早晨时节，人的神清气爽，庄严肃穆，这就相当于尧、舜的时代。上午时分，人们礼仪交往，气象井然，此时就相当于三代的时候。中午之后，人的神气渐昏，往来杂扰，这就相当于春秋战国的时代。黄昏来临，万物寝息，景象寂寥，这就是人消物灭的世界。学者如果能充分相信良知，不被气所扰乱，就能常常做个伏羲时代的人。"

薛尚谦、邹谦之、马子莘、王汝止四人与老师同坐，大家慨叹先生自征讨宁藩以来，天下对老师的谤议越来越多。先生让各位说说其中的原因。有的讲先生的功业权势日益显赫，因而会招致越来越多人的嫉妒；有人说先生的学说影响力越来越大，导致那些替宋儒争地位的人也就越来越多；有的说自先生拜南京兵部尚书以后，尊崇先生的人越来越多，来自四面八方的排挤阻挠的人也越来越卖力。

先生说："各位所言，相信很有可能存在，但我个人有一段自知的地方，各位都没提到。"

大家都询问于先生。

先生说："我到南京就职以前，尚还玩点当面一套、背后一套的八面玲珑。现在我相信良知的是非标准，随手拈来，再也不用隐藏着。现在我才有了一个'狂者'的心情。即使全天下人都说我口无遮拦也没有关系。"

薛尚谦站起来说："对良知如此之信，才是圣人的真血脉啊！"

先生教育指点人时，一句话就能感人至深。

某日，王汝止外出回来。先生问他："路上看见了什么？"王汝止答道："满街满巷都是圣人啊！"先生说："你看到满街人都是圣人，他们看你像个活圣人。"

又一天，董萝石外出回来，看见先生就说："今天看见一件稀罕事。"先生问："什么稀罕事？"他答道："我看到满街满巷都是圣人啊！"先生说："这是再寻常不过的事了，有什么稀罕的。"

大概王汝止的锋芒尚未磨平，而董萝石恍然有悟，因此，问题相同答案各异，先生都是反着他们的话去启发他们。

钱德洪、黄正之、张叔谦、王汝中于丙戌（1526 年）参加会试回来，纷纷讲自己途中讲学的事儿，说有的人相信，有的人怀疑。

先生说："你们用一个圣人架势去给别人讲学，人家看见圣人来了，都给吓跑了，这怎么能讲得好。你得做出一副凡夫俗子的模样，才能给别人讲学。"

钱德洪又谈到，现在要看出人品的高低来得容易。

先生问："怎么见得？"

钱德洪答道："先生您就像是泰山一样摆在眼前，那些不知道崇拜信奉的人，就是没有眼珠的人。"

先生说："泰山没有平地广阔，在平地上你又能看到什么了？"先生这一句话，剔除了大家多年的好高骛远之病，在座的人无不有所警惧。

嘉靖二年（1523 年）的春季，邹谦之来到绍兴问学，盘桓数日辞去，先生一直送到浮峰。这天晚上，先生与蔡希渊等下船到延寿寺借宿，大家秉烛夜坐，先生无限感慨。他说道："江水奔腾，烟柳飘飞，谦之顷刻间就在百里之外了。"

有位朋友问："先生为什么对邹谦之的怀恋这么深切呢？"

先生说："曾子曾说过：'以能问于不能，以多问于寡，有若无，实若虚，犯而不校'。这样的人，和邹谦之好相像啊！"

嘉靖六年（1527 年）九月，朝廷任先生为两广提督兼江西湖广军务及都察院左都御史，平定广西思恩和田州地区叛乱。即将奉命起行时，钱德洪与王汝中论学。王汝中提起了先生的四句教："无善无恶是心之体，有善有恶是意之动，知善知恶是良知，为善去恶是格物。"

钱德洪说："这几句话你觉得怎样？"

王汝中说："这几句话大概不能完全说通。如果说心的本体是无善无恶的，那么，意也该是无善无恶的意，知也是无善无恶的知，物也是无善无恶的物。如果说意有善有恶，那么在心体上终究还有善恶存在。"

钱德洪说："心体是天命之性，原本是无善无恶的。但人耳闻目见所得的意念上则有善恶在。格物、致知、诚心、正意、修身，其正是要恢复人性本体的功夫。如果意本无善恶，那么，以上的功夫也就不消再说了。"

当晚，二人随侍先生于天泉桥，各人谈了自己的观点，请先生评判。

先生说："如今，我将要远征，让你们来正是要讲透这几句话所包含的意思。你俩的见解正好相互借重，不可偏执一方。我开导人的技巧，原本有两种：资质特高的人，让他直接从本源上体悟。人心的本体，原是明莹无滞的、未发之中的，这样的人，只要稍悟本体，也就是功夫了，他人和自我、内和外一切都透彻了。另外一种人，资质较差，心不免受到沾染，本体遭蒙蔽，因此需要教他们在意念上存个为善去恶的意，待功夫纯熟后，心中的渣滓去除干净了，本体也就通透明澈了。汝中的见解，就相当于我说的对资质特高的人采取的方法；德洪的见解，就相当于我说的对第二种人采取的方法。两位若互为补充借用，那么，中等资质的人都可以明道。若两位各执一词，在你们面前就会有人不能步入正轨，就不能穷尽道体。"

过会儿先生又说："今后和朋友讲学，千万不可抛弃我之学说的宗旨。无善无恶是心之体，有善有恶是意之动，知善知恶是良知，为善去恶是格物。你们只要根据我的话因人施教，自然就没有毛病。这原本是上下贯通的功夫。资质特高的人，世上难遇。对本体功夫一悟全透，就是颜回、程颢这样的人都不敢轻易承认，岂敢随便指望他人？人是最容易因耳闻目见得到意念的，你不去教他在良知上作为善去恶的功夫，只去悬空思索一个本体，一切就都落不到实处，这只不过是修养成了一个虚空静寂的坏毛病。这个毛病不是小事情，所以，我不能不早点向你们说破。"

这一天，钱德洪和王汝中都有很深的感悟。

先生刚回浙江的时候，朋友之间的来往还不多。后来，从四面八方前来游学的人日益增加。到了癸未年以后，很多人都住在先生周围比邻而居，就像天后宫、光相寺等寺庙一样，每间屋子里，在一块吃饭的常常有几十个人，晚上连睡觉的地方都没有，就在席子上交替地躺着，歌咏的声音通宵达旦。会稽山、大禹陵、阳明洞天等山中的寺庙。无论远近，只要是能走到的地方，没有不是同志们游学寄居的地方。先生每次讲座，前后左右围坐听讲的，常常不少于数百人。送往迎来，每月都没有闲下来的日子。

甚至有的人学习了一年多，还不能记住所有同学的名字。每逢临别的时候，先生经常叹息说："各位虽然离别了，但是还离不开天地之间，只要志同道合，就算忘记你们的相貌也无所谓。"诸位学生每次听完讲学出门后，没有不跳跃称快的。曾经听同门的前辈说："先生在到南京以前，朋友和同学虽然也很多，但是都没有像在浙江这么昌盛的情况。虽然先生讲学的时间久了，信奉先生学问的人也渐渐多了，但更主要的是因为先生的学说日益完善，感召的方法和对学问的引申变化无所不至，自然也就与以前有所不同了。"

黄以方录

黄以方问："《论语》说'博学于文'主张随时随处学习存养天理，然而又说'行有余力，则以学文'，这两种说法好像不一致。"

先生说："《诗经》《尚书》和六艺都是天理的表现，文字都包含在其中。考察《诗经》《尚书》和六艺，都是为了学习存养天理，并非只有表现在事上的才是文。'余力学文'也只是'博学于文'中的事。"

有人问《论语》的"学而不思"两句。

先生说："这也是有针对而说的，其实思就是学。学习中有疑问，就需要思考。说'思而不学'，大概是有一种人，只凭空去想，想要得出个道理，却不在自身自心上下功夫，来学习存养天理。把思和学当成两件事做，所以有迷惘和懈怠的问题。其实思是思考所学的内容，原本不是两件事。"

先生说："前代儒者将格物理解为穷究天下万物之理，天下万物怎么能够穷尽？而且说'一草一木亦皆有理'，现在怎么去穷究？纵使能够穷究草木之理，又如何反究到自身达到诚意？我将'格'解释为'正'，'物'解释为'事'。《大学》中所说的身，就是耳、目、口、鼻、四肢。想要修身就是要眼睛非礼勿视，耳朵非礼勿听，嘴巴非礼勿言，四肢非礼勿动。要修这个身，要怎么在身上用功夫？心是身体的主宰，能看的虽然是眼睛，而让眼睛看到的是心；能听的虽然是耳朵，而让耳朵听到的是心；能说话和运动的虽然是嘴巴和四肢，而让嘴巴四肢说话运动的是心。所以要修身就要从自心上去体悟，使其保持廓然大公的状态，没有一丝不正的地方。主宰端正了，表现在眼睛上，就不会去违礼地去看；表现在耳朵上，就不会违礼地去听；表现在嘴巴和四肢上，就不会违礼地去说和动。这就是修身在于端正自心的道理。至善是心的本体，心的本体怎么会有不善？现在要正心，在本体上怎么下功夫？一定要在心的萌动处才能用上力。心的萌动不可能有不善，所以在这里用力，就是在诚意上用功。一个念头体现在喜好善行上，就踏踏实实去喜好善行；一个念头体现在厌恶恶行上，就踏踏实实去厌恶恶行。心意的萌发处，就没有不诚，那么本体怎么会不端正？所以想要正心在于诚意。功夫到了诚意这里，才有用力处。然而诚意的根本，又在于致知。所谓的'人虽不知而己所独知者'，正是我心中的良知所在。但是知道是善，却不依照良知去做；知道不善，却不依照良知不去做。那么这个良知就被遮蔽了，就无法做到致知。我心中的良知不能充分扩展，那么虽然知道要喜好善行，却不能落实喜好；虽然知道厌恶恶行，却不能落实厌恶，怎么能做到诚意？所以说致知是诚意的根本。但是也并非凭空致知，致知要在具体的事实上探究。比如说意在行善，就在这件事上去做；意在去恶，就在这件事上不去做。去恶当然就是格去不正而归于端正。行善，那么不善就被纠正了，也是格去不正而归于端正。如果喜好这样，那么我心中的良知就不会被私欲遮蔽，就能够达到极致，而心意所动，好善去恶，没有不诚之意，诚意功夫切实下手的地方在于格物。如果这样格物，人人都能做到，'人皆可以为尧舜'，就是这个道理。"

先生说："众人都说格物要依照朱熹的说法去做，谁又能真照他的方法去做呢？我确实是曾经用过这种方法。早年间和钱姓友人一起谈论到做圣贤要格尽天下之物，但现在还哪里会有那样大的力量？于是指着亭前的竹子，让他去格。钱先生从早到晚都在穷究竹子的道理，殚精竭虑，到了第三天，就积劳成疾了。当初我认为他这是精力不足，于是我自己又去穷究，从早到晚也得不到其中道理。到了第七天，也积劳成疾病倒了。于是相互感叹圣贤是做不成的，没有那么大的力量去格物。等在贵州谪居了三年，对此颇有领悟，才知道天下之物本来就没有需要穷究的，格物的功夫，只要在自心上做。坚信人人都能做圣人，就自然会有所担当。这个道理，要和大家讲清楚。"

门人中有人说起邵端峰谈论过孩童不能格物，只能教他们洒水、扫地、应对的这一观点。

先生说："洒水、扫地和应对，就是一件事。孩童的良知只到这个水平，就教给他们洒水、扫地、应对，这就是使他们在这一点上致良知了。又比如说孩童懂得敬畏师长，这也是他的良知。所以即使是在嬉戏中见到了师长，也要去恭敬地作揖，这是他格物到能致敬师长的良知了。孩童自有孩子的格物致知。"

又说："我在这里所说的格物，从孩童到圣人，都是这样的功夫。只是圣人格物，更熟练一些，不需要费力。这样格物，即使是卖柴的樵夫也能做到，哪怕是公卿大夫甚至是天子，也都是这样做。"

有人怀疑知行不能合一，举出《尚书》"非知之艰，行之惟艰"两句询问。

先生说："良知自然能知，原本是容易的。只是不能致良知，所以才说'懂得道理并不困难，实际做起来就困难了'。"

门人问："知行怎样才能合一？像《中庸》说'博学之'，又说'笃行之'，分明是两件事。"

先生说："博学只是从万事中学习存养天理，笃行只是学习不止的意思。"

又问："《易经》说'学以聚之'，又说'仁以行之'，这又是为什么？"

先生说："也是这个道理。事事都要去学习存养天理，那么此心就没有闲暇去放纵，所以说'学以聚之'。时刻学习存养天理，就不会因私欲而间断，此心就不会停息，所以说'仁以行之'。"

又问"孔子说'知及之，仁不能守之'，这里的知行就是两件事了。"

先生说："说'及之'就已经是行。但是不能常行不断，为私欲所阻隔，就是'仁不能守'。"

又问："心即理这个观点，程颐说'在物为理'，为什么说心即理呢？"

先生说："'在物为理'，'在'字之前应当添上一个'心'字。心在物上就是理。如果心在奉养父亲上就是孝，在辅佐君主上就是忠，以此类推。"

先生接着又对他说："各位要明白我学说的宗旨。我现在说心即理，是因为世人将心和理看作两样，所以就出现了很多问题。比如春秋五霸征伐蛮夷，尊崇周王室，都是出于私心，就不合乎理。世人却认为他们做得合理。只是因为内心不纯，所以往往会羡慕其行为，表面上做得漂亮，却和内心完全不相关。将心和理一分为二，流于霸道的虚伪却不自知。所以我提出心即理，是要人们知道心和理是一个，只向自心上下功夫，不去外物上去因袭所谓的义，这就是王道的真谛。这就是我的学说的宗旨。"

又问："圣贤说了那么多，为什么却要合为一个？"

先生说："我不是要合成一个，比方说'夫道一而已矣'，又说'其为物不二，则其生物不测'。天地、圣人都是一个，怎么会分成两个？"

黄以方我问："先生讲说格物，但凡《中庸》中的'慎独'和'集义'、'博约'等观点，都认为是格物？"

先生说："不是，格物就是慎独，就是戒惧。至于'集义'、'博约'，都是普通功夫。不能说那几件都是做格物的事。"

黄以方我请教《中庸》中"尊德性"这条。

先生说："'道问学'就是用以尊德性的。朱熹所说的'子静以尊德性晦人，某教人岂不是道问学处多了些子'，这就是把'尊德性'和'道问学'看成了两件事。现在讲习讨论，下了很多功夫，无非是要存养此心，不失德性。哪有尊德性只是凭空去尊，却不去问学？问学只是凭空去问，却与德性没有关联？这样的话，就不知道如今讲习讨论的人，到底学的是什么？"

我又问"致广大"两句。

先生说："'尽精微'就是用来'致广大'的，'道中庸'就是用来'极高明'的。因为心的本体本就是广大的，人不能'尽精微'，就会被私欲所遮蔽，在微小处无法战胜。所以能够细微曲折无所不尽的话，那么私欲就不能遮蔽，自然就不会有那么多障碍阻隔，怎么会做不到致广大呢？"

黄以方我又问："精微指的是思虑的精微，还是事理的精微？"

先生说："思虑的精微，就是事理的精微。"

先生说："如今谈论本性的人，观点纷纭争辩异同。这些人都是在谈论性，而并非是体悟了自心本性。体悟自心本性的人是不会谈论什么异同的。"

我又问："声、色、货、利这些，恐怕良知当中也不能没有吧？"

先生说："当然。但是刚开始学习用功时，却需要将其扫除清洗干净，不能有所残留，这样即使偶尔遇到也不会为其所累，自然地顺应对待。良知只在声、色、货、利上下功夫。能在致良知上做得透彻明白，丝毫不被遮蔽，那么与声、色、货、利的接触，就无一不是顺应上天法则的做法了。"

先生说："我对各位讲格物致知，每天都是如此，讲上一二十年也是如此。各位听了我的话，要切实去下功夫。这样遇到我讲一次，自己就会觉得长进一次。否则只是当成一场谈话而已，即使听了又有什么用。"

先生说："人的本体，常常是空寂不动的，常常是有感而通的。所以程颐说：'未应不是先，已应不是后。'"

一个朋友举例子说一个高僧伸出手指，问众人："大家看见了吗？"

众人说："看见了。"

高僧又将手指缩进袖子，问："大家还能看见吗？"

众人说："看不见。"

高僧说这是因为还不能见性。这位朋友对此没能理解。

先生说："手指有能看见和看不见的区别，但是你所能见的本性却一直都在。人的心神只在看得见听得到的时候有所运动，而不会在看不见听不到的东西上切实用功。而看不见听不到的是良知的本体，戒慎恐惧是致良知的功夫。学者每时每刻学习去见其所未见，常去听其所未听，功夫才会有切实的着落。时间久了，成熟了，就不需要用力，不必提防检验，真性自然不会停息。又怎么会被外在的见闻所牵累呢？"

有人问："为什么程氏说'鸢飞鱼跃'和'必有事焉'，是一样生机勃勃的？"

先生说："这话也是有道理的。天地之间生机勃勃，无非都是这个道理，就是我的良知在运行不息。致良知就是'必有事'的功夫，这个道理不仅不能离开，实际上也不可能离开。向哪里都是道，向哪里都是功夫。"

先生说："各位在这里，务必要立下做圣人的决心。时时刻刻都要做好一棒一道伤痕，一掌一片血迹的准备，才能听我说话，句句有用力处。如果浑浑噩噩度日，就像一块死肉，打也不知道疼痛，恐怕终究没有用处，只能回家走以前的老路。这样难道不是很可惜吗？"

有人问："近来觉得虚妄之想减少，也觉得并没有存心思考怎样用功，不知这也是功夫吗？"

先生说："你且去切实下功夫，即使多了些有着意的想法也不妨，久而久之就会妥帖了。如果才下了一点功夫，就谈起效验，又怎么靠得住呢？"

一个朋友叹息说."私心萌生的时候，自己心中分明能感觉到，只是不能使其马上消除。"

先生说："你私心萌生的时候，这个知觉之处就是你的命根，当下就去消磨，就是立命的功夫。"

"孔子说'性相近'，就是孟子说的'性善'，不是专在气质上说的。如果说气质，比如刚和柔相对，怎么会相近，只有性善是一样的。人刚降生时，原本同样都是善的。只是气质刚硬的受善影响就成为刚硬之善，受到恶的影响就成为刚硬之恶。阴柔的受善影响就成为阴柔之善，受恶影响就成为阴柔之恶，差别就日渐明显了。"

先生曾经对求学者说："心体上不能有一点杂念残留，就像眼中不能进一点沙子。一丁点能有多少？满眼就都是昏天黑地了。"

又说："这个念头并非只是私心，就算是好的念头也不能有一点。就像眼中进了金玉碎屑，眼睛也会睁不开的。"

有人问："人心与外物同为一体。比如我的身体是血气贯通的，所以称之为同体。如果对于其他人来说就是异体了，距离禽兽草木就更远了。那么为什么称为同体呢？"

先生说："你只是在感应的角度来看。岂止是禽兽草木，即使是天地也和我是一体的，鬼神也和我是一体的。"

那人请教详情。

先生说："你看这天地之间，什么是天地的心？"

那人回答："曾经听说人是天地的心。"

先生问："人的心又是什么？"

那人答："只是一点灵明。"

"你可知道充塞在这天地之间的，只有这一点灵明。人只是因为自身的形体将彼此阻隔了。我的灵明，就是天地鬼神的主宰。没有我的灵明，谁去仰望上天的高远？没有我的灵明，谁去俯察大地的深沉？没有我的灵明，谁去辨明附身的吉凶灾祸？天地鬼神万物，离开我的灵明，就没有天地鬼神万物了。我的灵明，离开了天地鬼神万物，也就没有我的灵明了。这样看，就是一气贯通的，怎么会有所阻隔呢？"

那人又问："天地鬼神万物，古往今来一直存在，怎么能说没有我的灵明，就都不存在了？"

先生说："现在看那些死去的人，他们的魂魄飘散之后，他们的天地鬼神万物又在哪里？"

先生动身征讨思恩、田州，钱德洪与王汝中追送先生到了严滩。王汝中举出佛教实相与幻相的观点请教。

先生说："有心全都是真实，无心全都是虚幻。无心全都是真实，有心全都是虚幻。"

王汝中说："有心都是真实，无心都是虚幻，这是从本体上来说功夫；无心都是真实，有心都是虚幻，这是从功夫上说本体。"

先生同意他的说法。钱德洪当时还没能领悟。用了几年的功夫，才相信本体和功夫本是一体。但先生是根据提问偶然谈到的，如果是我们指点他人，也不必将其当成已成定论的观点。

曾经见到先生送两三位有名望的老者出门，回来之后坐在堂前的走廊里，表情忧郁。钱德洪赶忙上前询问。先生说："刚刚和几位老者谈论我的学说，真像是圆凿方枘一样互不相容。此道平坦得像大路一样，而世间的儒者往往是自己致其荒芜阻塞，终身困陷在荆棘丛中却不知悔悟，我都不知道该说什么。"

钱德洪回来后对朋友们说："先生教化世人，不在意对方是否衰病老朽，这是仁德之人怜惜万物的心肠啊。"

先生说："人生最大的弊病，就是一个'傲'字。做儿子傲慢一定会不孝，做臣僚傲慢一定会不忠，做父亲傲慢一定不慈爱，做朋友傲慢一定不守信。所以象和丹朱都不肖，也是因为一个'傲'字，就断送了一生。各位要时常想着这点。人心原本是一片天然之理，明白透彻，没有丝毫的沾染，只有一个无我而已。心中万不能有我，有我就是傲。古代圣人的那些优点，也只是一个无我而已。做到无我就自然谦和。谦和是众善的基础，傲慢是众恶的祸首。"

先生又说："这良知之道是非常简单易行的，也是非常精细微妙的。孔子说：'其如示诸掌乎。'人哪天看不到手掌，等到问他手掌上有多少纹路，就不知道了。就像我的'良知'两字，一说就明白，谁不理解？如果想真正地了解良知，谁又能真正了解？"

有人问："良知恐怕是没有方位和形体的，所以最难感知。"

先生说："良知就是《易经》所说的'其为道也屡迁，变动不居，周流六虚，上下无常，刚柔相易，不可为典要，惟变所适'。这样的良知怎么捉摸？能够真正透彻领悟了就是圣人。"

有人问："孔子说：'回也，非助我者也。'这样看圣人果真是希望门下弟子对自己有所帮助吗？"

先生说："这也确是实情。大道本身无穷无尽，疑问越多，就越能显得精细微妙。圣人的话本就严谨周全，只要发问的人心中积留疑难，圣人被他一问，就将大道阐释发挥得更加精妙。像颜回那样闻一知十，心中完全理解，又怎么会有疑难发问？所以圣人也只能寂然不动，没有发挥的理由，所以说'非助'。"

邹谦之曾经对钱德洪说："舒国裳曾经拿着一张纸请先生写《孟子》中的'拱把之桐梓'那一章。先生写到'至于身而不知所以养之者'，回头笑着说：'国裳读书是中过状元的，难道真的不知道应该养身？却还是认为要经常诵读这一段文章来警醒自己。'当时在场的朋友无不警醒。"

钱德洪跋

嘉靖戊子年冬季，钱德洪与王汝中为先生的丧事奔赴广信，并向同门师友报丧，并约定在之后的三年间收录先生生前的言语。之后同门相继送来了各自所做的记录。我选出那些切合先生宗旨的，与我所记录的合并在一起，共有若干条。居住在吴地时，打算将其和《文录》一同刻印。正逢守丧去职，所以没能办成。

当时各地讲学的日渐增多，先生的学说天下皆知，似乎已经不需要再去刻印，所以没有再放在心上。去年，同门的曾才汉看到了我的手抄本，又另外搜集编撰，取名为《遗言》，用来在荆州刻印刊行。我读过之后，觉得采录并不精确，于是又删去其中多余的和重复的，保留下三分之一，取名《传习续录》，在安徽的宁国水西精舍再次刻印。

今年夏天，我来到蕲州游玩，沈思畏说："先生的学说流行天下已经很久了，但是唯独没传到蕲州。蕲州士人看到《遗言》，就像亲身受到了先生的教导。经过指点看到了良知，就像重现了日月的光明。只是担心先生的遗言收录的不够多，而没有觉得收录重复是繁冗。请您搜集散失的部分增刻出来，怎么样？"

钱德洪我说："好。"先生格物致知的观点，开悟了学人，学习的人切身修习默默体悟，不敢只从知识上去理解，唯求通过切实体悟获得。所以老师整天不厌其烦地讲解。学习的人整天听这些也不厌其烦。因为指教专一，体悟就日渐精微，能够在尚未开口时领悟，并且能领悟言谈之外的精神，这是双方至诚相待的缘故。如今先生去世不到三纪，他的言论和宗旨却逐渐沉沦不明，这难道不是因为我们这些人亲身躬行得不够，凭空说得太多的缘故吗？

学习的人目标不同，先生的宗旨就得不到宣扬。于是我又搜集散佚的文稿，选用那些与先生言论不违背的，辑成一卷。其他不够真切以及《文录》已经记录的，全都删去。并将中卷改成问答形式，交给黄梅县令张君增刻。读者如果不只从知识上去理解，而唯求通过切实体悟中获得，那么就不会对此书存有疑问了。

嘉靖丙辰年夏四月，门人钱德洪于蕲州崇正书院恭谨作跋。

附：朱子晚年定论

怀玉书院重刻朱子晚年定论引

钱德洪

嘉靖戊午冬，怀玉书院工告成。广信知府鉴塘周君俶建议伤工，延师瞻士，百虑同集故土，乐有宁宇，以安其学。既将入观，以其事属其僚黄

怀玉书院

君纹。已而考绩以最闻，擢云南按察副使。鉴塘寓书黄君曰："吾将远别，不得视诸生成，所贻俸余若干，为我置书于局，使院生日亲先哲，犹吾教也。"时中庵读《朱子晚年定论》有感，谋诸斤石吕子曰："书院复朱子草堂之旧，书生登朱子堂，瞻朱子禀饩，进之以朱子之学，可乎？"夫诸生所

诵读朱子者，中年未定之说也，生登朱子堂，瞻朱子稟饩，进之以朱子之学，可乎？”夫诸生所诵读朱子者，中年未定之说也，而不知其晚年之悟之精且彻也。予昔闻知行之说，自谓入道次第，进无疑矣。今读《定论》，宁知致知者，致吾心本然之知。其与守书册、泥言语、讨论制度、较计权术，意趣工夫迥然不同也。昔闻存省之说，自谓动静交修，功无间矣。今读《定论》，宁知本然之知，随触发，无少停息，即寂之中感在寂，即感之中寂在感耶。夫学莫先于识性之真，而功莫切于顺性之动。知不求于口耳影响，而求诸吾心之本然，是得性之真矣。静而常觉，动而常止，譬之四时，日月流而不息，不见造化声臭之形，是显微无间，顺性之动而无违也。斯朱子《定论》发吾道之微几，揭造圣之规范也。以是而进诸生，亦足以慰鉴塘之教乎。斤石子曰：富哉。善推鉴塘公之心也。朱子晚年病目静坐，洞悟性真，昔其门人无有受其意而昌其说者。今得阳明先生，而朱子之学复显明于天下。以是而授诸生，则鉴塘之心匪徒足以淑院生，将达之天下后世无穷矣，不亦善乎。于是黄君命上饶丞章子经，纠工锓梓，置板院局，以惠诸士，乞洪书其事。洪尝增刻《定论》于南畿，因兹请，乃复为引其端云。嘉靖己未夏仲端阳日，后学余姚钱德洪书。

增刻朱子晚年定论序

钱德洪

适道者如京师然。所入之路虽不能无迟速之殊，然能终期于必到者，定志于先也。苟无定志，中道气衰，怠且止矣，乌能望其必至耶？洪业举子时，从事晦翁先生之学，自谓入圣涂彻，必在是矣。及叩师门，恍若有悟，始知圣人之道，坦夷直截，人人易由。乃疑朱子之说契悟未尽，辄生忽易之心焉。二十余年，岁月既去，毛发更矣，而故吾如昨，始歉然知惧。遭历罪狱，动忍忧惕，始于师门指受，日见亲切。复取晦翁之书读之，乃知其平时所入不无意见之偏，但其心以必造圣人为志，虽千回百折，不敢怠止。稽其实，其立朝也，以开悟君心为切；其莅政也，以民受实惠为功；其接引后学也，惟恐不得同跻圣域为惧。及其晚年病目，静坐有得，则尽悔平时注述，误己误人，与其门人，务求勇革，勿避讥笑，且使遍告同志，其胸中磊荦，真如日月之丽天，其过其更，人人得而仰睹。噫，若是而可以忽易观之哉。宜其推重于当时，传信于后世。是信之者，非徒信其言也，信其人之有徵也。但世之信先生者，皆有求为圣人之志矣乎？其格物穷理之说，似有近吾词章记诵之习，而注疏章句之便，又足以安其进取利禄之心。遂执其中年未定之说，号于人曰：吾能忠于朱门也云云。若是而欲立朱子之门墙，麾斥且不暇矣，而况欲为其效忠耶？苟有出是者，亦不过孰其持敬力行之说，以为矜名竞节之规，亦未闻有终疑其所入而得其悔者，是亦未有必为圣人之志，安于一善止也，又乌足以为深信朱子耶？《朱子晚年定论》，吾师当有手录，传刻于世久矣。史生致詹读之，若有契焉，欲翻刻以广惠同学。洪为增刻，得二卷焉。盖吾师取其晚年之悔，以自徵其学不畔于朱说。洪则取其悟后之言，徵朱子之学不畔于圣人也。使吾党之疑朱子者，勿以意见所得，辄怀忽易之心；信朱子者，毋安于其所悔，以必求其所情，庶不畔于圣人，是谓真信朱子也已。嘉靖壬子夏五月。后学余姚钱德洪撰。

朱子晚年定论

《定论》首刻于南、赣。朱子病目静久，忽悟圣学之渊薮，乃大悔中年注述误己误人，遍告同志。师阅之，喜己学与晦翁同，手录一卷，门人刻行之。自是为朱子论异同者寡矣。师曰："无意中得此一助。"隆庆壬申，虹峰谢君廷杰刻师《全书》，命刻《定论》附《语录》后，见师之学与朱子无相谬戾，则千古正学同一源矣。并师首叙与袁庆麟跋凡若干条，洪僭引其说。

朱子晚年定论

阳明子序曰：

洙、泗之传，至孟氏而息；千五百余年，濂溪、明道始复追寻其绪；自从辨析日祥，然亦日就支离决裂，旋复湮晦。吾尝深求其故，大抵皆世儒之多言有以乱之。

守仁早岁业举，溺志词章之习，既乃稍知从事正学，而苦于众说之纷扰疲苶，茫无可入，因求诸老、释，欣然有会于心，以为圣人之学在此矣。然于孔子之教间相出入，而措之日用，往往缺漏无归；依违往返，且信且疑。其后谪官龙场，居夷处困，动心忍性之余，恍若有悟，体验探求，再更寒暑，证诸《五经》《四子》，沛然若决江河而放诸海也。然后叹圣人之道坦如大路，而视之儒者妄开窦迳，蹈荆棘，堕坑堑，究其为说，反出二氏之下。宜乎世之高明之士厌此而趋彼也。此岂二氏之罪哉。间尝以语同志，而闻者竞相非议，目以为立异好奇；虽每痛反探抑，务自搜剔斑瑕，而愈益精明的确，洞然无复可疑；独于朱子之说有相牴牾，恒疢于心，切疑朱子之贤，而岂其于此尚有未察？及官留都，复取朱子之书而检求之，然后知其晚岁故已大悟旧说之非，痛悔极艾，至以为自诳诳人之罪，不可胜赎。世之所传《集注》《或问》之类，乃其中年未定之说，自咎以为旧本之误，思改正而未及，而其诸《语类》之属，又其门人挟胜心以附己见，固于朱子平日之说犹有大相谬戾者，而世之学者局于见闻，不过持循讲习于此。其余悟后之论，概乎其未有闻，则亦何怪乎予言之不信、而朱子之心无以自暴于后事也乎？

予既自幸其说之不谬于朱子，又喜朱子之先得我心之同，然且慨夫世之学者徒守朱子中年未定之说，而不复知求其晚岁既悟之论，竞相呶呶，以乱正学，不自知其已入于异端；辄采录而衰集之，私以示夫同志，庶几无疑于吾说，而圣学之明可冀矣。

正德乙亥冬十一月朔，后学余姚王守仁序。

答黄直卿书

为学直是先要立本。文义却可且与说出正意，令其宽心玩味；未可便令考校同异，研究纤密，恐其意思促迫，难得是向来定本之误。今幸见得，却烦勇革。不可苟避讥笑，却误人也。

答吕子约

日用工夫，比复何如？文字虽不可废，然涵养本原而察于天理人欲之判，此是日用动静之间，不可顷刻间段底事。若于此处见得分明，自然不到得流入世俗功利权谋里去矣。熹亦近日方实见得向日支离之病，虽与彼中证候不同，然忘己逐物，贪外虚内之失，则一而已。程子说"不得以天下万物扰己，己立后自能了得天下万物"，今自家一个身心不知安顿去处，而谈王说伯，将经世事业别作一个伎俩商量讲究，不亦误乎。相去远，不得面论；书问终说不尽，临风叹息而已。

答何叔京

前此僭易拜禀博观之蔽，诚不自揆。乃蒙见是，何幸如此。然观来谕，似有未能遽舍之意，何邪？此理甚明，何疑之有？若使道可以多闻博观而得，则世之知道者为不少矣。熹近日因事方有少省发处，如"鸢飞鱼跃"，明道以为与"必有事焉勿正"之意同者，乃今晓然无疑。日用之间，观此流行之体，初无间段处，有下功夫处。乃知日前自诳诳人之罪，盖不可胜赎也。此与守书册，泥言语，全无交涉；幸于日用间察之，知此则知仁矣。

答潘叔昌

示喻"天上无不识字的神仙"，此论甚中一偏之弊。然亦恐只学得识字，却不曾学得上天，即不如且学上天耳。上得天了，却旋学上天人，亦不妨也。中年以后，气血精神能有几何？不是记故事时节。熹以目昏，不敢着力读书。闲中静坐，收敛身心，颇觉得力。间起看书，聊复遮眼，遇有会心处，时一喟然耳。

答潘叔度

熹衰病，今岁幸不至剧，但精力益衰，目力全短，看文字不得；冥目静坐，却得收拾放心，决得日前外面走作不少，颇恨盲废之不早也。看书鲜识之喻，诚然。然严霜大冻之中，岂无些小风和日暖意思？要是多者胜耳。

与吕子约

孟子言"学问之道，惟在求其放心"；而程子亦言"心要在腔子里"。今一向耽着文字，令此心全体都奔在册子上，更不知有己；便是个无知觉不识痛痒之人，虽读得书，亦何益于吾事邪？

与周叔谨

应之甚恨未得相见，其为学规模次第如何？近来吕、陆门人互相排斥，此由各徇所见之偏，而不能公天下之心以观天下之理，甚觉不满人意。应之盖尝学于两家，未知其于此看得果如何？因话扣之，因书谕及为幸也。熹近日亦觉向来说话有大支离处，反身以求，正坐自己用功亦未切耳。因此减去文字工夫，觉得闲中气象甚适。每劝学者且亦看《孟子》"道性善""求放心"两章，着实体察收拾为要；其余文字，且大概讽诵涵养，未须大段着力考索也。

答陆象山

熹衰病日侵，去年灾患亦不少，比来病躯方似略可支吾。然精神耗减，日甚一日，恐终非能久于世者。所幸迩来日用工夫颇觉有力，无复向来支离之病。甚恨未得从容面论。未知异时相见，尚复有异同否耳？

答符复仲

闻向道之意甚勤。向所喻义利之间，诚有难择者；但意所疑，以为近利者，即便舍去可也。向后见得亲切，却看旧事，又有见未尽舍未尽者，不解有过当也。见陆丈回书，其言明当，且就此持守，自见功效；不须多疑多问，却转迷惑也。

答吕子约

日用工夫，不敢以老病而自懈。觉得此心操存舍亡，只在反掌之间。向来诚是太涉支离。盖无本以自立，则事事皆病而。又闻讲授亦颇勤劳，此恐或有未便。今日正要清源正本，以察事变之几微，岂可一向汩溺于故纸堆中，使精神昏弊，失后忘前，而可以谓之学乎？

与吴茂实

近来自觉向时工夫，止是讲论文义，以为积集义理，久当自有得力处，却于日用工夫全少检点。诸朋友往往亦只如此做工夫，所以多不得力。今方深省而痛惩之，亦欲与诸同志勉焉。幸老兄遍以告之也。

答张敬夫

熹穷居如昨，无足言者。自远去师友之益，兀兀度日。读书反己，固不无警省处，终是旁无疆辅，因循汩没，寻复失之。近日一种向外走作，心悦之而不能自已者，皆准止酒例戒而绝之，似觉省事。此前辈所谓"下士晚闻道，聊以拙自"慎读"、《大学》"诚意""毋自欺"处，常苦求之太过，措词烦猥；近日乃觉其非，此正是最切近处，最分明处。乃舍之而谈空于冥漠之间，其亦误矣。方窃以此意痛自检勒，懔然度日，惟恐有怠而失之也。至于文字之间，亦觉向来病痛不少。盖平日解经最为守章句者，然亦多是推衍文义，自做一片文字；非惟屋下架屋，说得意味淡薄，且是使人看者将注与经作两项工夫，做了下梢，看得支离，至于本旨，全不相照。以此方知汉儒可谓善说经者，不过只说训诂，使人以此训诂玩索经文。训诂经文不相离异，只做一道看了，直是意味深长也。

答吕伯恭

道间与季通讲论，因悟向来函养工夫全少，而讲说又多，疆探必取巡流逐末之弊；推类以求，众病非一，而其源皆在此，恍然自失，似有顿进之功。若保此不懈，庶有望于将来。然非如近日诸贤所谓顿悟之机也。向来所闻诲谕诸说之未契者，今日细思，吻合无疑。大抵前日之病，皆是气质躁妄之偏，不曾涵养克治，任意直前之弊耳。

答周纯仁

闲中无事，固宜谨出，然想亦不能一并读得许多。似此专人来往劳费，亦是未能省事随寓而安之病。又如多服燥热药，亦使人血气偏胜，不得和平，不但非所以卫生，亦非所闲退之意胜，而飞扬燥扰之气消，则治心养气、处事接物自然安稳，一时长进，无复前日内外之患矣。

答窦文卿

为学之要，只在着实操存，密切体认，自己身心上理会。切忌轻自表暴，引惹外人辩论，枉费酬应，分却向里工夫。

答吕子约

闻欲与二友俱来而复不果，深以为恨。年来觉得日前为学不得要领，自做身主不起，反为文字夺却精神，不是小病。每一念之，惕然自惧，且为朋友忧之。而每得子约书，辄复恍然，尤不知所以为贤者谋也。且如临事迟回，瞻前顾后，只此亦可见得心术影子。当时若得相聚一番，彼此极论，庶几或有剖决之助。今又失此机会，极令人怅恨也。训导后生，若说得是，当极有可自警省处，不会减人气力。若只如此支离，漫无绝纪，则虽不教后生，亦只见得展转迷惑，无出头处也。

答林择之

熹哀苦之余，无他外诱，日用之间，痛自敛饬，乃知敬费光阴，人欲横流，天理几灭。今而思之，怛然震悚，盖不知所以措其躬也。

又

此中见有朋友数人讲学，其间亦难得朴实头负荷得者。因思日前讲论，只是口说，不曾实体于身，故在己在人，都不得力。今方欲与朋友说日用之间，常切点检气习偏处、意欲萌处，与平日所讲相似与不相似，就此痛着工夫，庶几有益。陆子寿兄弟，近日议论，却肯向讲学上理会。其门人有相访者，气象皆好。但其间亦有旧病。此间学者却是与渠相反，初谓只如此讲学，渐涵自能入德。不谓末流之弊只成说话，至于人伦日用最切近处，亦都不得毫毛气力。此不可不深惩而痛警也。

答梁文叔

近看孟子见人即道性善，称尧、舜，此是第一义。若于此看得透，信得及，直下便是圣贤，便无一毫人欲之私做得病痛。若信不及孟子，又说个第二节工夫，又只引成觑、颜渊、公明仪三段说话教人如此，发愤勇猛向前，日用之间，不得存留一毫人欲之私在这里，此外更无别法。若于此有个奋迅兴起处，方有田地可下工夫。不然，即是画脂镂冰，无真实得力处也。近日见得如此，自觉颇得力，与前日不同，故此奉报。

答潘叔恭

学问根本在日用间，持敬集义工夫，直是要得念念省察。读书求义，乃其间之一事耳。旧来虽知此意，然于缓急之间，终是不觉有倒置处，误人不少。今方自悔耳。

答林充之

充之近读何书？恐更当于日用之间为人之本者，深加省察，而去其有害于此者为佳。不然，诵说虽精，而不践其实，君子盖深耻之。此固充之平日所讲闻也。

答何叔景

李先生教人，大抵令于静中体认大本未发时气象，分明即处事应物，自然中节。此乃龟山门下相传指决，然当时亲炙之时，贪听讲论，又方窃好章句训诂之习，不得尽心于此；至今若存若亡，无一的实见处，辜负教育之意。每一念此，未尝不愧汗沾衣也。

又

熹近来尤觉错愦无进步处。盖缘日前偷堕苟简，无深探力行之志，凡所论说，皆出入口耳之余，以故全不得力。今方觉悟，欲勇革旧习，而血气已衰，心志亦不复疆，不知终能有所济否？

又

向来妄论"持敬"之说，亦不自记其云何。但因其良心发现之微，猛省提撕，使心不昧，则是做工夫的本领。本领既立，自然下学而上达矣。若不察良心发现处，即渺渺茫茫，恐无下手处也。中间所见亦是如此。近因反求未得个安稳处，却始知此未免支离，如所谓因诸公以求程氏，因程氏以求圣人，是隔几重公案，曷若默会诸心，以立其本，而其言之得失，自不能逃吾之鉴邪？钦夫之学所以超脱自在，见得分明，不为言句所桎梏，只为合下人处亲切。今日说话虽未能绝无渗漏，终是本领。是当非吾辈所及，但详观所论，自可见矣。

答林择之

所论颜、孟不同处，极善极善。正要见此曲折，始无窒碍耳。比来想亦只如此用功。熹近只就此处见得向来未见底意思，乃知存入自明，何待穷索之语，是真实不诳语。今未能久，已有此验，况真能久邪？但当益加勉励，不敢少弛其劳耳。

答杨子直

学者堕在语言，心实无得，固为大病；然于语言中，罕见有究竟得彻头彻尾者。盖资质已是不及古人，而工夫又草草，所以终身于此，若存若亡，未有卓然可恃之实。近因病后，不敢极力读书，闲中却觉有进步处。大抵孟子所论求其放心，是要诀尔。

与田侍郎子真

吾辈今日事事做不得，只有向里存心窍理，外人无交涉。然亦不免违条碍贯，看来无着力处，只有更攒近里面，安身立命尔。不审比日何所用心？因书及之，深所欲闻也。

答陈才卿

详来示，知日用工夫精进如此，尤以为喜。若知此心理端的在我，则参前倚衡，自有不容舍者，亦不待求而得，不待操而存矣。格物致知，亦是因其所已知者推之，以及其所未知，只是一本，原无两样工夫也。

与刘子澄

居官无修业之益，若以俗学言之，诚是如此；若论圣门所谓德业者，却初不在日用之外，只押文字，便是进德修业地头，不必编缀异闻，乃为修业也。近觉向来为学，实有向外浮泛之弊；不惟自误，而误人亦不少。方别寻得一头绪，似差简约端的，始知文字言语之外，真别有用心处，恨未得面论也。浙中后来事体，大段支离乖僻，恐不止似正似邪而已，极令人难说，只得惶恐，痛自警省。恐未可专执旧说以为取舍也。

与林择之

熹近觉向来乖谬处不可缕数，方惕然思所以自新者，而日用之间，悔吝潜积，又已甚多。朝夕惴惧，不知所以为计。若择之能一来辅此不逮，幸甚。然讲学之功，比旧却觉稍有寸进。以此知初学得些静中功夫，亦为助不小。

答吕子约

示喻日用工夫如此，甚善。然亦且要见一大头脑分明，便于操舍之间有用力处；如实有一物，把住放行在自家手里，不是谩说求其放心，实却茫茫无把捉处也。

子约复书云："某盖尝深体之，此个大头脑本非外面物事，是我元初本有底。其曰'人生而静'，其曰'喜怒哀乐之未发'，其曰'寂然不动'，人汩汩地过了日月，不曾存息，不曾实现此体段，如何会有用力处？程子谓'这个义理，仁者又看作仁了，智者又看作智了，百姓日用不知，此所以君子之道鲜'。此个亦不少，亦不剩，只是人看他不见，不大段信得此话。及其言于勿忘勿助长间认取者，认乎此也。认得此，则一动一静皆不昧矣。恻隐羞恶辞让是非，四端之著也，操存久则发现多；忿懥忧患好乐恐惧，不得其正也，放舍甚则日滋长。记得南轩先生谓'验厥操舍，乃知出入'，乃是见得主脑，于操舍间有用力处之实话。盖苟知主脑不放下，虽是未能常常操存，然语默应酬间历历能自省验，虽其实有一物在我手里，然可欲者是我的物，不可放失；不可欲者非是我物，不可留藏：虽谓之实有一物在我手里，亦可也。若是谩说，既无归宿，亦无依据，纵使缰把捉得住，亦止是袭取，夫岂是我元有的邪？愚见哪些，敢望指教。"朱子答书云："此段大概，甚正当亲切。"

答吴德夫

承喻仁字之说，足见用力之深。熹意不欲如此坐谈，但直以孔子、程子所示求仁之方，择其一二切于吾身者，笃志而力行之，于动静语默间，勿令间断，则久久自当知味矣。去人欲，存天理；且据所见去之存之。工夫既深，则所谓似天理而实人欲者次第可见。今大体未正，而便察及细微，恐有放饭流啜，而问无齿决之讥也。如何如何？

答或人

中和二字，皆道之体用。旧闻李先生论此最详，后来所见不同，遂不复致思。今乃知其为人深切，然恨已不能尽记其曲折矣。如云"人固有无所喜怒哀乐之时，然谓之未发，则不可言无主也"，又如先言慎独，然后及中和，此亦尝言之。但当时既不领略，后来又不深思，遂成蹉过，孤负此翁耳。

答刘子澄

日前为学，缓于反己追思，凡多百可悔者。所论注文字，亦坐此病，多无着实处。回首茫然，计非岁月工夫所能救治，以此愈不自快。前时犹得敬夫、伯恭时惠规益，得以自警省；二友云亡，耳中绝不闻此等语。今乃深有望于吾子澄。自此惠书，痛加镌诲，乃君子爱人之意也。

朱子之后，如真西山、许鲁齐、吴草庐亦皆有见于此，而草庐见之尤真，悔之尤切。今不能备录，取草庐一说附于后。

临川吴氏曰："天之所以生人，人之所以为人，以此德性也。然自圣传不嗣，士学靡宗，汉、唐千余年间，董、韩二子依稀数语近之，而原本竟昧昧也。逮夫周、程、张、邵兴，始能上通孟氏而为一。程氏四传而至朱，文义之精密，又孟氏以来所未有者。其学徒往往滞于此而溺其心。夫既以世儒记诵词章为俗学矣，而其为学亦未离乎言语文字之末。此则嘉定以后朱门末学之敝，而未有能救之者也。夫所贵乎圣人之学，以能全天之所以与我者尔。天之与我，德性是也，是为仁义礼智之根株，是为形质血气之主宰。舍此而他求，所学何学哉？假而行如司马文正公，才如诸葛忠武侯，亦不免为习不著，行不察；亦不过为资器之超于人，而谓有得于圣学则未也。况止于训诂之精，讲说之密，如北溪之陈，双峰之饶，则与彼记诵词章之俗学，相去何能以寸哉？圣学大明于宋代，而蹑其后者如此，可叹已。澄也钻研于文义，毫分缕析，每以陈为未精，饶为未密也。堕此科臼中垂四十年，而始觉其非。自今以往，一日之内而亥，一月之内朔而晦，一岁之内春而冬，常见吾德性之昭昭，如天之运转，如日月之往来，不使有须臾之间断，则于尊之之道殆庶几乎？于此有未能，则问于人，学于己，而必欲其至。若其用力之方，非言之可喻，亦味于《中庸》首章、《订顽》终篇而自悟可也。"

《朱子晚年定论》，我阳明先生在留都时所采集者也。揭阳薛君尚谦旧录一本，同志见之，至有不及抄写，袖之而去者。众皆惮于翻录，乃谋而寿诸梓。谓"子以齿，当志一言。"惟朱子一生勤苦，以惠来学，凡一言一字，皆所当守；而独表章是、尊崇乎此者，盖以为朱子之定见也。今学者不求诸此，而犹踵其所悔，是蹈舛也，岂善学朱子者哉？麟无似；从事于朱子之训余三十年，非不专且笃，而竟亦未有居安资深之地，则犹以为知之未详，而览之未博也。戊寅夏，持所著论若干卷来见先生。闻其言，如日中天，睹之即见：象五谷之艺地，种之即生；不假外求，而真切简易，恍然有悟。退求其故而不合，则又不免迟疑于其间。及读是编，始释然，尽投其所业，假馆而受学，盖三月而若将有闻焉。然后知乡之所学，乃朱子中年未定之论，是故三十年而无获。今赖天之灵，始克从事于其所谓定见者，故能三月而若将有闻也。非吾先生，几乎已矣。敢以告夫同志，使无若麟之晚而后悔也。若夫直求本原于言语之外，真有以验其必然而无疑者，则存乎其之自力，是编特为之指迷耳。正德戊寅六月望，门人零都袁庆麟谨识。

卷四 文录一

阳明先生文录序

邹守益

　　钱子德洪刻先师《文录》于姑苏，自述其衷次之意：以纯于讲学明道者为《正录》，曰明其志也；以诗赋及酬应者为《外集》，曰尽其全也；以奏疏及文移为《别录》，曰究其施也。于是先师之言灿然聚矣。以守益与闻绪言之教也，寓简使序之。守益拜手而言曰：

　　知言诚未易哉。昔者孔夫子之在春秋也，从游者三千，速肖者七十矣，而犹有莫我知之叹，叹夫以言语求之而眩其真也。夫子既没，门弟子欲以所事夫子者事有子。夷考其取于有子，亦曰甚矣，其言之似夫子也。则下学上达之功，其著且察者鲜矣。推尊之词，要亦足以及之。贤于尧、舜。尧、舜未易贤也。走兽之于麟，飞鸟之于凤，虽勉而企之，其道无繇。不几于绝德乎？礼乐之等，最为近之，然犹自闻见而求，终不若秋阳江、汉，直悟本体，为简易而切实也。盖在圣门，惟不迁怒不贰过之颜，语之而不惰；其次则忠恕之曾，足以任重而道远。故再传而以祖述宪章。譬诸天地四时三传，而以仕止久速之时比诸大成，比诸巧力，宛然江汉秋阳家法也。

秦、汉以来，专以训诂，杂以佛、老，侈以词章，而嚅嚅肫肫之学，淆杂偏陂而莫或救之。逮于濂、洛，始粹然克续其传。论圣之可学，则以一者无欲为要，答定性之功，则以大公顺应，学天地圣人之常。嗟乎。是岂尝试而悬断之者乎？其后剖析愈精，考拟愈繁，著述愈富，而支离愈甚，间有觉其非而欲挽焉，则又未能尽追窠臼而洗濯之。至我阳明先生慨然深探其统，历艰履险，磨瑕去垢，独揭良知。力拯群迷，犯天下之谤而不自恤也。有志之士，稍稍如梦而觉，溯濂、洛以达洙、泗，非先师之功乎？以益之不类，再见于虔，再别于南昌，三至于会稽，窃窥先师之道愈简易，愈广大，愈切实，愈高明，望望然而莫知其所止也。当时有称先师者曰："古之名世，或以文章，或以政事，或以气节，或以勋烈，而公克兼之。独除却讲学一节，即全人矣。"先师笑曰："某愿从事讲学一节，尽除却四者，亦无愧全人。"又有訾讪之者。先师曰："古之狂者，嘐嘐圣人而行不掩，世所谓败阙也，而圣门以列中行之次。忠信廉洁，刺之无可刺，世所谓完全也，而圣门以为德之贼。某愿为狂以进取，不愿为愿以媚世。"呜呼。今之不知公者，果疑其为狂乎？其知公者，果能尽除四者而信其为全人乎？良知之明，烝民所同，本自嚅嚅，本自肫肫，常寂，常感，常神，常化，常虚，常直，常大公，常顺应，患在自私用智之欲所障，始有所尚，始有所倚；不倚不尚，本体呈露，宣之为文章，措之为政事，犯颜敢谏为气节，诛乱讨贼为勋烈：是四者皆一之流行也。学出于一，则以言求心矣；学出于二，则以言求言矣。守益方病于二之而未瘳也，故反覆以质于吾党。吾党欲求知言之要，其惟自致其良知乎？

嘉靖丙申春三月。

阳明先生文录序

钱德洪

　　古之立教有三：有意教，有政教，有言教。太上之世，民涵真性，嗜欲未涉，圣人者特相示以意已矣，若伏羲陈奇偶以指象是也。而民遂各以意会，不逆于心，群物以游，熙如也：是之谓意教。中古之民，风气渐开，示之以意若病不足矣。圣人者出，则为之经制立法，使之自厚其生，自利其用，自正其德，而民亦相忘于政化之中，各足其愿，日入于善，而不知谁之所使：是以政教之也。自后圣王不作，皇度不张，民失所趋，俗非其习，而圣人之意日湮以晦，怀世道者忧之，而处非其任，则哓哓以空言觉天下：是故始有以言教也。

　　噫。立敬而至于以言则难矣，昔者孔子之在春秋也，其所与世谆谆者皆性所同也。然于习俗所趋无征焉，乃哄起而异之曰："是将夺吾之所习，而蹶吾之所趋也。"或有非笑而诋訾之者。三千之徒，其庶几能自拔于流俗，不与众非笑诋訾之者乎？然而天下之大也，其能自拔于俗，不与众非笑诋訾者，仅三千人焉，岂非空言动众，终不若躬见于政事之为易也？夫三千之中称好学者，颜氏之外又无多闻焉。岂速肖之士知自拔于俗矣，尚未能尽脱乎俗习耶？一洗俗习之陋，直超自性之真，而尽得圣人千古不尽之意者，岂颜氏之所独耶？然而三千之徒，其于夫子之言也，犹面授也。秦火而后，掇拾于汉儒者多似是而失真矣。后之儒者复以已见臆说，尽取其言而支离决裂之。噫。诚面授也，尚未免于俗习焉，并取其言而乱之，则后之怀世道者，复将何恃以自植于世耶？

吾师阳明先生盖有志于圣人之道，求之俗习而无取也，求之世儒之学而无得也，乃一洗俗习之陋、世儒之说，而自证以吾之心焉，殚思力践，竭精瘁志，卒乃豁然有见于良知，而千古圣人不尽之意复得以大明于世。噫。亦难矣。世之闻吾先生之言者，其皆肯自拔于流俗，不与众非笑诋訾之乎？其皆肯一洗俗习之陋、世儒之说，而独证以吾之心乎？夫非笑诋訾，在孔子犹不免焉，于当世乎奚病？特病其未之或闻焉耳。如其有闻也，则知先生之所言者非先生之言也，吾之心也。吾心之知不以太上而古，不以当世而今，不待示而得，不依政而行，俗习所不能湮，异说所不能淆：特在乎有超世特立之志，自证而自得之耳。有超世特立之志者而一触其知，真如去目之尘沙以还光也，拔耳之木楔以还聪也，解支体之束缚以自舒也，去污秽而就高明，撤蔽障而合大同，以复中古之政，超太上之意，亦已矣，又奚以俗习之陋、世儒之说为哉？

先生之言，世之信从者日众矣。特其文字之行于世者，或杂夫少年未定之论。愚惧后之乱先生之学者，即自先生之言始也，乃取其少年未定之论，尽删而去之；详披缔阅，参酌众见，得至一之言五卷焉。其余或发之题咏，或见之政事者，则厘为《外集》《别录》；复以日月前后顺而次之，庶几知道者读之，其知有所取乎？虽然，是录先生之言也，特入珍藏之扃钥也。珍藏不守，乃屑屑焉扃钥之是竞，岂非舍其所重而自任其所轻耶？兹不能无愧于是录之成云尔。

重刻阳明先生文录后语

王畿

　　道必待言而传，夫子尝以无言为警矣。言者，所由以入于道之诠，凡待言而传者，皆下学也。学者之于言也，犹之暗者之于烛，跛者之于杖也。有触发之义焉，有栽培之义焉，而其机则存乎心悟。不得于心而泥于言，非善于学者也。我阳明先师倡明圣学，以良知之说觉天下，天下靡然从之：是虽入道之玄诠，亦下学事，载诸录者详矣。吾党之从事于师说也，其未得之，果能有所触发否乎？其得之也，果能有所栽培否乎？其得而玩之也，果能有所印正否乎？得也者，非得之于言，得之于心也；契之于心，忘乎言者也，犹之烛之资乎明，杖之辅乎行，其机则存乎目与足，非外物所得而与也。若夫玩而忘之，从容默识无所待而自中乎道。斯则无言之旨，上达之机，固吾梅林公重刻是录，相与嘉惠而申警之意也。不然，则圣学亡而先师之意荒矣。吾党勖诸。

阳明先生文录续编序

徐阶

　　余姚钱子洪甫既刻《阳明先生文录》以传，又求诸四方，得先生所著《大学或问》《五经臆说》、序、记、书、疏等若干卷，题曰《文录续编》，而属嘉兴守六安徐侯以正刻之。刻成，侯谋于洪甫及王子汝中，遣郡博张

皇　帝

中央　　　　（六部）　　　都察院　五军都督府　锦衣卫、东厂、西厂

内阁　　吏部　户部　礼部　兵部　刑部　工部

地方　　　　（三司）

民政　承宣布政使司　　刑狱　提刑按察使司　　军政　都指挥使司

1. 明太祖废丞相，权分六部。
2. 明朝设厂卫特务机构，加强对官吏的监视和对人民的镇压。
3. 明政府在地方设三司，分掌地方的行政、司法、军政，三司直接隶属中央。

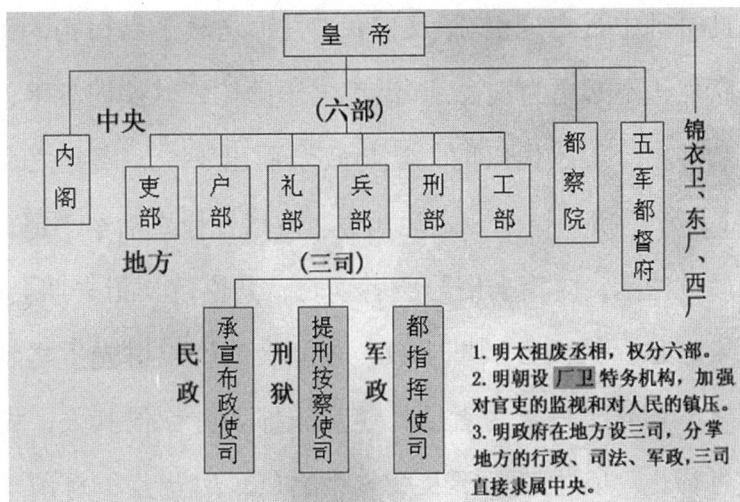

明朝中央集权示意图

编、海宁诸生董启予问序于阶。阶曰：

先生之文，非浅薄所敢序也。虽然，阶尝从洪甫、汝中窃闻先生之学矣。夫学，非独倡始难也，其传而不失其宗，盖亦不易焉。自孔子没，《大学》格致之旨晦。其在俗儒，率外心以求知，终其身汨溺于见闻记诵；而高明之士，又率慕径约，贵自然，沦入于二氏而不自觉。先生崛起千载之后，毅然以谓致知者致吾心之良知也。吾心之良知，不待虑而知，不待学而能，是乃天命之性，吾心灵昭明觉之本体也。惟不自欺其良知，斯知致而意可诚矣。格者，正也。正其不正以归于正也。物者，事也。事各归于正，而吾良知之所知始无亏缺障蔽，得以极其致矣。举知而归诸良，举致知而归诸正物，盖先生之学不汨于俗，亦不入于空如此。于时闻者幸知口耳之可耻，然其辟之或激于太过，幸有见夫心体之当求，然其拟之或涉于太轻：于是超顿之说兴，至举践履之实，积累之功，尽诋以为不足务。脱于俗，顾转而趋于空，则先生之学有不待夫传之既久，乃始失其宗者，兹岂非学先生者之所忧乎？洪甫辑为是编，其志固将以救之。其自序曰："言

近而旨远，此吾师中行之证也。"又曰："吾师之教平易切实，而圣智神化之机，固已跃然，不必更为别说。"洪甫之于师传，其阐明翼卫，视先生之于孔氏，有功等矣。夫三代以前，学与政合而出于一，虞廷之命官，与其所陈之《谟》，皆"精一执中"之运用也。故曰三代之治本于道，三代之道本于心。而后世论学，既指夫俗与空者当之，其论政又指夫期会簿书当之，谬迷日甚而未已也。徐侯方从事于政，独能聚诸生以讲先生之学，汲汲焉刻是编以诏之，其异于世之为者欤？使凡领郡者皆徐侯其人，先生之学明而洪甫之忧可释也。阶生晚，不及登先生之门。然昔孟子自谓于孔子为私淑，至其自任闲先王之道以承孔子，则虽见目为好辩而不辞。故辄以侯请，僭为之序。呜呼。观者其尚亮阶之志也夫。

刻文录叙说

钱德洪

德洪曰：嘉靖丁亥四月，时邹谦之谪广德，以所录先生文稿请刻。先生止之曰："不可。吾党学问，幸得头脑，须鞭辟近里，务求实得，一切繁文靡好。传之恐眩人耳目，不录可也。"谦之复请不已。先生乃取近稿三之一，标揭年月，命德洪编次；复遗书曰："所录以年月为次，不复分别体类者，盖专以讲学明道为事，不在文辞体制间也。"明日，德洪掇拾所遗复请刻。先生曰："此爱惜文辞之心也。昔者孔子删述《六经》，若以文辞为心，如唐、虞、三代，自《典》《谟》而下，岂止数篇？正惟一以明道为志，故所述可以垂教万世。吾党志在明道，复以爱惜文字为心，便不可入尧、舜之道矣。"德洪复请不已。乃许数篇，次为《附录》，以遗谦之，今之广德板是也。

先生读《文录》，谓学者曰："此编以年月为次，使后世学者，知吾所学前后进诣不同。"又曰："某此意思赖诸贤信而不疑，须口口相传，广布同志，庶几不坠。若笔之于书，乃是异日事，必不得已，然后为此耳。"又曰："讲学须得与人人面授，然后得其所疑，时其浅深而语之。才涉纸笔，便十不能尽一二。"戊子年冬，先生时在两广谢病归，将下庾岭。德洪与王汝中闻之，乃自钱塘趋迎。至龙游闻讣，遂趋广信，讣告同门，约每越三年遣人裒录遗言。明日又进贵溪，扶丧还玉山。至草萍驿，戒记书笥，故诸稿幸免散逸。自后同门各以所录见遗，既七年，壬辰，德洪居吴，始较定篇类。复为《购遗文》一疏，遣安成王生自闽、粤由洪都入岭表，抵苍梧，取道荆、湘，还自金陵，又获所未备；然后谋诸提学侍御闻人邦正，入梓以行。文录之有《外集》《别录》，遵《附录》例也。

先生之学凡三变，其为教也亦三变：少之时，驰骋于辞章；已而出入二氏；继乃居夷处困，豁然有得于圣贤之旨：是三变而至道也。居贵阳时，首与学者为"知行合一"之说；自滁阳后，多教学者静坐；江右以来，始单提"致良知"三字，直指本体，令学者言下有悟：是教亦三变也。读文录者当自知之。先生尝曰："吾始居龙场，乡民言语不通，所可与言者乃中土亡命之流耳；与之言知行之说，莫不忻忻有人。久之，并夷人亦翕然相向。及出与士夫言，则纷纷同异，反多扞格不入，何也？意见先入也。"德洪自辛巳冬始见先生于姚，再见于越，于先生教若恍恍可即，然未得入头处。同门先辈有指以静坐者。遂觅光相僧房，闭门凝神净虑。倏见此心真体，如出蔀屋而睹天日，始知平时一切作用，皆非天则自然。习心浮思，炯炯自照，毫发不容住著。喜驰以告。先生曰："吾昔居滁时，见学者徒为口耳同异之辩，无益于得，且教之静坐。一时学者亦若有悟；但久之渐有喜静厌动流入枯槁之病。故迩来只指破致良知工夫。学者真见得良知本体昭明洞彻，是是非非莫非天则，不论有事无事，精察克治，俱归一路，方是格致实功，不落却一边。故较来无出致良知话头，无病何也？良知原无间动静也。"德洪既自喜学得所入，又承点破病痛，退自省究，渐觉得力。"良知"之说发于正德辛巳年。盖先生再罹宁藩之变，张、许之难，而学又一番证透，故正录书凡三卷，第二卷断自辛巳者，志始也。"格致"之辩莫详于《答顾华玉》一书，而"拔本塞源"之论，写出千古同体万物之旨，与末世俗习相沿之弊。百世以俟，读之当为一快。

先生尝曰："吾'良知'二字，自龙场已后，便已不出此意，只是点此二字不出，于学者言，费却多少辞说。今幸见出此意，一语之下，洞见全体，真是痛快，不觉手舞足蹈。学者闻之，亦省却多少寻讨功夫。学问头脑，至此已是说得十分下落，但恐学者不肯真下承当耳。"又曰："某于'良知'之说，从百死千难中得来，非是容易见得到此。此本是学者究竟话头，可惜此体沦埋已久。学者苦于闻见障蔽，无入头处。不得已与人一口说尽。但恐学者得之容易，只把做一种光景玩弄，孤负此知耳。"

甲中年，先生居越。中秋月白如洗，乃燕集群弟子于天泉桥上。时在侍者百十人。酒半行，先生命歌诗。诸弟子比音而作，翕然如协金石。少间，能琴者理丝，善箫者吹竹，或投壶聚算，或鼓棹而歌，远近相答。先生顾而乐之，遂即席赋诗，有曰"铿然舍瑟春风里，点也虽狂得我情"之句。既而曰："昔孔门求中行之士不可得，苟求其次，其惟狂者乎？狂者志存古人，一切声利纷华之染，无所累其衷，真有凤皇翔依千仞气象。得是人而裁之，使之克念日就平易切实，则去道不远矣。予自鸿胪以前，学者用功尚多拘局；自吾揭示良知头脑，渐觉见得此意者多，可与裁矣。"

先生自辛巳年初归越，明年居考丧，德洪辈侍者踪迹尚寥落。既后，四方来者日众，癸未已后，环先生之室而居，如天妃、光相、能仁诸僧舍，每一室常合食者数十人，夜无卧所，更番就席，歌声彻昏旦。南镇、禹穴、阳明洞诸山远近古刹，徒足所到，无非同志游寓之地。先生每临席，诸生前后左右环坐而听，常不下数百人；送往迎来，月无虚日，至有在侍更岁，不能遍记其姓字者。诸生每听讲，出门未尝不踊跃称快，以昧入者以明出，以疑入者以悟出，以忧愤幅忆入者以融释脱落出，呜呼休哉。不图讲学之至于斯也。尝闻之同门，南都以前，从游者虽众，未有如在越之盛者。虽讲学日久，孚信渐博，要亦先生之学益进，感召之机亦自不同也。今观《文录》前后论议，大略亦可想见。

先生尝语学者曰："作文字亦无妨工夫。如诗言志，只看尔意向如何，意得处自不能不发之于言，但不必在词语上驰骋，言不可以伪为。且如不见道之人，一片粗鄙心，安能说出和平话？总然都做得，后一两句露出病痛，便觉破此文原非充养得来。若养得此心中和，则其言自别。"

门人有欲汲汲立言者。先生闻之叹曰："此弊溺人，其来非一日矣。不求自信而急于人知，正所谓以己昏昏，使人昭昭也。耻其名之无闻于世，而不知知道者视之，反自贻笑耳。宋之儒者，其制行磊荦，本足以取信于人，故其言虽未尽，人亦崇信之，非专以空言动人也。但一言之误，至于误人无穷，不可胜救，亦岂非汲汲于立言者之过耶？"

或问先生所答示门人书稿，删取归并，作数篇训语以示将来，如何？先生曰："有此意。但今学问自觉所进未止，且终日应酬无暇。他日结庐山中，得如诸贤有笔力者，聚会一处商议，将圣人至紧要之语发挥作一书，然后取零碎文字都烧了，免致累人。"德洪事先生，在越七年，自归省外，无日不侍左右。有所省豁，每得于语默作止之间。或闻时讪议，有动于衷，则益自奋励以自植，有疑义即进见请质。故乐于面炙，一切文辞，俱不收录。每见文稿出示，比之侍坐时精神鼓舞，歉然常见不足。以是知古人"书不尽言，言不尽意"，非欺我也。不幸先生既没，謦欬无闻，仪刑日远，每思印证，茫无可即。然后取遗稿次第读之，凡所欲言而不能者，先生皆为我先发之矣。虽其言之不能尽意，引而不发，跃如也。由是自滁以后文字，虽片纸只字不敢遗弃。四海之远，百世之下，有同此怀者乎？苟取正录，顺其日月以读之，不以言求，而惟以神会，必有沛然江河之决，莫之能御者矣。

《别录》成，同门有病其太繁者。德洪曰："若以文字之心观之，其所取不过数篇。若以先生之学见诸行事之实，则虽琐屑细务，皆精神心术所寓，经时赞化以成天下之事业。千百年来儒者有用之学，于此亦可见其梗概，又何病其太繁乎？"

昔门人有读《安边八策》者。先生曰："是疏所陈亦有可用。但当时学问未透，中心激忿抗厉之气。若比气未除，欲与天下共事，恐事未必有济。"

陈惟浚曰："昔武宗南巡，先生在虔，奸贼在君侧，间有以疑谤危先生者，声息日至，诸司文帖，络绎不绝，请先生即下洪，勿处用兵之地，以坚奸人之疑。先生闻之，泰然不动。门人乘间言之，先生姑应之曰：'吾将往矣。'一日，惟浚亦以问。先生曰：'吾在省时，权竖如许势焰疑谤，祸在目前，吾亦帖然处之。此何足忧？吾已解兵谢事乞去，只与朋友讲学论道，教童生习礼歌诗，乌足为疑。纵有祸患，亦畏避不得。雷要打，便随他打来，何故忧惧？吾所以不轻动，亦有深虑焉尔。'又一人使一友亦告急。先生曰：'此人惜哉不知学，公辈曷不与之讲学乎？'是友亦释然，谓人曰：'明翁真有赤鸟几几气象。'愚谓《别录》听载，不过先生政事之迹耳。其遭时危谤，祸患莫测，先生处之泰然，不动声色，而又能出危去险，坐收成功。其致知格物之学至是，岂意见拟议所能及。"是皆《别录》所未及详者。洪感惟浚之言，故表出之，以为读《别录》者相发。

《复闻人邦正书》，衰刊《文教》，诸同门聚议不同久矣。有曰："先生之道无精粗，随所发言，莫非至教，故集文不必择其可否，概以年月体类为次，使观者随其所取而获焉。"此久庵诸公之言也。又以"先生言虽无间于精粗，而终身命意，惟以提揭人心为要，故凡不切讲学明道者，不录可也"。此东廓诸公之言也。二说相持，罔知裁定。去年广回舟中，反覆思惟，不肖鄙意窃若有附于东廓子者。夫传言者不贵乎尽其博，而贵乎得其意。得其意，虽一言之约，足以入道；不得其意，而徒示其博，则泛滥失真，匪徒无益，是眩之也。且文别体类，非古也，其后世侈词章之心乎？当今天下士方驰骛于辞章，先生少年亦尝没溺于是矣，卒乃自悔，惕然有志于身心之学；学未归一，出入于二氏者又几年矣，卒乃自悔，省然独得于圣贤之旨；反覆世故，更历险阻，百炼千磨，斑瑕尽去，而辉光焕发，超然有悟于良知之说。自辛巳年已后，而先生教益归于约矣。故凡在门墙者，不烦辞说而指见本体，真如日月之丽天，大地山河，万象森列，阴崖鬼魅，皆化而为精光；断溪曲径，皆坦而为大道。虽至愚不肖，一触此体真知，皆可为尧、舜，考三王，建天地，质鬼神，俟百世，断断乎知其不可易也。有所不行者，特患不加致之之功耳。今传言者不揭其独得之旨，而尚杂情于悔前之遗，未透之说，而混焉以夸博，是爱其毛而不属其里也，不既多乎？既又思之：凡物之珍赏于时者，久而不废，况文章乎？先生之文，既以传诵于时，欲不尽录，不可得也。自今尚能次其月日，善读者犹可以验其悔悟之渐。后恐迷其岁月，而概以文字取之混入焉，则并今日之意失之矣。久庵之虑，殆或以是与？不得已，乃两是而俱存之。故以文之纯于讲学明道者裒为《正录》，余则别为《外集》，而总题曰《文录》。疏奏批驳之文，则又厘为一书，名曰《别录》。夫始之以《正录》，明其志也；继之以《外集》，尽其博也；终之以《别录》，究其施也：而文稽其类以从，时也。识道者读之，庶几知所取乎？此又不肖者之意也。问难辩诘，莫详于书，故《正录》首书，次记，次序，次说，而以杂著终焉。讽咏规切，莫善于诗赋，故《外集》首赋，次诗，次记，次序，次说，次杂著，而传志终焉。《别录》则卷以事类，篇以题别，先奏疏而后公移。刻既成，惧读者之病于未察也，敢敬述以求正。

乙未年正月

阳明文录跋

程文德

阳明先生文录，旧尝梓行，然多为缪，间编帙有错置者。欧阳子崇一厘正之，大学生兴与吴子堂盖慕先生而私淑焉者，欣然请复梓焉。既事，同志者以告某："其识末简。"某作而叹曰：夫世之读斯录者，以文焉而已乎？先生之不可传者，文弗与也。弗以文焉而已乎？先生之文也，以载道也，夫可载者存乎言，而不可传者存乎意，故曰"言不尽意"也。玩其辞、通其意焉，斯可矣。嗟乎。圣学久湮，良知不泯，支离蔽撒，易简功成，是先生之意也，而世以为疑于禅。明德亲民，无外无内，皇皇乎与人为善，忘毁誉齐得丧者，是先生之意也。而或以为诡于俗世未平治时，予之辜惟此学之故。将以上沃圣明，而登之熙皞皞焉，是先生之意也，而天弗假之以年。嗟乎。嗟乎。斯道之不明不行也，岂细故哉？先生往矣，道无存亡，吾党其共勖焉。若曰曹鼎而足，望洋而惧，矫俗以相矜，剽端而殖誉，殆非先生意矣。殆非先生意矣。虽然，先生之意，先生不能尽之，而吾能言之耶？故曰：读斯录者，通其意焉而已矣。

书一始正德己巳至庚辰

与辰中诸生己巳

谪居两年，无可与语者。归途乃得诸友，何幸何幸！方以为喜，又遽尔别去，极怏怏也。绝学之余，求道者少；一齐众楚，最易摇夺。自非豪杰鲜有卓然不变者。诸友宜相砥砺夹持，务期有成。近世士夫亦有稍知求道者，皆因实德未成而先揭标榜，以来世俗之谤，是以往往隳堕无立，反为斯道之梗。诸友宜以是为鉴，刊落声华，务于件己处着实用力。

前在寺中所云静坐事，非欲坐禅入定。盖因吾辈平日为事物纷挐，未知为己，欲以此补小学收放心一段功夫耳。明道云："才学便须知有着方处，既学便须知有得力处。"诸友宜于此处着力，方有进步，异时始有得力处也。"学要鞭辟近里着己""君子之道，暗然而日章""为名与为利，虽清浊不同，在其利心则一""谦受益""不求异于人，而求同于理"，此数语，宜书之壁间，常目在之。举业不患妨功，惟患夺志。只如前日所约，循循为之，亦自两无相碍。所谓知得洒扫应对，便是精义入神也。

答徐成之辛未

汝华相见于逆旅，闻成之启居甚悉，然无因一面，徒增悒怏。吾乡学者几人，求其笃信好学如吾成之者谁欤？求其喜闻过，忠告善道如吾成之者谁欤？过而莫吾告也，学而莫吾与者，非吾成之之思而谁思欤？嗟吾成之，幸自爱重！

自人之失其所好，仁之难成也久矣。向吾成之在乡党中，刻厉自立，众皆非笑，以为迂腐，成之不为少变。仆时虽稍知爱敬，不从众非笑，然尚未知成之之难得如此也。今知成之之难得，则又不获朝夕相与，岂非大可憾欤！修己治人，本无二道。政事虽剧，亦皆学问之地，谅吾成之随在有得。然何从一闻至论，以洗凡近之见乎！爱莫为助。近为成之思进学之功，微觉过苦。先儒所谓志道恳切，固是诚意，然急迫求之，则反为私已，不可不察也。日用间何莫非天理流行，但此心常存而不放，则义理自熟。孟子所谓"勿忘勿助，深造自得"者矣。学问之功何可缓，但恐着意把持振作，纵复有得，居之恐不能安耳。成之之学，想亦正不如此。以仆所见，微觉其有近似者，是以不敢不尽。亦以成之平时之乐闻，且欲以是求教也。

答黄宗贤应原忠辛未

昨晚言似太多，然遇二君，亦不得不多耳。其间以造诣未熟，言之未莹则有之，然却自是吾侪一段的实功夫思之未合，请勿轻放过，当有豁然处也。圣人之心，纤翳自无所容，自不消磨刮。若常人之心，如斑垢驳杂之镜，须痛加刮磨一番，尽去其驳蚀，然后纤尘即见，才拂便去，亦自不消费力。到此已是识得仁体矣。若驳杂未去，其间固自有一点明处，尘埃之落，固亦见得，亦才拂便去。至于堆积于驳蚀之上，终弗之能见也。此学利困勉之所由异，幸弗以为烦难而疑之也。凡人情好易而恶难，其间亦自有私意气习缠蔽在，识破后，自然不见其难矣。古之人至有出万死而乐为之者，亦见得耳。向时未见得向里面意思，此功夫自无可讲处。今已见此一层，却恐好易恶难，便流入禅释去也。昨论儒释之异，明道所谓"敬以直内"则有之，"义以方外"则未。毕竟连"敬以直内"亦不是者，已说到八九分矣。

答汪石潭内翰 辛未

承批教。连日疮甚，不能书，未暇请益。来教云："昨日所论，乃是一大疑难。"又云："此事关系颇大，不敢不言。"仆意亦以为然，是以不能遽已。夫喜怒哀乐，情也。既曰不可，谓未发矣。喜怒哀乐之未发，则是指其本体而言性也。斯言自子思，非程子而始有。执事既不以为然，则当自子思《中庸》始矣。喜怒哀乐之与思与知觉，皆心之所发。心统性情。性，心体也；情，心用也。程子云"心，一也。有指体而言者，寂然不动是也；有指用而言者，感而遂通是也。"斯言既无以加矣，执事姑求之体用之说。夫体用一源也，知体之所以为用，则知用之所以为体者矣。虽然，体微而难知也，用显而易见也。执事之云不亦宜乎？夫谓"自朝至暮，未尝有寂然不动之时"者，是见其用而不得其所谓体也。君子之于学也，因用以求其体。凡程子所谓"既思，即是已发；既有知觉，即是动"者。皆为求中于喜怒哀乐未发之时者言也，非谓其无未发者也。朱子于未发之说，其始亦尝疑之，今其集中所与南轩论难辩析者，盖往复数十，而后决其说，则今之《中庸注疏》是也。其于此亦非苟矣。独其所谓"自戒惧而约之，以至于至静之中；自谨独而精之，以至于应物之处"者，亦若过于剖析。而后之读者遂以分为两节，而疑其别有寂然不动、静而存养之时，不知常存戒慎恐惧之心，则其功夫未始有一息之间，非必自其不睹不闻而存养也。吾兄且于动处加工，勿使间断。动无不知，即静无不中。而所谓寂然不动之体，当自知之矣。未至而揣度之，终不免于对答说相轮耳。然朱子但有知觉者在，而未有知觉之说，则亦未莹。吾兄疑之，盖亦有见。但其所以疑之者，则有因噎废食之过，不可以不审也。君子之论，苟有以异于古，姑毋以为决然，宜且循其说而究之，极其说而果有不达也，然后从而断之，是以其辩之也明，而析之也当。盖在我者，有以得其情也。今学如吾兄，聪明超特如吾兄，深潜缜密如吾兄，而犹有未悉如此，何邪？吾兄之心，非若世之立异自高者，要在求其是而已，故敢言之无讳。有所未尽，不惜教论；不有益于兄，必有益于我也。

寄诸用明辛未

得书，足知迩来学力之长，甚喜！君子惟患学业之不修，科第迟速，所不论也。况吾平日所望于贤弟，固有大于此者，不识亦尝有意于此否耶？便中时报知之。

阶阳诸侄，闻去岁皆出投试，非不喜其年少有志，然私心切不以为然。

不幸遂至于得志，岂不误却此生耶！凡后生美质，须令晦养厚积。天道不翕聚，则不能发散，况人乎？花之千叶者无实，为其华美太发露耳。诸贤俚不以吾言为迂，便当有进步处矣。

书来劝吾仕，吾亦非洁身者，所以汲汲于是，非独以时当敛晦，亦以吾学未成。岁月不待，再过数年，精神益弊，虽欲勉进而有所不能，则将终于无成。皆吾所以势有不容已也。但老祖而下，意皆不悦，今亦岂能决然行之？徒付之浩叹而已！

答王虎谷辛未

承示：别后看得一"性"字亲切。孟子云："尽其心者，知其性也；知其性，则知天矣。"此吾道之幸也，喜慰何可言！"弘毅"之说极是。但云"既不可以弃去，又不可以减轻；既不可以住歇，又不可以不至"，则是犹有不得已之意也。不得已之意与自有不能已者，尚隔一层。程子云："知之而至，则循理为乐，不循理为不乐。"自有不能已者，循理为乐者也，非真能知性者，未易及此。知性则知仁矣。仁，人心也。心体本自弘毅，不弘者蔽之也，不毅者累之也。故烛理明则私欲自不能蔽累；私欲不能蔽累，则自无不弘毅矣。弘非有所扩而大之也，毅非有所作而强之也，盖本分之内，不加毫末焉。曾子"弘毅"之说，为学者言，故曰"不可以不弘毅"，此曾子穷理之本，真见仁体而后有是言。学者徒知不可不弘毅，不知穷理，而惟扩而大之以为弘，作而强之以为毅，是亦出于一时意气之私，其去仁道尚远也。此实公私义利之辩，因执事之诲，而并以请正。

与黄宗贤 辛未

所喻皆近思切问，足知为功之密也，甚慰！夫加诸我者，我所不欲也，无加诸人，我所欲也，出乎其心之所欲，皆自然而然，非有所强，勿施于人，则勉而后能。此仁恕之别也。然恕求仁之方，正吾侪之所有事也。子路之勇，而夫子未许其仁者，好勇而无所取裁，所勇未必皆出天理之公也。事君而不避其难，仁者不过如是。然而不知食辄之禄为非义，则勇非其所宜，勇不得为仁矣。然勇为仁之资，正吾侪之所尚欠也。鄙见如此，明者以为何如？未尽，望便示。

二 壬申

使至，知近来有如许忙，想亦因是大有得力处也。仆到家，即欲与曰仁成雁荡之约，宗族亲友相牵绊，时刻弗能自由。五月终，决意往；值烈暑，阻者益众且坚，复不果。时与曰仁稍寻傍近诸小山，其东南林壑最胜绝处，与数友相期，侯宗贤一至即往。又月余，曰仁凭限过甚，乃翁督促，势不可复待，乃从上虞入四明，观白水，寻龙溪之源；登杖锡，至于雪窦；上千丈岩以望天姥、华顶，若可睹焉。欲遂从奉化取道至赤城，适彼中多旱，山田尽龟裂，道傍人家傍徨望雨，意惨然不乐，遂自宁波买舟还余姚。往返亦半月余，相从诸友亦微有所得，然无大发明。其最所歉然，宗贤不同兹行耳！归又半月，曰仁行，去使来时已十余日。思往时在京，每恨不得还，故山往返当益易，乃今益难。自后精神意气，当日不逮前，不知回视今日，又何如也！念之可叹可惧！留居之说，竟成虚约。亲友以曰仁既往，催促日至，滁阳之行，难更迟迟，亦不能出是月。闻彼中山水颇佳胜，事亦闲散。宗贤有惜阴之念，明春之期，亦既后矣。此间同往者，后辈中亦三四人，习气已深，虽有美质，亦消化渐尽。此事正如淘沙，会有见金时，但目下未可必得耳。

三癸酉

滁阳之行，相从者亦二三子，兼复山水清远，胜事闲旷，详有足乐者。故人不忘久要，果能乘兴一来耶？

得应原忠书，诚如其言，亦大可喜。牵制文义，自宋儒已然，不独今时学者。遂求脱然洗涤，恐亦甚难，但得渐能疑辩，当亦终有觉悟矣。自归越后，时时默念年来交游，益觉人才难得，如原忠者，岂易得哉！

京师诸友，迩来略无消息。每因已私难克，辄为诸友忧虑一番。诚得相聚一堂，早晚当有多少砥砺切磋之益！然此在各人，非可愿望得。

四癸酉

春初，姜翁自天台来，得书，闻山间况味，悬企之极；且承结亭相待，既感深谊，复愧其未有以副也。甘泉丁乃堂夫人忧，近有书来索铭，不久且还增城。道途邈绝，草亭席虚，相聚尚未有日。仆虽相去伊迩，而家累所牵，迟迟未决，所举遂成北山之移文矣。应原忠久不得音问，想数会聚？闻亦北上，果然否？此间往来极多，友道则实寥落。敦夫虽住近，不甚讲学；纯甫近改北验封且行；曰仁又公差未还；宗贤之思，靡日不切！又得草堂报，益使人神魂飞越，若不能一日留此也，如何如何！去冬解册吏到，承欲与原忠来访，此诚千里命驾矣，喜慰之极！日切瞻望，然又自度鄙劣，不足以承此。曰仁入夏当道越中来此，其时得与共载，何乐如之！

五　癸酉

书来，及纯甫事，恳恳不一而足，足知朋友忠爱之至。世衰俗降，友朋中虽平日最所爱敬者，亦多改头换面，持两端之说，以希俗取容，意思殊为衰飒可悯。若吾兄真可谓信道之笃而执德之弘矣，何幸何幸！仆在留都，与纯甫住密迩，或一月一见，或间月不一见，辄有所规切，皆发于诚爱恳恻，中心未尝怀纤毫较计。纯甫或有所疏外，此心直可质诸鬼神。其后纯甫转官北上，始觉其有恝然者。寻亦痛自悔责，以为吾人相与，岂宜有如此芥蒂，却有堕入世间较计坑陷中，亦成何等胸次！当下冰消雾释矣。其后人言屡屡而至，至有为我愤辞厉色者。仆皆惟以前意处之，实是未忍一日而忘纯甫。盖平日相爱之极，情之所钟，自如此也。旬日间，复有相知自北京来，备传纯甫所论。仆窃疑有浮薄之徒，幸吾党间隙，鼓弄交构，增饰其间，未必尽出于纯甫之口。仆非矫为此说，实是故人情厚，不忍以此相疑耳。仆半日之厚纯甫，本非私厚；纵纯甫今日薄我，当亦非私薄。然则仆未尝厚纯甫，纯甫未尝薄仆也，亦何所容心于其间哉！往往见世俗朋友易生嫌隙，以为彼盖苟合于外，而非有性分之契，是以如此，私窃叹悯。自谓吾党数人，纵使散处敌国仇家，当亦断不至是。不谓今日亦有此等议论，此亦惟宜自反自责而已。孟子云："爱人不亲反其仁，行有不得者，皆反求诸己。"自非履涉亲切，应未识斯言味永而意恳也。

仆近时与朋友论学，惟说'立诚'二字。杀人须就咽喉上着刀，吾人为学当从心髓入微处用力，自然笃实光辉。虽私欲之萌，真是洪炉点雪，天下之大本立矣。若就标末妆缀比拟，凡平日所谓学问思辩者，适足以为长傲遂非之资，自以为进于高明光大，而不知陷于狠戾险嫉，亦诚可哀也已！以近事观之，益见得吾侪往时所论，自是向里。此盖圣学的传，惜乎沦落湮埋已久，往时见得，犹自恍惚，仆近来无所进，只于此处看较分晓，直是痛快，无复可疑。但与吾兄别久，无告语处耳。原忠数聚论否？近尝得渠一书，所见迥然与旧不同，殊慰殊慰！今亦寄一简，不能详细，见时望并出此。归计尚未遂，旬月后且图再举。会期未定，临楮耿耿。

六丙子

宅老，数承远来，重以嘉贶，相念之厚，愧何以堪！令兄又辱书惠，礼恭而意笃，意家庭旦夕之论，必于此学有相发明者，是以波及于仆。喜幸之余，愧何以堪！别后功夫，无因一扣，如书中所云，大略知之。"用力习熟，然后居山"之说，昔人尝有此，然亦须得其源。吾辈通患，正如池面浮萍，随开随敝。未论江海，但在活水，浮萍即不能蔽。何者？活水有源，池水无源；有源者由己，无源者从物。故凡不息者有源，作辍者皆无源故耳。

七戊寅

得书，见相念之厚，所引一诗，尤恳恻至情，读之，既感且愧，几欲涕下。人生动多牵滞，反不若他流外道之脱然也，奈何奈何！近收甘泉书，颇同此憾。士风日偷，素所目为善类者，亦皆雷同附和，以学为讳。吾人尚栖栖未即逃避，真处堂之燕雀耳。原忠闻且北上，恐亦非其本心。仕途如烂泥坑，勿入其中，鲜易复出。吾人便是失脚样子，不可不鉴也。承欲枉顾，幸甚幸甚！好事多阻，恐亦未易如愿，努力图之！笼中病翼，或能附冥鸿之末而归，未可知也。

与王纯甫 壬申

别后，有人自武城来云，纯甫始到家，尊翁颇不喜，归计尚多牴牾。始闻而愀然，已而复大喜。久之，又有人自南都来者云，"纯甫已莅任，上下多不相能"。始闻而愀然，已而复大喜。吾之愀然者，世俗之私情；所为大喜者，纯甫当自知之，吾安能小不忍于纯甫，不使动心忍性，以大其所就乎？譬之金之在冶，经烈焰，受钳锤，当此之时，为金者甚苦；然自他人视之，方喜金之益精炼，而惟恐火力锤煅之不至。既其出冶，金亦自喜其挫折煅炼之有成矣。某平日亦每有傲视行辈、轻忽世故之心，后虽稍知惩创，亦惟支持抵塞于外而已。及谪贵州三年，百难备尝，然后能有所见，始信孟氏"生于忧患"之言，非欺我也。尝以为"君子素其位而行，不愿乎其外。素富贵，行乎富贵；素贫贱，行乎贫贱；素患难，行乎患难。故无入而不自得。"后之君子，亦当素其位而学，不愿乎其外。素富贵，学处乎富贵；素贫贱患难，学处乎贫贱患难。则亦可以无入而不自得。向尝为纯甫言之，纯甫深以为然，不番迩来用力却如何耳。

近日相与讲学者，宗贤之外，亦复数人，每相聚，辄叹纯甫之高明。今复遭时磨励若此，其进益不可量，纯甫勉之！

汪景颜近亦出宰大名，临行请益，某告以变化气质。居常无所见，惟当利害，经变故，遭屈辱；平时愤怒者，到此能不愤怒，忧惶失措者，到此能不忧惶失措，始是能有得力处，亦便是用力处。天下事虽万变，吾所以应之不出乎喜怒哀乐四者。此为学之要，而为政亦在其中矣。景颜闻之，跃然如有所得也。甘泉近有书来，已卜居萧山之湘湖，去阳明洞方数十里耳。书屋亦将落成，闻之喜极。诚得良友相聚会，共进此道，人间更复有何乐！区区在外之荣辱得丧，又足挂之齿牙间哉？

二癸酉

纯甫所问，辞则谦下，而语意之间，实自以为是矣。夫既自以为是，则非求益之心矣。吾初不欲答，恐答之亦无所入也。故前书因发其端，以俟明春渡江而悉。既而思之，人生聚散无常，纯甫之自是，盖其心尚有所惑而然，亦非自知其非而又故为自是以要我者，吾何可以遂已？故复备举其说以告纯甫。

来书云："学以明善诚身，固也。但不知何者谓之善？原从何处得来？今在何处？其明之之功当何如？入头当何如？与诚身有先后次第否？诚是诚个甚的？此等处细微曲折，尽欲扣求启发，而因献所疑，以自附于助我者。"反覆此语，则纯甫近来得力处在此，其受病处亦在此矣。纯甫平日徒知存心之说，而未尝实加克治之功，故未能动静合一，而遇事辄有纷扰之患。今乃能推究若此，必以渐悟往日之堕空虚矣。故曰纯甫近来用功得力处在此。然已失之支离外驰而不觉矣。夫心主于身，性具于心，善原于性，孟子之言性善是也。善即吾之性，无形体可指，无方所可定，无岂自为一物，可从何处得来者乎？故曰受病处亦在此。纯甫之意，盖未察夫圣门之实学，而尚狃于后世之训诂，以为事事物物，各有至善，必须从事事物物求个至善，而后谓之明善，故有"原从何处得来，今在何处"之语。纯甫之心，殆亦疑我之或堕于空虚也，故假是说以发我之敝。吾亦非不知感纯甫此意，其实不然也。夫在物为理，处物为义，在性为善，因所指而异其名，实皆吾之心也。心外无物，心外无事，心外无理，心外无义，心外无善。吾心之处事物，纯乎理而无人伪之杂，渭之善，非在事物有定所之可求也。处物为义，是吾心之得其宜也，义非在外可袭而取也。格者，格此也；致者，致此也，必曰事事物物上求个至善，是离而二之也。伊川所云"才用彼即晓"，此是犹谓之二。性无彼此，理无彼此，善无彼此也。纯甫所谓"明之之功当何如？入头处当何如？与诚身有先后次第否？诚是诚个甚的？"且纯甫之意，必以明善自有明善之功，诚身又有诚身之功也。若区区之意，则以明善为诚身之功也。夫诚者，无妄之谓。诚身之诚，则欲其无妄之谓。诚之之功，则明善是也。故博学者，学此也；审问者，问此也；慎思者，思此也；明辩者，辩此也；笃行者，行此也。皆所以明善而为诚之之功也。故诚身有道，明善者，诚身之道也；不明乎善，不诚乎身矣。非明善之外，别有所谓诚身之功也。诚身之始，身犹未诚也，故谓之明善；明善之极，则身诚矣。若谓自有明善之功，又有诚身之功，是离而二之也，难乎免于毫厘千里之谬矣。其间欲为纯甫言者尚多，纸笔未能详悉。尚有未合，不妨往复。

三甲戌

得曰仁书，知纯甫近来用功甚力，可喜可喜！学以明善诚身，只兀兀守此昏昧杂扰之心，却是坐禅入定，非所谓"必有事焉"者矣。圣门宁有是哉？但其毫厘之差，千里之谬，非实地用功，则亦未易辩别。后世之学，琐屑支离，正所谓采摘汲引，其间亦宁无小补？然终非积本求原之学。句句是，字字合，然而终不可入尧舜之道也。

四甲戌

屡得汪叔宪书，又两得纯甫书，备悉相念之厚，感愧多矣！近又见与曰仁书，贬损益至，三复赧然。夫趋向同而论学或异，不害其为同也；论学同而趋向或异，不害其为异也。不能积城反躬而徒腾口说，此仆往年之罪，纯甫何尤乎？因便布此区区，临楮倾念无已。

寄希渊壬申

所遇如此，希渊归计良是，但稍伤急迫。若再迟二三月，托疾而行，彼此形迹泯然，既不激怒于人，亦不失己之介矣。圣贤处末世，待人应物，有时而委曲，其道未尝不直也。若己为君子，而使人为小人，亦非仁人忠恕恻怛之心。希渊必以区区此说为大周旋，然道理实如此也。区区叨厚禄，有地方之责，欲脱身潜逃固难。若希渊所处，自宜进退绰然，今亦牵制若此，乃知古人挂冠解绶，其时亦不易值也。

二壬申

向得林苏州书，知希颜在苏州，其时守忠在山阴矣。近张山阴来，知希颜已还山阴矣，而守忠又有金华之出。往岁希颜居乡，而守忠客祁，今兹复尔，二友之每每相违，岂亦有数存焉邪！为仁由己，固非他人所能与。而相观砥砺之益，则友诚不可一日无者。外是，子雍、明德辈相去数十里，决不能朝夕继见，希颜无亦有独立无与无叹欤？曩评半圭，诚然诚然。方今山林枯槁之士，要亦未可多得，去之奔走声利之场者则远矣。人品不齐，圣贤亦因材成就。孔门之教，言人人殊，后世儒者，始有归一之论，然而成德达材者鲜，又何居乎？希颜试于此思之，定以为何如也？

三癸酉

希颜茕然在疚，道远因一慰。闻友朋中多言希颜孝心纯笃，哀伤过节，其素知希颜者，宜为终身之慕。毋徒毁伤为也！

守忠来，承手札喻及出处，此见希颜爱我之深，他人无此也。然此义亦惟希颜有之，他人无此也。牵于世故，未能即日引决，为愧为怍，然亦终须如希颜所示耳。患难忧苦，莫非实学。今虽倚庐，意思亦须有进。向见季明德书，观其意向甚正，但未及与之细讲耳。"学问之道无他，求其放心而已"，盖一言而足。至其功夫节目，则愈讲而愈无穷者。孔子犹曰"学之不讲，是吾忧也"，今世无志于学者，无足言，幸有一二笃志之士，又为无师友之讲明，认气作理，冥悍自信，终身勤苦而卒无所得，斯诚可哀矣。

读《礼》之余，与明德相论否？幸以其所造者示知。某无大知识，亦非好为人言者。顾今之时，人心陷溺已久，得一善人，惟恐其无成。期与诸君共明此学，固不以自任为嫌而避之。譬之婚姻，聊为诸君之媒妁而已。乡里后进中有可言者，即与接引，此本分内事，勿谓不暇也。

楼居已完否？胡口之出非得已，然其间亦有说。闻朋友中多欲希颜高尚不出，就中亦须权其轻重。使亲老饘粥稍可继，则不必言高尚，自不宜出。不然，却恐正其私心，不可不察也。

四己卯

正月初二得家信，祖母于去冬十月背弃，痛割之极！縻于职守，无由归遁。今复恳疏，若终不可得，将遂为径往之图矣。

近得郑子冲书，闻与当事者颇相抵牾。希渊德性谦厚和平，其于世间荣辱炎凉之故，视之何异飘风浮霭，岂得尚有芥蒂于其中耶！即而询之，果然出于意料之外，非贤者之所自取也。虽然，有人于此，其待我以横逆，则君子必自反曰："我必无礼。"自反而有礼，又自反曰："我必不忠"希渊克己之功日精日切，其肯遂自以为忠乎？往年区区谪官贵州，横逆之加，无月无有。迄今思之，最是动心忍性砥砺切磋之地。当时亦止搪塞排遣，竟成空过，甚可惜也。

闻教下士，甚有兴起者，莆故文献之区，其士人素多根器。今得希渊为之师，真如时雨化之而已，吾道幸甚！近有责委，不得已，不久且入闽。苟求了事，或能乘便至莆一间语，不尽不尽。

与戴子良癸酉

汝成相见于滁，知吾兄之质，温然纯粹者也。今兹乃得其为志，盖将从事于圣人之学，不安于善人而已也，何幸何幸！有志者事竟成，吾兄勉之！学之不明，已非一日，皆由有志者少。好德，民之秉彝，可谓尽无其人乎？然不能胜其私欲，竟沦陷于习俗，则亦无志而已。故朋友之间有志者，甚可喜；然志之难立而易坠也，则亦深可惧也。吾兄以为何如？宗贤已南还，相见且未有日。京师友朋，如贵同年陈佑卿、顾惟贤，其他如汪汝成、梁仲用、王舜卿、苏天秀，皆尝相见。从事于此者，其余尚三四人，吾见与诸友当自识之。自古有志之士，未有不求助于师友。匆匆别来，所欲与吾兄言者百未及一。沿途歆叹雅意诚切。怏怏相会未卜，惟勇往直前，以遂成此志是望。

与胡伯忠癸酉

某往在京，虽极歆慕，彼此以事未及从容一叙，别去以为憾。期异时相遇，决当尽意剧谈一番耳。昨未出京师，即已预期彭城之会，谓所未决于心，在兹行矣。及相见又复匆匆而别，别又复以为恨。不知执事之心亦何如也？

君子与小人居，决无苟同之理，不幸势穷理极而为彼所中伤，则安之而已。处之未尽于道，或过于疾恶，或伤于愤激，无益于事，而致彼之怨恨仇毒，则皆君子之过也。昔人有言："事之无害于义者，从俗可也。"君子岂轻于从俗，独不以异俗笃心耳。"与恶人居，如以朝衣朝冠坐于涂炭者"，伯夷之清也。"虽袒裼裸裎于我侧，彼焉能浼我哉？"柳下惠之和也。君子以变化气质为学，则惠之和，似亦执事之所宜从者。不以三公易其介，彼固未尝无伯夷之清也。"德輶如毛，民鲜克举之。""我仪图之，惟仲山甫举之。"爱莫助之，仆于执事之谓矣。正人难得，正学难明，流俗难变，直道难容。临笔惘然，如有所失。言不尽意，惟心亮。

与黄诚甫 癸酉

立志之说，已近烦渎，然为知己言，竟亦不能舍是也。志于道德者，功名不足累其心；志于功名者，富贵不足以累其心。但近世所谓道德，功名而已；所谓功名，富贵而已。"仁人者，正其谊，不谋其利，明其道，不计其功。"一有谋计之心，则虽正谊明道，亦功利耳。诸友即索居，曰仁又将远别，会中须时相警发，庶不就弛靡。诚甫之足，自当一日千里，任重道远，吾非诚甫谁望邪！临别数语，彼此暗然，终能不忘，乃为深爱。

二 丁丑

区区正月十八日始抵赣，即兵事纷纷。二月往征漳寇，四月班师。中间曾无一日之暇，故音问缺然。然虽扰扰中，意念所在，未尝不在诸友也。养病之举，恐已暂停，此亦顺亲之心，未为不是。不得以此日萦于怀，无益于事，徒使为善之念不专。何处非道，何处非学，岂必山林中耶？希颜、尚谦、清伯登第，闻之喜而不寐。近尝寄书云："非为今日诸君喜，为阳明山中异日得良伴喜也。"吾于诚甫之未归亦然。

答王天宇 甲戌

书来，见平日为学用功之概，深用喜慰！今之时，能稍有志圣贤之学，已不可多见，况又果能实用其力者，是岂易得哉！辱推拟过当，诚有所不敢居。然求善自辅，则鄙心实亦未尝不切切也。今乃又得吾天宇，其为喜幸可腾言哉！厚意之及，良不敢虚，然又自叹爱莫为助，聊就来谕商榷一二。

天宇自谓"有志而不能笃"，不知所谓志者果何如？其不能笃者又谁也？谓"圣贤之学能静，可以制动"，不知若何而能静？静与动有二心乎？谓"临政行事之际，把捉摸拟，强之使归于道，固亦卒有所未能，然造次颠沛必于是"者，不知如何其为功？谓"开卷有得，接贤人君子，便自触发"，不知所触发者何物？又"赖二事而后触发"，则二事之外，所作何务？当是之时，所谓志者果何在也？凡此数语，非天宇实用其力不能有。然亦足以见讲学之未明，故尚有此耳。或思之有得，不厌寄示。

二甲戌

承书惠，感感。中间问学之意，恳切有加于旧，足知进于斯道也。喜幸何如！但其间犹有未尽区区之意者。既承不鄙，何敢不竭！然望详察，庶于斯道有所发明耳。

来书云："诚身以格物，乍读不能无疑，既而细询之希颜，始悉其说。"

区区未尝有"诚身格物"之说，岂出于希颜邪？鄙意但谓君子之学，以诚意为主，格物致知者，诚意之功也。犹饥者以求饱为事，饮食者，求饱之事也。希颜颇悉鄙意，不应有此。或恐一时言之未莹耳。幸更细讲之。

又云："《大学》一书，古人为学次第。朱先生谓'穷理之极而后意诚'，其与所谓'居敬穷理'、'非存心无以致知'者，固相为矛盾矣。盖居敬存心之说，补于传文，而圣经所指，直谓其穷理而后心正。初学之士，执经而不考传，其流之弊，安得不至于支离邪！"

《大学》次第，但言物格而后知至，知至而后意诚。若"穷理之极而后意诚"，此则朱先生之说如此。其间亦自无大相矛盾。但于《大学》本旨，却恐未尽合耳。"非存心无以致知"，此语不独于《大学》未尽，就于《中庸》"尊德性而道问学"之旨，亦或有未尽。然此等处言之甚长，非面悉不可。后之学者，附会于《补传》而不深考于经旨，牵制于文义而不体认于身心，是以往往失之支离而卒无所得，恐非执经而不考传之过也。

又云："不由穷理而遽加诚身之功，恐诚非所诚，适足以为伪而已矣。"

此言甚善。但不知诚身之功又何如作用耳，幸体认之！

又言："譬之行道者，如大都为所归宿之地，犹所谓至善也。行道者不辞险阻艰难，决意向前，犹存心也。如使斯人不识大都所在，而泛焉欲往，其不南走越而北走吴几希矣。"

此譬大略皆是，但以不辞险阻艰难，决意向前，别为存心，未免牵合之苦，而不得其要耳。夫不辞险阻艰难，决意向前，此正是诚意之意。审如是，则其所以问道途，具资斧，戒舟车，皆有不容已者。不然，又安在其为决意向前，而亦安所前乎？夫不识大都所在而泛焉欲往，则亦欲往而已，未尝真往也。惟其欲往而未尝真往，是以道途之不问，资斧之不具，舟车之不戒。若决意向前，则真往矣。真往者，能如是乎？此最功夫切要者，以天宇之高明笃实而反求之，自当不言而喻矣。

又云："格物之说，昔人以扦去外物为言矣。扦去外物则此心存矣。心存，则所以致知者，皆是为己。"

如此说，却是"扦去外物"为一事，"致知"又为一事。"扦去外物"之说，亦未为甚害，然止扦御于其外，则亦未有拔去病根之意，非所谓"克己求仁"之功矣。区区格物之说亦不如此。《大学》之所谓"诚意"，即《中庸》之所谓"诚身"也。《大学》之所谓"格物致知",即《中庸》之所谓"明善"也。博学、审问、慎思、明辩、笃行,皆所谓明善而为诚身之功也,非明善之外别有所谓诚身之功也。格物致知之外,又岂别有所谓诚意之功乎?《书》之所谓"精一",《语》之所谓"博文约礼",《中庸》之所谓"尊德性而道问学",皆若此而已。是乃学问用功之要,所谓毫厘之差,千里之谬者也。

心之精微,口莫能述,亦岂笔端所能尽已!喜荣擢北上有期矣,倘能迂道江滨,谋一夕之话,庶几能有所发明。冗遽中,不悉。

寄李道夫乙亥

此学不讲久矣。鄙人之见,自谓于此颇有发明。而闻者往往诋以为异,独执事倾心相信,确然不疑,其为喜慰,何啻空谷之足音!

别后时闻士夫传说,近又徐曰仁自西江还,益得备闻执事任道之勇、执德之坚,令人起跃奋迅。"士不可以不弘毅,任重而道远",诚得弘毅如执事者二三人,自足以为天下倡。彼依阿偷僻之徒虽多,亦奚以为哉?幸甚幸甚!

比闻列郡之始,即欲以此学为教,仁者之心,自然若此,仆诚甚为执事喜,然又甚为执事忧也。学绝道丧,俗之陷溺,如人在大海波涛中,且须援之登岸,然后可授之衣而与之食。若以衣食投之波涛中,是适重其溺,彼将不以为德而反以为尤矣。故凡居今之时,且须随机导引,因事启沃,宽心平气以薰陶之,俟其感发兴起,而后开之以其说,是故为力易而收效溥。不然,将有扞格不胜之患,而且为君子爱人之累,不知尊意以为何如耶?

病疏已再上，尚未得报。果遂此图，舟过嘉禾，面话有日。

与陆原静丙子

书来，知贵恙已平复，甚喜！书中勤勤问学，惟恐失坠，足知进修之志不怠，又甚喜！异时发挥斯道，使来者有所兴起，非吾子谁望乎？所问《大学》《中庸》注，向尝略具草稿，自以所养未纯，未免务外欲速之病，寻已焚毁。近虽觉稍进，意亦未敢便以为至，姑俟异日山中，与诸贤商最共成之，故皆未有书。其意旨大略，则固平日已为清伯言之矣。因是益加体认研究，当自有见；汲汲求此，恐犹未免旧日之病也。

"博学"之说，向已详论。今犹牵制若此，何邪？此亦恐是志不坚定，为世习所挠之故。使在我果无功利之心，虽钱谷兵甲，搬柴运水，何往而非实学？何事而非天理？况子、史、诗、文之类乎？使在我尚存功利之心，则虽日谈道德仁义，亦只是功利之事，况子、史、诗、文之类乎？"一切屏绝"之说，是犹泥于旧习，平日用功未有得力处，故云尔。请一洗俗见，还复初志，更思平日饮食养身之喻，种树栽培灌溉之喻，自当释然融解矣。"物有本末，事有终始，知所先后，则近道矣。"吾子之言，是犹未是终始本末之一致也，是不循本末终始

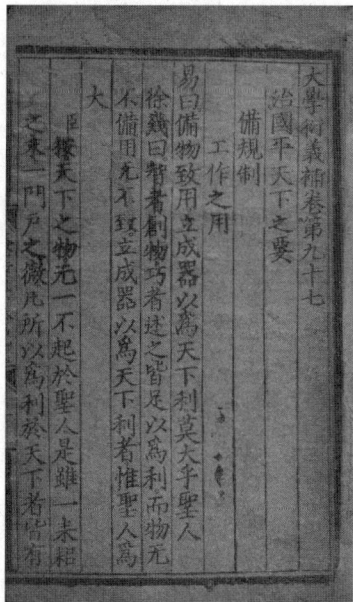

《大学》书影

天然之序，而欲以私意速成之也。

二戊寅

尚谦至，闻原静志坚信笃，喜慰莫逾！人在仕途，如马行淖田中，纵复驰逸，足起足陷，其在驽下，坐见沦没耳。乃今得还故乡，此亦譬之小歇田塍。若自此急寻平路，可以直去康庄，驰骋万里。不知到家功夫却如何也。自曰仁没后，吾道益孤，致望原静者亦不浅。子夏，圣门高弟，曾子数其失，则曰："吾过矣！吾离群而索居，亦已久矣！"夫离群索居之在昔贤，已不能无过，况吾侪乎？以原静之英敏，自应未即摧堕山间。切磋砥砺，还复几人？深造自得，便间亦可为写寄否？

尚谦至此，日有所进。自去年十二月到今已八逾月，尚未肯归视其室。非其志有所专，宜不能声音笑貌及此也。区区两疏辞乞，尚未得报。决意两不允则三，三不允则五则六，必得而后已。若再一举，辄须三月，二举则又六七月矣。计吾舟东抵吴越，原静之筛当已北指幽、冀；会晤未期，如之何则可！

与希颜台仲明德尚谦原静丁丑

闻诸友皆登第，喜不自胜。非为诸友今日喜，为野夫异日山中得良伴喜也。入仕之始，意况未免摇动。如絮在风中，若非粘泥贴网，恐自张主未得。不知诸友却何如想？平时功夫，亦须有得力处耳。野夫失脚落渡船，未知何时得到彼岸。且南赣事极多掣肘，缘地连四省，各有抚镇，乃今亦不过因仍度日，自古未有事权不一而能有成者。告病之兴虽动，恐成虚文，未敢轻举，欲俟地方稍靖。今又得诸友在，吾终有望矣。曰仁春来颇病，闻之极忧。念昨书来，欲与二三友去田雪上，因寄一诗。今录去，聊同此怀也。

与杨仕德薛尚谦丁丑

即日已抵龙南，明日入巢，四路兵皆已如期并进，贼有必破之势。某向在横水，尝寄书仕德云："破山中贼易，破心中贼难。"区区剪除鼠窃，何足为异？若诸贤扫荡心腹之寇，以收廓清平定之功，此诚大丈夫不世之伟绩。数日来谅已得必胜之策，捷奏有期矣。何喜如之！

日孚美质，诚可与共学，此时计已发舟。倘未行，出此同致意。廨中事以累尚谦，想不厌烦琐。小儿正宪，犹望时赐督责。

寄闻人邦英邦正戊寅

昆季敏而好学，吾家两弟得以朝夕亲资磨励，闻之甚声。得书，备见向往之诚，尤极浣慰。家贫亲老，岂可不求禄仕？求禄仕而不工举业，却是不尽人事而徒责天命，无是理矣。但能立志坚定，随事尽道，不以得失动念，则虽勉习举业，亦自无妨圣贤之学。若是原无求为圣贤之志，虽不业举，日谈道德，亦只成就得务外好高之病而已。此昔人所以有"不患妨功，惟患夺志"之说也。夫谓之夺志，则已有志可夺；倘若未有可夺之志，却又不可以不深思疑省而早图之。每念贤弟资质之美，未尝不切拳拳。夫美质难得而易坏，至道难闻而易失，盛年难遇而易过，习俗难革而易流。昆玉勉之！

二 戊寅

得书，见昆季用志之不凡，此固区区所深望者，何幸何幸！世俗之见，岂足与论？君子惟求其是而已。"仕非为贫也，而有时乎为贫"，古之人皆用之，吾何为独不然？然谓举业与圣人之学相戾者，非也。程子云："心苟不忘，则虽应接俗事，莫非实学，无非道也。"而况于举业乎？谓举业与圣人之学不相戾者，亦非也，程子云："心苟忘之，则虽终身由之，只是俗事。"而况于举业乎？忘与不忘之间，不能以发，要在深思默识所指谓不忘者果何事耶，知此则知学矣。贤弟精之熟之，不使有毫厘之差，千里之谬，可也。

三 庚辰

书来，意思甚恳切，足慰远怀。持此不解，即吾立志之说矣。"源泉混混，不舍昼夜，盈科而后进。放乎四海，有本者如是。"立志者，其本也。有有志而无成者矣，未有无志而能有成者也。贤弟勉之！色养之暇，怡怡切切，可想而知，交修罔怠，庶吾望之不孤矣。地方稍平，退休有日，预想山间讲习之乐，不觉先已欣然。

与薛尚谦 戊寅

沿途意思如何？得无亦有走作否？数年切磋，只得立志辩义利。若于此未有得力处，却是平日所讲，尽成虚语，平日所见，皆非实得，不可以不猛省也！经一蹶者长一智，今日之失，未必不为后日之得，但已落第二义。须从第一义上着力，一真，一切真。若这些子既是，更无讨不是处矣。

此间朋友聚集渐众，比旧颇觉兴起。尚谦既去，仕德又往，欧阳崇一病归，独惟乾留此，精神亦不足。诸友中未有倚靠得者，苦于接济乏人耳。

乞休本至今未回，未免坐待。尚谦更静养几月，若进步欠力，更来火坑中乘凉如何？

二

得书，知日孚停舟郁孤，迟迟未发，此诚出于意望之外。日孚好学如此，豪杰之士必有闻风而起者矣。何喜如之！何喜如之！

昨见太和报效人，知欧、王二生者至，不识曾与一言否？欧生有一书，可谓有志。中间述子晦语颇失真，恐亦子晦一时言之未莹尔。大抵功夫须实落做去，始能有见，料想臆度，未有不自误误人者矣。

此间贼巢乃与广东山后诸贼相连，余党往往有从遁者，若非斩绝根株，意恐日后必相联而起，重为两省之患。故须更迟迟旬日，与之剪除。兵难遥度，不可预料，大抵如此。

小儿劳诸公勤开诲，多感多感！昔人谓教小儿有四益，验之果何如耶？正之闻已到，何因复归？区区欠顿于外，徒劳诸友往返，念之极切悬悬。今后但有至者，须诸君为我尽意吐露，纵彼不久留，亦无负其来可也。

三

日来因兵事纷扰，贱躯怯弱，以此益见得功夫有得力处。只是从前大段未曾实落用力，虚度虚说过了。自今当与诸君努力鞭策，誓死进步，庶亦收之桑榆耳。

日孚停馆郁孤，恐风气太高，数日之留则可，倘更稍久，终恐早晚寒暖欠适。区区初拟日下即回，因从前征剿，撤兵太速，致遗今日之患。故且示以久屯之形，正恐后之罪今，亦犹今之罪昔耳。但从征官属已萌归心，更相倡和，已有不必久屯之说。天下事不能尽如人意。大抵皆坐此辈，可叹可叹！

闻仕德失调，意思何如？大抵心病愈则身病亦自易去。纵血气衰弱，未便即除，亦自不能为心患也。

小儿劳开教，驽骀之质，无复望其千里，但得帖然于皂枥之间，斯已矣。门户勤早晚，得无亦厌琐屑否？不一。

寄诸弟戊寅

屡得弟辈书，皆有悔悟奋发之意，喜慰无尽！但不知弟辈果出于诚心乎？亦谩为之说云尔。

本心之明，皎如白日，无有有过而不自知者，但患不能改耳。一念改过，当时即得本心。人孰无过？改之为贵。蘧伯玉，大贤也，惟曰"欲寡其过而未能"。成汤、孔子，大圣也，亦惟曰"改过不吝，可以无大过"而已。人皆曰人非尧舜，安能无过？此亦相沿之说，未足以知尧舜之心。若尧舜之心而自以为无过，即非所以为圣人矣。其相授受之言曰："人心惟危，道心惟微，惟精惟一，允执厥中。"彼其自以为人心之惟危也，则其心亦与人同耳。危即过也，惟其兢兢业业，尝加"精一"之功，是以能"允执厥中"而免于过。古之圣贤，时时自见己过而改之，是以能无过，非其心果与人异也。"戒慎不睹，恐惧不闻"者，时时自见己过之功。吾近来实见此学有用力处，但为平日习染深痼，克治欠勇，故切切预为弟辈言之。毋使亦如吾之习染即深，而后克治之难也。

人方少时，精神意气既足鼓舞，而身家之累尚未切心，故用力颇易。迨其渐长，世累日深，而精神意气亦日渐以减，然能汲汲奋志于学，则犹尚可有为。至于四十五十，即如下山之日，渐以微灭，不复可挽矣。故孔子云："四十五十而无闻焉，斯亦不足畏也已。"又曰："及其老也，血气既衰，戒之在得。"吾亦近来实见此病，故亦切切预为弟辈言之。宜及时勉力，毋使过时而徒悔也。

与安之己卯

闻安之肯向学，不胜欣愿！得奋励如此，庶不负彼此相爱之情也。留都时，偶因饶舌，遂致多口攻之者环四面。取朱子晚年悔悟之说，集为定论，聊藉以解纷耳。门人辈近刻之雩都，初闻甚不喜，然士夫见之，乃往往遂有开发者，无意中得此一助，亦颇省颊舌之劳。近年篁墩诸公，尝有《道一》等编见者，先怀党同伐异之念，故卒不能有入，反激而怒。今但取朱子所自言者表章之，不加一辞，虽有褊心，将无所施其怒矣。尊意以为何如耶？聊往数册，有志向者一出指示之。所须文字，非不欲承命，荒疏既久，无下笔处耳。贫汉作事大难，富人岂知之！

答甘泉己卯

旬日前，杨仕德人来，领手教及《答子莘书》，具悉造诣用功之详。喜跃何可言！盖自是而吾党之学归一矣。此某之幸！后学之幸也！

来简勤勤训责，仆以久无请益，此吾兄爱仆之厚，仆之罪也。此心同，此理同，苟知用力于此，虽百虑殊途，同归一致。不然，虽字字而证，句句而求，其始也毫厘，其末也千里。老兄造诣之深，涵养之久，仆何敢望？至其向往直前，以求必得乎此之志，则有不约而契、不求而合者。其间所见，时或不能无小异，然吾兄既不屑屑于仆，而仆亦不以汲汲于兄者。正以志向既同，如两人同适京都，虽所由之途，间有迂直，知其异日之归终同耳。向在龙江舟次，亦尝进其《大学》旧本及格物诸说，兄时未以为然，而仆亦遂置不复强聒者，知兄之不久自当释然于此也。乃今果获所愿，喜跃何可言！昆仑之源，有时而伏流，终必达于海也。仆窭人也，虽获夜光之璧，人将不信，必且以谓其为妄为伪。金璧入于猗顿之室，自此至宝得以昭明天下，仅亦免于遗璧之罪矣。虽然，是喻犹二也。夜光之璧，外求而得也。此则于吾所固有，无待于外也，偶遗忘之耳；未尝遗忘也，偶蒙翳之耳。

叔贤所进超卓，海内诸友实罕其俦。同处西樵，又资丽泽，所造可量乎！仆年未半百，而衰疾已如六七十翁，日夜思归阳明，为夕死之图，疏三上而未遂。欲弃印长往，以从大夫之后，恐形迹大骇，必俟允报，则须冬尽春初乃可遂也。一一世事，如狂风骤雨中落叶，倏忽之间，宁复可定所耶！两承楚人之诲，此非骨肉，念不及此，感刻！祖母益耄，思一见，老父亦书来促归，于是情思愈恶。所幸吾兄道明德立，宗盟有人，用此可以自慰。其诸所欲请，仕德能有述。有所未当，便间不惜指示。

二　庚辰

得正月书，知大事已毕，当亦稍慰纯孝之思矣。近承避地发履冢下，进德修业，善类幸甚。传闻贵邑盗势方张，果尔，则远去家室，独留旷寂之野，恐亦未可长也。某告病未遂，今且蠲告归省，去住亦未可必。悠悠尘世，毕竟作何税驾？当亦时时念及，幸以教之！

叔贤志节，远出流俗。渭先虽未久处，一见知为忠信之士。乃闻不时一相见，何耶？英贤之生，何幸同时共地，又可虚度光阴，容易失却此大机会，是使后人而复惜后人也！二君曾各寄一书，托宋以道转致，相见幸问之。

答方叔贤己卯

近得手教及与甘泉往复两书，快读一过，洒然如热者之濯清风，何子之见超卓而速也！真可谓一日千里矣。《大学》旧本之复，功尤不小，幸甚幸甚！其论象山处，举孟子"放心"数条，而甘泉以为未足，复举"东西南北海有圣人出，此心此理同"，及"宇宙内事皆己分内事"数语。甘泉所举，诚得其大，然吾独爱西樵子之近而切也。见其大者，则其功不得不近而切，然非实加切近之功，则所谓大者，亦虚见而已耳。自孟子道性善，心性之原，世儒往往能言，然其学卒入于支离外索而不自觉者，正以其功之未切耳。此吾所以独有喜于西樵之言，固今时对证之药也。古人之学，切实为己，不徒事于讲说。书札往来，终不若面语之能尽，且易使人溺情于文辞，崇浮气而长胜心。求其说之无病，而不知其心病之已多矣。此近世之通患，贤知者不免焉，不可以不察也。

杨仕德去，草草复此，诸所欲言，仕德能悉。

与陈国英庚辰

别久矣。虽彼此音问阔疏，而消息动静时时及闻。国英天资笃厚，加以静养日久，其所造，当必大异于畴昔，惜无因一面叩之耳。凡人之学，不日进者必日退。譬诸草木，生意日滋，则日益畅茂；苟生意日息，则亦日就衰落矣。国英之于此学，且十余年矣，其日益畅茂者乎？其日就衰落者乎？君子之学，非有同志之友日相规切，则亦易以悠悠度日，而无有乎激励警发之益。山中友朋，亦有以此学日相讲求者乎？孔子云："德之不修，学之不讲，是吾忧也。"而况于吾侪乎哉？

复唐虞佐庚辰

承示诗二韵五章，语益工，兴寄益无尽，深叹多才，但不欲以是为有道者称颂耳。"撤讲慎择"之喻，爱我良多，深知感作。但区区之心，亦自有不容已者。圣贤之道，坦若大路，夫妇之愚，可以与知。而后之论者，忽近求远，舍易图难，遂使老师宿儒皆不敢轻议。故在今时，非独其庸下者自分以为不可为，虽高者特达，皆以此学为长物，视之为虚谈赘说，亦许时矣。当此之时，苟有一念相寻于此，真所谓"空谷足音，见似人者喜矣"。况其章缝而来者，宁不忻忻然以接之乎？然要其间，亦岂天滥竽假道之弊！但在我不可以此意逆之，亦将于此以求其真者耳。正如淘金于沙，非不知沙之汰而去者且十九，然亦未能即舍沙而别以淘金为也。孔子云："与其进也，不与其退也，唯何甚。"孟子云："君子之设科也，来者不拒，往者不追。"苟以是心至，斯受之而已矣。盖"不愤不启"者，君子施教之方；"有教无类"，则其本心焉耳。多病之躯，重为知己忧，倦倦惠喻及此，感爱何有穷已。然区区之心，亦不敢不为知已一倾倒也。行且会面，悉所未尽。

卷五 文录二

书二<small>始正德辛巳至嘉靖乙酉</small>

与邹谦之<small>辛巳</small>

别后德闻日至，虽不相面，嘉慰殊深。近来此意见得益亲切，国裳亦已笃信，得谦之更一来，愈当沛然矣。适吴守欲以府志奉渎，同事者于中、国裳、汝信、惟浚、遂令开馆于白鹿。醉翁之意盖有在，不专以此烦劳也。区区归遁有日，圣天子新政英明，如谦之亦宜束装北上，此会宜急图之，不当徐徐而来也。蔡希渊近已主白鹿，诸同志须仆已到山，却来相讲，尤妙。此时却匆匆不能尽意也，幸以语之。

二<small>乙酉</small>

乡人自广德来，时常得闻动履，兼悉政教之善，殊慰倾想。远使吊赙，尤感忧念之深。所喻"猝临盘错，盖非独以别利器，正以精吾格致之功耳"，又能以怠荒自惧，其进可知矣。近时四方来游之士颇众，其问虽甚鲁钝，但以良知之说略加点掇，无不即有开悟，以是益信得此二字真吾圣门正法眼藏。谦之近来所见，不审又如何矣？南元善益信此学，日觉有进，其见诸施设，亦大非其旧。便问更相奖掖之，固朋友切磋之心也。方治葬事，使还，草草疏谢不尽。

与夏敦夫辛巳

不相见者几时，每念吾兄忠信笃厚之资，学得其要，断能一日千里。惜无因亟会，亲睹其所谓历块过都者以为快耳。

昔夫子谓子贡曰："赐也，汝以予为多学而识之者与？"对曰："然。非与？"子曰："非也。予一以贯之。"然则圣人之学，乃不有要乎。彼释氏之外人伦，遗物理，而堕于空寂者，固不得谓之明其心矣；若世儒之外务讲求考索，而不知本诸其心者，其亦可以谓穷理乎？此区区之心，深欲就正于有道者。因便辄及之，幸有以教我也。

区区两年来血气亦渐衰，无复用世之志。近始奉敕北上，将遂便道归省老亲，为终养之图矣。冗次不尽所怀。

与朱守忠辛巳

乍别忽旬余。沿途人事扰扰，每得稍暇，或遇景感触，辄复兴怀。赍诏官来，承手札，知警省不懈，幸甚幸甚。此意不忘，即是时时相见，虽别非别矣。道之不明，皆由吾辈明之于口而不明之于身，是以徒腾颊舌，未能不言而信。要在立诚而已。向日谦虚之说，其病端亦起于不诚。使能如好好色，如恶恶臭，亦安有不谦不虚时邪？虞佐相爱之情甚厚，别后益见其真切，所恨爱莫为助。但愿渠实落做个圣贤，以此为报而已。相见时以此意规之。谦之当已不可留，国裳亦时时相见否？学问之益，莫大于朋友切磋，聚会不厌频数也。明日当发玉山，到家渐可计日，但与守忠相去益远，临纸怅然。

与席元山辛巳

向承教札及《鸣冤录》，读之见别后学力所到，卓然斯道之任，庶几乎天下非之而不顾，非独与世之附和雷同从人非笑者相去万万而已。喜幸何极。中间乃有须面论者，但恨无因一会。近闻内台之擢，决知必从铅山取道，而仆亦有归省之便，庶得停舟途次，为信宿之谈，使人候于分水，乃未有前驱之报。驻信城者五日，怅快而去。天之不假缘也，可如何哉。

大抵此学之不明，皆由吾人入耳出口，未尝诚诸其心身。譬之谈饮说食，何由得见醉饱之实乎？仆自近年来始实见得此学，真有百世以俟圣人而不惑者。朋友之中，亦渐有三数辈笃信不回。其疑信相半，顾瞻不定者，多以旧说沈痼，且有得失毁誉之虞，未能专心致志以听，亦坐相处不久，或交臂而别，无从与之细说耳。象山之学简易直截，孟子之后一人。其学问思辩、致知格物之说，虽亦未免沿袭之累，然其大本大原断非余子所及也。执事素能深信其学，此亦不可不察。正如求精金者必务煅炼足色，勿使有纤毫之杂，然后可无亏损变动。盖是非之悬绝，所争毫厘耳。

用熙近闻已赴京，知公故旧之情极厚，倘犹未出，亦劝之学问而已。存心养性之外，无别学也。相见时亦望遂以此言致之。

答甘泉 辛巳

世杰来，承示《学庸测》，喜幸喜幸。中间极有发明处，但于鄙见尚大同小异耳。"随处体认天理"是真实不诳语，鄙说初亦如是，及根究老兄命意发端处，却似有毫厘未协，然亦终当殊途同归也。修齐治平，总是格物，但欲如此节节分疏，亦觉说话太多。且语意务为简古，比之本文反更深晦，读者愈难寻求，此中不无亦有心病？莫若明白浅易其词，略指路径，使人自思得之，更觉意味深长也。高明以为何如？致知之说，鄙见恐不可易，亦望老兄更一致意，便间示知之。此是圣学传心之要，于此既明，其余皆洞然矣。意到恳切处，不得不直，幸不罪其僭妄也。

叔贤《大学》《洪范》之说，其用力已深，一时恐难转移，此须面论，始有可辩正耳，会间先一及之。去冬有方叟者过此，传示高文，其人习于神仙之说，谓之志于圣贤之学，恐非其本心。人便，草草不尽。

答伦彦式 辛巳

往岁仙舟过赣，承不自满足，执礼谦而下问恳，古所谓敏而好学，于吾彦式见之。别后连冗，不及以时奉问，极切驰想。近令弟过省，复承惠教，志道之笃，趋向之正，勤惓有加，浅薄何以当此？悚息悚息。

谕及"学无静根，感物易动，处事多悔"，即是三言，尤是近时用工之实。仆罔所知识，何足以辱贤者之问。大抵三言者，病亦相因。惟学而别求静根，故感物而惧其易动，感物而惧其易动，是故处事而多悔也。心，无动静者也。其静也者，以言其体也；其动也者，以言其用也。故君子之学，无间于动静。其静也，常觉而未尝无也，故常应；其动也，常定而未尝有也，故常寂；常应常寂，动静皆有事焉，是之谓集义。集义故能无祗悔，所谓动亦定，静亦定者也。心一而已。静，其体也，而复求静根焉，是挠其体也；动，其用也，而惧其易动焉，是废其用也。故求静之心即动也，恶动之心非静也，是之谓动亦动，静亦动，将迎起伏，相寻于无穷矣。故循理之谓静，从欲之谓动。欲也者，非必声色货利外诱也，有心之私皆欲也。故循理焉，虽酬酢万变，皆静也。濂溪所谓"主静"，无欲之谓也，是谓集义者也。从欲焉，虽心齐坐忘，亦动也。告子之强制正助之谓也，是外义者也。虽然，仆盖从事于此而未之能焉，聊为贤者陈其所见云尔。以为何如？便间示知之。

与唐虞佐侍御 辛巳

相与两年，情日益厚，意日益真，此皆彼此所心喻，不以言谢者。别后又承雄文追送，称许过情，末又重以传说之事，所拟益非其伦，感怍何既。虽然，故人之赐也，敢不拜受。果如是，非独进以有为，将退而隐于岩穴之下，要亦不失其为贤也已，敢不拜赐。昔人有言："投我以木桃，报之以琼瑶。"今投我以琼瑶矣，我又何以报之？报之以其所赐，可乎？

说之言曰："学于古训乃有获。"夫谓学于古训者，非谓其通于文辞，讲说于口耳之间，义袭而取诸其外也。获也者，得之于心之谓，非外铄也。必如古训，而学其所学焉，诚诸其身，所谓"默而成之"，"不言而信"，乃为有得也。夫谓逊志务时敏者，非谓其饰情卑礼于其外，汲汲于事功声誉之间也。其逊志也，如地之下而无所不承也，如海之虚而无所不纳也；其时敏也，一于天德，戒惧于不睹不闻，如太和之运而不息也。夫然，百世以俟圣人而不惑，溥博渊泉而时出之，言而民莫不信，行而民莫不悦，施及蛮貊，而道德流于无穷，斯固说之所以为说也。以是为报，虞佐其能以却我乎？孟氏云："责难之谓恭。"吾其敢以后世文章之士期虞佐乎？颜氏云："舜，何人也？予，何人也？"虞佐其能不以说自期乎？人还，灯下草草为谢。相去益远，临楮怅悒。

答方叔贤辛巳

承示《大学原》，知用心于此深密矣。道一而已，论其大本大原，则《六经》《四书》无不可推之而同者，又不特《洪范》之于《大学》而已。此意亦仆平日于朋友中所常言者。譬之草木，其同者，生意也；其花实之疏密，枝叶之高下，亦欲尽比而同之，吾恐化工不如是之雕刻也。今吾兄方自喜以为独见新得，锐意主张是说，虽素蒙信爱如鄙人者，一时论说当亦未能遽人。且愿吾兄以所见者实体诸身，必将有疑；果无疑，必将有得；果无得，又必有见；然后鄙说可得而进也，学之不明几百年矣。近幸同志如甘泉、如吾兄者，相与切磋讲求，颇有端绪。而吾兄忽复牵滞文义若此，吾又将谁望乎？君子论学，固惟是之从，非以必同为贵。至于入门下手处，则有不容于不辩者，所谓毫厘之差千里之谬矣。致知格物，甘泉之说与仆尚微有异，然不害其为大同。若吾兄之说，似又与甘泉异矣。相去远，恐辞不足以达意，故言语直冒，不复有所逊让。近与甘泉书，亦道此，当不以为罪也。

二癸未

此学蓁芜，今幸吾侪复知讲求于此，固宜急急遑遑，并心同志，务求其实，以身明道学。虽所入之途稍异，要其所志而同，斯可矣。不肖之谬劣，已无足论。若叔贤之于甘泉，亦乃牵制于文义，纷争于辩说，益重世人之惑，以启哓哓者之口，斯诚不能无憾焉。忧病中不能数奉问，偶有所闻，因谦之去，辄附此。言无伦次。渭先相见，望并出此。

与杨仕鸣辛巳

差人来，知令兄已于去冬安厝，墓有宿草矣，无由一哭，伤哉。所委志铭，既病且冗，须朋友中相知深者一为之，始能有发耳。

喻及"日用讲求功夫，只是各依自家良知所及，自去其障，扩充以尽其本体，不可迁就气习以趋时好。"幸甚幸甚。果如是，方是致知格物，方是明善诚身。果如是，德安得而不日新。业安得而不富有。谓"每日自检，未有终日浑成片段"者，亦只是致知工夫间断。夫仁，亦在乎熟之而已。又云："以此磨勘先辈文字同异，工夫不合，常生疑虑。"又何为其然哉？区区所论致知二字，乃是孔门正法眼藏，于此见得真的，直是建诸天地而不悖，质诸鬼神而无疑，考诸三王而不谬，百世以俟圣人而不惑。知此者，方谓之知道；得此者，方谓之有德。异此而学，即谓之异端；离此而说，即谓之邪说；迷此而行，即谓之冥行。虽千魔万能怪，眩瞀变幻于前，自当触之而碎，迎之而解，如太阳一出，而鬼魅魍魉自无所逃其形矣。尚何疑虑之有，而何异同之足惑乎。所谓"此学如立在空中，四面皆无倚靠，万事不容染着，色色信他本来，不容一毫增减。若涉些安排，着些意思，便不是合一功夫"，虽言句时有未莹，亦是仕鸣见得处，足可喜矣。但须切实用力，始不落空。若只如此说，未免亦是议拟仿象，已后只做得一个弄精魄的汉，虽与近世格物者症候稍有不同，其为病痛，一而已矣。诗文之习，儒者虽亦不废，孔子所谓"有德者必有言"也。若着意安排组织，未有不起于胜心者，先辈号为有志斯道，而亦复如是，亦只是习心未除耳。仕鸣既知致知之说，此等处自当一勘而破，瞒他些子不得也。

二 癸未

别后极想念，向得尚谦书，知仕鸣功夫日有所进，殊慰所期。大抵吾党既知学问头脑，已不虑无下手处，只恐客气为患，不肯实致其良知耳。后进中如柯生辈，亦颇有力量可进，只是客气为害亦不小。行时尝与痛说一番，不知近来果能克去否？书至，来相见，出此共勉之。前辈之于后进，无不欲其人于善，则其规切砥砺之间，亦容有直情过当者，却恐后学未易承当得起。既不我德，反以我为仇者，有矣，往往无益而有损。故莫若且就其力量之所可及者诱掖奖劝之。往时亦尝与仕鸣论及此，想能不忘也。

三 癸未

前者是备录区区之语，或未尽区区之心，此册乃直述仕鸣所得，反不失区区之见，可见学贵乎自得也。古人谓"得意忘言"，学苟自得，何以言为乎？若欲有所记札以为日后印证之资，则直以己意之所得者书之而已，不必一一拘其言辞，反有所不达也。中间词语，时有未莹，病中不暇细为

与陆原静 辛巳

赍奏人回，得佳稿及手札，殊慰。闻以多病之故，将从事于养生，区区往年盖尝弊力于此矣。后乃知其不必如是，始复一意于圣贤之学。大抵养德养身，只是一事，原静所云"真我"者，果能戒谨不睹，恐惧不闻，而专志于是，则神住气住精住，而仙家所谓长生久视之说，亦在其中矣。神仙之学与圣人异，然其造端托始，亦惟欲引人于道，《悟真篇后序》中所谓："黄老悲其贪着，乃以神仙之术渐次导之"者。原静试取而观之，其微旨亦自可识。自尧、舜、禹、汤、文、武，至于周公、孔子，其仁民爱物之心，盖无所不至，苟有可以长生不死者，亦何惜以示人？如老子、彭篯之徒，乃其禀赋有若此者，非可以学而至。后世如白玉蟾、丘长春之属，皆是彼学中所称述以为祖师者，其得寿皆不过五六十，则所谓长生之说，当必有所指矣。原静气弱多病，但遗弃声名，清心寡欲，一意圣贤，如前所谓"真我"之说。不宜轻信异道，徒自惑乱聪明，弊精劳神，废靡岁月。久而不返，将遂为病狂丧心之人不难矣。昔人谓"三折肱为良医"，区区非良医，盖尝"三折肱"者。原静其慎听毋忽。

区区省亲本，闻部中已准覆，但得旨即当长遁山泽。不久朝廷且大赉，则原静推封亦有日。果能访我于阳明之麓，当能为原静决此大疑也。

二 壬午

某不孝不忠，延祸先人，酷罚未敷，致兹多口，亦其宜然。乃劳贤者触冒忌讳，为之辩雪，雅承道谊之爱，深切恳至，甚非不肖孤之所敢望也。"无辩止谤"，尝闻昔人之教矣，况今何止于是。四方英杰以讲学异同之故，议论方兴，吾侪可胜辩乎？惟当反求诸己，苟其言而是欤，吾斯尚有所未信欤，则当务求其是，不得辄是己而非人也。使其言而非欤，吾斯既已自信欤，则当益致其践履之实，以务求于自谦，所谓"默而成之""不言而信"者也。然则今日之多口，孰非吾侪动心忍性，砥砺切磋之地乎。且彼议论之兴，非必有所私怨于我，彼其为说，亦将自以为卫夫道也。况其说本自出于先儒之绪论，固各有所凭据，而吾侪之言骤异于昔，反若凿空杜撰者。乃不知圣人之学本来如是，而流传失真，先儒之论所以日益支离，则亦由后学沿习乖谬积渐所致。彼既先横不信之念，莫肯虚心讲究，加以吾侪议论之间或为胜心浮气所乘，未免过为矫激，则固宜其非笑而骇惑矣。此吾侪之责，未可专以罪彼为也。

嗟乎。吾侪今日之讲学，将求异其说于人邪？亦求同其学于人邪？将求以善而胜人邪？亦求以善而养人邪？知行合一之学，吾侪但口说耳，何尝知行合一邪？推寻所自，则如不肖者为罪尤重。盖在平时徒以口舌讲解，而未尝体诸其身，名浮于实，行不掩言，己未尝实致其知，而谓昔人致知之说未有尽。如贫子之说金，乃未免从人乞食。诸君病于相信相爱之过，好而不知其恶，遂乃共成今日纷纷之议，皆不肖之罪也。虽然，昔之君子，盖有举世非之而不顾，千百世非之而不顾者，亦求其是而已矣。岂以一时毁誉而动其心邪？惟其在我者有未尽，则亦安可遂以人言为尽非？伊川、晦庵之在当时，尚不免于诋毁斥逐，况在吾辈行有所未至，则夫人之诋毁斥逐，正其宜耳。凡今争辩学术之士，亦必有志于学者也，未可以其异己而遂有所疏外。是非之心，人皆有之，彼其但蔽于积习，故于吾说卒未易解。就如诸君初闻鄙说时，其间宁无非笑诋毁之者？久而释然以悟，甚至反有激为过当之论者矣。又安知今日相诋之力，不为异时相信之深者乎。

衰经哀苦中，非论学时，而道之兴废，乃有不容于泯默者，不觉叨叨至此。言无伦次，幸亮其心也。

致知之说，向与惟浚及崇一诸友极论于江西，近日杨仕鸣来过，亦尝一及，颇为详悉。今原忠、宗贤二君复往，诸君更相与细心体究一番，当无余蕴矣。孟子云："是非之心，知也。""是非之心，人皆有之。"即所谓良知也。孰无是良知乎？但不能致之耳。《易》谓"知至，至之"。知至者，知也；至之者，致知也。此知行之所以一也。近世格物致知之说，只一知字尚未有下落，若致字工夫，全不曾道著矣。此知行之所以二也。

答舒国用癸未

来书足见为学笃切之志。学患不知要，知要矣，患无笃切之志。国用既知其要，又能立志笃切如此，其进也孰御。中间所疑一二节，皆工夫未熟，而欲速助长之为病耳。以国用之所志向而去其欲速助长之心，循循日进，自当有至。前所疑一二节，自将涣然冰释矣，何俟于予言？譬之饮食，其味之美恶，食者自当知之，非人之能以其美恶告之也。虽然，国用所疑一二节者，近时同志中往往皆有之，然吾未尝以告也，今且姑为国用一言之。

夫谓"敬畏之增，不能不为洒落之累"，又谓"敬畏为有心，如何可以无心？而出于自然，不疑其所行"。凡此皆吾所谓欲速助长之为病也。夫君子之所谓敬畏者，非有所恐惧忧患之谓也，乃戒慎不睹，恐惧不闻之谓耳。

君予之所谓洒落者，非旷荡放逸，纵情肆意之谓也，乃其心体不累于欲，无人而不自得之谓耳。夫心之本体，即天理也。天理之昭明灵觉，所谓良知也。君子之戒慎恐惧，惟恐其昭明灵觉者或有所昏昧放逸，流于非僻邪妄而失其本体之正耳。戒慎恐惧之功无时或间，则天理常存，而其昭明灵觉之本体，无所亏蔽，无所牵扰，无所恐惧忧患，无所好乐忿懥，无所意必固我，无所歉馁愧作。和融莹彻，充塞流行，动容周旋而中礼，从心所欲而不逾，斯乃所谓真洒落矣。是洒落生于天理之常存，天理常存生于戒慎恐惧之无间。孰谓"敬畏之增，乃反为洒落之累"耶？惟夫不知洒落为吾心之体，敬畏为洒落之功，歧为二物而分用其心，是以互相牴牾，动多拂戾而流于欲速助长。是国用之所谓"敬畏"者，乃《大学》之"恐惧忧患"，非《中庸》"戒慎恐惧"之谓矣。程子常言："人言无心，只可言无私心，不可言无心。"戒慎不睹，恐惧不闻，是心不可无也。有所恐惧，有所忧患，是私心不可有也。尧舜之兢兢业业，文王之小心翼翼，皆敬畏之谓也，皆出乎其心体之自然也。出乎心体，非有所为而为之者，自然之谓也。敬畏之功无间于动静，是所谓"敬以直内，义以方外"也。敬义立而天道达，则不疑其所行矣。

所寄《诈说》，大意亦好。以此自励可矣，不必以责人也。君子不蕲人之信也，自信而已；不蕲人之知也，自知而已。因先茔未毕功，人事纷沓，来使立候，冻笔潦草无次。

与刘元道 癸未

来喻："欲入坐穷山，绝世故，屏思虑，养吾灵明。必自验至于通昼夜而不息，然后以无情应世故。"且云："于静求之，似为径直，但勿流于空寂而已。"观此足见任道之刚毅，立志之不凡。且前后所论，皆不为无见者矣。可喜可喜。夫良医之治病，随其疾之虚实、强弱、寒热、内外，而斟酌加减。调理补泄之要，在去病而已。初无一定之方，不问证候之如何，而必使人人服之也。君子养心之学，亦何以异于是。元道自量其受病之深浅，气血之强弱，自可如其所云者而斟酌为之，亦自无伤。且专欲绝世故，屏思虑，偏于虚静，则恐既已养成空寂之性，虽欲勿流于空寂，不可得矣。大抵治病虽无一定之方，而以去病为主，则是一定之法。若但之随病用药，而不知因药发病，其失一而已矣。闲中且将明道《定性书》熟味，意况当又不同。忧病不能一一，信笔草草无次。

答路宾阳癸未

忧病中，远使惠问，哀感何已。守忠之讣，方尔痛心，而复□□不起，惨割如何可言。死者已矣，生者益孑立寡助。不及今奋发砥砺，坐待渐尽灯灭，固将抱恨无穷。目来山间，朋友远近至者百余人，因此颇有警发，见得此学益的确简易，真是考诸三王而不谬，百世以俟圣人而不惑者。惜无因复与宾阳一面语耳。郡务虽繁，然民人社稷，莫非实学。以宾阳才质之美，行之以忠信，坚其必为圣人之志，勿为时议所摇，近名所动，吾见其德日近而业日广矣。荒愦不能多及，心亮。

与黄勉之甲申

屡承书惠，兼示述作，足知才识之迈，向道恳切之难得也。何幸何幸。

然未由一面，鄙心之所欲效者，尚尔郁而未申，有负盛情多矣。

君子学以为己。成己成物，虽本一事，而先后之序有不容紊。孟子云："学问之道无他，求其放心而已矣。"诵习经史，本亦学问之事，不可废者。而忘本逐末，明道尚有"玩物丧志"之戒，若立言垂训，尤非学者所宜汲汲矣。所示《格物说》《修道注》，诚荷不鄙之盛，切深惭悚，然非浅劣之所敢望于足下者也。且其为说，亦于鄙见微有未尽。何时合并当悉其义，愿且勿以示人。孔子云："五十以学《易》，可以无大过矣。"充足下之才志，当一日千里，何所不可到？而不胜骏逸之气。急于驰骤奔放，抵突若此，将恐自蹶其足，非任重致远之道也。古本之释，不得已也。然不敢多为辞说，正恐葛藤缠绕，则枝干反为蒙翳耳。短序亦尝三易稿，石刻其最后者，今各往一本，亦足以知初年之见，未可据以为定也。

明妃出塞图

二甲申

勉之别去后，家人病益狼狈，贱躯亦咳逆泄泻相仍，曾无间日，人事纷沓未论也。用是《大学》古本曾无下笔处，有辜勤勤之意。然此亦自可徐徐图之，但古本白文之在吾心者，未能时时发明，却有可忧耳。来问数条，实亦无暇作答，缔观简末恳恳之诚，又自不容已于言也。

来书云："以良知之教涵泳之，觉其彻动彻静，彻昼彻夜，彻古彻今，彻生彻死，无非此物。不假纤毫思索，不得纤毫助长，亭亭当当，灵灵明明，触而应，感而通，无所不照，无所不觉，无所不达，千圣同途，万贤合辙。无他如神，此即为神；无他希天，此即为天；无他顺帝，此即为帝。本无不中，本无不公。终日酬酢，不见其有动：终日闲居，不见其有静。真乾坤之灵体，吾人之妙用也。窃又以为《中庸》诚者之明，即此良知为明；诚之者之戒慎恐惧，即此良知为戒慎恐惧。当与恻隐羞恶一般，俱是良知条件。知戒慎恐惧，知恻隐，知羞恶，通是良知，亦即是明"云云。

此节论得已甚分晓。知此，则知致知之外无余功矣。知此，则知所谓建诸天地而不悖，质诸鬼神而无疑，百世以俟圣人而不惑者，非虚语矣。诚明戒惧，效验功夫，本非两义。既知彻动彻静，彻死彻生，无非此物，则诚明戒惧与恻隐羞恶，又安得别有一物为之欤？

来书云："阴阳之气，欣合和畅而生万物。物之有生，皆得此和畅之气。故人之生理，本自和畅，本无不乐。观之鸢飞鱼跃，鸟鸣兽舞，草木欣欣向荣，皆同此乐。但为客气物欲搅此和畅之气，始有间断不乐。孔子曰'学而时习之'，便立个无间断功夫，悦则乐之萌矣。朋来则学成，而吾性本体之乐复矣。故曰'不亦乐乎'。在人虽不我知，吾无一毫愠怒以间断吾性之乐，圣人恐学者乐之有息也，故又言此。所谓'不怨''不尤'，与夫'乐在其中'，'不改其乐'，皆是乐无间断否"云云。

乐是心之本体。仁人之心，以天地万物为一体，欣合和畅，厚无间隔。来书谓"人之生理，本自和畅，本无不乐，但为客气物欲搅此和畅之气，始有间断不乐"是也。时习者，求复此心之本体也。悦则本体渐复矣。朋来则本体之欣合和畅，充周无间。本体之欣合和畅，本来如是，初未尝有所增也。就使无朋来而天下莫我知焉，亦未尝有所减也。来书云"无间断"意思亦是。圣人亦只是至诚无息而已，其工夫只是时习。时习之要，只是谨独。谨独即是致良知。良知即是乐之本体。此节论得大意亦皆是，但不宜便有所执著。

来书云："韩昌黎'博爱之谓仁'一句，看来大段不错，不知宋儒何故非之？以为爱自是情，仁自是性，岂可以爱为仁？愚意则曰：性即未发之情，情即已发之性，仁即未发爱，爱即已发之仁。如何唤爱作仁不得？言爱则仁在其中矣。孟子曰：'恻隐之心，仁也。'周子曰：'爱曰仁。'昌黎此言，与孟、周之旨无甚差别。不可以其文人而忽之也"云云。

博爱之说，本与周子之旨无大相远。樊迟问仁，子曰："爱人。"爱字何尝不可谓之仁欤？昔儒看古人言语，亦多有因人重轻之病，正是此等处耳。然爱之本体固可谓之仁，但亦有爱得是与不是者，须爱得是方是爱之本体，方可谓之仁。若只知博爱而不论是与不是，亦便有差处。吾尝谓博字不若公字为尽。大抵训释字义，亦只是得其大概，若其精微奥蕴，在人思而自得，非言语所能喻。后人多有泥文著相，专在字眼上穿求，却是心从法华转也。

来书云："《大学》云：'如好好色，如恶恶臭。'所谓恶之云者，凡见恶臭，无处不恶，固无妨碍。至于好色，无处不好，则将凡美色之经于目也，亦尽好之乎？《大学》之训，当是借流俗好恶之常情，以喻圣贤好善恶恶之诚耳。抑将好色亦为圣贤之所同，好经于目，虽知其姣，而思则无邪，未尝少累其心体否乎？《诗》云。'有女如云'，未尝不知其姣也，其姣也，'匪我思存'，言匪我见存，则思无邪而不累其心体矣。如见轩冕金玉，亦知其为轩冕金玉也，但无歆羡希觊之心，则可矣。如此看，不知通否"

云云。

人于寻常好恶，或亦有不真切处，惟是好好色，恶恶臭，则皆是发于真心，自求快足，曾无纤假者。《大学》是就人人好恶真切易见处，指示人以好善恶恶之诚当如是耳，亦只是形容一诚字。今若又于好色字上生如许意见，却未免有执指为月之病。昔人多有为一字一句所牵蔽，遂致错解圣经者，正是此症候耳，不可不察也。中间云"无处不恶，固无妨碍"，亦便有受病处，更详之。

来书云："有人因薛文清'过思亦是暴气'之说，乃欲截然不思者。窃以孔子曰：'吾尝终日不食，终夜不寝以思'亦将谓孔子过而暴其气乎？以愚推之，惟思而外于良知，乃谓之过。若念念在良知上体认，即如孔子终日终夜以思，亦不为过。不外良知，即是何思何虑，尚何过哉"云云。

"过思亦是暴气"，此语说得亦是。若遂欲截然不思，却是因噎而废食者也。来书谓"思而外于良知，乃谓之过，若念念在良知上体认，即终日终夜以思，亦不为过。不外良知，即是何思何虑"，此语甚得鄙意。孔子所谓"吾尝终日不食，终夜不寝以思，无益，不如学也"者，圣人未必然，乃是指出徒思而不学之病以诲人耳。若徒思而不学，安得不谓之过思与。

答刘内重乙酉

书来警发良多，知感知感。腹疾，不欲作答，但内重为学工夫尚有可商量者，不可以虚来意之辱，辄复书此耳。

程子云："所见所期，不可不远且大。然而为之亦须量力有渐，志大心劳，力小任重，恐终败事。"夫学者既立有必为圣人之志，只消就自己良知明觉处朴实头致了去，自然循循日有所至，原无许多门面折数也。外面是非毁誉，亦好资之以为警切砥砺之地，却不得以此稍动其心，便将流于心劳日拙而不自知矣。内重强刚笃实，自是任道之器，然于此等处尚须与谦之从容一商量，又当有见也。眼前路径须放开阔，才好容人来往，若太拘窄，恐自己亦无展足之地矣。圣人之行，初不远于人情。鲁人猎较，孔子亦猎较。乡人傩，朝服而立于阼阶。难言之互乡，亦与进其童子。在当时固不能无惑之者矣。子见南子，子路且有不悦。夫子到此如何更与子路说得是非？只好矢之而已。何也？若要说见南子是，得多少气力来说？且若依着子路认个不是，则子路终身不识圣人之心，此学终将不明矣。此等苦心处，惟颜子便能识得，故曰"于吾言无所不悦"。此正是大头脑处，区区举似内重，亦欲内重谦虚其心，宏大其量，去人我之见，绝意必之私，则此大头脑处。自将卓尔有见，当有"虽欲从之，末由也已"之叹矣。大抵奇特斩绝之行，多后世希高慕大者之所喜，圣贤不以是为贵也。故索隐行怪，则后世有述焉，依乎中庸，固有遁世不见知者矣。学绝道丧之余，苟有以讲学来者，所谓空谷之足音，得似人者可矣。必如内重所云，则今之可讲学者，止可如内重辈二三人而止矣。然如内重者，亦不能时时来讲也，则法堂前草深一丈矣。内重有进道之资，而微失之于隘。吾固不敢避饰非自是之嫌，而叨叨至此，内重宜悉此意，弗徒求之言语之间可也。

与王公弼乙酉

前王汝止家人去，因在妻丧中，草草未能作书。人来，远承问讯，得闻动履，殊慰殊慰。书中所云"斯道广大，无处欠缺，动静穷达，无往非学。自到任以来，钱谷狱讼，事上接下，皆不敢放过。但反观于独，犹未是夭寿不二根基，毁誉得丧之间未能脱然。"足知用功之密。只此自知之明，便是良知。致此良知以求自慊，便是致知矣。殊慰殊慰。师伊、师颜兄弟，久居于此。黄正之来此亦已两月余。何廷仁到亦数日。朋友聚此，颇觉有益。惟齐不得力而归。此友性气殊别，变化甚难，殊为可忧尔。间及之。

答董沄萝石乙酉

问："某赋性平直守分，每遇能言之士，则以己之迟钝为惭，恐是根器弱甚。"此皆未免有外重内轻之患。若平日能集义，则浩然之气至大至公，充塞天地，自然富贵不能淫，贫贱不能移，威武不能屈；自然能知人之言，而凡诐淫邪遁之词皆无所施于前矣。况肯自以为惭乎。集义只是致良知。心得其宜为义，致良知则心得其宜矣。

问："某因亲弟粮役，与之谋，败，致累多人。因思皆不老实之过也。如何？"谓之老实，须是实致其良知始得，不然却恐所谓老实者，正是老实不好也。昔人亦有为手足之情受污辱者，然不致知，此等事于良知亦自有不安。

问："某因海宁县丞卢珂居官廉甚而极贫，饥寒饿死，遂走拜之，赠以诗、袜，归而胸次帖帖然，自以为得也。只此自以为得也，恐亦不宜。"

知得自以为得之非宜，只此便是良知矣。民之秉彝也，故好是懿德。又多着一分意思不得。多着一分意思，便是私矣。

问："某见人有善行，每好录之，时以展阅。常见二医，一姓韩一姓郭者，以利相让，亦必录之。"

录善人以自勉，此亦多闻多见而识，乃是致良知之功。此等人只是欠学问，恐不能到头如此。吾辈中亦未易得也。

与黄宗贤癸未

南行想亦从心所欲，职守闲静，益得专志于学，闻之殊慰。贱躯入夏来，山中感暑痢，归卧两月余，变成痰咳。今虽稍平，然咳尚未已也。四方朋友来去无定，中间不无切磋砥砺之益，但真有力量能担荷得，亦自少见。大抵近世学者，只是无有必为圣人之志。近与尚谦、子莘、诚甫讲《孟子》"乡愿狂狷"一章，颇觉有所省发，相见时试更一论如何？闻接引同志孜孜不怠，甚善甚善。但论议之际，必须谦虚简明为佳。若自处过任而词意重复，却恐无益有损。在高明断无此。因见旧时友朋往往不免斯病，谩一言之。

寄薛尚谦癸未

承喻："自咎罪疾，只缘轻傲二字累倒。"足知用力恳切。但知得轻傲处，便是良知；致此良知，除却轻傲，便是格物。致知二字，是千古圣学之秘，向在虔时终日论此，同志中尚多有未彻。近于古本序中改数语，颇发此意，然见者往往亦不能察。今寄一纸，幸熟味。此是孔门正法眼藏，从前儒者多不曾悟到，故其说卒入于支离。仕鸣过虔，常与细说，不审闲中曾论及否？谕及甘泉论仕德处，殆一时意有所向而云，益亦未见其止之叹耳。仕德之学，未敢便以为至，即其信道之笃，临死不贰，眼前曾有几人？所云"心心相持，如鬈如钳"，正恐同辈中亦未见有能如此者也。书来，谓仕鸣、海崖大进此学，近得数友皆有根力，处久当能发挥。幸甚。闻之喜而不寐也。海崖为谁氏？便中寄知之。

卷六 文录三

书三始嘉靖丙戌至戊子

寄邹谦之丙戌

比遭家多难，功夫极费力，因见得良知两字，比旧愈加亲切。真所谓大本达道，舍此更无学问可讲矣。"随处体认天理"之说，大约未尝不是，只要根究下落，即未免捕风捉影，纵令鞭辟向里，亦与圣门致良知之功尚隔一尘。若复失之毫厘，便有千里之谬矣。四方同志之至此者，但以此意提掇之，无不即有省发，只是着实能透彻者甚，亦不易得也。世间无志之人，既已见驱于声利词章之习，间有知得自己性分当求者，又被一种似是而非之学兜绊羁縻，终身不得出头。缘人未有真为圣人之志，未免挟有见小欲速之私，则此种学问，极足支吾眼前得过。是以虽在豪杰之士，而任重道远，志稍不力，即且安顿其中者多矣。谦之之学，既以得其大原，近想涉历弥久，则功夫当益精明矣。无因接席一论，以资切劘，倾企如何！

范祠之建，实亦有裨风教。仆于大字，本非所长，况已久不作，所须祠扁，必大笔自挥之，乃佳也。使还，值岁冗，不欲尽言。

　　二丙戌

　　承示谕《俗礼要》，大抵一宗《文公家礼》而简约之，切近人情，甚善甚善！非吾谦之诚有意于化民成俗，未肯汲汲为此也！古礼之存于世者，老师宿儒，当年不能穷其说，世之人苦其烦且难，遂皆废置而不行。故今之为人上而欲导民于礼者，非详且备之为难，惟简切明白而使人易行之为贵耳。中间如四代位次及袝祭之类，固区区向时欲稍改以从俗者，今皆斟酌为之，于人情甚协。

　　盖天下古今之人，其情一而已矣。先王制礼，皆因人情而为之节文，是以行之万世而皆准。其或反之吾心而有所未安者，非其传记之讹阙，则必古今风气习俗之异宜者矣。此虽先王未之有，亦可以义起，三王之所以不相袭礼也。若徒拘泥于古，不得于心，而冥行焉，是乃非礼之礼，行不著而习不察者矣。后世心学不讲，人失其情，难乎与之言礼！然良知之在人心，则万古如一日。苟顺吾心之良知以致之，则所谓不知足而为屦，我知其不为蒉矣。非天子不议礼制度，今之为此，非以议礼为也，徒以末世废礼之极，聊为之兆以兴起之。故特为此简易之说，欲使之易知易从焉耳。冠、婚、丧、祭之外，附以乡约，其于民俗，亦甚有补。至于射礼，似宜别为一书以教学者，而非所以求谕于俗。今以附于其间，却恐民间以非所常行，视为不切，又见其说之难晓，遂并其冠、婚、丧、祭之易晓者而弃之也。《文公家礼》所以不及于射，或亦此意也欤？幸更裁之！

令先公墓表，决不负约，但向在纷冗忧病中，近复咳患盛作，更求假以日月耳。施、濮两生知解甚利，但已经炉鞴，则煅炼为易，自此益淬砺之，吾见其成之速也。书院新成，欲为诸生择师，此诚盛德之事。但刘伯光以家事促归，魏师伊乃兄适有官务，仓卒往视，何廷仁近亦归省，惟黄正之尚留。彼意以登坛说法，非吾谦之身自任之不可。须事定后，却与二三同志造访，因而连留旬月，相与砥砺开发，效匡翼之劳，亦所不辞也。祠堂位次祔祭之义，往年曾与徐曰仁备论。曰仁尝记其略，今使录一通奉览，以备采择。

或问："《文公家礼》，高、曾、祖、祢之位皆西上，以次而东。于心切有未安。"阳明子曰："古者庙门皆南向，主皆东向。合祭之时，昭之迁主列于北牖，穆之迁主列于南牖，皆统于太祖东向之尊。是故西上，以次而东。今祠堂之制，既异于古，而又无太祖东向之统，则西上之说，诚有所未安。"曰："然则今当何如？"曰："礼以时为大，若事死如事生，则宜以高祖南向，而曾、祖、祢东西分列，席皆稍降而弗正对，似于人心为安。曾见浦江郑氏之祭，四代考妣，皆异席。高考妣南向，曾、祖、祢考皆西向，妣皆东向，名依世次，稍退半席。其于男女之列，尊卑之等，两得其宜。今吾家亦如此行。但恐民间厅事多浅隘，而器物亦有所不备，则不能以通行耳。"又问："无后者之祔，于己之子侄，固可下列矣。若在祖宗之行，宜何如祔？"阳明子曰："古者大夫三庙，不及其高矣；适士二庙，不及其曾矣。今民间得祀高、曾，盖亦体顺人情之至，例以古制，则既为僭，况在其行之无后者乎！古者士大夫无子，则为之置后，无后者鲜矣。后世人情偷薄，始有弃贫贱而不问者。古所为无后，皆殇子之类耳。《祭法》：'王下祭殇五：适子、适孙、适曾孙、适玄孙、适来孙。诸侯下祭三，大夫二，適士及庶人祭子而止。'则无后之祔，皆子孙属也。今民间既得假四代之祀，以义起之，虽及弟侄可矣。往年湖湘一士人家，有曾伯祖与堂叔祖皆贤而无后者，欲为立嗣，则族众不可；欲弗祀，则思其贤，有所不忍也。以问于某，某曰：不祀二三十年矣，而追为之嗣，势人所不行矣。若在士大夫家，自可依古族属之义，于春、秋二社之次，特设一祭：凡族之无后而亲者，各以昭穆之次配祔之，于义亦可也。"

三丙戌

教札时及，足慰离索。兼示《论语讲章》，明白痛快，足以发朱注之所未及。诸生听之，当有油然而兴者矣。后世人心陷溺，祸乱相寻，皆由此学不明之故。只将此学字头脑处指掇得透彻，使人洞然知得是自己生身立命之原，不假外求，如木之有根，畅茂条达，自有所不容已，则所谓悦乐不愠者，皆不待言而喻。书院记文，整严精确，迥尔不群，皆是直写胸中实见，一洗近儒影响雕饰之习，不徒作矣。

某近来却见得良知两字日益真切简易。朝夕与朋辈讲习，只是发挥此两字不出。缘此两字，人人所自有，故虽至愚下品，一提便省觉。若致其极，虽圣人天地不能无憾，故说此两字，穷劫不能尽。世儒尚有致疑于此，谓未足以尽道者，只是未尝实见得耳。近有乡大夫请某讲学者云："除却良知，还有甚么说得？"某答云："除却良知，还有甚么说得！"不审迩来谦之于此两字，见得比旧又如何矣？无因一面，扣之以快倾渴。正之去，当能略尽鄙怀，不能一一。

后世大患，全是士夫以虚文相诳，略不知有诚心实意。流积成风，虽有忠信之质，亦且迷溺其间，不自知觉。是故以之为子则非孝；以之为臣则非忠。流毒扇祸，生民之乱，尚未知所抵极。今欲救之，惟有返朴还淳，是对症之剂。故吾侪今日用功，务在鞭辟近里，删削繁文始得。然鞭辟近里，删削繁文，亦非草率可能，必须讲明致良知之学。每以言于同志，不识谦之亦以为何如也？讲学之后，望时及之。

四丙戌

正之归，备谈政教之善，勤勤恳恳，开诱来学，毅然以斯道为己任，其为喜幸，如何可言！前书"虚文相诳"之说，独以慨夫后儒之没溺词章、雕镂文字，以希世盗名，虽贤知有所不免，而其流毒之深，非得根器力量如吾谦之者，莫能挽而回之也！而谦之顾犹歉然，欲以猛省寡过，此正吾谦之之所以为不可及也。欣叹欣叹！

学绝道丧之余，苟有兴起向慕于是学者，皆可以为同志，不必铢称寸度而求其尽合，于此以之待人可也。若在我之所以为造端立命者，则不容有毫发之或爽矣。道一而已，仁者见之谓之仁，知者见之谓之知。释氏之所以为释，老氏之所以为老，百姓日用而不知，皆是道也，宁有二乎？今古学术之诚伪邪正，何啻碔砆美玉！然有眩惑终身而不能辩者，正以此道之无二，而其变动不拘，充塞无间，纵横颠倒，皆可推之而通。世之儒者，各就其一偏之见，而又饰之以比拟仿像之功，文之以章句假借之训，其为习熟既足以自信，而条目又足以自安，此其所以诳己诳人，终身没溺而不悟焉耳！然其毫厘之差，而乃致千里之谬。非诚有求为圣人之志，而从事于惟精惟一之学者，莫能得其受病之源，而发其神奸之所由伏也。若某之不肖，盖亦尝隐陷于其间者几年，怅怅然既自以为是矣。赖天之灵，偶有悟于良知之学，然后悔其向之所为者，固包藏祸机，作伪于外，而心劳日拙者也。十余年来，虽痛自洗剔创艾，而病根深痼，萌蘖时生。所幸良知在我，操得其要，譬犹舟之得舵，虽惊风巨浪颠沛不无，尚犹得免于倾覆者也。夫旧习之溺人，虽已觉悔悟，而其克治之功，尚且其难若此，又况溺而不悟，日益以深者，亦将何所抵极乎！以谦之精神力量，又以有觉于良如，自当如江河之注海，沛然无复能有为之障碍者矣！默成深造之余，必有日新之得，可以警发昏惰者，便间不惜款款示及之。

五丙戌

张、陈二生来，适归余姚祭扫，遂不及相见，重负深情也。随事体认天理，即戒慎恐惧功夫，以为尚隔一尘，为世之所谓事事物物皆有定理而求之于外者言之耳。若致良知之功明，则此语亦自无害，不然，即犹未免于毫厘千里也。来喻以为恐主于事者，盖已深烛其弊矣。寄示甘泉《尊经阁记》，甚善甚善！其间大意亦与区区《稽山书院》之作相同。《稽山》之作，向尝以寄甘泉，自谓于此学颇有分毫发明。今甘泉乃谓"今之谓聪明知觉，不必外求诸经者，不必呼而能觉"之类，则似急于立言，而未暇细察鄙人之意矣。后世学术之不明，非为后人聪明识见之不及古人，大抵多由胜心为患，不能取善相下。明明其说之已是矣，而又务为一说以高之，是以其说愈多而惑人愈甚。凡今学术之不明，使后学无所适从，徒以致人之多言者，皆吾党自相求胜之罪也。今良知之说，已将学问头脑说得十分下落，只是各去胜心，务在共明此学，随人分限，以此循循善诱之，自当各有所至。若只要自立门户，外假卫道之名，而内行求胜之实，不顾正学之因此而益荒，人心之因此而愈悍，党同伐异，覆短争长，而惟以成其自私自利之谋，仁者之心有所不忍也！甘泉之意，未必由此，因事感触，辄漫及之。盖今时讲学者，大抵多犯此症，在鄙人亦或有所未免，然不敢不痛自克治也。如何如何？

答友人丙戌

君子之学，务求在己而已。毁誉荣辱之来，非独不以动其心，且资之以为切磋砥砺之地。故君子无入而不自得，正以其无入而非学也。若夫闻誉而喜，闻毁而戚，则将惶惶于外，惟日之不足矣，其何以为君子！

往年驾在留都，左右交谗某于武庙。当时祸且不测，僚属咸危惧，谓群疑若此，宜图所以自解者。某曰："君子不求天下之信己也，自信而已。吾方求以自信之不暇，而暇求人之信己乎？"某于执事为世交，执事之心，某素能信之，而顾以相讯若此，岂亦犹有未能自信也乎？虽然，执事之心，又焉有所不自信者！至于洪范之外，意料所不及，若校人之于子产者，亦安能保其必无。则执事之恳恳以询于仆，固君子之严于自治，宜如此也。昔楚人有宿于其友之家者，其仆窃友人之履以归，楚人不知也。适使其仆市履于肆，仆私其直而以窃履进，楚人不知也。他日，友人来过，见其履在楚人之足，大骇曰："吾固疑之，果然窃吾履。"遂与之绝。逾年而事暴，友人踵楚人之门而悔谢曰："吾不能知子，而缪以疑予，吾之罪也。请为友如初。"今执事之见疑于人，其有其无，某皆不得而知。纵或有之，亦何伤于执事之自信乎？不俟逾年，吾见有踵执事之门而悔谢者矣。执事其益自信无怠，固将无入而非学，亦无入而不自得也矣！

答友人问 丙戌

问：自来先儒皆以学问思辩属知，而以笃行属行，分明是两截事。今先生独谓知行合一，不能无疑。

曰：此事吾已言之屡屡。凡谓之行者，只是着实去做这件事。若着实做学问思辩的功夫，则学问思辩亦便是行矣。学是学做这件事，问是问做这件事，思辩是思辩做这件事，则行亦便是学问思辩矣。若谓学问思辩之，然后去行，却如何悬空先去学问思辩得？行时又如何去得个学问思辩的事？行之明觉精察处，便是知；知之真切笃实处，便是行。若行而不能精察明觉，便是冥行，便是"学而不思则罔"，所以必须说个知；知而不能真切笃实，便是妄想，便是"思而不学则殆"，所以必须说个行。元来只是一个功夫。凡古人说知行，皆是就一个功夫上补偏救弊说，不似今人截然分作两件事做。某今说知行合一，虽亦是就今时补偏救弊说，然知行体段亦本来如是。吾契但着实就身心上体履，当下便自知得。今却只从言语文义上窥测，所以牵制支离，转说转糊涂，正是不能知行合一之弊耳。

问：象山论学与晦庵大有同异，先生尝称象山"于学问头脑处见得直截分明"。今观象山之论，却有谓学有讲明，有践履，及以致知格物为履明之事，乃与晦庵之说无异，而与先生知行合一之说，反有不同。何也？

曰：君子之学，岂有心于同异？惟其是而已。吾于象山之学有同者，非是苟同；其异者，自不掩其为异也。吾于晦庵之论有异者，非是求异；其同者，自不害其为同也。假使伯夷、柳下惠与孔、孟同处一堂之上，就其所见之偏，全其议论，断亦不能皆合，然要之不害其同为圣贤也。若后世论学之士，则全是党同伐异，私心浮气所使，将圣贤事业作一场儿戏看了也。

又问：知行合一之说，是先生沦学最要紧处。今既与象山之说异矣，敢问其所以同。

曰：知行原是两个字说一个功夫，这一个功夫，须著此两个字方说得完全无弊病。若头脑处见得分明，见得原是一个头脑，则虽把知行分作两个说，毕竟将来做那一个功夫，则始或未便融会，终所谓百虑而一致矣。若头脑见得不分明，原看做两个字，则虽把知行合作一个说，亦恐终未有凑泊处，况又分作两截去做，则是从头至尾更没讨下落处也。

又问：致良知之说，真是百世以俟圣人而不惑者。象山已于头脑上见得分明，如何于此尚有不同？

曰：致知格物，自来儒者皆相沿如此说，故象山亦遂相沿得来，不复致疑耳。然此毕竟亦是象山见得未精一处，不可掩也。

又曰：知之真切笃实处，便是行；行之明觉精察处，便是知。若知时，其心不能真切笃实，则其知便不能明觉精察；不是知之时只要明觉精察，更不要真切笃实也。行之时，其心不能明觉精察，则其行便不能真切笃实；不是行之时只要真切笃实，更不要明觉精察也。知天地之化育，心体原是如此。乾知大始，心体亦原是如此。

答南元善丙戌

别去忽逾三月，居尝思念，辄与诸生私相慨叹。计归程之所及，此时当到家久矣。太夫人康强，贵眷无恙，渭南风景，当与柴桑无异，而元善之识见兴趣，则又有出于元亮之上者矣。近得中途寄来书，读之恍然如接颜色。勤勤恳恳，惟以得闻道为喜，急问学为事，恐卒不得为圣人为忧，亹亹千数百言，略无一字及于得丧荣辱之间，此非真有朝闻夕死之志者，未易以涉斯境也。浣慰何如！诸生递观传诵，相与叹仰歆服，因而兴起者多矣。

世之高抗通脱之士，捐富贵，轻利害，弃爵禄，决然长往而不顾者，亦皆有之。彼其或从好于外道诡异之说，投情于诗酒山水技艺之乐，又或奋发于意气，感激于愤悱，牵溺于嗜好，有待于物以相胜，是以去彼取此，而后能及其所之。既倦，意衡心郁，情随事移，则忧愁悲苦随之而作。果能捐富贵，轻利害，弃爵禄，快然终身，无入而不自得已乎？夫惟有道之士，真有以见其良知之昭明灵觉，圆融洞澈，廓然与太虚而同体。太虚之中，何物不有？而无一物能为太虚之障碍。盖吾良知之体，本自聪明睿知，本自宽裕温柔，本自发强刚毅，本自斋庄中正、文理密察，本自溥博渊泉而时出之，本无富贵之可慕，本无贫贱之可忧，本无得丧之可欣戚，爱憎之可取舍。盖吾之耳而非良知，则不能以听矣，又何有于聪？目而非良知，则不能以视矣，又何有于明？心而非良知，则不能以思与觉矣，又何有于睿知？然则又何有于宽裕温柔乎？又何有于发强刚毅乎？又何有于斋庄中正、文理密察乎？又何有于溥博渊泉而时出之乎？故凡慕富贵，忧贫贱，欣戚得丧，爱憎取舍之类，皆足以蔽吾聪明睿知之体，而窒吾渊泉时出之用。若此者，如明目之中而翳之以尘沙，聪耳之中而塞之以木楔也。其疾痛郁逆，将必速去之为快，而何能忍于时刻乎？故凡有道之士，其于慕富贵，忧贫贱，欣戚得丧而取舍爱憎也，若洗目中之尘而拔耳中之楔。其于富贵、贫贱、得丧、爱憎之相值，若飘风浮霭之往来变化于太虚，而太虚之动，固常廓然其无碍也。元善今日之所造，其殆庶几于是矣乎！是岂有待于物以相胜而去彼取此，激昂于一时之意气者所能强而声音笑貌以为之乎？元善自爱！元善自爱！

关中自古多豪杰，其忠信沈毅之质，明达英伟之器，四方之士，吾见亦多矣，未有如关中之盛者也。然自横渠之后，此学不讲，或亦与四方无异矣。自此关中之士，有所振发兴起，进其文艺于道德之归，变其气节为圣贤之学，将必自吾元善昆季始也。今日之归，谓天为无意乎？谓天为无意乎？

元贞以病，不及别简，盖心同道同而学同，吾所以告之亦不能有他说也。亮之亮之！

二丙戌

五月初，得苏州书，后月，适遇王驿丞去，草草曾附短启。其时私计行旆，到家必已久矣。是月三日，余门子回，复领手教，始知六月尚留汴城。世途之险涩难料，每每若此也。贱躯入夏咳作，兼以毒暑大旱，舟楫无所往，日与二三子讲息池傍小阁中。每及贤昆玉，则喟然兴叹而已！郡中今岁之旱，比往年尤甚。河渠曾蒙开浚者，百姓皆得资灌溉之利，相与啧啧追颂功德，然已控吁无及矣。彼奸妒愫人，号称士类者，乃独谗疾排构，无所不至，曾细民之不若，亦独何哉！亦独何哉！色养之暇，埙篪协奏，切磋讲习，当日益深造矣。里中英俊相从论学者几人？学绝道丧且几百年，居今之时，而苟知趋向于是，正所谓空谷之足音，皆今之豪杰矣。

便中示知之。

窃尝喜晦翁涵育薰陶之说，以为今时朋友相与必有此意，而后彼此交益。近来一二同志与人讲学，乃有规砺太刻，遂相愤戾而去者，大抵皆不免于以善服人之病耳。楚国实又尔忧去，子京诸友亦不能亟相会，一齐众楚。"道之不明也，我知之矣。"虽然，"风雨如晦，鸡鸣不已"，"至诚而不动者，未之有也"。非贤昆玉，畴足以语于斯乎！其余世情，真若浮虚之变态，亮非元善之所屑闻者也，遂不一一及。

答季明德 丙戌

书惠远及，以咳恙未平，忧念备至，感愧良深！食姜太多，非东南所宜。诚然，此亦不过暂时劫剂耳。近有一友，为易"贝母丸"服之，颇亦有效，乃终不若来谕"用养生之法拔去病根"者，为得本源之论。然此又不但治病为然，学问之功亦当如是矣。

承示："立志益坚，谓圣人必可以学而至。兢兢焉，常磨炼于事，为朋友之间，而厌烦之心，比前差少。"喜幸殊极！又谓："圣人之学，不能无积累之渐。"意亦切实。中间以尧、舜、文王、孔、老诸说，发明"志学"一章之意，足知近来进修不懈。居有司之烦而能精思力究若此，非朋辈所及。然此在吾明德自以此意奋起其精神，砥切其志意，则可矣。必欲如此节节分疏引证，以为圣人进道一定之阶级，又连掇数圣人纸上之陈迹，而入之以此一款条例之中，如以尧之试鲧为未能不惑，子夏之"启予"为未能耳顺之类，则是尚有比拟牵滞之累。以此论圣人之亦必由学而至，则虽有所发明，然其阶级悬难，反觉高远深奥，而未见其为人皆可学。乃不如末后一节，谓："至其极而矩之不逾，亦不过自此志之不已所积。而'不逾'之上，亦必有学可进，圣人岂绝然与人异哉！"又云："善者，圣之体也。害此善者，人欲而已。人欲，吾之所本无。去其本无之人欲，则善在我而圣体全。圣无有余，我无不足，此以知圣人之必可学也。然非有求为圣人之志，则亦不能以有成。"只如此论，自是亲切简易。以此开喻来学，足以兴起之矣。若如前说，未免使柔怯者畏缩而不敢当，高明者希高而外逐，不能无弊也。圣贤垂训，固有书不尽言、言不尽意者。凡看经书，要在致吾之良知，取其有益于学而已。则千经万典，颠倒纵横，皆为我之所用。一涉拘执比拟，则反为所缚。虽或特见妙诣，开发之益，一时不无，而意必之见，流注潜伏，盖有反为良知之障蔽，而不自知觉者矣。其云"善者圣之体"，意固已好，善即良知，言良知则使人尤为易晓。故区区近有"心之良知是谓圣"之说。其间又云："人之为学，求尽乎天而已。"此明德之意，本欲合天人而为一，而未免反离而二之也。人者，天地万物之心也；心者，天地万物之主也。心即天，言心，则天地万物皆举之矣，而又亲切简易。故不若言："人之为学，求尽乎心而已。"

知行之答，大段切实明白，词气亦平和，有足启发人者。惟贤一书，识见甚进，间有语疵，则前所谓"意必之见流注潜伏"者之为病。今既照破，久当自融释矣。

以"效"训"学"之说，凡字义之难通者，则以一字之相类而易晓者释之。若今学字之义，本自明白，不必训释。今遂以效训学，以学训效，皆无不可，不必有所拘执。但效字终不若学字之混成耳。率性而行，则性谓之道；修道而学，则道谓之教。谓修道之为教可也；谓修道之为学亦可也。自其道之示人无隐者而言，则道谓之教；自其功夫之修习无违者而言，则道谓之学。教也，学也，皆道也，非人之所能为也。知此，则又何训释之有！所须《学记》，因病未能著笔，俟后便为之。

与王公弼丙戌

来书比旧所见益进，可喜可喜！中间谓"弃置富贵，与轻于方父兄之命，只是一事。"当弃富贵，即弃富贵，只是致良知；当从父兄之命，即从父兄之命，亦只是致良知。其间权量轻重，稍有私意，于良知便自不安。凡认贼作子者，缘不知在良知上用功，是以有此。若只在良知上体认，所谓"虽不中，不远矣"。

二丁亥

老年得子，实出望外。承相知爱念，勤倦若此，又重之以厚仪，感愧何可当也！两广之役，积衰久病之余，何能堪此！已具本辞免，但未知遂能得允否耳。

来书"提醒良知"之说，甚善甚善！所云"困勉之功"，亦只是提醒功夫未能纯熟，须加人一己百之力，然后能无间断，非是提醒之外，别有一段困勉之事也。

与欧阳崇一丙戌

正之诸友下第归，备谈在京相与之详，近虽仕途纷扰中，而功力略无退转，甚难甚难！得来书，自咎真切，论学数条，卓有定见，非独无退转，且大有所进矣。文蔚所疑，良不为过。孟子谓"有诸己之谓信"，今吾未能有诸己，是未能自信也，宜乎文蔚之未能信我矣。乃劳崇一逐一为我解嘲，然又不敢尽谓崇一解嘲之言为口给。但在区区，则亦未能一一尽如崇一之所解者，为不能无愧耳！固不敢不勉力也！

寄陆原静丙戌

原静虽在忧苦中，其学问功夫，所谓"颠沛必于是"者，不言可知矣，奚必论说讲究而后可以为学乎？南元善曾将原静后来论学数条刊入《后录》中，初心甚不欲渠如此，近日朋辈见之，却因此多有省悟。始知古人相与辩论穷诘，亦不独要自己明白，直欲共明此学于天下耳。盖此数条，同志中肯用功者，亦时有疑及之，然非原静，则亦莫肯如此披豁吐露。就欲如此披豁吐露，亦不能如此曲折详尽。故此原静一问，其有益于同志良不浅浅也。自后但有可相启发者，不惜时寄及之，幸甚幸甚！

近得施聘之书，意向卓然，出于流辈。往年尝窃异其人，今果与俗不同也。闲中曾相往复否？大事今冬能举得，便可无他绊系，如聘之者，不妨时时一会。穷居独处，无朋友相砥切，最是一大患也。贵乡有韦友名商臣者，闻其用功笃实，尤为难得，亦曾一相讲否？

答甘泉丙戌

音问虽疏，道德之声无日不闻于耳，所以启瞆消鄙者多矣。向承狂生之谕，初闻极骇，彼虽愚悖之甚，不应遽至于尔。既而细询其故，良亦有因。近复来此，始得其实。盖此生素有老佛之溺，为朋辈所攻激，遂高自矜大，以夸愚泄愤。盖亦不过怪诞妖妄，如近世方士呼雷斩蛟之说之类，而闻者不察，又从而增饰之耳。近已与之痛绝，而此生深自悔责，若无所措其躬。赖其资性颇可，或自此遂能改创，未可知也。学绝道丧之余，苟以是心至，斯受之矣。忠信明敏之资，绝不可得。如生者，良亦千百中之一二，而又复不免于陷溺若此，可如何哉！可如何哉！龚生来访，自言素沐教极深，其资性甚纯谨，惜无可以进之者。今复远求陶铸，自此当见其有成也。

答魏师说丁亥

师伊至，备闻日新之功，兼得来书，志意恳切，喜慰无尽！所云"任情任意，认作良知，及作意为之，不依本来良知，而自谓良知者，既已察识其病矣。"意与良知，当分别明白。凡应物起念处，皆谓之意。意则有是有非，能知得意之是与非者，则谓之良知。依得良知，即无有不是矣。所疑拘于体面，格于事势等患，皆是致良知之心未能诚切专一。若能诚切专一，自无此也。凡作事不能谋始与有轻忽苟且之弊者，亦皆致知之心未能诚一，亦是见得良知未透彻。若见得透彻，即体面事势中，莫非良知之妙用。除却体面事势之外，亦别无良知矣。岂得又为体面所局，事势所格？即已动于私意，非复良知之本然矣。今时同志中，虽皆知得良知无所不在，一涉酬应，便又将人情物理与良知看作两事，此诚不可以不察也。

与马子莘丁亥

连得所寄书，诚慰倾渴！缔观来书，其字画文彩，皆有加于畴昔，根本盛而枝叶茂，理固宜然。然草木之花，千叶者无实，其花繁者，其实鲜矣。迩来子莘之志，得无微有所溺乎？是亦不可以不省也！良知之说，往时亦尝备讲，不审迩来能益莹彻否？明道云："吾学虽有所受，然天理二字，却是自家体认出来。"良知即是天理。体认者，实有诸己之谓耳。非若世之想像讲说者之为也。近时同志，莫不知以良知为说，然亦未见有能实体认之者，是以尚未免于疑惑。盖有谓良知不足以尽天下之理，而必假于穷索以增益之者，又以为徒致良知，未必能合于天理，须以良知讲求其所谓天理者，而执之以为一定之则，然后可以率由而无弊。是其为说，非实加体认之功而真有以见夫良知者，则亦莫能辩其言之似是而非也。莆中故多贤，国英及志道二三同志之外，相与切磋砥砺者，亦复几人？良知之外，更无知；致知之外，更无学。外良知以求知者，邪妄之知矣；外致知以为学者，异端之学矣。道丧千载，良知之学久为赘疣，今之友朋知以此事日相讲求者，殆空谷之足音欤！想念虽切，无因面会一罄此怀，临书惘惘不尽。

与毛古庵宪副 丁亥

亟承书惠，既荷不遗，中间歉然下问之意，尤足以仰见贤者进修之功勤勤不懈，喜幸何可言也！无因促膝一陈鄙见，以求是正，可胜瞻驰！

凡鄙人所谓致良知之说，与今之所谓体认天理之说，本亦无大相远，但微有直截迂曲之差耳。譬之种植，致良知者，是培其根本之生意，而达之枝叶者也；体认天理者，是茂其枝叶之生意而求以复之根本者也。然培其根本之生意，固自有以达之枝叶矣；欲茂其枝叶之生意，亦安能舍根本而别有生意可以茂之枝叶之间者乎？吾兄忠信近道之资，既自出于侪辈之上，近见胡正人，备谈吾兄平日功夫，又皆笃实恳切，非若世之徇名远迹，而徒以支离于其外者。只如此用力不已，自当循循有至，所谓殊途而同归者也。亦奚必改途易业，而别求所谓为学之方乎！惟吾兄益就平日用功得力处进步不息，譬之适京都者，始在偏州僻壤，未免经历于傍蹊曲径之中，苟志往不懈，未有不达于通衢大路者也。病躯咳作，不能多及，

竹鹤图

寄去鄙录末后论学一书，亦颇发明鄙见，暇中幸示及之！

与黄宗贤丁亥

人在仕途，比之退处山林时，其功夫之难十倍，非得良友时时警发砥砺，则其平日之所志向，鲜有不潜移默夺，驰然日就于颓靡者。近与诚甫言，在京师相与者少，二君必须预先相约定，彼此但见微有动气处，即须提起致良知话头，互相规切。凡人言语正到快意时，便截然能忍默得；意气正到发扬时，便翕然能收敛得；愤怒嗜欲正到腾沸时，便廓然能消化得。此非天下之大勇者不能也。然见得良知亲切时，其功夫又自不难。缘此数病，良知之所本无，只因良知昏昧蔽塞而后有，若良知一提醒时，即如白日一出，而魑魅自消矣。《中庸》谓"知耻近乎勇"。所谓知耻，只是耻其不能致得自己良知耳。今人多以言语不能屈服得人为耻，意气不能陵轧得

人为耻，愤怒嗜欲不能直意任情得为耻，殊不知此教病者，皆是蔽塞自己良知之事，正君子之所宜深耻者。今乃反以不能蔽塞自己良知为耻，正是耻非其所当耻，而不知耻其所当耻也。可不大哀乎！诸君皆平日所知厚者，区区之心，爱莫为助，只愿诸君都做个古之大臣。古之所谓大臣者，更不称他有甚知谋才略，只是一个断断无他技，休休如有容而已。诸君知谋才略，自是超然出于众人之上，所未能自信者，只是未能致得自己良知，未全得断断休休体段耳。今天下事势，如沉痾积痿，所望以起死回生者，实有在于诸君子。若自己病痛未能除得，何以能疗得天下之病！此区区一念之诚，所以不能不为诸君一竭尽者也。诸君每相见时，幸默以此意相规切之，须是克去己私，真能以天地万物为一体，实康济得天下，挽回三代之治，方是不负如此圣明之君，方能报得如此知遇，不枉了因此一大事来出世一遭也。病卧山林，只好修药饵，苟延喘息。但于诸君出处，亦有痛痒相关者，不觉缕缕至此。幸亮此情也！

答以乘宪副丁亥

此学不明于世久矣，而旧闻旧习，障蔽缠绕，一旦骤闻吾说，未有不非诋疑议者。然此心之良知，昭然不昧，万古一日。但肯平心易气，而以吾说反之于心，亦未有不洞然明白者。然不能即此奋志进步，勇脱窠臼，而犹依违观望于其间，则旧闻旧习，又从而牵滞蔽塞之矣。此近时同志中，往往皆有是病，不识以乘别后意思却如何耳。昔有十家之村，皆荒其百亩，而日惟转粜于市，取其赢余以赡朝夕者。邻村之农劝之曰："尔朝夕转粜，劳费无期，曷若三年耕，则余一年之食，数年耕可积而富矣。"其二人听之，舍籴而田。八家之人竞相非沮遏，室人老幼亦交遍归谪曰："我朝不籴，则无以为饔；暮不籴，则无以为餐。朝夕不保，安能待秋而食乎？"其一人力田不顾，卒成富家；其一人不得已，复弃田而籴，竟贫馁终身焉。今天下之人，方皆转籴于市，忽有舍籴而田者，宁能免于非谪乎！要在深信弗疑，力田而不顾，乃克有成耳。两承书来，皆有迈往直进相信不疑之志，殊为浣慰！人还，附知，少致切劘之诚，当不以为迂也。

与戚秀夫丁亥

德洪诸友，时时谈及盛德深情，追忆留都之会，恍若梦寐中矣。盛使远辱，兼以书仪，感怍何既！此道之在人心，皎如白日，虽阴晴晦明，千态万状，而白日之光，未尝增减变动。足下以迈特之资，而能笃志问学，勤勤若是，其于此道真如扫云雾而睹者白日耳。奚假于区区之为问乎？

病废既久，偶承两广之命，方具辞疏。使还，正当纷沓，草草不尽鄙怀。

与陈惟浚丁亥

江西之会，极草草，尚意得同舟旬日，从容一谈，不谓既入省城，人事纷沓，及登舟时，惟浚已行矣。沿途甚怏怏。抵梧后，即赴南宁，日不暇给，亦欲遣人相期来此，早晚略暇时可闲话。而此中风土绝异，炎瘴尤不可当，家人辈到此，无不病者。区区咳患，亦因热大作，痰痢肿毒交攻。度惟浚断亦不可以居此，又复已之。

近得聂文蔚书，知已入漳。患难困苦之余，所以动心忍性，增益其所不能者，宜必日有所进。养之以福，正在此时，不得空放过也。

圣贤论学，无不可用之功，只是致良知三字，尤简易明白，有实下手处，更无走失。近时同志亦已无不知有致良知之说，然能于此实用功者绝少，皆缘见得良知未真，又将致字看太易了，是以多未有得力处。虽比往时支离之说稍有头绪，然亦只是五十步百步之间耳。就中亦有肯精心体究者，不觉又转入旧时窠臼中，反为文义所牵滞，功夫不得洒脱精一，此君子之道所以鲜也。此事必须得师友时时相讲习切劘，自然意思日新。

自出山来，不觉便是一年。山中同志结庐相待者，尚数十人，时有书来，尽令人感动。而地方重务，势难轻脱，病躯又日狼狈若此，不知天意竟如何也！文蔚书中所论，迥然大进，真有一日千里之势，可喜可喜！颇有所询，病中草草答大略。见时可取视之，亦有所发也。

寄安福诸同志丁亥

诸友始为惜阴之会，当时惟恐只成虚语。迩来乃闻远近豪杰，闻风而至者，以百数，此可以见良知之同然，而斯道大明之几，于此亦可以卜之矣。喜慰可胜言耶！

得虞卿及诸同志寄来书，所见比旧又加亲切，足验功夫之进，可喜可喜！只如此用功去，当不能有他歧之惑矣。明道有云："宁学圣人而不至，不以一善而成名。"此为有志圣人而未能真得圣人之学者，则可如此说。若今日所讲良知之说，乃真是圣学之的传，但从此学圣人，却无有不至者。惟恐吾侪尚有一善成名之意，未肯专心致志于此耳。在会诸同志，虽未及一一面见，固已神交于千里之外。相见时，幸出此共勉之。

王子茂寄问数条，亦皆明切。中间所疑，在子茂亦是更须诚切用功。到融化时，并其所疑亦皆释然沛然，不复有相阻碍，然后为真得也。凡功夫只是要简易真切。愈真切，愈简易；愈简易，愈真切。病咳中不能多及，亦不能一一备列姓字，幸以意亮之而已！

与钱德洪、王汝中丁亥

家事赖廷豹纠正，而德洪、汝中又相与薰陶切劘于其间，吾可以无内顾矣。绍兴书院中同志，不审近来意向如何？德洪、汝中既任其责，当能振作接引，有所兴起。会讲之约，但得不废，其间纵有一二懈驰，亦可因此夹持，不致遂有倾倒。余姚又得应元诸友作兴鼓舞，想益日异而月不同。老夫虽出山林，亦每以自慰。诸贤皆一日千里之足，岂俟区区有所警策？聊亦以此示鞭影耳。即日已抵肇庆，去梧不三四日可到。方入冗场，未能多及，千万心亮！绍兴书院及余姚各会同志诸贤，不能一一列名字，幸亮！

二戊子

地方事幸遂平息，相见渐可期矣。近来不审同志叙会如何？得无法堂前今已草深一丈否？想卧龙之会，虽不能大有所益，亦不宜遂致荒落。且存饩羊后，或兴起亦未可知。余姚得应元诸友相与倡率，为益不小。近有人自家乡来，闻龙山之讲，至今不废，亦殊可喜。书到，望为寄声，益相与勉之。九、十弟与正宪辈，不审早晚能来亲近否？或彼自勉望，且诱掖接引之。谅与人为善之心，当不俟多喋也。魏廷豹决能不负所托，儿辈或不能率教，亦望相与夹持之。人行匆匆，百不一及。诸同志不能尽列姓字，均致此意。

三戊子

德洪、汝中书来，见近日功夫之有进，足为喜慰！而余姚、绍兴诸同志，又能相聚会讲切，奋发兴起，日勤不懈。吾道之昌，真有火然泉达之机矣。喜幸当何如哉！喜幸当何如哉！此间地方悉已平靖，只因二三大贼巢，为两省盗贼之根株渊薮，积为民患者，心亦不忍不为一除剪，又复迟留二三月。今亦了事矣，旬月间，便当就归途也。守俭、守文二弟，近承夹持启迪，想亦渐有所进。正宪尤极懒惰，若不痛加针砭，其病未易能去。父子兄弟之间，情既迫切，责善反难，其任乃在师友之间。想平日骨肉道义之爱，当不俟于多嘱也。书院规制，近闻颇加修葺，是亦可喜。寄去银二千两，稍助工费。墙垣之未坚完，及一应合整备者，酌量为之。余情面话不久。

答何廷仁戊子

区区病势日狼狈，自至广城，又增水泻，日夜数行不得止，今遂两足不能坐立。须稍定，即逾岭而东矣。诸友皆不必相候。果有山阴之兴，即须早鼓钱塘之舵，得与德洪、汝中辈一会聚，彼此当必有益。区区养病本去已三月，旬日后必得旨，亦遂发舟而东。纵未能遂归田之愿，亦必得一还阳明，与诸友一面而别，且后会又有可期也。千万勿复迟疑，徒耽误日月。总及随舟而行，沿途官吏送迎请谒，断亦不能有须臾之暇，宜悉此意。书至，即拨冗。德洪、汝中辈亦可促之早为北上之图。伏枕潦草。

卷七 文录四

序记说

别三子序 丁卯

自程、朱诸大儒没而师友之道遂亡。《六经》分裂于训诂，支离无蔓于辞章业举之习，圣学几于息矣。有志之士思起而兴之，然卒徘徊咨嗟，逡巡而不振；因弛然自废者，亦志之弗立，弗讲于师友之道也。夫一人为之，二人从而翼之，已而翼之者益众焉，虽有难为之事，其弗成者鲜矣。一人为之，二人从而危之，已而危之者益众焉，虽有易成之功，其克济者亦鲜矣。故凡有志之士，必求助于师友。无师友之助者，志之弗立弗求者也。自予始知学，即求师于天下，而莫予诲也；求友于天下，而与予者寡矣；又求同志之士，二三子之外，邈乎其寥寥也。殆予之志有未立邪？盖自近年而又得蔡希颜、朱守忠于山阴之白洋，得徐曰仁于余姚之马堰。曰仁，予妹壻也。希颜之深潜，守忠之明敏，曰仁之温恭，皆予所不逮。三子者，徒以一日之长视予以先辈，予亦居之而弗辞。非能有加也，姑欲假三子者而为之证，遂忘其非有也。而三子者，亦姑欲假予而存师友之饩羊，不谓其不可也。当是之时，其相与也，亦渺乎难哉。予有归隐之图，方将与三子就云霞，依泉石，追濂、洛之遗风，求孔、颜之真趣；洒然而乐，超然而游，忽焉而忘吾之老也。

今年三子者为有司所选，一举而尽之。何予得之之难，而有司者袭取之之易也。予未暇以得举为三子喜，而先以失助为予憾；三子亦无喜于其得举，而方且憾于其去予也。漆雕开有言："吾斯之未能信"，斯三子之心欤？曾点志于咏歌浴沂，而夫子喟然与之，斯予与三子之冥然而契，不言而得之者欤？三予行矣，遂使举进士，任职就列，吾知其能也，然而非所欲也。使遂不进而归，咏歌优游有日，吾知其乐也，然而未可必也。天将降大任于是人，必先违其所乐而投之于其所不欲，所以衡心拂虑而增其所不能。是玉之成也，其在兹行欤。三子则焉往而非学矣，而予终寡于同志之助也。三子行矣。"深潜刚克，高明柔克"，非箕子之言乎？温恭亦沉潜也，三子识之，焉往而非学矣。苟三子之学成，虽不吾迩，其为同志之助也，不多乎哉。

增城湛原明宦于京师，吾之同道友也，三予往见焉，犹吾见也已。

赠林以吉归省序 辛未

阳明子曰，求圣人之学而弗成者，殆以志之弗立欤。天下之人，志轮而轮焉，志裘而裘焉，志巫医而巫医焉，志其事而弗成者，吾未之见也。轮、裘、巫医遍天下，求圣人之学者间数百年而弗一二见，为其事之难欤？亦其志之难欤？弗志其事而能有成者，吾亦未之见也。

林以吉将求圣人之事，过予而论学。予曰："子盖论子之志乎？志定矣，而后学可得而论。子闽也，将闽是求；而予言子以越之道路，弗之听也。予越也，将越是求；而子言予以闽之道路，弗之听也。夫久溺于流俗，而骤语以求圣人之事，其始也必将有自馁而不敢当；已而旧习牵焉，又必有自眩而不能决；已而外议夺焉，又必有自沮而或以懈。夫馁而求有以胜之，眩而求有以信之，沮而求有以进之，吾见立志之难能也已。志立而学半，四子之言，圣人之学备矣。苟志立而于是乎求焉，其切磋讲明之益，以吉自取之，尚其有穷也哉？见素先生，子诸父也；子归而以予言正之，且以为何如？"

送宗伯乔白岩序 辛未

大宗伯白岩乔先生将之南都，过阳明子而论学。阳明子曰："学贵专。"先生曰："然。予少而好弈，食忘味，寝忘寐，目无改观，耳无改听。盖一年而诎乡之人，三年而国中莫有予当者。学贵专哉。"阳明子曰："学贵精。"先生曰："然。予长而好文词，字字而求焉，句句而鸠焉，研众史，核百氏。盖始而希迹于宋、唐，终焉浸入于汉、魏。学贵精哉。"阳明子曰："学贵正。"先生曰："然。予中年而好圣贤之道。弈吾悔焉，文词吾愧焉，吾无所容心矣。子以为奚若？"阳明子曰："可哉。学弈则谓之学，学文词则谓之学，学道则谓之学，然而其归远也。道，大路也。外是，荆棘之蹊，鲜克达矣。是故专于道，斯谓之专；精于道，斯谓之精。专于弈而不专于道，其专溺也；精于文词而不精于道，其精僻也。夫道广矣大矣，文词技能于是乎出。而以文词技能为者，去道远矣。是故非专则不能以精；

非精则不能以明；非明则不能以诚。故曰'惟精惟一'。精，精也；专，一也。精则明矣，明则诚矣。是故明精之为也，诚一之基也。一，天下之大本也；精，天下之大用也。知天地之化育，而况于文词技能之末乎？"先生曰："然哉。予将终身焉，而悔其晚也。"阳明子曰："岂易哉？公卿之不讲学也，久矣。昔者卫武公年九十而犹诏于国人曰：'毋以老耄而弃予。'先生之年半于武公，而功可倍之也。先生其不愧于武公哉？某也敢忘国士之交警。"

赠王尧卿序 辛未

终南王尧卿为谏官三月，以病致其事而去，交游之赠言者以十数，而犹乞言于予。甚哉，吾党之多言也。夫言日茂而行益荒，吾欲无言也久矣。自学术之不明，世之君子以名为实。凡今之所谓务乎其实，皆其务乎其名者也，可无察乎。尧卿之行，人皆以为高矣；才，人皆以为美矣；学，人皆以为博矣。是可以无察乎。自喜于一节者，不足与进于全德之地；求免于乡人者，不可以语于圣贤之途。气浮者，其志不确；心粗者，其造不深；外夸者，其中日陋。已矣，吾恶夫言之多也。虎谷有君子，类无言者。尧卿过焉，其以予言质之。

别张常甫序 辛未

太史张常甫将归省，告别于司封王某曰："期之别也，何以赠我乎？"某曰："处九月矣，未尝有言焉；期之别，又多乎哉？"常甫曰："斯邦期之过也。虽然，必有以赠我。"某曰："工文词，多论说，广探极览，以为博也；可以为学乎？"常甫曰："知之。""辩名物，考度数，释经正史，以为密也；可以为学乎？"常甫曰："知之。""整容色，修辞气，言必信，动必果，谈说仁义，以为行也；可以为学乎？"常甫曰："知之。"曰："去是三者而恬淡其心，专一其气，廓然而虚，湛然而定，以为静也；可以为学乎？"，常甫默然良久，曰："亦知之。"某曰："然，知之。古之君子惟有所不知也，而后能知之；后之君子惟无所不知，足以容有不知也。夫道有本而学有要。是非之辩精矣，义利之间微矣，斯吾未之能信焉。曷亦姑无以为知之也，而姑疑之，而姑思之乎？"常甫曰："唯。吾姑无以为知之，而姑疑之，而姑思之。期而见，吾有以复于子。"

别湛甘泉序 壬申

颜子没而圣人之学亡。曾子唯一贯之旨传之孟轲，终又二千余年而周、程续。自是而后，言益详，道益晦；析理益精，学益支离无本，而事于外者益繁以难。盖孟氏患杨、墨；周、程之际，释、老大行。今世学者，皆知宗孔、孟，贱杨、墨，摈释、老，圣人之道，若大明于世。然吾从而求之，圣人不得而见之矣。其能有若墨氏之兼爱者乎？其能有若杨氏之为我者乎？其能有若老氏之清净自守、释氏之究心性命者乎？吾何以杨、墨、老、释之思哉？彼于圣人之道异，然犹有自得也。而世之学者，章绘句琢以夸俗，诡心色取，相饰以伪，谓圣人之道劳苦无功，非复人之所可为，而徒取辩于言词之间；古之人有终身不能究者，今吾皆能言其略，自以为若是亦足矣，而圣人之学遂废。则今之所大患者，岂非记诵词章之习。而弊之所从来，无亦言之太详、析之太精者之过欤。夫杨、墨、老、释，学仁义，求性命，不得其道而偏焉，固非若今之学者以仁义为不可学，性命之为无益也。居今之时而有学仁义，求性命，外记诵辞章而不为者，虽其陷于杨、墨、老、释之偏，吾独且以为贤，彼其心犹求以自得也。夫求以自得，而后可与之言学圣人之道。某幼不问学，陷溺于邪僻者二十年，而始究心于老、释。赖天之灵，因有所觉，始乃沿周、程之说求之，而若有得焉。顾一二同志之外，莫予翼也，岌岌乎仆而后兴。晚得友于甘泉湛子，而后吾之志益坚，毅然若不可遏，则予之资于甘泉多矣。甘泉之学，务求自得者也。世未之能知其知者，且疑其为禅。诚禅也，吾犹未得而见，而况其所志卓尔若此。则如甘泉者，非圣人之徒欤。多言鸡足病也。夫多言不足以病甘泉，与甘泉之不为多言病也，吾信之。吾与甘泉友，意之所在，不言而会；论之所及，不约而同；期于斯道，毙而后已者。今日之别，吾容无言。夫惟圣人之学难明而易惑，习俗之降愈下而益不可回，任重道远，虽已无俟于言，顾复于吾心，若有不容已也。则甘泉亦岂以予言为缀乎？

别方叔贤序 辛未

予与叔贤处二年，见叔贤之学凡三变：始而尚辞，再变而讲说，又再变而慨然有志圣人之道。方其辞章之尚，于予若冰炭焉；讲说矣，则违合者半；及其有志圣人之道，而沛然于予同趣。将遂去之西樵山中，以成其志，叔贤亦可谓善变矣。圣人之学，以无我为本，而勇以成之。予始与叔贤为僚，叔贤以郎中故，事位吾上。及其学之每变，而礼予日恭，卒乃自称门生而待予以先觉。此非脱去世俗之见，超然于无我者，不能也。虽横渠子之勇撒皋比，亦何以加于此。独愧予之非其人，而何以当之。夫以叔贤之善变，而进之以无我之勇，其于圣人之道也何有。斯道也，绝响于世余三百年矣。叔贤之美有若是，是以乐为吾党道之。

别王纯甫序 辛未

王纯甫之掌教应天也，阳明予既勉之以孟氏之言。纯甫谓"未尽也"，请益曰："道未之尝学，而以教为职，鳏官其罪矣。敢问教何以哉？"阳明子曰："其学乎。尽吾之所以学者而教行焉耳。"曰："学何以哉？"曰："其教乎。尽吾之所以教者而学成焉耳。古子君之，有诸己而后求诸人也。"曰："刚柔淳漓之异质矣，而尽之我教，其可一乎？"曰："不一，所以一之也。天之于物也，巨微修短之殊位，而生成之，一也。惟技也亦然，弓冶不相为能，而其足于用，亦一也。匠斫也，陶垣也，圬墁也，其足以成室，亦一也。是故立法而考之，技也。各诣其巧矣，而同足于用。因人而施之，教也。各成其材矣，而同归于善。仲尼之答仁孝也，孟氏之论货色也，可以观教矣。"曰："然则教无定法乎？昔之辩者则何严也？"曰："无定矣。而以之必天下，则弓焉而冶废，匠焉而陶圬废。圣人不欲人人而圣之乎？然而质人人殊。故辩之严者，曲之致也。是故或失则隘，或失则支，或失则流矣。是故因人而施者，定法矣；同归于善者，定法矣。因人而施，质异也；同归于善，性同也。夫教，以复其性而已。自尧、舜而来未之有改，而谓无定乎？"

别黄宗贤归天台序 壬申

君子之学以明其心。其心本无昧也，而欲为之蔽，习为之害。故去蔽与害而明复，匪自外得也。心犹水也，污入之而流浊，犹鉴也，垢积之而光昧。孔子告颜渊"克己复礼为仁"，孟轲氏谓"万物皆备于我""反身而诚"。夫己克而诚，固无待乎其外也。世儒既叛孔、孟之说，昧于《大学》"格致"之训，而徒务博乎其外，以求益乎其内，皆入污以求清，积垢以求明者也，弗可得已。守仁幼不知学，陷溺于邪僻者二十年。疾疢之余，求诸孔子、子思、孟轲之言，而恍若有见，其非守仁之能也。宗贤于我，自为童子，即知弃去举业，励志圣贤之学。循世儒之说而穷之，愈勤而益难，非宗贤之罪也。学之难易失得也有原，吾尝为宗贤言之。宗贤于吾言，犹渴而饮，无弗入也，每见其溢于面。今既豁然，吾党之良，莫有及者。谢病去，不忍予别而需予言。夫言之而莫予听，倡之而莫予和，自今失吾助矣。吾则忍于宗贤之别而容无言乎？宗贤归矣，为我结庐天台雁荡之间，吾将老焉。终不使宗贤之独往也。

赠周莹归省序乙亥

永康周莹德纯尝学于应子元忠，既乃复见阳明子而请益。阳明子曰："予从应子之所来乎？"曰："然。""应子则何以教子？"曰："无他言也，惟曰海之以希圣希贤之学，毋溺于流俗。且曰：'斯吾所尝就正于阳明子者也。子而不吾信，则盍亲往焉？'莹是以不远千里而来谒。"曰："子之来也，犹有所未信乎？"曰："信之。"曰："信之而又来，何也？"曰："未得其方也。"阳明子曰："子既得其方矣。无所事于吾。"周生悚然有间，曰："先生以应子之故，望卒赐之教。"阳明子曰："子既得之矣。无所事于吾。"周生悚然而起，茫然有间，曰："莹愚，不得其方。先生毋乃以莹为戏，幸卒赐之教。"阳明子曰："子之自永康而来也，程几何？"曰："千里而遥。"曰："远矣。从舟乎？"曰："从舟，而又登陆也。"曰："劳矣。当兹六月，亦暑乎？"曰："途之暑特甚也。"曰："难矣。具资粮、从童仆乎？"曰："中途而仆病，乃舍贷而行。"曰："兹益难矣。"曰："子之来既远且劳，其难若此也，何不遂返而必来乎？将亦无有强子者乎？"曰："莹至于夫子之门，劳苦艰难，诚乐之。宁以是而遂返，又俟乎人之强之也乎？"曰："斯吾之所谓子之既得其方也。子之志，欲至于吾门也，则遂至于吾门，无假于人。子而志于圣贤之学，有不至于圣贤者乎？而假于人乎？子之舍舟从陆，捐仆贷粮，冒毒暑而来也，则又安所从受之方也？"生跃然起拜曰："兹乃命之方也已。抑莹由于其方而迷于其说，必俟夫子之言而后跃如也，则何居？"阳明子曰："子未睹乎熟石以求灰者乎？火力具足矣，乃得水而遂化。子归，就应子而足其火力焉，吾将储担石之水以俟子之再见。"

赠林典卿归省序 乙亥

林典卿与其弟游于大学，且归，辞于阳明子曰："元叙尝闻立诚于夫子矣。今兹归，敢请益。"阳明子曰："立诚。"典卿曰："学固此乎？天地之大也，而星辰丽焉，日月明焉，四时行焉；引类而言之，不可穷也。人物之富也，而草术蕃焉，禽兽群焉，中国夷狄分焉；引类而言之，不可尽也。夫古之学者，殚智虑，弊精力，而莫究其绪焉；靡昼夜，极年岁，而莫竟其说焉；析蚕丝，擢牛尾，而莫既其奥焉。而曰立诚，立诚尽之矣乎？"阳明子曰："立诚尽之矣。夫诚，实理也。其在天地，则其丽焉者，则其明焉者，则其行焉者，则其引类而言之不可穷焉者，皆诚也；其在人物，则其蕃焉者，则其群焉者，则其分焉者，则其引类而言之不可尽焉者，旨诚也。是故殚智虑，弊精力，而莫究其绪也；靡昼夜，极年岁，而莫竟其说也；析蚕丝，擢牛尾，而莫既其奥也。夫诚，一而已矣，故不可复有所益。益之是为二也，二则伪，故诚不可益。不可益，故至诚无息。"典卿起拜曰："吾今乃知夫子之教若是其要也。请终身事之，不敢复有所疑。"阳明子曰："子归，有黄宗贤氏者、应元忠氏者、方与讲学于天台、雁荡之间，倘遇焉，其遂以吾言诿之。"

赠陆清伯归省序乙亥

陆清伯澄归归安，与其友二三子论绎所学，赠处焉。二三子或曰："清伯之学日进矣。始吾见清伯，其气扬扬然若浮云，其言滔滔然若流波；今而日默默尔，日慊慊尔，日雍雍尔，日休休尔；有大径庭焉。以是知其进也。"或曰："清伯始见夫子，一月一至；既而旬一至；又既而五六日三四日而一至；又既而迁居于夫子之傍；后乃请于夫子扫庾下之室而旦暮侍焉。夫德莫淑于尊贤，学莫邇于亲师。故趋权门者日进于势，游市肆者日进于利。清伯于夫子之道日加亲附焉。吾未遑其他，即是，可以知其学之进也矣。"清伯曰："有是哉？澄则以为日退也。澄闻夫子之教而茫然，已而歉然，忽耿然而疑，已而大疑焉，又闪然大骇，乃忽闯然若有睹也。当是时，则亦几有所益焉。自是且数月，盖悠焉游焉，业不加修焉，反而求焉，怅怅然，颓颓然，昏蔽扩而愈进，私累息而愈兴，众妄攻而愈固，如上滩之舟，屡失屡下，力挽而不能前，以为日退也。"明日，又辞于阳明子，二三子偕焉，各言其所以。阳明子曰："其然乎。其然乎。谓己为日退者，进修之励，善日进矣。谓人为曰进者，与人为善者，其善亦日进矣。虽然，谓己为日退也，而意阻焉，能无日退乎？谓人为日进也，而气歉焉，亦能无日退乎？斯又进退之机，吉凶之所由分也，可无慎乎。"

赠周以善归省序乙亥

江山周以善究心格物致知之学有年矣，苦其难而不能有所进也。闻阳明子之说而异之，意其或有见也，就而问之。闻其说，戚然若有所省；归，求其故而不合，则迟疑旬日。又往闻其说，则又戚然若有所省；归，求其故而不合，则又迟疑者旬日，如是往复数月，求之既无所获，去之又弗能也，乃往告之以其故。阳明子曰："子未闻昔人之论弈乎？'弈之为数，小数也，不专心致志，则亦不可以得也。'今子入而闻吾之说，出而有鸿鹄之思焉，亦何怪乎勤而弗获矣？"于是退而斋洁，而以弟子之礼请。阳明子与之坐。盖默然良久，乃告之以立诚之说，耸然若仆而兴也。明日，又言之加密焉，证之以《大学》；明日，又言之加密焉，证之以《论》《孟》；明日，又言之加密焉，证之以《中庸》。乃跃然喜，避席而言曰："积今而后无疑于夫子之言；而后知圣贤之教若是其深切简易也；而后知所以格物致知以诚吾之身。吾喜焉，吾悔焉，十年之攻，徒以毙精神而乱吾之心术也，悲夫。积将以夫子之言告同志，俾及时从事于此，无若积之底于悔也。庶以报夫子之德，而无负于夫子之教。"居月余，告归。阳明子叙其言以遣之，使无忘于得之之难也。

赠郭善甫归省序乙亥

郭子自黄来学，逾年而告归，曰："庆闻夫子立志之说，亦既知所从事矣。今兹将远去，敢请一言以为夙夜劝。"阳明子曰："君子之于学也，犹农夫之于田也，既善其嘉种矣，又深耕易耨，去其螟莠，时其灌溉，早作而夜思，皇皇惟嘉种之是忧也，而后可望于有秋。夫志犹种也，学问思辩而笃行之，是耕耨灌溉以求于有秋也。志之弗端，是莨稗也。志端矣，而功之弗继，是五谷之弗熟，弗如莨稗也。吾尝见子之求嘉种矣，然犹惧其或莨稗也；见子之勤耕耨矣，然犹惧其莨稗之弗如也。夫农，春种而秋成，时也。由志学而至于立，自春而徂夏也；由立而至于不惑，去夏而秋矣。已过其时，犹种之未定，不亦大可惧乎？过时之学，非人一己百，未之敢望，而犹或作辍焉，不亦大可哀乎？从吾游者众矣，虽开说之多，未有出于立志者。故吾于子之行，卒不能舍是而别有所说。子亦可以无疑于用力之方矣。"

赠郑德夫归省序乙亥

西安郑德夫将学于阳明子，闻士大夫之议者以为禅学也，复已之。则与江山周以善者，姑就阳明子之门人而考其说，若非禅者也。则又姑与就阳明子，亲听其说焉。盖旬有九日，而后释然于阳明子之学非禅也，始具弟子之礼师事之。问于阳明子曰："释与儒孰异乎？"阳明子曰："子无求其异同于儒、释，求其是者而学焉可矣。"曰"是与非孰辨乎？"曰："子无求其是非于讲说，求诸心而安焉者是矣。"曰："心又何以能定是非乎？"曰：

"无是非之心，非人也。口之于甘苦也，与易牙同；目之于妍媸也，与离娄同；心之于是非也，与圣人同。其有昧焉者，其心之于道，不能如口之于味、目之于色之诚切也，然后私得而蔽之。子务立其诚而已。子惟虑夫心之于道，不能如口之于味、目之于色之诚切也，而何虑夫甘苦妍媸之无辩也乎？"曰："然则《五经》之所载、《四书》之所传，其皆无所用乎？"曰："孰为而无所用乎？是甘苦妍媸之所在也。使无诚心以求之，是谈味论色而已也，又孰从而得甘苦妍媸之真乎？"既而告归，请阳明子为书其说，遂书之。

紫阳书院集序乙亥

豫章熊侯世芳之守徽也，既敷政其境内，乃大新紫阳书院以明朱子之学，萃七校之秀而躬教之。于是校士程曾氏采摭书院之兴废为集，而弁以白鹿之规，明政教也。来请予言以谂多士。夫为学之方，白鹿之规尽矣；警劝之道，熊侯之意勤矣；兴废之故，程生之集备矣。又奚以予言为乎？然予闻之：德有本而学有要，不于其本而泛焉以从事，高之而虚无，卑之而支离，终亦流荡失宗，劳而无得矣。是故君子之学，惟求得其心。虽至于位天地，育万物，未有出于吾心之外也。孟氏所谓"学问之道无他，求其放心而已矣"者，一言以蔽之。故博学者，学此者也；审问者，问此者也；慎思者，思此者也；明辩者，辩此者也；笃行者，行此者也。心外无事，心外无理，故心外无学。是故于父，子尽吾心之仁；于君，臣尽吾心之义，言吾心之忠信，行吾心之笃敬；惩心忿，窒心欲，迁心善，改心过；处事接物，无所往而非求尽吾心以自慊也。譬之植焉，心其根也，学也者，其培拥之者也，灌溉之者也，扶植而删锄之者也，无非有事于根焉耳矣。朱子白鹿之规，首之以五教之目，次之以为学之方，又次之以处事接物之要，若各为一事而不相蒙者。斯殆朱子平日之意，所谓"随事精察而力行之，庶几一旦贯通之妙也"欤？然而世之学者，往往遂失之支离琐屑，色庄外驰，而流入于口耳声利之习。岂朱子之教使然哉？故吾因诸士之请，而特原其本以相勖。庶几乎操存讲习之有要，亦所以发明朱子未尽之意也。

朱子晚年定论序 戊寅

洙泗之传，至孟子而息。千五百余年，濂溪、明道始复追寻其绪。自后辩析日详，然亦日就支离决裂，旋复湮晦。吾尝深求其故，大抵皆世儒之多言有以乱之。守仁蚤岁业举，溺志辞章之习，既乃稍知从事正学，而苦于众说之纷挠疲薾，茫无可人，因求诸老、释，欣然有会于心，以为圣人之学在此矣。然于孔子之教间相出入，而措之日用，往往阙漏无归。依违往返，且信且疑。其后谪官龙场，居夷处困，动心忍性之余，恍若有悟。体验探求，再更寒暑，登诸《六经》四子，沛然若决江河而放之海也。然后叹圣人之道坦如大路，而世之儒者妄开窦径，蹈荆棘，堕坑堑，究其为说，反出二氏之下。宜乎世之高明之士厌此而超彼也。此岂二氏之罪哉？间尝以此语同志，而闻者竞相非议，自以为立异好奇，虽每痛反深抑，务自搜剔斑瑕，而愈益精明的确，洞然无复可疑；独于朱子之说有相牴牾，恒疚于心。切疑朱子之贤，而岂其于此尚有未察？及官留都，复取朱子之书而检求之，然后知其晚岁固已大悟旧说之非，痛悔极艾，至以为自诳诳人之罪不可胜赎。世之所传《集注》《或问》之类，乃其中年未定之说，自咎以为旧本之误，思改正而未及。而其诸《语类》之属，又其门人挟胜心以附己见，固于朱子平日之说犹有大相缪戾者。而世之学者局于见闻，不过持循讲习于此，其于悟后之论，概乎其未有闻。则亦何怪乎予言之不信，而朱子之心无以自暴于后世也乎？予既自幸其说之不缪于朱子，又喜朱子之先得我心之同然，且慨夫世之学者徒守朱子中年未定之说，而不复知求其晚岁既悟之论，竞相呶呶以乱正学，不自知其已入于异端。辄采录而哀集之，私以示夫同志。庶几无疑于吾说，而圣学之明可冀矣。

别梁日孚序 戊寅

圣人之道若大路，虽有跛鳖，行而不已，未有不至。而世之君子顾以为圣人之异于人，若彼其甚远也，其为功亦必若彼其甚难也；而浅易若此，岂其可及乎。则从而求之艰深恍惚，溺于支离，骛于虚高，率以为圣人之道必不可至，而甘于其质之所便，日以沦于污下。有从而求之者，竞相嗤讪，曰狂诞不自量者也。呜呼。其弊也亦岂一朝一夕之故哉。孟子云："徐行后长者谓之弟，疾行先长者谓之不弟。"夫徐行者，岂人所不能哉？所不为也。世之人不知咎其不为，而归咎其不能，其亦不思而已矣。

进士梁日孚携家谒选于京，过赣，停舟见予。始与之语，移时而别。明日又来，与之语，日昃而别。又明日又来，日入而未忍去。又明日，则假馆而请受业焉。同舟之人强之北者开譬百端，日孚皆笑而不应。莫不嚣且异。其最亲爱者曰："子有万里之行，戒僮仆，聚资斧，具舟楫，又挈其家室，经营阅岁而始就道。行未数百里而中止，此不有大苦，必有大乐者乎？子亦可以语我乎？"日孚笑曰："吾今则有大苦，亦诚有大乐者，然未易以语子也。子见病狂丧心者乎？方其昏逸瞆乱，赴汤火，蹈荆棘，莫不恬然自信，以为是也。比遇良医，沃之以清泠之浆，而投之以神明之剂，始苏然以醒。告之以其向之所为，又始骇然以苦：示之以其所从归之途，又始欣然以喜，且恨遇斯人之晚也。彼病狂不复者反从而哂唁之，以为是变其常。今吾与子之事，亦何以异于此矣。"居无何，予以军旅之役出，而远日孚者且两月；谓日孚既去矣。及旋，而日孚居然以待。既以委其资斧于逆旅，归其家室于故乡，泊然而乐，若将终身焉。扣其学，日有所明而月有所异矣。然后益叹圣人之学，非夫自暴自弃，未有不可由之而至。而日孚出于流俗，殆孟子所谓"豪杰之士"者矣。复留余三月，其母使人来谓曰："姑北行，以毕吾愿，然后从尔所好。"知日孚者亦交以是劝。日孚请曰："焞焉能一日而去夫子。将复赴汤火，蹈荆棘矣。"予曰："其然哉？子以圣人之道为有方体乎？为可拘之以时，限之以地乎？世未有即醒之人而复赴汤火，蹈荆棘者。子务醒其心，毋徒汤火荆棘之为惧。"日孚良久曰："焞近之矣。圣人之道，求之于心，故不滞于事；出之以理，故不泥于物；根之以性，故不拘以时；动之以神，故不限以地。苟知此矣，焉往而非学也。奚必恒于夫子之门乎？焞请暂辞而北，疑而复求正。"予莞尔而笑曰："近之矣。近之矣。"

大学古本序 戊寅

《大学》之要，诚意而已矣。诚意之功，格物而已矣。诚意之极，止至善而已矣。止至善之则，致知而已矣。正心，复其体也；修身，著其用也。以言乎已，谓之明德；以言乎人，谓之亲民；以言乎天地之间，则备矣。

是故至善也者，心之本体也。动而后有不善，而本体之知，未尝不知也。意者，其动也。物者，其事也。至其本体之知，而动无不善。然非即其事而格之，则亦无以致其知。故致知者，诚意之本也。格物者，致知之实也。物格则知致意诚，而有以复其本体，是之谓止至善。圣人惧人之求之于外也，而反覆其辞。旧本析而圣人之意亡矣。是故不务于诚意而徒以格物者，谓之支；不事于格物而徒以诚意者，谓之虚；不本于致知而徒以格物诚意者，谓之妄。支与虚与妄，其于至善也远矣。合之以敬而益缀，补之以传而益离。吾惧学之日远于至善也，去分章而复旧本，傍为之什，以引其义。庶几复见圣人之心，而求之者有其要。噫。乃若致知，则存乎心；悟致知焉，尽矣。

礼记纂言序 庚辰

礼也者，理也；理也者，性也；性也者；命也。"维天之命，于穆不已"，而其在于人也谓之性；其粲然而条理也谓之礼；其纯然而粹善也谓之仁；其截然而裁制也谓之义；其昭然而明觉也谓之知；其浑然于其性也，则理一而已矣。故仁也者，礼之体也；义也者，礼之宜也；知也者，礼之通也。经礼三百，曲礼三千，无一而非仁也，无一而非性也。天叙天秩，圣人何心焉，盖无一而非命也。故克己复礼则谓之仁，穷理则尽性以至于命，尽性则动容周旋中礼矣。后之言礼者，吾惑矣。纷纭器数之争，而牵制刑名之末；穷年矻矻，弊精于祝史之糟粕，而忘其所谓"经纶天下之大经，立天下之大本"者。"礼云礼云，玉帛云乎。"而人之不仁也，其如礼何哉？故老庄之徒，外礼以言性，而谓礼为道德之衰，仁义之失，既已堕于空虚漭荡。而世儒之说，复外性以求礼，遂谓礼止于器数制度之间，而议拟仿像于影响形迹，以为天下之礼尽在是矣。故凡先王之礼，烟蒙灰散而卒以煨烬于天下，要亦未可专委罪于秦火者。僭不自度，尝欲取《礼记》之所载，揭其大经大本而疏其条理节目，庶几器道本末之一致。又惧其德之弗任，而时亦有所未及也。间尝为之说，曰："礼之于节文也，犹规矩之于方圆也。非方圆无以见规矩之所出，而不可遂以方圆为规矩。故执规矩以为方圆，则方圆不可胜用。舍规矩以为方圆，而遂以方圆为之规矩，则规矩之用息矣。故规矩者，无一定之方圆；而方圆者，有一定之规矩。此学礼之要，盛德者之所以动容周旋而中也。"

宋儒朱仲晦氏慨《礼经》之芜乱，尝欲考正而删定之，以《仪礼》为之经，《礼记》为之传，而其志竟亦弗就。其后吴幼清氏因而为《纂言》，亦不数数于朱说，而于先后轻重之间，固已多所发明。二子之见，其规条指画则即出于汉儒矣，其所谓"观其会通，以行其典礼之原"，则尚恨吾生之晚，而未及与闻之也。虽然，后圣而有作，则无所容言矣；后圣而未有作也，则如《纂言》者，固学礼者之箕裘筌蹄，而可以少之乎？姻友胡汝登忠信而好礼，其为宁国也，将以是而施之。刻《纂言》以敷其说，而属序于予。予将进汝登之道而推之于其本也，故为序之若此云。

象山文集序 庚辰

圣人之学，心学也。尧、舜、禹之相授受曰："人心惟危，道心惟微，惟精惟一，允执厥中。"此心学之源也。中也者，道心之谓也；道心精一之谓仁，所谓中也。孔孟之学，惟务求仁，盖精一之传也。而当时之弊，固已有外求之者，故子贡致疑于多学而识，而以博施济众为仁。夫子告之以一贯，而教以能近取譬，盖使之求诸其心也。迨于孟氏之时，墨氏之言仁至于摩顶放踵，而告子之徒又有"仁内义外"之说，心学大坏。孟子辟义外之说，而曰："仁，人心也。学问之道无他，求其放心而已矣。"又曰："仁义礼智，非由外铄我也，我固有之，弗思耳矣。"盖王道息而伯术行，功利之徒外假天理之近似以济其私，而以欺于人，曰：天理固如是，不知既无其心矣，而尚何有所谓天理者乎？自是而后，析心与理而为二，而精一之学亡。世儒之支离，外索于刑名器数之末，以求明其所谓物理者。而不知吾心即物理，初无假于外也。佛、老之空虚，遗弃其人伦事物之常，以求明其所谓吾心者。而不知物理即吾心，不可得而遗也。至宋周、程二子，始复追寻孔、颜之宗，而有"无极而太极"，"定之以仁义中

五湖钓叟图

正而主静"之说："动亦定，静亦定，无内外，无将迎"之论，庶几精一之旨矣。自是而后，有象山陆氏，虽其纯粹和平若不逮于二子，而简易直截，真有以接孟子之传。其议论开阖，时有异者，乃其气质意见之殊，而要其学之必求诸心，则一而已。故吾尝断以陆氏之学，孟氏之学也。而世之议者，以其尝与晦翁之有同异，而遂诋以为禅。夫禅之说，弃人伦，遗物理，而要其归极，不可以为天下国家。苟陆氏之学而果若是也，乃所以为禅也。今禅之说与陆氏之说，其书具存，学者苟取而观之，其是非同异，当有不待于辩说者。而顾一倡群和，剿说雷同，如矮人之观场，莫知悲笑之所自，

岂非贵耳贱目，不得于言而勿求诸心者之过钦。夫是非同异，每起于人持胜心、便旧习而是己见。故胜心旧习之为患，贤者不免焉。

抚守李茂元氏将重刊象山之文集，而请一言为之序，予何所容言哉？惟读先生之文者，务求诸心而无以旧习己见先焉，则糠秕精凿之美恶，入口而知之矣。

观德亭记戊寅

君子之于射也，内志正，外体直，持弓矢审固，而后可以言中。故古者射以观德。德也者，得之于其心也。君子之学，求以得之于其心，故君子之于射以存其心也。是故懆于其心者其动妄；荡于其心者其视浮；歉于其心者其气馁；忽于其心者其貌惰；傲于其心者其色矜；五者，心之不存。不存也者，不学也。君子之学于射，以存其心也。是故心端则体正；心敬则容肃；心平则气舒；心专则视审；心通故时而理；心纯故让而恪；心宏故胜而不张，负而不驰；七者备而君子之德成。君子无所不用其学也，于射见之矣。故曰："为人君者以为君鹄；为人臣者以为臣鹄；为人父者以为父鹄；为人子者以为子鹄。"射也者，射己之鹄也；鹄也者，心也；各射己之心也，各得其心而已。故曰：可以观德矣。作《观德亭记》。

重修文山祠记戊寅

宋丞相文山文公之祠，旧在庐陵之富田。今螺川之有祠，实肇于我孝皇之朝，然亦因废为新，多缺陋而未称。正德戊寅，县令邵德容始恢其议于郡守伍文定，相与白诸巡抚、巡按、守巡诸司，皆以是为风化之所系也，争措财鸠工，图拓而新之。协守令之力，不再逾月而工萃。圮者完，隘者辟，遗者举，巍然焕然，不独庙貌之改观。而吉之人士奔走瞻叹，翕然益起其忠孝之心，则是举之有益于名教也诚大矣。使来请记。

呜呼。公之忠，天下之达忠也。结椎异类，犹知敬慕，而况其乡之人乎。逆旅经行，犹存尸祝，而况其乡之士乎。凡有职守，皆知尊尚，而况其士之官乎。然而乡人之慕之也，三有司之崇尚之也，文公之没，今且三百年矣。吉士之以气节行义，后先炳耀，谓非闻公之风而兴不可也。然忠义之降，激而为气节；气节之弊，流而为客气。其上焉者，无所为而为，固公所谓成仁取义者矣。其次有所为矣，然犹其气之近于正者也。迨其弊也，遂有凭其愤戾粗鄙之气，以行其娼嫉褊鸷之私；士流于矫拂，民入于健讼；人欲炽而天理灭，而犹自视以为气节。若是者容有之乎？则于公之道，非所谓操戈入室者欤？吾故备而论之，以勖夫兹乡之后进，使之去其偏以归于全，克其私以反于正，不愧于公而已矣。

今巡抚暨诸有司之表励崇饰，固将以行其好德之心，振扬风教，《诗》所谓"民之秉彝，好是懿德"者也。人亦孰无是心？苟能充之，公之忠义在我矣，而又何羡乎。然而时之表励崇饰，有好其实而崇之者，有慕其名而崇之者，有假其迹而崇之者。忠义有诸己，思以喻诸人，因而表其祠宇，树之风声，是好其实者也。知其美而未能诚诸身，姑以修其祠宇，彰其事迹，是慕其名者也。饰之祠宇而坏之于其身，矫之文具而败之于其行；奸以掩其外，而袭以阱其中，是假其迹者也。若是者容有之乎？则于公之道，非所谓毁瓦画墁者欤？吾故备而论之，以勖夫后之官兹土者，使无徒慕其名而务求其实，毋徒修公之祠而务修公之行，不愧于公而已矣。

某尝令兹邑，睹公祠之圮陋而未能恢，既有愧于诸有司；慨其风声习气之或弊，而未能讲去其偏，复有愧于诸人士。乐兹举之有成也，推其愧心之言而为之记。

从吾道人记乙酉

海宁董萝石者，年六十有八矣，以能诗闻江湖间。与其乡之业诗者十数辈为诗社，旦夕操纸吟鸣，相与求句字之工，至废寝食，遗生业。时俗共非笑之，不顾，以为是天下之至乐矣。嘉靖甲申春，萝石来游会稽，闻阳明子方与其徒讲学山中，以杖肩其瓢笠诗卷来访。入门，长揖上坐。阳明子异其气貌，且年老矣，礼敬之。又询知其为董萝石也，与之语连日夜。萝石辞弥谦，礼弥下，不觉其席之弥侧也。退，谓阳明子之徒何生秦曰："吾见世之儒者支离琐屑，修饰边幅，为偶人之状；其下者贪饕争夺于富贵利欲之场；而尝不屑其所为，以为世岂真有所谓圣贤之学乎，直假道于是以求济其私耳。故遂笃志于诗，而放浪于山水。今吾闻夫子良知之说，而忽若大寐之得醒，然后知吾向之所为，日夜弊精劳力者，其与世之营营利禄之徒，特清浊之分，而其间不能以寸也。幸哉。吾非至于夫子之门，则几于虚此生矣。吾将北面夫子而终身焉，得无既老而有所不可乎？"秦起拜贺曰："先生之年则老矣，先生之志何壮哉。"入以请于阳明子。阳明子喟然叹曰："有是哉？吾未或见此翁也。虽然，齿长于我矣。师友一也，苟吾言之见信，奚必北面而后为礼乎？"萝石闻之，曰："夫子殆以予诚之未积欤？"辞归两月，弃其瓢笠，持一缣而来。谓秦曰："此吾老妻之所织也。吾之诚积，若此缕矣。夫子其许我乎？"秦入以请。阳明子曰："有是哉？吾未或见此翁也。今之后生晚进，苟知执笔为文辞，稍记习训诂，则已侈然自大，不复知有纵师学问之事。见有或纵师问学者，则哄然共非笑，指斥若怪物。翁以能诗训后进，从之游者遍于江湖，盖居然先辈矣。一旦闻予言，而弃去其数十年之成业如敝屣，遂求北面而屈礼焉，岂独今之时而未见，若人将古之记传所载，亦未多数也。夫君子之学，求以变化其气质焉尔。气质之难变者，以客气之为患，而不能以屈下于人，遂至自是自欺，饰非长敖，卒归于凶顽鄙倍。故凡世之为子而不能孝，为弟而不能敬，为臣而不能忠者，其始皆起于不能屈下，而客气之为患耳。敬惟理是从，而不难于屈下，则客气消而天理行。非天下之大勇，不足以与于此。则如萝石，固吾之师也，而吾岂足以师萝石乎？"萝石曰："甚哉。夫子之拒我也。吾不能以俟请矣。"入而强纳拜焉。阳明子固辞不获，则许之以师友之间。与之探禹穴，登炉峰，陟秦望，寻兰亭之遗迹，倘徉于云门、若耶、鉴湖、剡曲。萝石日有所闻，益充然有得，欣然乐而忘归也。其乡党之子弟亲友与其平日之为社者，或笑而非，或为诗而招之返，且曰："翁老矣，何乃自苦若是耶？"萝石笑曰："吾方幸逃于苦海，方知悯若之自苦也，顾以吾为苦耶？吾方扬鬐于渤澥，而振羽于云霄之上，安能复投网罟而入樊笼乎？去矣，吾将从吾之所好。"遂自号曰"从吾道人"。阳明子闻之，叹曰："卓哉萝石。'血气既衰，戒之在得'矣，孰能挺特奋发，而复若少年英锐者之为乎？真可谓之能'从吾所好'矣。世之人从其名之好也，而竞以相高；从其利之好也，而贪以相取；从其心意耳目之好也，而诈以相欺；亦皆自以为从吾所好矣。而岂知吾之所谓真吾者乎。夫吾之所谓真吾者，良知之谓也。父而慈焉，子而孝焉，吾良知所好也；不慈不孝焉，斯恶之矣。言而忠信焉，行而笃敬焉，吾良知所好也；不忠信焉，不笃敬焉，斯恶之矣。故夫名利物欲之好，私吾之好也，天下之所恶也；良知之好，真吾之好也，天下之所同好也。是故从私吾之好，则天下之人皆恶之矣，将心劳日拙而忧苦终身，是之谓物之役。从真吾之好，则天下之人皆好之矣，将家、国、天下，无所处而不当；富贵、贫贱、患难、夷狄，无入而不自得；斯之谓能从吾之所好也矣。夫子尝曰：'吾十有五而志于学'，是从吾之始也。'七十而从心所欲，不逾矩'，则从吾而化矣。萝石逾耳顺而始知从吾之学，毋自以为既晚也。充萝石之勇，其进于化也何有哉？呜呼。世之营营于物欲者，闻萝石之风，亦可以知所适从也乎。"

亲民堂记乙酉

南子元善之治越也，过阳明子而问政焉。阳明子曰："政在亲民。"曰："亲民何以乎？"曰："在明明德。"曰："明明德何以乎？"曰："在亲民。"曰："明德、亲民，一乎？"曰："一也。明德者，大命之性，灵昭不昧，而万理之所从出也。人之于其父也，而莫不知孝焉；于其兄也，而莫不知弟焉；于凡事物之感，莫不有自然之明焉；是其灵昭之在人心，亘万古而无不同，无或昧者也，是故谓之明德。其或蔽焉，物欲也。明之者，去其物欲之蔽，以全其本体之明焉耳，非能有以增益之也。"曰："何以在亲民乎？"曰："德不可以徒明也。人之欲明其孝之德也，则必亲于其父，而后孝之德明矣；欲明其弟之德也，则必亲于其兄，而后弟之德明矣。君臣也，夫妇也，朋友也，皆然也。故明明德必在于亲民，而亲民乃所以明其明德也。故曰一也。"曰："亲民以明其明德，修身焉可矣，而何家、国、天下之有乎？"曰："人者，天地之心也；民者，对己之称也；曰民焉，则三才之道举矣。是故亲吾之父以及人之父，而天下之父子莫不亲矣；亲吾之兄以及人之兄，而天下之兄弟莫不亲矣。君臣也，夫妇也，朋友也，推而至于鸟兽草木也，而皆有以亲之，无非求尽吾心焉以自明其明德也。是之谓明明德于天下，是之谓家齐国治天下平。"曰："然则鸟在其为止至善者乎？""昔之人固有欲明其明德矣，然或失之虚罔空寂，而无有乎家国天下之施者，是不知明明德之在于亲民，而二氏之流是矣；固有欲亲其民者矣，然或失之知谋权术，而无有乎仁爱恻怛之诚者，是不知亲民之所以明其明德，而五伯功利之徒是矣；是皆不知止于至善之过也。是故至善也者，明德亲民之极则也。天命之性，粹然至善。其灵昭不昧者，皆其至善之发见，是皆明德之本体，而所谓良知者也。至善之发见，是而是焉，非而非焉，固吾心天然自有之则，而不容有所拟议加损于其间也。有所拟议加损于其间，则是私意小智，而非至善之谓矣。人惟不知至善之在吾心，而用其私智以求之于外，是以昧其是非之则，至于横骛决裂，人欲肆而天理亡，明德亲民之学大乱于天下。故止至善之于明德亲民也，犹之规矩之于方圆也，尺度之于长短也，权衡之于轻重也。方圆而不止于规矩，爽其度矣；长短而不止于尺度，乖其制矣；轻重而不止于权衡，失其准矣；明德亲民而不止于至善，亡其则矣。夫是之谓大人之学。大人者，以天地万物为一体也。夫然后能以天地万物为一体。"元善喟然而叹曰："甚哉。大人之学若是其简易也。吾乃今知天地万物之一体矣。吾乃今知天下之为一家、中国之为一人矣。'一夫不被其泽，若己推而内诸沟中'，伊尹其先得我心之同然乎。"于是名其莅政之堂曰"亲民"，而曰："吾以亲民为职者也，吾务亲吾之民以求明吾之明德也夫。"爱书其言于壁而为之记。

万松书院记乙酉

万松书院在浙省南门外，当湖山之间。弘治初，参政周君近仁因废寺之址而改为之，庙貌规制略如学宫，延孔氏之裔以奉祀事。近年以来，有司相继缉理，地益以胜，然亦止为游观之所，而讲诵之道未备也。嘉靖乙酉，侍御潘君景哲奉命来巡，宪度丕肃，文风聿新。既简乡闱，收一省之贤而上之南宫矣，又以遗才之不能尽取为憾，思有以大成之。乃增修书院，益广楼居斋舍为三十六楹；具其器用，置赡田若干顷；揭白鹿之规，抡彦选俊，肄习其间，以倡列郡之士，而以属之提学佥事万君汝信。汝信曰："是固潮之责也。"藩臬诸君咸赞厥成，使知事严纲董其役，知府陈力、推官陈箎辈相协经理。阅月逾旬，工讫事举，乃来请言以记其事。

惟我皇明，自国都全于郡邑咸建庙学，群士之秀，专官列职而教育之。其于学校之制，可谓详且备矣。而名区胜地，往往复有书院之设，何哉？所以匡翼夫学校之不逮也。夫三代之学，皆所以明人伦；今之学宫皆以"明伦"名堂，则其所以立学者，固未尝非三代意也。然自科举之业盛，士皆驰骛于记诵辞章，而功利得丧分惑其心，于是师之所教，弟子之所学者，遂不复知有明伦之意矣。怀世道之忧者思挽而复之，则亦未知所措其力。譬之兵事，当玩弛偷惰之余，则必选将阅伍，更其号令旌旗，悬非格之赏以倡敢勇，然后士气可得而振也。今书院之设，固亦此类也欤？士之来集于此者，其必相与思之曰："既进我于学校矣，而复优我于是，何为乎？宁独以精吾之举业而已乎？便吾之进取而已乎？则学校之中，未尝不可以精吾之业。而进取之心，自吾所汲汲，非有待于人之从而趋之也。是必有进于是者矣。是固期我以古圣贤之学也。"古圣贤之学，明伦而已。尧、舜之相授受曰："人心惟危，道心惟微，惟精惟一，允执厥中。"斯明伦之学矣。道心也者，率件之谓也，人心则伪矣。不杂于人伪，率是道心而发之于用也，以言其情则为喜怒哀乐；以言其事则为中节之和，为三千三百经曲之礼；以言其伦则为父子之亲，君臣之义，夫妇之别，长幼之序，朋友之信；而三才之道尽此矣。舜使契为司徒以教天下者，教之以此也。是固天下古今圣愚之所同具，其或昧焉者，物欲蔽之。非其中之所有不备，而假求于外者也。是固所谓不虑而知，其良知也；不学而能，其良能也。孩提之童，无不知爱其亲者也。孔子之圣，则曰所求乎子，以事父未能也。是明伦之学，孩提之童亦无不能，而及其至也，虽圣人有所不能尽也。人伦明于上，小民亲于下，家齐国治而天下平矣。是故明伦之外无学矣。外此而学者，谓之异端；非此而论者，谓之邪说；假此而行者，谓之伯术；饰此而言者，谓之文辞；背此而驰者，谓之功利之徒，乱世之政。虽今之举业，必自此而精之，而谓不愧于敷奏明试；虽今之仕进，必由此而施之，而后无忝于行义达道。斯固国家建学之初意，诸君缉书院以兴多士之盛心也，故为多士诵之。

稽山书院尊经阁记乙酉

经，常道也。其在于天谓之命，其赋于人谓之性，其主于身谓之心。心也，性也，命也，一也。通人物，达四海，塞天地，亘古今，无有乎弗具，无有乎弗同，无有乎或变者也。是常道也，其应乎感也，则为恻隐，为羞恶，为辞让，为是非；其见于事也，则为父子之亲，为君臣之义，为夫妇之别，为长幼之序，为朋友之信。是恻隐也，羞恶也，辞让也，是非也；是亲也，义也，序也，别也，信也；一也。皆所谓心也，性也，命也。通人物，达四海，塞天地，亘古今，无有乎弗具，无有乎弗同，无有乎或变者也，是常道也。是常道也，以言其阴阳消息之行焉，则谓之《易》；以言其纪纲政事之施焉，则谓之《书》；以言其歌咏性情之发焉，则谓之《诗》；以言其条理节文之著焉，则谓之《礼》；以言其欣喜和平之生焉，则谓之《乐》；以言其诚伪邪正之辩焉，则谓之《春秋》。是阴阳消息之行也，以至于诚伪邪正之辩也，一也。皆所谓心也，性也，命也。通人物，达四海，塞天地，亘古今，无有乎弗具，无有乎弗同，无有乎或变者也，夫是之谓《六经》。《六经》者非他，吾心之常道也。故《易》也者，志吾心之阴阳消息者也；《书》也者，志吾心之纪纲政事者也；《诗》也者，志吾心之歌咏性情者也；《礼》也者，志吾心之条理节文者也；《乐》也者，志吾心之欣喜和平者也；《春秋》也者，志吾心之诚伪邪正者也。君子之于《六经》也，求之吾心之阴阳消息而时行焉，所以尊《易》也；求之吾心之纪纲政事而时施焉，所以尊《书》也；求之吾心之歌咏性情而时发焉，所以尊《诗》也；求之吾心之条理节文而时著焉，所以尊《礼》也；求之吾心之欣喜和平而时生焉，所以尊《乐》也；求之吾心之诚伪邪正而时辩焉，所以尊《春秋》也。

盖昔者圣人之扶人极，忧后世，而述《六经》也，犹之富家者之父祖虑其产业库藏之积，其子孙者或至于遗忘散失，卒困穷而无以自全也，而记籍其家之所有以贻之，使之世守其产业库藏之积而享用焉，以免于困穷之患。故《六经》者，吾心之记籍也，而《六经》之实则具于吾心；犹之产业库藏之实积，种种色色，具存于其家。其记籍者，特名状数目而已。

而世之学者，不知求《六经》之实于吾心，而徒考索于影响之间，牵制于文义之末，硁硁然以为是《六经》矣。是犹富家之子孙不务守视享用其产业库藏之实积，日遗忘散失，至于窭人匄夫，而犹嚣嚣然指其记籍曰："斯吾产业库藏之积也"，何以异于是。呜呼。《六经》之学，其不明于世，非一朝一夕之故矣。尚功利，崇邪说，是谓乱经；习训诂，传记诵，没溺于浅闻小见以涂天下之耳目，是谓侮经；侈淫辞，竞诡辩，饰奸心，盗行逐世，垄断而自以为通经，是谓贼经。若是者，是并其所谓记籍者而割裂弃毁之矣，宁复知所以为尊经也乎。

越城旧有稽山书院，在卧龙西冈，荒废久矣。郡守渭南南君大吉既敷政于民，则慨然悼末学之支离，将进之以圣贤之道。于是使山阴令吴君瀛拓书院而一新之，又为尊经之阁于其后。曰："经正，则庶民兴；庶民兴，斯无邪慝矣。"阁成，请予一言以谂多士。予既不获辞，则为记之若是。呜呼。世之学者既得吾说而求诸其心焉，其亦庶乎知所以为尊经也矣。

重修山阴县学记乙酉

山阴之学，岁久弥敝。教谕汪君瀚辈以谋于县尹顾君铎而一新之，请所以诏士之言于予。时予方在疚，辞，未有以告也。已而顾君入为秋官郎，洛阳吴君瀛来代，复增其所未备而申前之请。昔予官留都，因京兆之请，记其学而尝有说焉：其大意以为朝廷之所以养士者不专于举业，而实望之以圣贤之学。今殿庑堂舍，拓而辑之；饩廪条教，具而察之者，是有司之修学也。求天下之广居安宅者而修诸其身焉，此为师、为弟子者之修学也。其时闻者皆惕然有省，然于凡所以为学之说，则犹未之及详。今请为吾越之士一言之。

夫圣人之学，心学也。学以求尽其心而已。尧、舜、禹之相授受曰："人心惟危，道心惟微，惟精惟一，允执厥中。"道心者，率性之谓，而未杂于人。无声无臭，至微而显，诚之源也。人心，则杂于人而危矣，伪之端矣。见孺子之入井而恻隐，率性之道也；从而内交于其父母焉，要誉于乡党焉，则人心矣。饥而食，渴而饮，率性之道也；从而极滋味之美焉，恣口腹之饕焉，则人心矣。惟一者，一于道心也。惟精者，虑道心之不一，而或二之以人心也。道无不中，一于道心而不息，是谓"允执厥中"矣。一于道心，则存之无不中，而发之无不和。是故率是道心而发之于父子也无不亲；发之于君臣也无不义；发之于夫妇、长幼、朋友也无不别、无不序、无不信；是谓中节之和，天下之达道也。放四海而皆准，亘古今而不穷；天下之人同此心，同此性，同此达道也。舜使契为司徒而教以人伦，教之以此达道也。当是之时，人皆君子而比屋可封，盖教者惟以是为教，而学者惟以是为学也。圣人既没，心学晦而人伪行，功利、训诂、记诵辞章之徒纷沓而起，支离决裂，岁盛月新，相沿相袭，各是其非，人心日炽而不复知有道心之微。间有觉其纰缪而略知反本求源者，则又哄然指为禅学而群訾之。呜呼。心学何由而复明乎。夫禅之学与圣人之学，皆求尽其心也，亦相去毫厘耳。圣人之求尽其心也，以天地万物为一体也。吾之父子亲矣，而天下有未亲者焉，吾心未尽也；吾之君臣义矣，而天下有未义者焉，吾心未尽也；吾之夫妇别矣，长幼序矣，朋友信矣，而天下有未别、未序、未信者焉，吾心未尽也。吾之一家饱暖逸乐矣，而天下有未饱暖逸乐者焉，其能以亲乎？义乎？别、序、信乎？吾心未尽也。故于是有纪纲政事之设焉，有礼乐教化之施焉，凡以裁成辅相、成己成物，而求尽吾心焉耳。心尽而家以齐，国以治，天下以平。故圣人之学不出乎尽心。禅之学非不以心为说，然其意以为是达道也者，固吾之心也，吾惟不昧吾心于其中则亦已矣，而亦岂必屑屑于其外；其外有未当也，则亦岂必屑屑于其中。斯亦其所谓尽心者矣，而不知已陷于自私自利之偏。是以外人伦，遗事物，以之独善或能之，而要之不可以治家国天下。盖圣人之学无人己，无内外，一天地万物以为心；而禅之学起于自私自利，而未免于内外之分；斯其所以为异也。今之为心性之学者，而果外人伦，遗事物，则诚所谓禅矣，使其未尝外人伦，遗事物，而专以存心养性为事，则固圣门精一之学也，而可谓之禅乎哉。世之学者，承沿其举业词章之习以荒秽戕伐其心，既与圣人尽心之学相背而驰，日骛日远，莫知其所抵极矣。有以心性之说而招之来归者，则顾骇以为禅，而反仇仇视之，不亦大可哀乎。夫不自知其为非而以非人者，是旧习之为蔽，而未可遽以为罪也。有知其非者矣，觍然视人之非而不以告人者，自私者也。既告之矣，既知之矣，而犹冥然不以自反者，自弃者也。吾越多豪杰之士，其特然无所待而兴者，为不少矣，而亦容有蔽于旧习者乎？故吾因诸君之请而特为一言之。呜呼。吾岂特为吾越之士一言之而已乎？

梁仲用默斋说 辛未

仲用识高而气豪，既举进士，锐然有志天下之务。一旦责其志曰："于呼。予乃太早。乌有己之弗治而能治人者"于是专心为己之学，深思其气质之偏，而病其言之易也，以"默"名庵，过予而请其方。予亦天下之多言人也，岂足以知默之道。然予尝自验之，气浮则多言，志轻则多言。气浮者耀于外，志轻者放其中。予请诵古之训而仲用自取之。

夫默有四伪：疑而不知问，蔽而不知辩，冥然以自罔，谓之默之愚；以不言餂人者，谓之默之狡；虑人之觇其长短也，掩覆以为默，谓之默之诬；深为之情，厚为之貌，渊毒阱狠，自讬于默以售其奸者，谓之默之贼；夫是之谓四伪。又有八诚焉：孔子曰："君子耻其言而过其行。古者言之不出，耻躬之不逮也。"故诚知耻，而后知默。又曰："君子欲讷于言而敏于行。"夫诚敏于行，而后欲默矣。仁者言也切，非以为默而默存焉。又曰："默而识之"，是故必有所识也，终日不违如愚者也。"默而成之"，是故必有所成也，退而省其私，亦足以发者也。故善默者莫如颜子。"暗然而日章"，默之积也。"不言而信"，而默之道成矣。"天何言哉？四时行焉，万物生焉。"而默之道至矣。非圣人其孰能与于此哉。夫是之谓八诚。仲用盍亦知所以自取之？

示弟立志说乙亥

予弟守文来学，告之以立志。守文因请次第其语，使得时时观省；且请浅近其辞，则易于通晓也。因书以与之。

夫学，莫先于立志。志之不立，犹不种其根而徒事培拥灌溉，劳苦无成矣。世之所以因循苟且，随俗习非，而卒归于污下者，凡以志之弗立也。故程子曰："有求为圣人之志，然后可与共学。"人苟诚有求为圣人之志，则必思圣人之所以为圣人者安在？非以其心之纯乎天理而无人欲之私欤？圣人之所以为圣人，惟以其心之纯乎天理而无人欲，则我之欲为圣人，亦惟在于此心之纯乎天理而无人欲耳。欲此心之纯乎天理而无人欲，则必去人欲而存天理。务去人欲而存天理，则必求所以去人欲而存天理之方。求所以去人欲而存天理之方，则必正诸先觉，考诸古训，而凡所谓学问之功者，然后可得而讲。而亦有所不容已矣。

夫所谓正诸先觉者，既以其人为先觉而师之矣，则当专心致志，惟先觉之为听。言有不合，不得弃置，必从而思之；思之不得，又从而辩之；务求了释，不敢辄生疑惑。故《记》曰："师严，然后道尊；道尊，然后民知敬学。"苟无尊崇笃信之心，则必有轻忽慢易之意。言之而听之不审，犹不听也；听之而思之不慎，犹不思也；是则虽曰师之，犹不师也。

夫所谓考诸古训者，圣贤垂训，莫非教人去人欲而存天理之方，若《五经》《四书》是已。吾惟欲去吾之人欲，存吾之天理，而不得其方，是以求之于此，则其展卷之际，真如饥者之于食，求饱而已；病者之于药，求愈而已；暗者之于灯，求照而已；跛者之于杖，求行而已。曾有徒事记诵讲说，以资口耳之弊哉。

夫立志亦不易矣。孔子，圣人也，犹曰："吾十有五而志于学。三十而立。"立者，志立也。虽至于"不逾矩"，亦志之不逾矩也。志岂可易而视哉。夫志，气之帅也，人之命也，木之根也，水之源也。源不浚则流息，根不植则木枯，命不续则人死，志不立则气昏。是以君子之学，无时无处而不以立志为事。正目而视之，无他见也；倾耳而听之，无他闻也。如猫捕鼠，如鸡覆卵，精神心思凝聚融结，而不复知有其他，然后此志常立，神气精明，义理昭著。一有私欲，即便知觉，自然容住不得矣。故凡一毫私欲之萌，只责此志不立，即私欲便退；听一毫客气之动，只责此志不立，即客气便消除。或怠心生，责此志，即不怠；忽心生，责此志，即不忽；懆心生，责此志，即不懆；妒心生，责此志，即不妒；忿心生，责此志，即不忿；贪心生，责此志，即不贪；傲心生，责此志，即不傲；吝心生，责此志，即不吝。盖无一息而非立志责志之时，无一事而非立志责志之地。故责志之功，其于去人欲，有如烈火之燎毛，太阳一出，而魍魉潜消也。

自古圣贤因时立教，虽若不同，其用功大指无或少异。《书》谓"惟精惟一"，《易》谓"敬以直内，义以方外"，孔子谓"格致诚正，博文约礼"，曾子谓"忠恕"，子思谓"尊德性而道问学"，孟子谓"集义养气，求其放心"，虽若人自为说，有不可强同者，而求其要领归宿，合若符契。何者？夫道一而已。道同则心同，心同则学同。其卒不同者，皆邪说也。

后世大患，尤在无志，故今以立志为说。中间字字句句，莫非立志。盖终身问学之功，只是立得志而已。若以是说而合精一，则字字句句皆精一之功；以是说而合敬义，则字字句句皆敬义之功。其诸"格致""博约""忠恕"等说，无不吻合。但能实心体之，然后信予言之非妄也。

约斋说甲戌

滁阳刘生韶既学于阳明子，乃自悔其平日所尝致力者泛滥而无功，琐杂而不得其要也。思得夫简易可久之道而固守之，乃以"约斋"自号，求所以为约之说于予。予曰："子欲其约，乃所以为烦也。其惟循理乎。理一而已，人欲则有万其殊。是故一则约，万则烦矣。虽然，理亦万殊也，何以求其一乎？理虽万殊而皆具于吾心，心固一也，吾惟求诸吾心而已。求诸心而皆出乎天理之公焉，斯其行之简易，所以为约也已。彼其胶于人欲之私，则利害相攻，毁誉相制，得失相形，荣辱相缠，是非相倾，顾瞻牵滞。纷纭舛戾，吾见其烦且难也。然而世之知约者鲜矣。孟子曰：'学问之

《王阳明全集》原典

道无他，求其放心而已'，其知所以为约之道钦。吾子勉之。吾言则亦以烦。"

见斋说乙亥

辰阳刘观时学于潘子，既有见矣，复学于阳明子。尝自言曰："吾名观时，观必有所见，而吾犹懵懵无睹也。"扁其居曰"见斋"，以自励。问于阳明子曰："道有可见乎？"曰："有，有而未尝有也。"曰："然则无可见乎？"曰："无，无而未尝无也。"曰："然则何以为见乎？"曰："见而未尝见也。"观时曰："弟子之惑滋甚矣。夫子则明言以教我乎？"阳明子曰："道不可言也，强为之言而益晦；道无可见也，妄为之见而益远。夫有而未尝有，是真有也；无而未尝无，是真无也；见而未尝见，是真见也。子未观于天乎？谓天为无可见，则苍苍耳，昭昭耳，日月之代明，四时之错行，未尝无也；谓天为可见，则即之而无所，指之而无定，执之而无得，未尝有也。夫天，道也；道，天也。风可捉也，影可拾也，道可见也。"曰："然则吾终无所见乎？古之人则亦终无所见乎？"曰："神无方而道天体，仁者见之谓之仁，知者见之谓之知。是有方体者也，见之而未尽者也。颜子则'如有所立'，卓尔。夫谓之'如'，则非有也；谓之'有'，则非无也。是故虽欲从之，末由也已。故夫颜氏之子为庶几也。文王望道而未之见，斯真见也已。"曰："然则吾何所用心乎？"曰："沦于无者，无所用其心者也，荡而无归；滞于有者，用其心于无用者也，劳而无功。夫有无之间，见与不见之妙，非可以言求也。而子顾切切焉，吾又从而强言其不可见，是以瞽导瞽也。夫言饮者不可以为醉，见食者不可以为饱。子求其醉饱，则盍饮食之？子求其见也，其惟人之所不见乎？夫亦戒慎乎其所不睹也已。斯真睹也已，斯求见之道也已。"

矫亭说乙亥

君子之行，顺乎理而已，无所事乎矫。然有气质之偏焉。偏于柔者矫之以刚，然或失则傲；偏于慈者矫之以毅，然或失则刻；偏于奢者矫之以俭，然或失则陋。凡矫而无节则过，过则复为偏。故君子之论学也，不曰"矫"而曰"克"。克以胜其私，私胜而理复，无过不及矣。矫犹未免于意必也，意必亦私也。故克己则矫不必言，矫者未必能尽于克己之道也。虽然，矫而当其可，亦克己之道矣。行其克己之实，而矫以名焉，何伤乎。古之君子也，其取名也廉；后之君子，实未至而名先之，故不曰"克"而曰"矫"，亦矫世之意也。方君时举以"矫"名亭，请予为之说。

谨斋说乙亥

君子之学，心学也。心，性也；性，天也。圣人之心纯乎天理，故无事于学。下是，则心有不存而汩其性，丧其天矣，故必学以存其心。学以存其心者，何求哉？求诸其心而已矣。求诸其心何为哉？谨守其心而已矣。博学也，审问也，慎思也，明辨也，笃行也，皆谨守其心之功也。谨守其心者，无声之中而常若闻焉，无形之中而常若睹焉。故倾耳而听之，惟恐其或缪也；注目而视之，惟恐其或逸也。是故至微而显，至隐而见，善恶之萌而纤毫莫遁，由其能谨也。谨则存，存则明；明则其察之也精，其存之也一。昧焉而弗知，过焉而弗觉，弗之谨也已。故谨守其心，于其善之萌焉，若食之充饱也；若抱赤子而履春冰，惟恐其或陷也；若捧万金之璧而临千仞之崖，惟恐其或坠也；其不善之萌焉，若鸩毒之投于羹也，若虎蛇横集而思所以避之也，若盗贼之侵陵而思所以胜之也。古之君子所以凝至道而成盛德，未有不由于斯者。虽尧、舜、文王之圣，然且兢兢业业，而况于学者乎。后之言学者，舍心而外求，是以支离决裂，愈难而愈远，吾甚悲焉。

吾友侍御杨景瑞以"谨"名其斋，其知所以为学之要矣。景瑞尝游白沙陈先生之门，归而求之，自以为有见。又二十年而忽若有得，然后知其向之所见犹未也。一旦告病而归，将从事焉，必底于成而后出。君之笃志若此，其进于道也孰御乎。君遣其子思元从予学，亦将别予以归，因论君之所以名斋之义以告思元，而遂以为君赠。

夜气说乙亥

天泽每过，辄与之论夜气之训，津津既有所兴起。至是告归，请益。复谓之曰："夜气之息，由于旦昼所养，苟梏亡之反复，则亦不足以存矣。今夫师友之相聚于兹也，切磋于道义而砥砺乎德业，渐而入焉，反而愧焉，虽有非僻之萌，其所滋也亦已罕矣。迨其离群索居，情可得肆而莫之警也，欲可得纵而莫之泥也，物交引焉，志交丧焉，虽有理义之萌，其所滋也亦罕矣。故曰：'苟得其养，无物不长；苟失其养，无物不消。'夫人亦孰无理义之心乎？然而不得其养者多矣，足以若是其寥寥也。天泽勉之。"

修道说 戊寅

率性之谓道，诚者也；修道之谓教，诚之者也。故曰："自诚明，谓之性；自明诚，谓之教。"《中庸》为诚之者而作，修道之事也。道也者，性也，不可须臾离也。而过焉，不及焉，离也。是故君子有修道之功。戒慎乎其所不睹，恐惧乎其所不闻，微之显，诚之不可掩也。修道之功若是其无间，诚之也夫。然后喜怒哀乐之未发谓之中，发而皆中节谓之和，道修而性复矣。致中和，则大本立而达道行，知天地之化育矣。非至诚尽性，其孰能与于此哉。是修道之极功也。而世之言修道者离矣，故特著其说。

自得斋说 甲申

孟子云："君子深造之以道，欲其自得之也。自得之则居之安；居之安则资之深；资之深则取之左右逢其原。故君子欲其自得之也。"夫率性之谓道，道，吾性也；性，吾生也。而何事于外求？世之学者，业辞章，习训诂，工技艺，探赜而索隐，弊精极力，勤苦终身，非无所谓深造之者。然亦辞章而已耳，训诂而已耳，技艺而已耳。非所以深造于道也，则亦外物而已耳，宁有所谓自得逢源者哉。古之君子，戒慎不睹，恐惧不闻，致其良知而不敢须臾或离者，斯所以深造乎是矣。是以大本立而达道行，天地以位，万物以育，于左右逢源乎何有？

黄勉之省曾氏，以"自得"名斋，盖有志于道者。请学于予而蕲为之说。予不能有出于孟氏之言也，为之书孟氏之言。嘉靖甲申六月朔。

博约说乙酉

南元真之学于阳明子也，闻致知之说而恍若有见矣。既而疑于博约先后之训，复来请曰："致良知以格物，格物以致其良知也，则既闻教矣。敢问先博我以文，而后约我以礼也，则先儒之说，得无亦有所不同欤？"阳明子曰："理，一而已矣；心，一而已矣。故圣人无二教，而学者无二学。博文以约礼，格物以致其良知，一也。故先后之说，后儒支缪之见也。夫礼也者，天理也。天命之性具于吾心，其浑然全体之中，而条理节目森然毕具，是故谓之天理。天理之条理谓之礼。是礼也，其发见于外，则有五常百行，酬酢变化，语默动静，升降周旋，隆杀厚薄之属；宜之于言而成章，措之于为而成行，书之于册而成训；炳然蔚然，其条理节目之繁，至于不可穷诘，是皆所谓文也。是文也者，礼之见于外者也；礼也者，文之存于中者也。文，显而可见之礼也；礼，微而难见之文也。是所谓体用一源，而显微无间者也。是故君子之学也，于酬酢变化、语默动静之间而求尽其条理节目焉，非他也，求尽吾心之天理焉耳矣；于升降周旋、隆杀厚薄之间而求尽其条理节目焉，非他也，求尽吾心之天理焉耳矣。求尽其条理节目焉者，博文也；求尽吾心之天理焉者，约礼也。文散于事而万殊者也，故曰博；礼根于心而一本者也，故曰约。博文而非约之以礼，则其文为虚文，而后世功利辞章之学矣；约礼而非博学于文，则其礼为虚礼，而佛、老空寂之学矣。是故约礼必在于博文，而博文乃所以约礼。二之而分先后焉者，是圣学之不明，而功利异端之说乱之也。

昔者颜子之始学于夫子也，盖亦未知道之无方体形像也，而以为有方体形像也；未知道之无穷尽止极也，而以为有穷尽止极也；是犹后儒之见事事物物皆有定理者也，是以求之仰钻瞻忽之间，而莫得其所谓。及闻夫子博约之训，既竭吾才以求之，然后知天下之事虽千变万化，而皆不出于此心之一理；然后知殊途而同归，百虑而一致，然后知斯道之本无方体形象，而不可以方体形象求之也；本无穷尽止极，而不可以穷尽止极求之也。故曰：'虽欲从之，末由也已。'盖颜子至是而始有真实之见矣。博文以约礼，格物以致其良知也，亦宁有二学乎哉？"

惜阴说丙戌

同志之在安成者，间月为会五日，谓之"惜阴"，其志笃矣；然五日之外，孰非惜阴时乎？离群而索居，志不能无少懈，故五日之会，所以相稽切焉耳。

呜呼。天道之运，无一息之或停；吾心良知之运，亦无一息之或停。良知即天道，谓之"亦"，则犹二之矣。知良知之运无一息之或停者，则知惜阴矣；知惜阴者，则知致其良知矣。"子在川上曰：逝者如斯夫。不舍昼夜。"此其所以学如不及，至于发愤忘食也。尧舜兢兢业业，成汤日新又新，文王纯亦不已，周公坐以待旦，惜阴之功，宁独大禹为然？子思曰："戒慎乎其所不睹，恐惧乎其所不闻，知微之显，可以入德矣。"或曰："鸡鸣而起，孳孳为利。凶人为不善，亦惟日不足，然则小人亦可渭之惜阴乎？"

卷八 文录五

杂著

书汪汝成格物卷癸酉

予于汝成"格物致知"之说、"博文约礼"之说、"博学笃行"之说、"一贯忠恕"之说，盖不独一论再论，五六论、数十论不止矣。汝成于吾言，始而骇以拂，既而疑焉，又既而大疑焉，又既而稍释焉，而稍喜焉，而又疑焉。最后与予游于玉泉，盖论之连日夜，而始快然以释，油然以喜，冥然以契。不知予言之非汝成也？不知汝成之言非予言也？于戏！若汝成，可谓不苟同于予，亦非苟异于予者矣。

卷首汝成之请，盖其时尚有疑于予。今既释然，予可以无言也已。叙其所以而归之。

书石川卷甲戌

先儒之学，得有浅深，则其为言，亦不能无同异。学者惟当反之于心，不必苟求其同，亦不必故求其异，要在于是而已。今学者于先儒之说苟有未合，不妨致思。思之而终有不同，固亦未为甚害，但不当因此而遂加非毁，则其为罪大矣。同志中往往似有此病，故特及之。程先生云："贤且学他是处，未须论他不是处。"此言最可以自警。

见贤思齐焉，见不贤而内自省，则不至于责人已甚，而自治严矣。

议论好胜，亦是今时学者大病。今学者于道，如管中窥天，少有所见，即自足自是，傲然居之不疑。与人言论，不待其辞之终，而已先怀轻忽非笑之意，訑訑之声音颜色，拒人于千里之外。不知有道者从旁视之，方为之竦息汗颜，若无所容。而彼悍然不顾，略无省觉，斯亦可哀也已！近时同辈中往往亦有是病者，相见时可出此以警励之。

某之于道，虽亦略有所见，未敢尽以为是也。其于后儒之说，虽亦时有异同，未敢尽以为非也。朋友之来问者，皆相爱者也，何敢以不尽吾所见！正期体之于心，务期真有所见，其孰是孰非而身发明之，庶有益于斯道也。若徒入耳出口，互相标立门户，以为能学，则非某之初心，其所以见罪之者至矣。近闻同志中亦有类此者，切须戒勉，乃为无负！孔子云："默而识之，学而不厌。"斯乃深望于同志者也。

与傅生凤甲戌

祁生傅凤，志在养亲，而苦于贫。徐曰仁之为祁也，悯其志，尝育而教之。及曰仁去祁，生乃来京师谒予，遂从予而南。闻予言，若有省，将从事于学。然痛其亲之贫且老，其继母弟又瞽而愚，无所资以为养，乃记诵训诂，学文辞，冀以是于升斗之禄。日夜不息，遂以是得危疾，几不可救。同门之士百计宽譬之，不能已，乃以质于予。予曰："嘻！若生者亦诚可怜者也。生之志，诚出于孝亲，然已陷于不孝而不之觉矣。若生者亦诚可怜者也！"生闻之悚然，来问曰："家贫亲老，而不为禄仕，得为孝乎？"予曰："不得为孝矣。欲求禄仕而至于成疾，以殒其躯，得为孝乎？"生曰："不得为孝矣。""殒其躯而欲读书学文，以求禄仕，禄仕可得乎？"生曰："不可得禄仕矣。"曰："然则尔何以能免于不孝？"于是泫然泣下，甚悔，且曰："凤何如而可以免于不孝？"予曰："保尔精，毋绝尔生；正尔情，毋辱尔亲；尽尔职，毋以得失为尔惕；安尔命，毋以外物戕尔性。斯可以免矣。"其父闻其疾危，来视，遂欲携之同归。予怜凤之志而不能成也，哀凤之贫而不能赈也，悯凤之去而不能留也。临别，书此遗之。

书王天宇卷甲戌

徐曰仁数为予言天宇之为人，予既知之矣。今年春，始与相见于姑苏，话通宵，益信曰仁之言。天宇诚忠信者也，才敏而沉潜者也。于是乎慨然有志于圣贤之学，非豪杰之士能然哉！出兹卷，请予言。予不敢虚，则为诵古人之言曰："圣，诚而已矣。"君子之学以诚身格物致知者，立诚之功也。譬之植焉，诚，其根也；格致，其培壅而灌溉之者也。后之言格致者，或异于是矣。不以植根而徒培壅焉、灌溉焉，敝精劳力而不知其终何所成矣。是故闻日博而心日外，识益广而伪益增，涉猎考究之愈详而所以缘饰其奸者愈深以甚。是其为弊亦既可睹矣，顾犹泥其说而莫之察也，独何欤？今之君子或疑予言之为禅矣，或疑予言之求异矣，然吾不敢苟避其说，而内以诬于己，外以诬于人也。非吾天宇之高明，其孰与信之！

书王嘉秀请益卷甲戌

仁者以天地万物为一体，莫非己也，故曰："己欲立，而立人，己欲达，而达人。"古之人所以能见人之善若己有之，见人之不善则恻然若己推而纳诸沟中者，亦仁而已矣。今见善而妒其胜己，见不善而疾视轻蔑不复比数者，无乃自陷于不仁之甚而弗之觉者邪？夫可欲之谓善，人之秉彝，好是懿德，故凡见恶于人者，必其在己有未善也。瑞凤祥麟，人争快睹；虎狼蛇蝎，见者持挺刃而向之矣。夫虎狼蛇蝎，未必有害人之心，而见之必恶，为其有虎狼蛇蝎之形也。今之见恶于人者，虽其自取，未必尽恶，无亦在外者犹有恶之形欤？此不可以不自省也。

君子之学，为己之学也。为己故必克己，克己则无己。无己者，无我也。世之学者，执其自私自利之心，而自任以为为己，溺焉入于隳堕断灭之中，而自任以为无我者，吾见亦多矣。呜呼！自以为有志圣人之学，乃堕于末世佛、老邪僻之见而弗觉，亦可哀也！夫"有一言而可以终身行之者，其恕乎"，"强恕而行，求仁莫近焉"，"恕"之一言，最学者所吃紧。其在吾子，则犹对病之良药，宜时时勤服之也。"见贤思齐焉，见不贤而内自省。"夫能见不贤而内自省，则躬自厚而薄责于人矣，此远怨之道也。

书孟源卷乙亥

圣贤之学，坦如大路，但知所从入，苟循循而进，各随分量，皆有所至。后学厌常喜异，往往时入断蹊曲径，用力愈劳，去道愈远。向在滁阳论学，亦惩末俗卑污，未免专就高明一路开导引接。盖矫枉救偏，以拯时弊，不得不然；若终迷陋习者，已无所责。其间亦多兴起感发之士，一时趋向，皆有可喜。近来又复渐流空虚，为脱落新奇之论，使人闻之，甚为足忧。虽其人品高下，若与终迷陋习者亦微有间，然究其归极，相去能几何哉！

孟源伯生复来金陵请益，察其意向，不为无进；而说谈之弊，亦或未免，故因其归而告之以此。遂使归告同志，务相勉于平实简易之道，庶无负相期云耳。

书杨思元卷乙亥

杨生思元自广来学，既而告归，曰："夫子之教，思元既略闻之。惧不克任，请所以砭其疾者而书诸绅。"予曰："子强明者也，警敏者也。强明者病于矜高，是故亢而不能下；警敏者病于浅陋，是故浮而不能实。砭子之疾，其谦默乎！谦则虚，虚则无不容，是故受而不溢，德斯聚矣；默则慎，慎则无不密，是故积而愈坚，诚斯立矣。彼少得而自盈者，不知谦者也；少见而自衒者，不知默者也。自盈者，吾必恶之，自衒者，吾必耻之。而人有不我恶者乎？有不我耻者乎？故君子之观人而必自省也。其谦默乎！"

书玄默卷乙亥

玄默志于道矣，而犹有诗文之好，何耶？弈，小技也，不专心致志则不得，况君子之求道，而可分情于他好乎？孔子曰："辞达而已矣。"盖世之为辞章者，莫不以是藉其口，亦独不曰"有德者必有言，有言者不必有

"德"乎？德，犹根也；言，犹枝叶也。根之不植，而徒以枝叶为者，吾未见其能生也。予别玄默久，友朋得玄默所为诗者，见其辞藻日益以进。其在玄默，固所为根盛而枝叶茂者耶？

玄默过留都，示予以斯卷，书此而遗之。玄默尚有以告我矣。

书顾维贤卷辛巳

维贤以予将远去，持此卷求书警戒之辞。只此"警戒"二字，便是予所最叮咛者。今时朋友大患不能立志，是以因循懈驰，散漫度日。若立志，则警戒之意当自有不容已。故警戒者，立志之辅。能警戒，则学问思辩之功、切磋琢磨之益，将日新又新，沛然莫之能御矣。程先生云："学者为气所胜、习所夺，只好责志。"又云："凡为诗文，亦丧志。"又言："且省外事，但明乎善，惟尽诚心，其文章虽不中，不远矣。所守不约，泛滥无功。学问之道，《四书》中备矣。"后儒之论，未免互有得失。其得者不能出于《四书》之外，失者遂有毫厘千里之谬，故莫如专求之《四书》。《四书》之言简实，苟以忠信进德之心求之，亦自明白易见。与不善人居，如入鲍鱼之肆，久而不觉其臭，则与之俱化。孔子大圣，尚赖"三益"之资，致"三损"之戒。吾侪从事于学，顾随俗同污，不思辅仁之友，欲求致道，恐无是理矣。非笑诋毁，圣贤所不免。伊川有涪州之行，孔子尚微服过宋，今日风俗益偷，人心日以沦溺，苟欲自立，违俗拂众，指摘非笑纷然而起，势所必至，亦多由所养未深，高自标榜所至。学者便不当自立门户，以招谤速毁；亦不当故避非毁，同流合污。维贤温雅，朋友中最为难得，似非微失之弱，恐诋笑之来，不能无动；才为所动，即依阿隐忍，久将沦胥以溺。每到此，便须反身，痛自切责。为己之志未能坚定，亦便志气激昂奋发。但知明己之善，立己之诚，以求快足乎己，岂暇顾人非笑指摘？故学者只须责自家为己之志未能坚定，志苟坚定，则非笑诋毁不足动摇，反皆为砥砺切磋之地矣。今时人多言人之非毁，亦当顾恤，此皆随俗习非之久，相沿其说，莫知以为非。不知里许尽是私意，为害不小，不可以不察也。

壁帖壬午

守仁鄙劣，无所知识，且在忧病奄奄中，故凡四方同志之辱临者，皆不敢相见。或不得已而相见，亦不敢有所论说，各请归而求诸孔孟之训可矣。夫孔孟之训，昭如日月。凡支离决裂，似是而非者，皆异说也。有志于圣人之学者，外孔孟之训而他求，是舍日月之明而希光于萤爝之微也，不亦缪乎！有负远来之情，聊此以谢。荒迷不次。

书王一为卷癸未

王生一为自惠负笈来学，居数月，皆随众参谒，默然未尝有所请。视其色，津津若有所喜。然一日，众皆退，乃独复入堂下而请曰：“致知之训，千圣不传之秘也，一为既领之矣。敢请益。”予曰：“千丈之木，起于肤寸之萌芽。子谓肤寸之外有所益欤，则何以至于千丈？子谓肤寸之外有所益欤，则肤寸之外，子将何以益之？”一为跃然起拜曰：“闻教矣。”又三月，思其母老于家，告归省视，因书以与之。

书朱守谐卷甲申

守谐问为学，子曰："立志而已。"问立志，予曰："为学而已。"守谐未达。予曰："人之学为圣人也，非有必为圣人之志，虽欲为学，谁为学？有其志矣，而不日用其力以为之，虽欲立志，亦乌在其为志乎！故立志者，为学之心也；为学者，立志之事也。譬之弈焉，弈者，其事也；'专心致志'者，其心一也；'以为鸿鹄将至'者，其心二也；'惟弈秋之为听'，其事专也；'思援弓缴而射之'，其事分也。"守谐曰："人之言曰：'知之未至，行之不力。'予未有知也，何以能行乎？"予曰："是非之心，知也，人皆有之。子无患其无知，惟患不肯知耳；无患其知之未至，惟患不致其知耳。故曰：'知之非艰行之惟艰。'今执途之人而告之以凡为仁义之事，彼皆能知其为善也；告之以凡为不仁不义之事，彼皆能知其为不善也。途之人皆能知之，而子有弗知乎？如知其为善也，致其知为善之知而必为之，则知至矣；如知其为不善也，致其知为不善之知而必不为之，则知至矣。知犹水也，人心之无不知，犹水之无不就下也，决而行之，无有不就下者。决而行之者，致知之谓也。此吾所谓知行合一者也。吾子疑吾言乎？夫道一而已矣。"

书诸阳伯卷甲申

妻侄诸阳伯复请学，既告之以格物致知之说矣。他日，复请曰："致知者，致吾心之良知也，是既闻教矣。然天下事物之理无穷，果惟致吾之良知而可尽乎？抑尚有所求于其外也乎？"复告之曰："心之体，性也，性即理也。天下宁有心外之性？宁有性外之理乎？宁有理外之心乎？外心以求理，此告子'义外'之说也。理也者，心之条理也。是理也，发之于亲则为孝，发之于君则为忠，发之于朋友则为信。千变万化，至不可穷竭，而莫非发于吾之一心。故以端庄静一为养心，而以学问思辩为穷理者，析心与理而为二矣。若吾之说，则端庄静一，亦所以穷理，而学问思辩，亦所以养心，非谓养心之时，无有所谓理，而穷理之时，无有所谓心也。此古人之学所以知行并进，而收合一之功，后世之学所以分知行为先后，而不免于支离之病者也。"曰："然则朱子所谓如何而为'温清之节'，如何而为'奉养之宜'者，非致知之功乎？"曰："是所谓知矣，而未可以为致知也。知其如何而为温清之节，则必实致其温清之功，而后吾之知始至；知其如何而为奉养之宜，则必实致其奉养之力，而后吾之知始至。如是乃可以为致知耳。若但空然知之为如何温清奉养，而遂谓之致知，则孰非致知者耶？《易》曰：'知至，至之。'知至者，知也；至之者，致知也。此孔门不易之教，百世以俟圣人而不惑者也。"

书张思钦卷 乙酉

三原张思钦元相将葬其亲，卜有日矣，南走数千里而来请铭于予。予之不为文也久矣，辞之固，而请弗已，则与之坐而问曰："子之乞铭于我也，将以图不朽于其亲也，则亦宁非孝子之心乎？虽然，子以为孝子之图不朽于其亲也，尽于是而已乎？将犹有进于是者也？夫图之于人也，则曷若图之于子乎？传之于其人之口也，则曷若传之于其子之身乎？故子为贤人也，则其父为贤人之父矣；子为圣人也，则其父为圣人之父矣。其与托之于人之言也孰愈，夫叔梁纥之名，至今为不朽矣。则亦以仲尼之为子耶？抑亦以他人为之铭耶？"思钦蹙然而起，稽颡而后拜曰："元相非至于夫子之门，则几失所以图不朽于其亲者矣。"明日，入而问圣人之学，则语以格致之说焉；求格致之要，则语之以良知之说焉。思钦跃然而起，拜而复稽曰："元相苟非至于夫子之门，则尚未知有其心，又何以图不朽于其亲乎！请归葬吾亲，而来卒业于夫子之门，则庶几其不朽之图矣。"

书中天阁勉诸生乙酉

"虽有天下易生之物，一日暴之，十日寒之，未有能生者也。"承诸君之不鄙，每予来归，咸集于此，以问学为事，甚盛意也。然不能旬日之留，而旬日之间，又不过三四会。一别之后，辄复离群索居，不相见者动经年岁。然则岂惟十日之寒而已乎？若是而求萌叶之畅茂条达，不可得矣。故予切望诸君勿以予之去留为聚散。或五六日、八九日，虽有俗事相妨，亦须破冗一会于此。务在诱掖奖劝，砥砺切磋，使道德仁义之习，日亲日近，则世利纷华之染，亦日远日疏，所谓"相观而善，百工居肆以成其事"者也。相会之时，尤须虚心逊志，相亲相敬。大抵朋友之交，以相下为益。或议论未合，要在从容涵育，相感以诚，不得动气，求胜长傲遂非。务在默而成之，不言而信。其或矜己之长，攻人之短，粗心浮气，矫以沽名，讦以为直，扶胜心而行愤嫉，以圮族败群为志，则虽日讲时习于此，亦无益矣。诸君念之念之！

书朱守乾卷乙酉

黄州朱生守乾请学而归，为书"致良知"三字。夫良知者，即所谓"是非之心，人皆有之"，不待学而有，不待虑而得者也。人孰无是良知乎？独有不能致之耳。自圣人以至于愚人，自一人之心以达于四海之远，自千古之前以至于万代之后，无有不同。是良知也者，是所谓"天下之大本"也。致是良知而行，则所谓"天下之达道"也。天地以位，万物以育，将富贵贫贱，患难夷狄，无所入而弗自得也矣。

书正宪扇乙酉

今人病痛，大段只是傲。千罪百恶，皆从傲上来。傲则自高自是，不肯屈下人。故为子而傲，必不能孝；为弟而傲，必不能弟；为臣而傲，必不能忠。象之不仁，丹朱之不肖，皆只是一"傲"字，便结果了一生，做个极恶大罪的人，更无解救得处。汝曹为学，先要除此病根，方才有地步可进。"傲"之反为"谦"。"谦"字便是对症之药。非但是外貌卑逊，须是中心恭敬，撙节退让，常见自己不是，真能虚己受人。故为子而谦，斯能孝；为弟而谦，斯能弟；为臣而谦，斯能忠。尧舜之圣，只是谦到至诚处，便是允恭克让，温恭允塞也。汝曹勉之敬之，其毋若伯鲁之简哉！

书魏师孟卷乙酉

心之良知，是谓圣。圣人之学，惟是致此良知而已。自然而致之者，圣人也；勉然而致之者，贤人也；自蔽自昧而不肯致之者，愚不肖者也。愚不肖者，虽其蔽昧之极，良知又未尝不存也。苟能致之，即与圣人无异矣。此良知所以为圣愚之同具，而人皆可以为尧舜者，以此也。是故致良知之外无学矣。自孔孟既没，此学失传几千百年。赖天之灵，偶复有见，诚千古之一快，百世以俟圣人而不惑者也。每以启夫同志，无不跃然以喜者，此亦可以验夫良知之同然矣。间有听之而疑者，则是支离之习，没溺既久，先横不信之心而然。使能姑置其旧见，而平气以绎吾说，盖亦未有不幡然而悔悟者也。

南昌魏氏兄弟，旧学于予，既皆有得于良知之说矣。其季良贵师孟，因其诸兄而来请。其资禀甚颖，而意向甚笃，然以偕计北上，不得久从于此。吾虽略以言之而未能悉也，故特书此以遗之。

书朱子礼卷甲申

子礼为诸暨宰，问政，阳明子与之言学而不及政。子礼退而省其身，惩己之忿，而因以得民之所恶也；窒己之欲，而因以得民之所好也；舍己之利，而因以得民之所趋也；惕己之易，而因以得民之所忽也；去己之蠹，而因以得民之所患也；明己之性，而因以得民之所同也；三月而政举。叹曰："吾乃今知学之可以为政也已！"

他日，又见而问学，阳明子与之言政而不及学。子礼退而修其职，平民之所恶，而因以惩己之忿也；从民之所好，而因以窒己之欲也；顺民之所趋，而因以舍己之利也；警民之所忽，而因以惕己之易也；拯民之所患，而因以去己之蠹也；复民之所同，而因以明己之性也。期年而化行。叹曰：

"吾乃今知政之可以为学也已！"

他日，又见而问政与学之要。阳明子曰："明德、亲民，一也。古之人明明德以亲其民，亲民所以明其明德也。是故明明德，体也；亲民，用也。而止至善，其要矣。"子礼退而求至善之说，炯然见其良知焉，曰："吾乃今知学所以为政，而政所以为学，皆不外乎良知焉。信乎，止至善其要也矣！"

书林司训卷丙戌

林司训年七十九矣，走数千里，谒予于越。予悯其既老且贫，愧无以为济也。嗟乎！昔王道之大行也，分田制禄，四民皆有定制。壮者修其孝弟忠信，老者衣帛食肉，不负戴于道路；死徙无出乡；出入相友，疾病相抚持，乌有耄耋之年而犹走衣食于道路者乎！周衰而王迹熄，民始有无恒产者。然其时圣学尚明，士虽贫困，犹有固穷之节；里闾族党，犹知有相恤之义。逮其后世，功利之说日浸以盛，不复知有明德亲民之实。士皆巧文博词以饰诈，相规以伪，相轧以利，外冠裳而内禽兽，而犹或自以为从事于圣贤之学。如是而欲挽而复之三代，呜呼！其难哉！吾为此惧，揭知行合一之说，订致知格物之谬，思有以正人心，息邪说，以求明先圣之学，庶几君子闻大道之要，小人蒙至治之泽。而哓哓者皆视以为狂惑丧心，诋笑訾怒。予亦不自知其力之不足，日挤于颠危，莫之救以死而不顾也。不亦悲夫！

予过彭泽时，尝悯林之穷，使邑令延为社学师。至是又失其业。于归也，不能有所资给，聊书此以遗之。

书黄梦星卷丁亥

潮有处士黄翁保号坦夫者，其子梦星来越从予学。越去潮数千里，梦星居数月，辄一告归省其父，去二三月辄复来。如是者屡屡。梦星性质温然，善人也，而甚孝。然禀气差弱，若不任于劳者。窃怪其乃不惮道途之阻远，而勤苦无已也，因谓之曰："生既闻吾说，可以家居养亲而从事矣。奚必往来跋涉若是乎？"梦星踧而言曰："吾父生长海滨，知慕圣贤之道，而无所从求人。既乃获见吾乡之薛、杨诸子者，得夫子之学，与闻其说而乐之。乃以责梦星曰：'吾衰矣，吾不希汝业举以干禄。汝但能若数子者，一闻夫子之道焉，吾虽啜粥饮水，死填沟壑，无不足也矣。'梦星是以不远数千里而来从。每归省，求为三月之留以奉菽水，不许；求为逾月之留，亦不许。居未旬日，即已具资粮，戒童仆，促之启行。梦星涕泣以请，则责之曰：'唉！儿女子欲以是为孝我乎？不能黄鹄千里，而思为翼下之雏，徒使吾心益自苦。'故驱游夫子之门者，固梦星之本心。然不能久留于亲侧，而倏往倏来，吾父之命，不敢违也。"予曰："贤哉，处士之为父！孝哉，梦星之为子也！勉之哉！卒成乃父之志，斯可矣。"

今年四月上旬，其家忽使人来讣云，处士没矣。呜呼惜哉！呜呼惜哉！圣贤之学，其久见弃于世也，不啻如土苴。苟有言论及之，则众共非笑诋斥，以为怪物。惟世之号称贤士大夫者，乃始或有以之而相讲究，然至考其立身行己之实，与其平日家庭之间所以训督期望其子孙者，则又未尝不汲汲焉惟功利之为务；而所谓圣贤之学者，则徒以资其谈论、粉饰文具于其外，如是者常十而八九矣。求其诚心一志，实以圣贤之学督教其子如处士者，可多得乎！而今亡矣，岂不惜哉！岂不惜哉！

阻远无由往哭，遥寄一奠，以致吾伤悼之怀，而叙其遣子来学之故若此，以风励夫世之为父兄者，亦因以益励梦星，使之务底于有成，以无忘乃父之志。

卷九　别录一

王文成公集序

黄道周

有圣人之才者，未必当圣人之任；当圣人之任者，未必成圣人之功。伊尹殁而知觉之任衰；逃清者入和，逃和者入愿，至于愿而荒矣。周公救之以才，仲尼救之以学。其时犹未有佛、老禅怡之事，辞章训诂之习，推源致澜，实易为功。而二圣人者竭力为之，或与鸟兽争胜于一时，或与乱贼明辟于百世。其为之若是其难也。

明兴而有王文成者出。文成出而明绝学，排俗说，平乱贼，驱鸟兽；大者岁月，小者顷刻，笔致手脱，天地廓然。若仁者之无敌，自伊尹以来，乘昌运，奏显绩，未有盛于文成者也。

孟轲崎岖战国之间，祖述周、孔，旁及夷、惠，至于伊尹。祗诵其言曰："天之生斯民也，使先知觉后知，使先觉觉后觉也。予，天民之先觉者也，予将以斯道觉斯民也。"变学为觉，实从此始，而元圣之称，亦当世烂焉。仲尼独且退然，让不敢居。一则曰："先觉者，是贤乎？"再则曰："我非生而知之也。"夫使仲尼以觉知自任，辙弊途穷，亦不能辍弦歌，蹑赤烏，以成纳沟之务，必不得已，自附于斯文，仰托于后死。曰："吾之志事，在斯而已。"今其文章俱在，性道已著，删定大业，无所复施；虽以孟轲之才，不过推明其说，稍为宣畅，无复发挥，裨益其下，则天下古今著述之故，概可知也。

孟轲而后可二千年，有陆文安。文安原本孟子，别白义利，震悚一时。其立教以易简觉悟为主，亦有耕莘遗意。然当其时，南宗盛行，单传直授，遍于严谷；当世所藉，意非为此也。

善哉。施四明先生之言曰："天下病虚，救之以实；天下病实，救之以虚。"晦庵当五季之后，禅喜繁兴，豪杰皆溺于异说，故宗程氏之学，穷理居敬，以使人知所持循。文成当宋人之后，辞章训诂，汩没人心，虽贤者犹安于帖括，故明陆氏之学，易简觉悟，以使人知所返本。虽然，晦庵学孔，才不及孔，以止于程；故其文章经济，亦不能逾程，以至于孔。文成学孟，才与孟等，而进于伊；故其德业事功，皆近于伊，而进于孟。

夫自孔、颜授受，至宋明道之间，主臣明圣，人才辈生，盖二千年矣。又五百年而文成始出。陆文安不值其时，虽修伊尹之志，负孟氏之学，而树建邈然，无复足称。今读四明先生所为《集要》三部，反覆于理学经济文章之际，喟然兴叹于伊、孟、朱、陆相距之远也。子曰才难，不其然乎？

崇祯乙亥岁秋七月，漳海治民黄道周书。

四库全书王文成全书总目提要

纪昀

臣等谨案：《王文成全书》三十八卷，明兵部尚书、新建伯余姚王守仁撰。守仁事迹具《明史》本传。其书首编《语录》三卷，为《传习录》，附以《朱子晚年定论》，乃守仁在时，其门人徐爱所辑而钱德洪删订之者；次《文录》五卷，皆杂文；《别录》十卷，为奏疏、公移之类；《外集》七卷，为诗及杂文；《续编》六卷，则《文录》所遗，搜辑续刊者：皆守仁殁后德洪所编辑。后附以《年谱》五卷、《世德纪》二卷，亦德洪与王畿等所纂集也。其初本各自为书，单行于世。隆庆壬申，御史新建谢延杰巡按浙江，始合梓以传。仿《朱子全书》之例以名之。盖当时以学术宗守仁，故其推尊之如此。

守仁勋业气节，卓然见诸施行，而为文博大昌达，诗亦秀逸有致，不独事功可称，其文章自足传世也。

此书明末版佚，多有选辑别本以行者，然皆缺略，不及是编之详备云。

乾隆四十三年五月恭校上。

总纂官臣纪昀　臣陆锡熊　臣孙士毅

王文成公全书题辞

章炳麟

至人无常教，故孔子为大方之家。心斋克己，海颜氏也，则能使坐忘不改其乐。次如冉、闵，视颜氏稍逡巡矣。及夫由、赐、商、偃，才虽不逮，亦以其所闻自厉，内可以修身，外则足以经国。故所教不同，而各以其才有所至，如河海之水然，随所挹饮，皆以满其腹也。宋世道学诸子，刻意欲上希孔、颜，弗能至。及明姚江王文成出，以豪杰抗志为学。初在京师，尝与湛原明游，以得江门陈文恭之绪言。文恭犹以心理为二，欲其泯合，而文成言心即理，由是徽国格物之论瓦解无余，举世震而愕之。

余观其学，欲人勇改过而促为善，犹自孔门大儒出也。昔者子路人告之以有过则喜，闻斯行之，终身无宿诺，其奋厉兼人如此。文成以内过非人所证，故付之于良知，以发于事业者或为时位阻，故言"行之明觉精察处即知，知之真切笃实处即行"，于是有知行合一之说。此乃以子路之术转进者，要其恶文过，戒转念，则二家如合符。是故行己则无忮求，用世则使民有勇，可以行三军。盖自子路奋乎百世之上，体兼儒侠，为曾参所畏。自颜、闵、二冉以外，未有过子路者。晚世顾以啴蕺之，至文成然后能兴其界，邈若山河，金镜坠而复悬。

余论文成之徒，以罗达夫、王子植、万思默、邹汝海为其师。达夫言："当极静时，觉此心中虚无物，旁通无穷，如长空云气，流行无所止极；如大海鱼龙，变化无有间隔，无内外可指，无动静可分，所谓无在无不在，吾之一身乃其发窍，固非形质所能限也。"子植言："澄然无念，是谓一念，非无念也，乃念之至微；至微者，此所谓生生之真机，所谓动之微，吉之先见者也。"二公所见，则释氏所谓"藏识恒转如暴流"者。宋、明诸儒，独二公洞然烛察焉，然不知"藏识"当舍，而反以为当知我在，以为生生非幻妄。思默言易之坤者意也："乾贵无首，而坤恶坚冰，资生之后，不能顺乾为用，而以坤之意凝之，是为坚冰，是为有首，所谓先迷失道者也。"此更知"藏识"非我，由意根执之以为我。然又言"夭寿不贰，修身以俟，命自我立，自为主宰"，是固未能断意根者。所谓儒、释疆界邈若山河者，亦唯此三家为较然，顾适以见儒之不如释尔。孔子绝四，无意、无必、无固、无我，教颜渊克己，称"生生之谓易"，而又言"易无体"，易尝以我为当在，生为真体耶？自宋儒已旁皇于是，文成之徒三高材，欲从之末由，以是言优入圣域，岂容易哉？岂容易哉？唯汝海谓："天理不容思想，颜渊称'如有所立，卓尔'，言'如有'，非真有一物在前，本无方体，何可以方体求得？今不读书人止有欲障，而读书更增理障，一心念天理，便受缠缚。尔祇静坐放下念头，如青天然，无点云作障，方有会悟。"又言："仁者人也，识仁者识吾本有之仁，不假想像而自见，毋求其有相，唯求其无相。"此与孔子无知，文王望道而未之见，老子"上德不德，是以有德；下德不失德，是以无德"，及释氏所谓"智无所得，为住唯识"者，义皆相应。然汝海本由自悟，不尽依文成师法，今谓文成优入圣域，则亦过矣。

　　降及清世，诋文成之学者，谓之昌狂妄行，不悟文成远于孔、颜，其去子路无几也。小人有勇而无义，为盗。自文成三传至何心隐，以劫质略财自枭，藉令子路生于后代，为之师长，焉知其末流之不为盗也？凤之力不与雕鹗殊，以不击杀谓之德，不幸而失德，则变与雕鹗等，要之不肯为鸡鹜，审矣。且夫儒行十五家者，皆倜傥有志之士也。孔子之道至大，其对哀公，则独取十五儒为主。汉世奇村卓行若卢子干、王彦方、管幼安者，未尝谈道，而岸然与十五儒方，盖子路之风犹有存者。宋以降，儒者或不屑是，道学虽修，降臣贱士亦相属，此与为盗者奚若？不有文成起而振之，儒者之不与倡优为伍亦幸矣。当今之士，所谓捐廉耻负然诺以求苟得者也。辨儒释之同异，与夫优入圣域以否，于今为不亟，亟者乃使人远于禽兽，必求孔、颜以为之师，固不得。或欲拯以佛法，则又多义解，少行证，与清谈无异。且佛法不与儒附，以为百姓居士于野则安，以从政处都市涉患难则志节堕。彼王维之不自振，而杨亿、赵抃抃之能确然，弃儒法与循儒法异也。徒佛也，曷足以起废哉？径行而易入，使人勇改过促为善者，则远莫如子路，近莫如文成之言，非以其术为上方孔、颜，下拟程伯淳、杨敬仲，又非谓儒术之局于是也。起贱儒为志士，屏唇舌之论以归躬行，斯于今日为当务矣。

虽然，宋儒程、杨诸师，其言行或超过文成，末流卒无以昌狂败者，则宋儒视礼教重，而明儒视礼教轻，是文成之阙也。文成诸弟子，以江西为得其宗，泰州末流亦极昌狂，以犯有司之禁令耳。然大礼议起，文成未殁也，门下唯邹谦之以抵论下诏狱谪官，而下材如席书、方献夫、霍韬、黄绾争以其术为佞，其是非勿论，要之谗谄面谀，导其君以专，快意刑诛，肆为契薄。且制礼之化，流为斋醮，糜财于营造，决策于鬼神，而国威愈挫。明之亡，世宗兆之，而议礼诸臣导之，则比于昌狂者愈下，学术虽美，不能无为佞臣资，此亦文成之蔽也。文成《传习录》称仲尼之门无道桓、文事者，世儒只讲伯学，求知阴谋，与圣人作经意相反。今勿论文成行事视伯者何若，其遣冀元亨为间谍，以知宸濠反状，安在其不尚阴谋也？及平田州，土酋欲诣车门降，窃议曰："王公素多诈，恐绐我。"正使子路要之，将无盟而自至，何窃议之有？以知子路可以责人阴谋，文成犹不任是也。夫善学者，当取其至醇，弃其小漓，必若黄太冲之持门户，与东人之不稽史事者，唯欲为一先生卫，惧后人之苛责于文成者，甚乎畴昔之苛责于宋贤矣。中华民国十三年孟秋，余杭章炳麟。

重刻王阳明先生全集序

郭申甫

前明《王阳明先生全集》行世已久，盖以其发明性命之理，实为有功世教之书也。自异端者流妄斥其学术不端，而先生之心迹几不尽白于天下。

后世浏邑陶春田孝廉名浔霍者，笃志力行，品端学粹，读先生集，想见先生之为人，细加批注，手录成书，未及刊刻而殁。乡名宿柳坦田名廷方者，余庚申同年友也，性耽经史，学究天人，教学三十年，不厌不倦，晚年旁搜博采。尤无虚日。见春田是书，谓先生当日所为，主良知、敦气节者，春田独有以探其微、抉其蕴也。爰属及门，醵金付梓，工未竣而坦田亦殁。时余以读礼家居，其门人萧子明哲、汪子苪、文子德厚，出其书请序于余。余维先生学术，粹然一出于正。数百年后，得春田之识解独超，坦田之笃信不已，使妄事诋诽者，无从置喙，而先生扶世翼教之深心，后世犹如见之。若萧子诸人，踵承师志，俾读先生集者，豁然以解，得所从入，厥功亦伟矣哉。爰缀数语于简端云。道光六年仲秋既望，星沙郭辉翰申甫氏谨序。

阳明别录选序

魏禧

　　门人庠复请序《阳明别录》，禧告之曰："吾所以序《四此堂》尽矣，然犹可为子言者。文成公之成功也，虚己以集众人之议，谋之也豫以密，而发之曲以断，此人之所知也。其曲调人情之至，若惟恐有伤夫一人之私者，此则人之所难知也。夫文成位尊权重，其才智足以笼罩天下，天下事宜断然为之，无所瞻顾，迺其于君相，于僚友，下至属吏部民，莫不委曲周至，务有以先得其心，若退然不敢自行夫一事者。吾生平主断，朋友姻党之间，往往忠而获罪，而乃发愤无聊，慨然于世不我知。及读公《别录》，然后自悔其学之不足也。"庠曰："可得闻乎？"曰："吾试与子举其一二：崇义新立，公请授县丞，舒富知县，既历序其行谊与功，然犹曰或于例碍，则量授府州佐贰，令署新县事，数年之后，别行改选。公辞巡抚兼任，举能自代，意实主伍文定矣，复以梁材、汪鋐并进，盖公既不敢主断，而专举一人，朝廷或疑有所私属，又此一人，苟不合当轴意，则一请不遂，势将用其私人，今得其再其次者而用之，犹不失贤者也。桶冈之役，贼已荡灭，湖广兵尚在郴州，公欲止其来，则犒赐其统兵官曰：桶冈天险，一鼓而破，固将士用命，亦湖广兵威有以摄服其心，故巢破之日不敢四出。夫用兵之道，实有不战而功多者，不显其功，则摧锋夺级而外，谁复宣力。且兵非贼境，则无所掠，吾拒之而不赏，后有调发，孰肯用命哉？今二省夹剿，吾独成功，即湖广之督抚岂能无忌？尤不可不平其心也。"呜呼。此皆公所为曲调人情者，其所以成功不易知者也。若夫告论公移虽寻常事，必有深思切论为他人所不能言，则别录与四此堂稿皆有之。禧故当谓二书当全读为有益，选而去存之，非予志也。乙卯七月朔，魏禧敬序。

予作《别录序》之三月，彭躬庵示以丁明登所辑《古今长者录》，内载文成公初第时上安边八策，世称为迁谟，晚自省曰："语中多抗厉气，此气未除而欲任天下事，其何能济？"筮仕刑曹，言于大司寇，禁狱吏取饭囚之余豢豕，或以为美谈，晚自悔曰："当时善则归己，不识置堂官同僚于何地？此不学之过。"或问宁藩事，曰："当时只合如此，觉来尚有挥霍，微动于气者，使今日处之更别。"躬庵曰："公语诚然，

王蜀宫妓图

观《处两广事宜疏》，便自不同矣。"予论公三事与此意合，而序已成，不复可引证，附记于此。自记。

平寇录序

湛若水

　　都宪阳明王公莅赣，越明年丁丑，命部辖成造于庭曰："惟兹横水、桶冈并寇，称窃名号，毒痛三省。惟予守仁，恭承天威，夹攻之命，实责在予，予敢弗虔（处）。惟兹横水、桶冈，实惟羽翼，势在腹背。先剪横水，乃可即戎。"遂会诸抚按备守，咸谓曰："然。"乃命都指挥许清，赣州知府邢珣，宁都知县王天与曰："尔其各以兵千余，分道入会于横水。"命守备指挥郏文、汀州知府唐淳、南安知府李教、赣州指挥余思、南康县丞舒富曰："尔其各以兵千余分道入会于左溪。"命吉安知府伍文定、程乡知县张戬曰："尔其各以兵千余分道入，遏奔冲。十月十二日，予其亲率推官危寿、指挥谢超，兵如诸道之数，直捣横水，为诸军先。"乃缘崖而上，举炮火，如迅雷焱至。贼愕溃，遂夺其险，入破横水诸巢二十有三。王公曰："尔其少息，以养厥锐。"因得余贼遁穴，又以湖广夹攻之期，且逼督捕益严益力。守备副使杨君、分守参议黄君，且饷且击，各益急攻，连破旱坑诸巢二十有三，横水、左溪平。王公誓于众曰："惟尔多士，尔毋骄。惟兹桶冈天险，蓄积可守，徂兹夹攻，坐困而罢。尔慎之哉。"乃谕之降，乘其狐疑，珣、文定、淳、戬兵冒雨登锁匙龙，贼遁，据绝壁以拒。珣兵渡水前击，戬兵冲其右，文定兵自戬右绕出贼旁，诸兵乘之，贼奔十八磊。淳兵迎击败之。翌日，诸兵复合击，大败之。遂破桶冈、十八磊诸巢十有五。

王公曰："尔其各以部兵，亟合湖兵悉追。尔毋有逸贼，国则有常刑。"于是诸兵益奋速，破新地诸巢一十有一，犹出其余力，急趋鸡湖诸路之险，截鱼王之奔，以应湖兵之冲突，贼乃尽平。斩俘魁从谢志山、蓝天凤等凡五千。初，王公始至，令于众曰："军毋哗，勿或不用予命，尔其毋窃人盗人。其有窃人盗人，哗不用命，其执以来，其实于杀。"于是得窃者，杖杀之，军之不用命而哗者斩之，父通于贼者斩之，军乃肃。人曰："可以用矣。"公曰："未也。"乃亲教习，衣食其饥寒，士皆乐死。公曰："可以用矣。"至是遂以成功。或曰："阳明子于兵也，其学而然与？"甘泉子曰："非然也。古之学者本乎一，今之学者出乎二。文武之道，一而已矣。故有苗之师，本乎精一，升陑之师，本乎一德。夫阳明子之兵，亦若是矣。否则为贪功、为黩武、为杀降、为用智，岂仁义之兵哉。"既凯还，王君天与曰："不可不传也。"遂来请序，甘泉子曰："虽然，不可不传也。而阳明子勿欲也。阳明子，精一之学也。虽然，予将俾天下之诮夫腐儒者，知圣学之无二，而文武一道也，乌能勿言？"

贺大中丞阳明王公讨逆成功序

费宏

古之君子，能为国家弭非常之变，立非常之功。勒之鼎彝，著之竹帛，垂之百世而不朽者，岂特其才智大过于人而不可及哉？惟其天资高明，器局宏远，而学术之正又超出乎流俗，以故向往图回，卓有定见，虽当事变勘勘、众志惶惑之际，忠义奋发，弗以成败利钝芥蒂于其中。而天之所佑，人之所助，固于是乎在。宜其所立之奇伟卓绝，非常人所能及，兹所谓杰出之材，而世不可多得也。

大中丞阳明王公，学究太原，体兼众器，早以忠直负天下之望。方逆瑾之擅权也，疏陈时弊，言极剀切，甘受摈斥，处远恶而不辞。赖天子圣明，旋复召用。惟其所在，必竭诚图报，而委任亦日益以隆。宏尝谓其操存正大，可拟诸葛亮、范仲淹；言议闿达，可拟贾谊、陆贽。盖古之君子，可当大事而不负其所学者。至于公阃授钺，运筹制胜，则又赵充国、裴度之流，而吾侪咸自叹以为弗及也。顷缘闽卒弗靖，特命公往正厥罪。公自南赣而东，六月既望至丰城，闻逆藩之变作矣。时江右抚巡、方岳诸官，或戕或执，列郡无所禀承。贼众号数十万，舟楫蔽江，声言欲犯留都。且分兵北上，而万里告急又不可遽达于九重。公慨然叹曰："事有急于君父之难者乎？贼顺流东下，我苟不为牵制之图，沿江诸郡万有一失焉，旬月之间必且动摇京辅。如此则胜负之算未有所归，此诚天下安危之大机，义不叮舍之而去也。"遂徇太守伍君文定之请，暂驻吉安，以镇抚其军民。且礼至乡宦王公与时、刘公时让、邹公谦之、王君宜学、张君汝立、李君子庸辈，与之筹画机宜，待衅而动。会侍御谢君士吉、伍君汝珣，以使归自两广，皆锐意勤王，乃相与移檄远近，号召义勇，期必成讨贼之绩。旬浃赣守邢君珣、袁守徐君琏、、临江守戴君德孺、瑞州通守胡君尧元，率僚属各以其兵至矣。又旬浃，则抚州守陈君槐、信州守周君朝佐、饶州守林君城、建昌守曾君玙，率僚属又各以其兵至矣。时贼已破南康，陷九江，方围安庆，其东侵之焰甚炽。公议先取其巢，然后引兵追蹑，使之退无所据，而进不得前。庶几其气自沮，而殄灭为易。七月望日，集旁郡先至之兵会于樟树。越五日辛亥，进克省城，贼遂解安庆之围，率兵归援。公曰："吾固料贼且归，归则成擒必矣。"众方汹惧，公设方略，督伍守等严兵待之。又分遣抚、建、饶、信之兵往复南康、九江，以成犄角之势。乙卯，败之于樵舍。丙辰，与战，复大败之。丁巳，用火攻之策，遂擒首恶。逆党若干，前后俘斩无算，其纪诸功载者，实一万一千有奇。首恶累击入城，军民聚观，感泣叹声动地，皆曰："天赐公活吾一方万姓命，微公，吾其如何？"其君子则曰："惟天纯佑我国家，实生公以拨其变，兹惟宗社之庆，独一方云乎哉？"盖此贼之恶，百倍淮南。其睥睨神器已非一日，中外之人皆劫于积威，恐其阴中，而莫之敢发。其称兵而起也，吾党之庸懦，类佐吾朱，骄如者犹以为十事九成。四方智勇，即有功名之念，欲与一决，而窃计利害，迟回观望者，又十人而九也。公出于危途，首倡义旅，知道义之当狥，而不知功利之可图；知乱贼之当诛，而不知身家之可虑。师以顺动，豪杰响应，甫旬月而大难遂平，不啻如摧枯振落。非忠诚一念，上下孚格，其成功能如是之神速耶？传曰："为人臣而不通春秋之义君，遭变事而不知权。"则以今日之所处观之，语分地则无专责，语奉使则有成命。而忘身赴义，不恤其他，虽其资禀器局向与人殊，然非学有定力，达于权变者，亦未必能如此其勇也。

宏昔忝词林，尝从公之尊翁、太宰龙山先生后，因辱公知最深。自愧局量未弘，动与时忤，逆贼再请护卫，尝却其赂遗而力沮之。或以为贱兄弟之归，及归而屡受群凶之侮，皆出于其阴中也。勤王之举，未及荷戈前驱，有遗恨焉。故公之英声茂实，震耀铿轰，虽无俟于区区之赞颂，然不世之仇，赖公一旦除之，则其欣幸宜百倍于他人，乌能已于言耶？故具论公之树立，可方驾古之君子者，以为天下贺，而亦因以致吾私焉。

贺总制军务新建伯南京兵部尚书兼都察院左都御史阳明王公平寇序

蒋冕

皇上嗣大历服之初，吾二广搢绅士之仕于朝者，旅谈旅议，以二广寇乱相仍，近数年尤甚，非得奇特环伟不群之才、忠诚体国而不苟目前之安者拯之，莫克有济。若新建伯南京兵部尚书阳明，□□□人也，联名具疏，恳乞起公于家。疏将上，念于内阁□部，诸执政大臣佥谓：公纯孝人也。两三年前公之太母夫人没，公尚连章求归卒丧事。今公之父太宰实菴先生年垂八袠，方以疾卧家，公跬步未肯离膝下也，顾肯远去数千里以莅尔二广乎？莫若待公终养后起之未晚。疏遂不果上。未数月，先生捐馆舍，公既免丧，吾二广寇乱相仍，尤有甚于前日。中外臣工疏请起公者，踵相接于廷。皇上俯从佥议，命公兼都察院左都御史，总制两广、江西、湖广等处军务，暂兼巡抚，以平田州、思恩寇乱。敕旨再三，丁宁郑重，公辞不获命，兼程西迈，节钺驻苍梧，未数日，即躬至古邕以临思田边境。散冗兵数千人，各还本土；省冗费冗食，无虑万计。又创立敷文书院，日与诸生讲明义理，以示闲暇，将无事于用武。书院名敷文，盖取《虞廷》"诞敷文德，舞干而苗格"之意，人皆知公意向所在。无机何，两府之民相率求归，公乃亲诣其地，抚绥辑定，为之改建官属，易置公署。民之归耕趋市者滋众，而两府以次渐平。又以獞贼之在两江者，恃其险阻，不时出没，公肆劫掠，莫如之何，乃檄汪参议必东、吴佥事天廷、湖广汪佥事凑、张参将□□水顺□□□□六□人往莅断藤峡之仙台、花相、古陶、龙尾诸巢峒。未几，斩首数百级。寻檄林布政富、翁副使素、张副总兵祐，帅思、田二府兵八千人往莅八寨。未几，斩首级百级，而两江以次渐平。寇之在两府者因其可抚而抚之；寇之在两江者，因其可击而击之；或张或弛，不泥故常，而惟主于弭祸乱以安生灵也。若公者，所谓奇特环伟不群之才非邪？不然，何足以办此？布政既陟，都宪抚治于郧阳滨行，谓公抚定削平之功，在吾广右者，不可无纪述，以为圣天子简任得人贺也。酒偕两江藩宪及副总兵、参将、知府诸君，以书备述其事，遣学正石尚实持来征予序。

昔公以都宪巡抚南、赣、汀、漳，尝躬冒矢石，破桶冈诸嵒险剧贼于大帽山，其功甚伟。后值宁庶人之变，遂倡义募兵擒庶人于鄱阳湖，以成奠安宗社之大功。此伯爵所由以锡子孙继承，山河带砺，初不可以世论，而先声所加，则实由于桶冈诸嵒险之破也。公既有功宗社，其名籍籍在天下，虽儿童女妇亦孰不知，有不待予置喙于其间，而芜陋之辞，亦不足为公重也。特以公所抚定削平之地，于予所居，相去仅千里，而近藉公疪荫多矣，况重以诸君之托，故不辞而序其事。因举公平生孝义勋烈之大，士大夫素所饫闻者以复之，且念于公曰：吾二广要害之地，寇之滋蔓于西者，莫若府江及洛容、荔浦诸处；寇之滋蔓于于东者，莫若罗滂、绿水及后山、新宁诸处。今既剿削断藤、八寨，以遏府江上游，而府江实贼所径路，洛容、荔浦又贼所巢穴，其东寇之所径路与其所巢穴，如罗滂、绿水、后山、新宁诸要害地，兵威未加，文德皆犹未洽，公能无意乎？以公弦谟伟略，出奇无穷，傥稍稍迟之以岁月，出其绪余，如昔年处大帽山故事，则吾二广之地，寇盗悉殄而民生其永宁也，可指日竣矣。所谓忠诚体国而不苟目前之安，亦固公平生之素心也，尚何待乎予言之赘哉？公果不鄙予，因予之所已言，而推予之所未及言，触类而长之，以为吾二广生灵立命，则勋烈之在吾二广者，当与前日在江西者等矣。予昔待罪内阁，尝随诸老以公江西勋烈大书之，藏于金匮。今虽老病，顾不能以公勋烈之在吾二广者偕播绅士歌颂于道路哉？公其念之，勿谓予耄荒烦聒而莫之省也。

奏疏一

陈言边务疏弘治十二年，时进士。

迩者窃见皇上以彗星之变，警戒修省，又以虏寇猖獗，命将出师，宵旰忧勤，不遑宁处。此诚圣主遇灾能警、临事而惧之盛心也。当兹多故，主忧臣辱，孰敢爱其死！况有一二之见而忍不以上闻耶？

臣愚以为今之大患，在于为大臣者，外托慎重老成之名，而内为固禄希宠之计，为左右者，内挟交蟠蔽壅之资，而外肆招权纳贿之恶。习以成俗，互相为奸。忧世者，谓之迂狂；进言者，目以浮躁。沮抑正大刚直之气，而养成怯懦因循之风。故其衰耗颓塌，将至于不可支持而不自觉。今幸上天仁爱，适有边陲之患，是忧虑警省，易辕改辙之机也。此在陛下，必宜自有所以痛革弊源、惩艾而振作之者矣。新进小臣，何敢僭闻其事，以干出位之诛？至于军情之利害，事机之得失，苟有所见，是固刍荛之所可进，卒伍之所得言者也，臣亦何为而不可之有？虽其所陈，未必尽合时论，然私心窃以为必宜如此，则又不可以苟避乖刺而遂已于言也。谨陈便宜八事，以备采择：一曰蓄材以备急；二曰舍短以用长；三曰简师以省费；四曰屯田以足食；五曰行法以振威；六曰敷恩以激怒；七曰捐小以全大；

八曰严守以乘弊。

何谓蓄材以备急？臣惟将者，三军之所恃以动，得其人则克以胜，非其人则败以亡，其可以不豫蓄哉？今者边方小寇，曾未足以辱偏裨，而朝廷会议推举，固已仓皇失措，不得已而思其次，一二人之外，曾无可以继之者矣。如是而求其克敌致胜，其将何恃而能乎！夫以南宋之偏安，犹且宗泽、岳飞、韩世忠、刘锜之使，以为之将，李纲之徒，以为之相，尚不能止金人之冲突。今以一统之大，求其任事如数子者，曾未见有一人。万如虏寇长驱而入，不知陛下之臣，孰可使以御之？若之何其犹不寒心而早图之也！臣愚以为，今之武举仅可以得骑射搏击之士，而不足以收韬略统驭之才。今公侯之家，虽有教读之设，不过虚应故事，而实无所裨益。诚使公侯之子皆聚之一所，择文武兼济之才，如今之提学之职者一人以教育之，习之以书史骑射，授之以韬略谋猷；又于武学生之内，岁升其超异者于此，使之相与磨砻砥砺，日稽月考，别其才否，比年而校试，三年而选举。至于兵部，自尚书以下，其两侍郎，使之每岁更迭巡边，于科道部属之内，择其通变特达者二三人以从，因使之得以周知道里之远近，边关之要害，虏情之虚实，事势之缓急，无不深谙熟察于平日，则一旦有急，所以遥度而往莅之者，不虑无其人矣。孟轲有云："苟为不畜，终身不得。"臣愿自今畜之也。

何谓舍短以用长？臣惟人之才能，自非圣贤，有所长，必有所短，有所明，必有所蔽。而人之常情亦必有所惩于前，而后有所警于后。吴起杀妻，忍人也，而称名将；陈平受金，贪夫也，而称谋臣；管仲被囚而建霸，孟明三北而成功，顾上之所以驾驭而鼓动之者何如耳。故曰：用人之仁，去其贪；用人之智，去其诈；用人之勇，去其怒。夫求才于仓卒艰难之际，而必欲拘于规矩绳墨之中，吾知其必不克矣。臣尝闻诸道路之言，曩者边关将士以骁勇强悍称者，多以过失罪名摈弃于闲散之地。夫有过失罪名，其在平居无事，诚不可使处于人上。至于今日之多事，则彼之骁勇强悍，亦诚有足用也。且被摈弃之久，必且悔艾前非，以思奋励。今诚委以数千之众，使得立功自赎，彼又素熟于边事，加之以积惯之余，其与不习地利、志图保守者，功宜相远矣。古人有言："使功不如使过。"是所谓"使过"也。

何谓简师以省费？臣闻之兵法曰："日费千金，然后十万之师举。"夫古之善用兵者，取用于国，因粮于敌，犹且"日费千金"；今以中国而御夷虏，非漕輓则无粟，非征输则无财，是故固不可以言"因粮于敌"矣。然则今日之师可以轻出乎？臣以公差在外，甫归旬日，遥闻出师，窃以为不必然者。何则？北地多寒，今炎暑渐炽，虏性不耐，我得其时，一也；虏恃弓矢，今大雨时行，觔胶解弛，二也；虏逐水草以为居，射生畜以为食，今已蜂屯两月，边草殆尽，野无所猎，三也。以臣料之，官军甫至，虏迹遁矣。夫兵固有先声而后实者，今师旅既行，言已无及，惟有简师一事，犹可以省虚费而得实用。夫兵贵精不贵多，今速诏诸将，密于万人之内，取精健足用者三分之一，而余皆归之京师。万人之声既扬矣，今密归京师，边关固不知也，是万人之威犹在也，而其实又可以省无穷之费。岂不为两便哉？况今官军之出，战则退后，功则争先，亦非边将之所喜。彼之请兵，徒以事之不济，则责有所分焉耳。今诚于边塞之卒，以其所以养京军者而养之，以其所以赏京军者而赏之，旬日之间，数万之众可立募于帐下，奚必自京而出哉？

何谓屯田以给食？臣惟兵以食为主，无食，是无兵也。边关转输，水陆千里，踣顿捐弃，十而致一。故兵法曰："国之贫于师者远输，远输则百姓贫；近师贵卖，贵卖则百姓财竭。"此之谓也。今之军官既不堪战阵，又使无事坐食，以益边困，是与敌为谋也。三边之戍，方以战守，不暇耕农。诚使京军分屯其地，给种授器，待其秋成，使之各食其力。寇至则授甲归屯，遥为声势，以相犄角；寇去仍复其业，因以其暇，缮完虏所拆毁边墙、亭堡，以遏冲突。如此，虽未能尽给塞下之食，亦可以少息输馈矣。此诚持久俟时之道，王师出于万全之长策也。

何谓行法以振威？臣闻李光弼之代子仪也，张用济斩于辕门；狄青之至广南也，陈曙戮于戏下。是以皆能振疲散之卒，而摧方强之虏。今边臣之失机者，往往以计幸脱。朝丧师于东陲，暮调守于西鄙，罚无所加，兵因纵弛。如此，则是陛下不惟不置之罪，而复为曲全之地也，彼亦何惮而致其死力哉？夫法之不行，自上犯之也。今总兵官之头目，动以一二百计，彼其诚以武勇而收录之也，则亦何不可之有！然而此辈非势家之子弟，即豪门之彙缘，皆以权力而强委之也。彼且需求刻剥，骚扰道路，仗势以夺功，无劳而冒赏，懈战士之心，兴边戎之怨。为总兵者且复资其权力以相后先，其委之也，敢以不受乎？其受之也，其肯以不庇乎？苟戾于法，又敢斩之以殉乎？是将军之威，固已因此辈而索然矣，其又何以临师服众哉！臣愿陛下手敕提督等官，发令之日，即以先所丧师者斩于辕门，以正军法。而所谓头目之属，悉皆禁令发回，毋使渎扰侵冒，以挠将权，则士卒奋励，军威振肃。克敌制胜，皆原于此。不然，虽有百万之众，徒以虚国劳民，而亦无所用之也。

何谓敷恩以激怒？臣闻杀敌者，怒也。今师方失利，士气消沮。三边之戍，其死亡者非其父母子弟，则其宗族亲戚也。今诚抚其疮痍，问其疾苦，恤其孤寡，振其空乏，其死者皆无怨尤，则生者自宜感动。然后简其强壮，宣以国恩，喻以虏仇，明以天伦，激以大义；悬赏以鼓其勇，暴恶以深其怒；痛心疾首，日夜淬砺；务与之俱杀父兄之仇，以报朝廷之德。则我之兵势日张，士气日奋，而区区丑虏，有不足破者矣。

何谓捐小以全大？臣闻之兵法曰："将欲取之，必固与之。"又曰："佯北勿从，饵兵勿食。"皆捐小全大之谓也。今虏势方张，我若按兵不动，彼必出锐以挑战；挑战不已，则必设诈以致师，或捐弃牛马而伪逃，或掩匿精悍以示弱，或诈溃而埋伏，或潜军而请和，是皆诱我以利也。信而从之，则堕其计矣。然今边关守帅，人各有心；虏情虚实，事难卒办。当其挑诱之时，畜而不应，未免必有剽掠之虞。一以为当救，一以为可邀。从之，则必陷于危亡之地；不从，则又惧于坐视之诛。此王师之所以奔逐疲劳，损失威重，而丑虏之所以得志也。今若恣其操纵，许以便宜，其纵之也，不以其坐视；其捐之也，不以为失机。养威为愤，惟欲责以大成，而小小挫失，皆置不问，则我师常逸而兵威无损，此诚胜败存亡之机也。

何谓严守以乘弊？臣闻古之善战者，先为不可胜，以待敌之可胜。盖中国工于自守，而胡虏长于野战。今边卒新破，虏势方剧，若复与之交战，是投其所长而以胜予敌也。为今之计，惟宜婴城固守，远斥候以防奸，勤间谍以谋虏，熟训练以用长，严号令以肃惰，而又频加犒享，使皆畜力养锐。譬之积水，俟其盈满充溢，而后乘怒急决之，则其势并力骤，至于崩山漂石而未已。昔李牧备边，日以牛酒享士，士皆乐为一战，而牧屡抑止之；至其不可禁遏，而始奋威并出，若不得已而后从之，是以一战而破强胡。今我食既足，我威既盛，我怒既深，我师既逸，我守既坚，我气既锐，则是周悉万全，而所谓不可胜者，既在于我矣。由是，我足，则虑日以匮；

我盛，则虏日以衰；我怒，则虏日以曲；我逸，则虏日以劳；我坚，则虏日以虚；我锐，则虏日以钝。索情较计，必将疲罢奔逃；然后用奇设伏，悉师振旅，出其所不趋，趋其所不意，迎邀夹攻，首尾横击。是乃以足当匮，以盛敌衰，以怒加曲，以逸击劳，以坚破虚，以锐攻钝。所谓胜于万全，立于不败之地，而不失敌之败者也。

右臣所陈，非有奇特出人之见，固皆兵家之常谈，今之为将者之所共见也。但今边关将帅，虽或知之而不能行，类皆视为常谈，漫不加省。势有所轶，则委于无可奈何；事惮烦难，则为因循苟且。是以玩习弛废，一至于此。陛下不忽其微，乞敕兵部将臣所奏，熟议可否，传行提督等官，即为斟酌施行。毋使视为虚文，务欲责以实效，庶于军机必有少补。臣不胜为国倦倦之至！

乞养病疏十五年八月，时官刑部主事。

臣原籍浙江绍兴府余姚县人，由弘治十二年二甲进士，弘治十三年六月除授前职，弘治十四年八月奉命前往直隶、淮安等府会同各该巡按、御史审决重囚，已行遵奉奏报外，切缘臣自去岁三月，忽患虚弱咳嗽之疾，剂灸交攻，入秋稍愈。遽欲谢去药石，医师不可，以为病根既植，当复萌芽，勉强服饮，颇亦臻效。及奉命南行，渐益平复。遂以为无复他虑，竟废医言，捐弃药饵。冲冒风寒，恬无顾忌，内耗外侵，旧患仍作。及事竣北上，行至扬州，转增烦热，迁延三月，延赢日甚。心虽恋阙，势不能前，追诵医言，则既晚矣。先民有云："忠言逆耳利于行，良药苦□利于病。"臣之致此，则是不信医者逆耳之言，而畏难苦口之药之过也。今虽悔之，其可能乎！

臣自惟田野竖儒，粗通章句；遭遇圣明，窃禄部署。未效答于涓埃，惧遂填于沟壑。蝼蚁之私，期得暂离职任，投养幽闲，苟全余生，庶申初志。伏望圣恩垂悯，乞敕吏部容臣暂归原籍，就医调治。病痊之日，仍赴前项衙门办事，以图补报。臣不胜迫切愿望之至！

乞宥言官去权奸以章圣德疏 正德元年，时官兵部主事。

臣闻君仁则臣直。大舜之所以圣，以能隐恶而扬善也。臣迩者窃见陛下以南京户科给事中戴铣等上言时事，特敕锦衣卫差官校拿解赴京。臣不知所言之当理与否，意其间必有触冒忌讳，上干雷霆之怒者。但以铣等职居谏司，以言为责。其言而善，自宜嘉纳施行；如其未善，亦宜包容隐覆，以开忠谠之路。乃今赫然下令，远事拘囚，在陛下之心，不过少示惩创，使其后日不敢轻率妄有论列，非果有意怒绝之也。下民无知，妄生疑惧，臣切惜之！今在廷之臣，莫不以此举为非宜，然而莫敢为陛下言者，岂其无忧国爱君之心哉？惧陛下复以罪铣等者罪之，则非惟无补于国事，而徒足以增陛下之过举耳。然则自是而后，虽有上关宗社危疑不制之事，陛下孰从而闻之？陛下聪明超绝，苟念及此，宁不寒心！况今天时冻沍，万一差去官校督束过严，铣等在道或致失所，遂填沟壑，使陛下有杀谏臣之名，兴群臣纷纷之议，其时陛下必将追咎左右莫有言者，则既晚矣。伏愿陛下追收前旨，使铣等仍旧供职，扩大公无我之仁，明改过不吝之勇。圣德昭布，远迩人民胥悦，岂不休哉！

臣又惟君者，元首也；臣者，耳目手足也。陛下思耳目之不可使壅塞，手足之不可使痿痹，必将恻然而有所不忍。臣承乏下僚，僭言实罪。伏睹陛下明旨，有"政事得失，许诸人直言无隐"之条，故敢昧死为陛下一言。伏惟俯垂宥察，不胜干冒战栗之至！

自劾乞休疏十年，时官鸿胪寺卿

臣由弘治十二年进士，历任今职，盖叨位窃禄十有六年，中间鲦旷之罪多矣。迩者朝廷举考察之典，拣汰群僚。臣反顾内省，点检其平日，正合摈废之列。虽以阶资稍崇，偶幸漏网，然其不职之罪，臣自知之，不敢重以欺陛下。况其气体素弱，近年以来，疾病交攻，非独才之不堪，亦且力有不任。夫幸人之不知，而鼠窜苟免，臣之所甚耻也。淑慝混淆，使劝惩之典不明，臣之所甚惧也。伏惟陛下明烛其罪，以之为显罚，使天下晓然知不肖者之不得以幸免，臣之愿，死且不朽。若从末减，罢归田里，使得自附于乞休之末，臣之大幸，亦死且不朽。臣不胜惶恐待罪之至！

乞养病疏十年八月

顷者臣以朝廷举行考察，自陈不职之状，席藁待罪，其时臣疾已作。然不敢以疾请者，人臣鲦旷废职，自宜摈逐以彰国法，疾非所言矣。陛下宽恩曲成，留使供职，臣虽冥顽，亦宁不知感激自奋！及其壮齿，陈力就列，少效犬马。然臣病侵气弱，力不能从其心。臣自往岁投窜荒夷，往来道路，前后五载，蒙犯障雾，魑魅之兴游，蛊毒之与处。其时虽未即死，而病劳因仍，渐肌入骨，日以深积。后值圣恩汪涉，掩瑕纳垢，复玷清班；收敛精魂，旋回光泽；其实内病潜滋，外强中槁。顷来南都，寒暑失节，病遂大作。且臣自幼失母，鞠于祖母岑，今年九十有六，耄甚不可迎侍，日夜望臣一归为诀。臣之疾痛，抱此苦怀，万无生理。陛下至仁天覆，惟恐一物不遂其生。伏乞放臣暂回田里，就医调治，使得目见祖母之终，臣虽殒越下土，永衔犬马帷盖之恩！倘得因是苟延残喘，复为完人，臣齿未甚衰暮，犹有图效之日。臣不胜恳切愿望之至！

谏迎佛疏 稿具未上

臣自七月以来，切见道路流传之言，以为陛下遣使外夷，远迎佛教，郡臣纷纷进谏，皆斥而不纳。臣始闻不信，既知其实，然独窃喜幸，以为此乃陛下圣智之开明，善端之萌蘖。郡臣之谏，虽亦出于忠爱至情，然而未能推原陛下此念之所从起。是乃为善之端，作圣之本，正当将顺扩充，逆流求原。而乃狃于世儒崇正之说，徒尔纷争力沮，宜乎陛下之有所拂而不受，忽而不省矣。愚臣之见独异于是，乃惟恐陛下好佛之心有所未至耳。诚使陛下好佛之心，果已真切恳至，不徒好其名而必务得其实，不但好其末而必务求其本，则尧、舜之圣可至，三代之盛可复矣。岂非天下之幸，宗社之福哉！臣请为陛下言其好佛之实。

陛下聪明圣知，昔者青宫，固已播传四海。即位以来，偶值多故，未暇讲求五帝、三王神圣之道。虽或时御经筵，儒臣进说，不过日袭故事，就文敷衍。立谈之间，岂能遽有所开发？陛下听之，以为圣贤之道不过如此，则亦有何可乐？故渐移志于骑射之能，纵观于游心之乐。盖亦无所用其聪明，施其才力，而偶托寄于此。陛下聪明，岂固遂安于是，而不知此等皆无益有损之事也哉？驰逐困惫之余，夜气清明之际，固将厌倦日生，悔悟日切。而左右前后，又莫有以神圣之道为陛下言者，故遂远思西方佛氏之教，以为其道能使人清心绝欲，求全性命，以出离生死，又能慈悲普爱，济度群生，去其苦恼而跻之快乐。今灾害日兴，盗贼日炽，财力日竭，天下之民困苦已极。使诚身得佛氏之道而拯救之，岂徒息精养气，保全性命？岂徒一身之乐？将天下万民之困苦，亦可因是而苏息！故遂特降纶音，发币遣使，不惮数万里之遥，不爱数万金之费，不惜数万生灵之困毙，不厌数年往返之迟久，远迎学佛之徒。是盖陛下思欲一洗旧习之非，而幡然于高明光大之业也。陛下试以臣言反而思之，陛下之心，岂不如此乎？然则圣知之开明，善端之萌蘖者，亦岂过为谀言以佞陛下哉！陛下好佛之心诚至，则臣请毋好其名而务得其实，毋好其末而务求其本。陛下诚欲得其实而求其本，则请毋求诸佛而求诸圣人，毋求诸外夷而求诸中国。此又非臣之苟为游说之谈以诳陛下，臣又请得而备言之。

夫佛者，夷狄之圣人；圣人者，中国之佛也。在彼夷狄，则可用佛氏之教以化导愚顽；在我中国，自当用圣人之道以参赞化育，犹行陆者必用车马，渡海者必以舟航。今居中国而师佛教，是犹以车马渡海，虽使造父为御，王良为右，非但不能利涉，必且有沉溺之患。夫车马本致远之具，岂不利器乎？然而用非其地，则技无所施。陛下若谓佛氏之道虽不可以平治天下，或亦可以脱离一身之生死；虽不可以参赞化育，而时亦可以导群品之嚣顽。就此二说，亦复不过得吾圣人之余绪。陛下不信，则臣请比而论之。臣亦切尝学佛，最所尊信，自谓悟得其蕴奥。后乃窥见圣道之大，始遂弃置其说。臣请毋言其短，言其长者。夫西方之佛，以释迦为最；中国之圣人，以尧、舜为最。臣请以释迦与尧、舜比而论之。夫世之最所崇慕释迦者，慕尚于脱离生死，超然独存于世。今佛氏之书具载始末，谓释迦住世说法四十余年，寿八十二岁而没，则其寿亦诚可谓高矣，然舜年百有十岁，尧年一百二十岁，其寿比之释迦则又高也。佛能慈悲施舍，不惜头目脑髓以救人之急难，则其仁爱及物，亦诚可谓至矣，然必苦行于雪山，奔走于道路，而后能有所济。若尧、舜，则端拱无为，而天下各得其所。惟"克明峻德，以亲九族"，则九族既睦；平章百姓，则百姓昭明；协和万邦，则黎民于变时雍；极而至于上下草木鸟兽，无不咸若。其仁爱及物，比之释迦，则又至也。佛能方便说法，开悟群迷，戒人之酒，止人之杀，去人之贪，绝人之嗔，其神通妙用，亦诚可谓大矣，然必耳提面诲而后能。若在尧、舜，则光被四表，格于上下，其至诚所运，自然不言而信，不动而变，无为而成。盖"与天地合其德，与日月合其明，与四时合其序，与鬼神合其吉凶"，其神化无方而妙用无体，比之释迦则又大也。若乃诅咒变幻，眩怪捏妖，以欺惑愚冥，是故佛氏之所深排极诋，谓之外道邪魔，正与佛道相反者。不应好佛而乃好其所相反，求佛而乃求其所排诋者也。陛下若以尧、舜既没，必欲求之于彼，则释迦之亡亦已久矣。若谓彼中学佛之徒能传释迦之道，则吾中国之大，顾岂无人能传尧、舜之道者乎？陛下未之求耳。陛下试求大臣之中，苟其能明尧、舜之道者，日日与之推求讲究，乃必有能明神圣之道，致陛下于尧、舜之域者矣。故臣以为陛下好佛之心诚至，则请毋好其名而务得其实，毋好其末而务求其本。务得其实而求其本，则请毋求诸佛而求诸圣人，毋求诸夷狄而求诸中国者，果非妄为游说之谈以诳陛下者矣。

陛下果能以好佛之心而好圣人，以求释迦之诚而求诸尧、舜之道，则不必涉数万里之遥，而西方极乐，只在目前；则不必糜数万之费，毙数万之命，历数年之久，而一尘不动，弹指之间，可以立跻圣地。神通妙用，随形随足。此又非臣之缪为大言以欺陛下，必欲讨究其说，则皆凿凿可证之言。孔子云："我欲仁，斯仁至矣。""一日克己复礼，而天下归仁。"孟轲云："人皆可以为尧、舜。"岂欺我哉？陛下反而思之，又试以询之大臣，询之群臣。果臣言出于虚缪，则甘受欺妄之戮。

臣不知讳忌，伏见陛下善心之萌，不觉踊跃喜幸，辄进其将顺扩充之说。惟陛下垂察，则宗社幸甚！天下幸甚！万世幸甚！臣不胜祝望恳切殒越之至！专差舍人某具疏奏上以闻。

辞新任乞以旧职致仕疏 十一年十月，时升南赣佥都御史。

臣原任南京鸿胪寺卿，去岁四月，尝以不职自劾求退，后至八月，又以旧疾交作，复乞天恩敕回调理，皆未蒙准允。黾勉尸素，因循日月，至今年九月十四日，忽接吏部咨文，蒙恩升授前职。闻命惊惶，感泣之余，莫知攸措。窃念臣才本庸劣，性复迂疏，兼以疾病多端，气体羸弱，待罪鸿胪闲散之地，犹惧不称。况兹巡抚重任，其将何才以堪！夫因才器使，朝廷之大政也；量力受任，人臣之大分也。朊仕显官，臣心岂独不愿？一时贪幸苟受，后至溃政偾事，臣一身戮辱，亦奚足惜！其如陛下之事何？况臣疾病未已，精力益衰，平居无事，尚尔奄奄，军旅驱驰，岂复堪任！臣在少年，粗心浮气，狂诞自居，自后涉渐历久，稍知惭沮。逮今思之，悔创靡及。人或未考其实，臣之自知，则既审矣，又何敢崇饰旧恶，以误国事？伏愿陛下念朝廷之大政，不可轻地方之重寄，不可苟体物情之有短长，悯凡愚之所不逮，别选贤能，委以兹任。悯臣之愚，不加谪逐，容令仍以鸿胪寺卿退归田里，以免负乖之诛。臣虽颠殒，敢忘衔结！

臣自幼失慈，鞠于祖母岑，今年九十有七，旦暮思臣一见为诀。去岁乞休，虽迫疾病，实亦因此。臣敢辄以螳螳苦切之情控于陛下，冀得便道先归省视岑疾，少伸反哺之私，以俟矜允之命。臣衷情迫切，不自知其触昧条宪。臣不胜受恩感激，渎冒战惧，哀恳祈望之至！

谢恩疏十二年正月二十六日

臣原任南京鸿胪寺卿，正德十一年九月十四日，准吏部咨，为缺官事，该部题："奉圣旨，王守仁升都察院左佥都御史，巡抚南、赣、汀、漳等处地方，写敕与他。钦此。钦遵"。臣自以菲才多病，惧不胜任，以致偾事，当具本乞恩辞免，容令原职致仕。随于十月二十四日节该钦奉敕谕："尔前去巡抚江西南安、赣州，福建汀州、漳州，广东南雄、韶州、惠州、潮州各府及湖广郴州地方。抚安军民，修理城池，禁革奸弊。一应地方贼情、军马、钱粮事宜，小则径自区画，大则奏请定夺。钦此。"钦遵外，十一月十四日续准兵部咨，为紧急贼情事，内开都御史文森迁延误事，见奉敕书切责："乃敢托疾避难，奏回养病。见今盗贼劫掠，民遭荼毒。万一王守仁因见地方有事，假托辞免，不无愈加误事？"该本部题："奉圣旨，既地方有事，王守仁着上紧去，不许辞避迟误，钦此。"闻报忧惭，不遑宁处。一面扶疾候旨，至浙江杭州府地方，于十二月初二日复准吏部咨："该臣奏为乞思辞免新任，仍照旧职致仕事，奏奉圣旨：王守仁不准休致。南、赣地方见今多事，着上紧前去，用心巡抚，钦此。"备咨到臣，感恩惧罪之余，不敢冒昧复请。随于本月初三日起程，至次年正月十六日，已抵赣州接管巡抚外，伏念臣气体羸弱，质性迂疏，聊为口耳之学，本非折冲之才。鸿胪闲散，尚以疾病而不堪；巡抚繁难，岂其精力之可任！但前官以辞疾招议，适踵效尤之嫌。而圣旨以多事为言，恐蹈避难之罪。遂尔冒于负乘，不暇虚于覆𫗧。黾勉苟事，忽已逾旬。受恩思效，每废寝食。顾兵粮耗竭之余，加之以师旅，而盗贼残破之后，方苦于疮痍。尚尔一筹之未展，敢云期月而可观？况炎毒旧侵，惧复中于瘴疠，尪衰日积，忧不任于驱驰。心有余而才不逮，足欲进而力不前；徒切感恩之报，莫申效死之诚。臣敢不勉其智之所不足，竭砥砺于己；尽其力之所可为，付利钝于天。亮无补于河岳，亦少至其涓埃。稍俟狐鼠巢穴之平，终遂麋鹿山林之请。臣不胜受恩感激！

给由疏十二年二月二十五日

臣见年四十六岁，系浙江绍兴府余姚县民籍。由进士，弘治十三年二月内除授刑部云南清吏司主事。弘治十五年八月内告回原籍养病。弘治十七年七月内病痊赴部，改除兵部武选清吏司主事。正德元年十二月内，为宥言官去权奸以彰圣德事，蒙恩降授贵州龙场驿驿丞。正德五年三月内，蒙升江西吉安府庐陵县知县。本年十月内，升南京刑部四川清吏司主事。正德六年正月内，调吏部验封清吏司主事。本年十月内，升本部文选清吏司员外郎。正德七年三月内，升本部考功清吏司郎中。本年十二月初八日，蒙升南京太仆寺少卿，正德八年十月二十二日到任，至正德九年四月二十一日止，历俸六个月。本日到任吏部札付，蒙升南京鸿胪寺卿，本月二十五日到任，至正德十一年九月十四日止，连闰历俸二十九个月零十二日。本日准吏部咨，蒙恩升都察院右金都御史，巡抚南、赣、汀、漳等府，于正德十二年正月十六日前到地方行事，支俸起，扣至本月二十五日止，又历俸十日。连前共辖历三十六个月。三年考满，例应给由。缘臣系巡抚官员，见在福建漳州等府地方督调官军，夹剿漳、浦等处流贼，未敢擅离。缘系三年给由事理，为此具本奏闻。

参失事官员疏 十二年三月十五日

据江西按察司整饬兵备带管分巡领北道副使杨璋呈："据赣州府信丰县及信丰守御千户所各报称，正德十二年二月初七日，有龙南强贼突来地名崇仙屯扎。已经差委兴国县义民萧承会同信丰、龙南官兵相议剿捕。续据申报，强贼突来本县小河住扎，离县约有四十余里，乞要发兵策应。又据申报，本月初九日，有龙南流贼六百余人突至城下，除严督军兵固守城池，缘本所县无兵御敌，诚恐前贼攻城，卒难止遏，乞调峰山弩手并该县兵夫救护。又经差委南安府经历王祚、南康县县丞舒富统领弩手杀手，前去约会二县掌印官，并领官兵相机攻围，去后。续据县丞舒富呈，'本月初十日，蒙委统领杀手陈礼鲂、打手吴尚能等共五百名，经历王祚、义民萧承统领峰山、加善、双秀弩手各三百名，先后到于信丰县会剿。至十一日，止有该所管屯千户林节带兵四十余名出城。据乡导、马客等报称，止有强贼六百余人在地名花园屯扎。当同各官将兵分布扎定，只见前贼一阵止有百十余徒先出。有前哨义民萧承领兵就与敌杀，斩获贼级四颗，夺获白旗一面。顷刻众贼出营，分为三哨，约有二千余徒。瞭知龙南反招贼首黄秀魁，纠合广东龙川县涮头贼首池大鬓、贼首池大安、新总并池大昇，共为一阵，贼首杨金巢自为一阵，势甚猖獗。卑职督统本哨兵快，奋勇交锋，杀死贼徒二十余人。不意贼众一涌前冲，杀手陈礼鲂、百长钟德昇等见势难当，俱各不听约束，先行漫散。有南康县报效义士杨习举等仍与前贼死敌不退，俱被戳伤身死。及有经历王祚上马不便，亦被执去。贼势得胜，仍要攻城，随与萧承、林节等收集众兵，退至南营山把截。遇蒙本道亲临该县督剿，各贼闻知，退至牛州，离城少远。至十二日，前贼差人告招。十三日，蒙本道差萧承前去招抚，就将经历王祚放回。贼往原巢去讫'"等因，到道，备呈到臣。随据龙南县知县卢凤呈称："本县捕盗主簿周政，会同镇抚刘铠、千户洪恩，统领机兵旗军，于本月十八日前去信丰县截捕，探得强贼池大鬃、黄秀魁等从鸦鹊隘越过安远县住扎。本职督兵追截，前贼已往广东龙川县，复回原巢浰头去讫。"据安远县知县刘玙禀称："于本月十九日统领水元、大石等保民兵弩手，前去龙泉等保截剿，各贼遁回原巢去讫，难以穷追。以此挈兵回县"缘由。

查得先据该道及信丰县所各禀报前事，已经批仰该道兵备等官急调招抚义官叶芳协同石背兵夫断贼归路；及调峰山弩手，与南康打手人等，责委县丞舒富统领前后夹击。又看得此贼既离巢穴，利在速战，仍仰该府急行所属邻近官司，俱要乘险设伏，厚集以待；及于各乡村往来路径多张疑兵，使贼不敢轻易奔突。仍调安远县知县刘玙星夜起集水元、大石等保民兵一千，横接龙南，邀其不备。若贼犹屯信丰，急自龙南直趋浰头，捣其巢穴。贼进无所获，退无所处，不过旬日，可以坐擒。仰各遵照施行去后，今据前因，参看得县丞舒富，承委督剿，不能相度机宜，轻率骤进，以致杀伤兵快。原其心，虽出奋勇，责以师律，均为败事。经历王祚临阵溃奔，为贼所执，后虽幸免，终系失机。信丰所县知县黄天爵、千户郑铎、巡捕副千户朱诚，惟知固城自守，不肯发兵应援。龙南知县卢凤、捕盗主簿周政、提备镇抚刘锴、千户洪恩，地当关隘，正可防遏，坐视前贼往来，略不出兵邀击。千户林节，即其兵力之寡，似难全责，究其失律之罪，亦宜分受。安远县知县刘瑀，承调追袭，缓不及事，俱属违法。南康县百长钟德昇等，临阵不前，故违约束，先行溃散，失误军机，应合处以军法。该道兵备副使杨璋、守备都指挥同知王泰，俱属提督欠严，但杨璋往来调度，卒能招抚前贼，计其功劳，可以赎罪。及照广东龙川县掌印、捕盗等官，明知首贼池大鬓等在彼地方为巢，却亦不行时尝巡逻，纵其过境劫掠，又各不行乘机追捕，俱属故违。

所据前项失事官员，俱属遵奉敕谕事理，即行提问。但前项贼徒，拥众数千，变诈百出，今虽阳受招抚，其实阴怀异图。况其党与根连三省，万一乘间复出，为患必大。正系紧关用人提备之际，除将百长钟德昇等查勘的确，处以军法，及方面军职另行参究外，其余前项各官，且量加督责，姑令戴罪提备，各自相机行事，勉图后功，以赎前罪。仍一面委官前去信丰县地方，查勘前项杀死兵快数目，及有无隐匿别项事情，另行参奏。缘系地方紧急贼情，及参失事官员事理，未敢擅便，为此具本请旨。

闽广捷音疏 十二年五月初八日

据福建按察司整饬兵备兼管分巡漳南道佥事胡琏呈："会同分守右参政艾洪、经理军务左参政陈策、副使唐泽、将领都指挥佥事李胤、督据河头等哨委官指挥徐麒、知县施祥、知事曾瑶等呈称，各职统领军兵五千余人进至长富村等处，见得贼众地险，巢穴数多，兼且四路装伏，势甚猖獗。克期于正德十二年正月十八日，等各分哨路，从长富村至阔竹洋、新洋、大丰、五雷、大小峰等处与贼交锋。前后大战数合，擒斩首从贼犯黄烨等，共计四百三十二名颗，俘获贼属一百四十六名口，烧毁房屋四百余间，夺获马牛等项。被贼杀死老人许六、打手黄富磷等六名。余贼俱各奔聚象湖山拒守，各职又统官兵追至莲花石，与贼对扎。诚恐贼众我寡，呈乞添兵策应"等因到道。行据大溪哨指挥高伟呈报："统兵约会连花石官兵攻打象湖山，适遇广东委官指挥王春等领兵亦至彼境大伞地方。卑职与指挥覃桓、县丞纪镛领兵前去会剿。不意大伞贼徒突出，卑职等奋勇抵战。覃桓、纪镛马陷深泥，与军人易成等七名、兵快李崇静等八名，俱被贼伤身死，卑职亦被戳二枪。势难抵敌，只得收兵暂回听候。缘象湖山系极高绝险，自来官兵所不能攻，今贼势日盛，若不添调狼兵，稍俟秋冬会举夹攻，恐生他变。通行呈禀间，续奉本院纸牌，为进兵方略事，备行各职遵奉密谕，佯言犒众退师，俟秋再举。密切部勒，诸军乘懈奋击。依蒙密差义官曾崇秀爪探虚实，乘贼怠弛，会选精兵一千五百名当先，重兵四千二百名继后，分作三路。各职统领俱于二月十九日夜衔枚直趋，三路并进，直捣象湖山，夺其隘口。各贼虽已失险，但其间贼徒类皆骁勇精悍，犹能凌堑绝谷，超跃如飞。复据上层峻险，四面飞打滚木礧石，以死拒敌。我兵奋勇鏖战，自辰至午，呼声震天，撼摇山谷。三司所发奇兵，复从间道鼓噪突登，贼始惊溃大败。我兵乘胜追杀，擒斩大贼首黄猫狸、游四并广东大贼首萧细弟、郭虎等二百九十一名颗，俘获贼属一百三十三名口，其间坠崖堕壑死者不可胜计。夺回水黄牛、赃银、枪刀等物，烧毁房屋五百余间。余贼溃散，复入流恩山冈等巢，与诸贼合势，亦被各贼杀死头目赖颐、打手杨缘等一十四名。次早，各职分兵追剿，指挥高伟、推官胡宁道亦由大丰领兵来会。仍与前贼交锋大战，擒斩首从贼犯巫姐旺等一百六十三名颗，俘获贼属一百六名口。余贼败走，各又遁入广东交界黄蜡溪、上下漳溪大山去讫。"又据金丰三团哨委官指挥王铠、李诚、通判龚震等各呈称："贼首詹师富等恃居可塘洞山寨，聚粮守险，势甚强固。各职依奉会议，分兵五路，连日攻打，生擒大贼首詹师富、江嵩、范克起、罗招贤等四名，余贼败走，复入竹子洞等处大山啸聚。随又分兵追袭，与贼连战，擒首从贼犯范兴长第二百三十五名颗，俘获贼属八十二名口，夺回被房男妇五名口，夺获马牛等物。亦被各贼杀死老人胡文政一名，戳伤乡夫叶永旺等五名。"又据指挥徐麒等呈称："黄蜡溪、上下漳溪与广东饶平县并本省永定县，山界相连。遵依约会广东官兵并金丰哨指挥韦鉴、大溪哨推官胡宁道等，于三月二十一日子时发兵，齐至黄蜡。广东义民饶四等领兵亦至，会合我兵，三路进攻。贼出，拒战甚锐，我兵奋勇大噪而前，擒斩首从贼犯温宗富等九十一名颗，俘获贼属一十三名口，余贼败走。各兵乘胜追至赤石岩，仍与大战良久，贼复大败。又擒斩首从贼犯游宗成等一百四十六名颗，俘获贼属九十名口。"又据中营委官指挥张钺、百户吕希良等呈称："领兵追赶黄蜡溪等处逃贼，至地名陈吕村，遇贼拒战，当阵擒斩首从贼犯朱老叔等六十六名颗，俘获贼属八名口。"各另呈解到道，转解审验纪功外，续据委官知府钟湘呈称："蒙调官兵，先后两月之间，攻破长富村等处巢穴三十余处，擒斩首从贼犯一千四百二十余名颗，俘获贼属五百七十余名口，夺回被掳男妇五名口，烧毁房屋二千余间，夺获牛马赃仗无算。即今胁从余党，悉愿携带家口出官投首，听抚安插。本职遵照兵部奏行勘合并巡抚都察院节行案牌事理，出给告示，发委知县施祥、县丞余道招抚胁从贼人朱宗玉、翁景璘等一千二百三十五名，家口二千八百二十八名口，俱经审验安插复业。"缘由呈报到道，转呈到臣。及据广东按察司分巡岭东道兵备佥事等官顾应祥等会呈："遵依本院案验，委官统领军兵，会同福建，克期进剿。随奉本院进兵方略，当即遵依，扬言班师，一面出其不意，从牛皮石、岭脚隘等处分为三哨，鼓噪并进。贼瞻顾不暇，望风瓦解。节据指挥杨昂、王春、通判徐玑、陈策、义官余黄孟等各报称，于本年正月二十四等日克破古村、末窖、禾村、大水山、柘林等巢，生擒大贼首张大背、刘乌嘴、萧乾爻、范端、萧王即萧五显、蓟钊、苏瑢、赖隆等，并擒斩首从贼犯。乘胜前进，会同福建官军克期夹攻。间探知大伞贼徒溃围，杀死指挥覃相、县丞纪镛等情，当即进兵策应。各贼畏我兵势，烧巢奔走。生擒贼首罗圣钦，余贼退入箭灌大寨，合势乘险，并力拒敌。蒙委知县张戬督同指挥张天杰分哨，由别路进兵，攻破白土村、赤口岩等巢，直捣箭灌大寨。诸贼迎战，我兵奋勇合击，遂破箭灌。当阵斩获首从贼犯共计二百二十四名颗，俘获贼属八十四名口，及牛马赃仗等物。各寨贼党闻风奔窜，已散复聚，愈相连结，各设机险，以死拒守。各职统兵分兵并进，于三月二十等日攻破水竹、大重坑、苦宅溪、靖泉溪、白罗、南山等巢，直捣洋竹洞、三角湖等处，前后大战十余，生擒贼首温火烧、张大背、雷振、蔡晟、赖英等，并擒斩贼犯共一千四十八名颗，俘获贼属八百三十八名口，夺获马牛、赃银、铜钱、衣帛、器仗、蕉纱等物。

前后共计生擒大贼首一十四名。擒斩贼犯一千二百五十八名颗，俘获贼属九百二十二名口，夺获水黄牛、马一百三十九头匹，赃仗衣布等物共二千一百五十七件匹，葛蕉纱九十六斤一

大明元宝

两，赃银三十二两四钱八分，铜钱一百四十二文，各开报到道收审。"缘由

呈报前来，卷查先为急报贼情事，准兵部咨，该本部题："已经福建、广东总镇巡按等衙门都御史陈金、御史胡文静等会议区画，各该守巡兵备等官钦遵。"整备粮饷，起调军兵，约会进剿间，臣于本年正月十六日始抵赣州地方行事。先于本月初三日于南昌地方据两省各官呈禀，师期不同，事体参错，诚恐彼此推调，致误军机。当臣备遵该部咨来事理，具开进兵方略，行仰各官协同上紧，密切施行去后，续据福建右参政等官艾洪等会呈："指挥覃桓、县丞纪镛被大伞贼众突出，马陷深泥，被伤身死。"及据各哨呈称："贼寨险恶，天气渐喧，我兵遭挫，贼势日甚，乞要奏添狼兵，候秋再举。"备呈到臣，参看得各官顿兵不进，致此败衄，显是不奉节制，故违方略。及照奏调狼兵，非惟日久路遥，缓不及事，兼恐师老财费，别生他虞。且胜败由人，兵贵善用。当此挫折，各官正宜协愤同奋，因败求胜，岂可辄自退阻，倚调狼兵，坐失机会？臣当日即自赣州起程，亲率诸军进屯长汀、上杭等处。一面督令各官密照方略，火速进剿，立功自赎，敢有支吾推调，定以军法论处；一面查勘失事缘由，另行参奏间。随据各呈捷音到臣，参照闽广贼首詹师富、温火烧等恃险从逆已将十年，党恶聚徒，动以万计。鼠狐得肆跳梁，蛇豕渐无纪极；却剽焚驱，数郡遭其荼毒；转输征调，三省为之骚然。臣等奉行诛剿，三月之内，遂克奸取渠魁，扫荡巢穴，百姓解倒悬之苦，列郡获再生之安。此非朝廷威德，庙堂成算，何以及此！及照福建领兵各官，始虽疏于警备，稍损军威，终能戮力协谋，大致克捷；论过虽有，计功亦多。其间福建如佥事胡琏、参政陈策、副使唐泽、知府钟湘，广东如佥事顾应祥、都指挥佥事杨懋、知县张戬，才调俱优，劳勋尤著。伏乞俯从惟重之典，以作敢战之风。除将二省兵快量留防守，其余悉令归农。及将功次另行勘报外，原系捷音事理，为此具本题奏。

申明赏罚以励人心疏 十二年五月初八日

据江西按察司整饬兵备带管分巡岭北道副使杨璋呈："伏睹《大明律》内该载'失误军事'条：'领兵官已承调遣，不依期进兵策应，若承差告报军期而违限，因而失误军机者，并斩。''从军违期'条：'若军临敌境，托故违期三日不至者，斩。''主将不固守'条：'官军临阵先退，及围困越城而逃者，斩。'此皆罚典也。及查得原拟直隶、山东、江西等处征剿流贼升赏事例，一人并二人为首，就阵擒斩以次剧贼一名者，五两；二名者，十两；三名者，赏实授一级，不愿者，赏十两；阵亡者，升一级，俱世袭，不愿者，赏十两；擒斩从贼六名以上至九名者止，升实授二级，余功加赏；不及六名，除升一级之外，扣算赏银；三人四人五人以上共擒斩以次剧贼一名者，赏银十两均分；从贼一名者，赏五两均分；领军把总等官自斩贼级，不准升赏；部下获功七十名以上者，升署一级；五百名者，升实授一级；不及数者，量赏；一人捕获从贼一名者，赏银四两；二名者，赏八两；三名者，升一级；以次剧贼一名者，升署一级，俱不准世袭，不愿者，赏五两。此皆赏格也。赏罚如此，宜乎人心激劝，功无不立；然而有未能者，盖以赏罚之典虽备，然罚典止行于参提之后，而不行于临阵封敌之时；赏格止行于大军征剿之日，而不行于寻常用兵之际故也。且以岭北一道言之，四省连络，盗贼渊薮。近年以来，如贼首谢志珊、高快马、黄秀魁、池大鬓之属，不时攻城掠乡，动辄数千余徒。每每督兵追剿，不过遥为声势，俟其解围退散，卒不能取决一战者，以无赏罚为之激劝耳。令无申明赏罚之典，今后但遇前项贼情，领兵官不拘军卫有司，所领兵众有退缩不用命者，许领兵官军前以军法从事；领兵官不用命者，许总统兵官军前以军法从事。所统兵众，有能对敌擒斩功次，或赴敌阵亡，从实开报，覆勘是实，转达奏闻，一体升赏。至若生擒贼徒，鞫问明白，即时押赴市曹，斩首示众。庶使人知警畏，亦与见行事例决不待时，无相悖戾。如此，则赏罚既明，人心激励，盗贼生发，得以即时扑灭。粮饷可省，事功可见矣。"具呈到臣。

卷查三省贼盗，二三年前，总计不过三千有余。今据各府州县兵备守备等官所报，已将数万，盖已不啻十倍于前。臣尝深求其故。寻诸官僚，访诸父老，采诸道路，验诸田野，皆以为盗贼之日滋，由于招抚之太滥；招抚之太滥，由于兵力之不足；兵力之不足，由于赏罚之不行。诚有如副使杨璋所议者。臣请因是为陛下略言其故。

盗贼之性虽皆凶顽，固亦未尝不畏诛讨。夫惟为之而诛讨不及，又从而招抚之，然后肆无所忌。盖招抚之议，但可偶行于无辜胁从之民，而不可常行于长恶怙终之寇；可一施于回心向化之徒，而不可屡施于随招随叛之党。南、赣之盗，其始也，被害之民恃官府之威令，犹或聚众而与之角，鸣之于官；而有司者以为既招抚之，则皆置之不问。盗贼习知官府之不彼与也，益从而仇胁之。民不任其苦，知官府之不足恃，亦遂靡然而从贼。由是，盗贼益无所畏，而出劫日频，知官府之必将己招也；百姓益无所恃，而从贼日众，知官府之必不能为己地也。夫平良有冤苦无伸，而盗贼乃无求不遂；为民者困征输之剧，而为盗者获犒赏之勤；则亦何苦而不彼从乎？是故近贼者为之战守，远贼者为之乡导；处城郭者为之交援，在官府者为之间谍；其始出于避祸，其卒也从而利之。故曰"盗贼之日滋，由于招抚之太滥"者，此也。

夫盗贼之害，神怒人怨，孰不痛心！而独有司者，必欲招抚之，亦岂得已哉？诚使强兵悍卒，足以歼渠魁而荡巢穴，则百姓之愤雪，地方之患除；功成名立，岂非其所欲哉！然而南、赣之兵，素不练养，类皆脆弱骄惰，每遇征发，追呼拒摄，旬日而始集；约束赍遣，又旬日而始至；则贼已稇载归巢矣。或犹遇其未退，望贼尘而先奔，不及交锋而已败。以是御寇，犹驱群羊而攻猛虎也，安得不以招抚为事乎？故凡南、赣之用兵，不过文移调遣，以苟免坐视之罚；应名剿捕，聊为招抚之媒。求之实用，断有不敢。何则？兵力不足，则剿捕未必能克；剿捕不克，则必有失律之咎，则必征调日繁，督责日至；纠举论劾者四面而起，往往坐视而至于落职败名者有之。招抚之策行，则可以安居而无事，可以无调发之劳，可以无戴罪杀贼之责，无地方多事不得迁转之滞。夫如是，孰不以招抚为得计！是故宁使百姓之荼毒，而不敢出一卒以抗方张之遣；宁使孤儿寡妇之号哭，颠连疾苦之无告，而不敢提一旅以忤及招之贼。盖招抚之议，其始也，出于不得已；其卒也，遂守以为常策。故曰"招抚之太滥，由于兵力之不足"者，此也。

古之善用兵者，驱市人而使战，收散亡之卒以抗强虏。今南、赣之兵尚足以及数千，岂尽无可用乎？然而金之不止，鼓之不进；未见敌而亡，不待战而北。何者？进而效死，无爵赏之劝；退而奔逃，无诛戮之及；则进有必死而退有幸生也，何苦而求必死乎？吴起有云："法令不明，赏罚不信，虽有百万，何益于用？凡兵之情，畏我则不畏敌，畏敌则不畏我。"今南、赣之兵，皆"畏敌而不畏我"，欲求其用，安可得乎！故曰"兵力之不足，由于赏罚之不行"者，此也。

今朝廷赏罚之典，固未尝不具，但未申明而举行耳。古者赏不逾时，罚不后事。过时而赏，与无赏同；后事而罚，与不罚同。况过时而不赏，后事而不罚，其亦何以齐一人心而作兴士气？是虽使韩、白为将，亦不能有所成。况如臣等腐儒小生，才识昧劣，而素不知兵者，亦复何所冀乎？议者以南、赣诸处之贼，连络数郡，蟠据四省，非奏调狼兵，大举夹攻，恐不足以扫荡巢穴。是固一说也。然臣以为狼兵之调，非独所费不赀，兼其所过残掠，不下于盗。大兵之兴，旷日持久，声势彰闻。比及举事，诸贼渠魁，悉已逃遁。所可得者，不过老弱胁从，无知之氓。于是乎有横罹之惨，于是乎有妄杀之弊。班师未几，而山林之间复已呼啸成群。此皆往事之已验者。臣亦近拣南、赣之精锐，得二千有余，部勒操演，略有可观。诚使得以大军诛讨之，赏罚而行之，平时假臣等以便宜行事，不限以时而惟成功是责，则比于大军之举，臣窃以为可省半费而收倍功。臣请以近事证之。臣于本年正月十五日抵赣，卷查兵部所咨申明律例：今后地方但有草贼生发，事情紧急，该管官司即便依律调拨官军乘机剿捕；应合会捕者，亦就调拨策应；但系军情，火速差人申奏。敢有迟延隐匿，巡抚巡按三司官即便参问，依律罢职充军等项发落。虽不系聚众草贼，但系有名强盗，肆行劫掠，贼势凶恶，或白昼拦截，或明火持杖，不拘人数多少，一面设法缉捕，即时差人申报合干上司，并具申本部知会处置。如有仍前朦胧隐蔽，不即申报，以致聚众滋蔓，贻患地方，从重参究，决不轻贷等因，题奉钦依，备行前来。时以前官久缺，未及施行，臣即刊印数千百纸，通行所属，布告远近。未及一月，而大小衙门以贼情来报者接踵，亦遂屡有斩获一二人或五六人七八人者。何者？兵得随时调用，而官无观望执肘，则自然无可推托逃避，思效其力。由此言之，律例具存，前此惟不申明而举行耳。今使赏罚之典悉从而申明之，其获效亦未必不如是之速也。伏望皇上念盗贼之日炽，哀民生之日蹙，悯地方荼毒之愈甚，痛百姓冤愤之莫伸，特敕兵部，俯采下议，特假臣等令旗令牌，使得便宜行事。如是而兵有不精，贼有不灭，臣等亦无以逃其死。夫任不专，权不重，赏罚不行，以至于偾军败事；然后选重臣，假以总制之权而往拯之，纵善其后，已无救于其所失矣。

臣才识浅昧，且体弱多病，自度不足以办此，行从陛下乞骸骨，苟全余喘于林下。但今方待罪于此，心知其弊，不敢不为陛下尽言。陛下从臣之请，使后来者得效其分寸，收讨贼之功，臣亦得以少逭死罪于万一。缘系申明赏罚以励人心事理，为此具本请旨。

攻治盗贼二策疏十二年五月二十八日

据江西按察司整饬兵备带管分巡岭北道副使杨璋呈奉臣批："据南安府申大庾县报，正德十二年四月内，被崙贼四百余人前来打破下南等寨，续被上犹、横水等贼七百余徒截路打寨，劫杀居民。又据南康县报，崙贼一伙突来龙句保房劫居民；续被崙贼三百余徒突来坊民郭加琼等家，掳捉男妇八十余口，耕牛一百余头。又有崙贼一阵，掳劫上长龙乡耕牛三百余头，男妇子女不知其数。又据上犹县申，被横水等村銮贼，纠同逃民，四散房劫人财。续据三门总甲萧俊报，崙贼与逃民约有数百，在于地名梁滩房牵人牛。本月十六日，准本县捕盗主簿利昱牒报，崙贼劫打头里、茶坑等处，驻扎未散，已关统兵官县丞舒富等前去追剿，贼已退回横水等巢。"去讫。各申本院，批兵备道议处回报。案照四月初五日据南康府呈同前事，彼时本院见在福建漳州督兵未回，未知前贼向往，行查未报。续据龙南县禀，被广东浰头等处强贼池大鬓等三千余徒，突来攻围总甲王受寨所，又经会委义官萧承调兵前去会剿。随据本县呈，前贼退去讫等因，又查得先据南康县申呈，上犹贼首谢志珊纠合广东贼首高快马，统众二千余徒，攻围南康县治，杀损官兵。已经议委知府邢珣等查勘失事缘由呈报外，续该兵部题咨："巡抚都御史孙燧，会同南赣都御史王守仁，同前项贼犯谢志珊等，量调官军，设法剿捕，务期尽绝。应该会同两广镇巡官行事，照例约会施行。题奉钦依。"转行查勘前贼，见今有无出没及曾否集有兵粮，相度机宜，即今可否剿捕。惟复应会两广调集军马，待时而动，务要查议明白，处置停当，具由呈报。仍督各该地方牢固把截，用心防守，以备不虞等因。随奉本院案验，议照前贼连络三省，盘据千里，必须三省之兵克期并进，庶可成功。但今湖广已有偏桥苗贼之征，广东又有府江瑶僮之伐，虽欲约会夹攻，目今已是春深，雨水连绵，草木茂盛，非惟缓不及事，抑且虚糜粮饷。合无一面募兵练武，防守愈严，积谷贮粮，军需大备；告招者，抚顺其情，暂且招安；肆恶者，乘其间隙，量捣其穴。候三省约会停当，然后大举，庶有备无患，事出万全。通行呈详去后，今奉前因，随会同分守左参议黄宏、守备都指挥同知王泰，查勘得南安府所属大庾、南康、上犹三县，除贼巢小者未计，其大者总计三十余处，有名大贼首有谢志珊、志海、志全、杨积荣、赖文英、蓝瑶、陈曰能、蔡积昌、赖文聪、刘通、刘受、萧居谟、陈尹诚、简永广、蔡积庆、蔡西、薛文高、洪祥、徐华、张祥、刘清才、谭曰真、苏景祥、蓝清奇、朱积厚、黄金瑞、蓝天凤、蓝文亨、钟鸣、钟法官、王行、雷明聪、唐洪、刘元满，所统贼众约有八千余徒，且与湖广之桂阳、桂东、鱼黄、聂水、老虎、神仙、秀才等巢，广东之乐昌，巢穴相联，盘据流劫三省，为害多年。赣州之龙南，因与广东之龙川、浰头贼巢接境，被贼首池大鬓、大安、大升纠合龙南贼首黄秀魁、赖振禄、钟万光、王金巢、钟万贵、古兴凤、陈伦、钟万璇、杜思碧、孙福荣、黄万珊、黄秀珏、罗积善、王金、曾子奈、王金奈、王洪、罗凤璇、黎用璇、黄本瑞、郑文铖、陈秀玹、陈珪、刘经、蓝斌、黄积秀等，所统贼众约有五千余徒，不时越境流劫信丰、龙南、安远等县。已经夹攻三次，俱被漏网。所据前贼，占据居民田土数千万顷，杀虏人民，尤难数计。攻围城池，敌杀官兵，焚烧屋庐，奸污妻女。其为荼毒，有不忍言。神人之所共怒，天讨所当必加者也。今闻广、湖二省用兵将毕，夹攻之举，亦惟其时，但深山茂林，东奔西窜，兼之本道兵粮寡弱，必须那借京库折银三万余两，动调狼兵数千前来协力，约会三省并进夹攻，庶可噍类无遗，等因。又据广东乐昌县知县李增禀称："本年二月内，有东山贼首高快马等八百余徒，在地名柜头村行劫。"又据乳源县禀报："贼徒千余，在洲头街等处打劫。"备申照详。及据湖广整饬郴桂等处兵备副使陈璧呈称："本年二月内，据黄砂保走报，广东强贼三百余徒突出攻劫。"又据宜章所飞报："乐昌县山峒苗贼二千余众出到九阳等处搜山捉人，未散。"又报："东西二山首贼发票会集四千余徒，声言要出桂阳等处攻城。"又报："江西长流等峒崒贼六百余徒，又一起四百余徒，各出劫掠。"及据桂东县申报："强贼一起七百余徒，前到本县杀人祭旗，捉掳男妇，未散。"又据桂阳县报："强贼六百余徒，声言要来攻寨。"等因，各禀报到道。看得前项苗贼四山会集，报到之数，将及万余。我兵寡弱，防守尚且不足，敌战将何以支？况郴桂所属永兴等县，原无城池，防守地方重计，实难为处。伏望轸念荼毒，请军追捕，等因。又据郴州桂阳县申："本县四面，俱系贼巢。正德三年以来，贼首龚福全等作耗，杀死守备都指挥邓旻；虽蒙征剿，恶党犹存。

正德七年，兵备衙门计将贼首龚福全招抚，给与冠带，设为瑶官。贼首高仲仁、李宾、黎稳、梁景聪、扶道全、刘付兴、李玉景、陈宾、李聪、曹永通、谢志珊，给与巾衣，设为老人。未及两月，已出要路劫杀军民。动辄百千余徒，号称'高快马'、'游山虎'、'金钱豹'、'过天星'、'密地蜂'、'总兵'等名目，随处流劫。正德十一年七月内，龚福全张打旗号，僭称'廷溪王'，李宾、李稳、梁景聪僭称'总兵''都督''将军'名目，各穿大红，虏民抬轿，展打凉伞，摆列头踏响器。其余瑶贼，俱乘马匹。千数余徒，出劫乐昌及江西南康等县，拒敌官军。后蒙抚谕，将贼首高仲仁、李宾给与冠带，重设瑶官。未宁半月，仍前出劫。本年正月十六日，一起八百余徒出劫乐昌县，虏捉知县韩宗尧，劫库劫狱；又一起七百余徒，打劫生员谭明浩家；一起六百余徒，从老虎等峒出劫；一起五百余徒，从兴宁等县出劫。切思前贼阳从阴背，随抚随叛。目今瑶贼万余，聚集山峒，声言要造吕公大车，攻打州县城池。官民待徨，呈乞转达，请调三省官军夹剿"等情，各备申到臣。除备行江西、广东、湖广三省该道守巡、兵备、守备等官，严督各该府州县所掌印、巡捕、巡司、把隘、提备等官，起集兵快人等，加谨防御，相机截捕去后。查得先因地方盗贼日炽，民被荼毒，窃计兵力寡弱，既不足以防遏贼势，事权轻挠，复不足以齐一人心。乞要申明赏罚，假臣等令旗令牌，使得便宜行事，庶几举动如意，而事功可成。已经具题间，今复据各呈申前因，臣等参看得前项贼徒，恶贯已盈，神怒人怨。譬之疽痈之在人身，若不速加攻治，必至溃肺决肠。

　　然而攻治之方，亦有二说。若陛下假臣等以赏罚重权，使得便宜行事，期于成功，不限以时，则兵众既练，号令既明，人知激励，事无掣肘，可以伸缩自由，相机而动，一寨可攻则攻一寨，一巢可扑则扑一巢。量其罪恶之浅深而为抚剿，度其事势之缓急以为后先。如此，亦可以省供馈之费，无征调之扰；日剪月削，使之渐尽灰灭。此则如昔人拨齿之喻，日渐动摇，齿投而儿不觉者也。然而今此下民之情，莫不欲大举夹功，以快一朝之忿，盖其怨恨所激，不复计虑其他。必须南调两广之狼达，西调湖湘之士兵，四路并进，一鼓成擒，庶几数十年之大患可除，千万人之积怨可雪。然此以兵法"十围五攻"之例，计贼二万，须兵十万，日费千金。殆于道路不得操事者七十万家，积粟料财，数月而事始集；刻期举谋，又数月而兵始交；声迹彰闻，贼强者设险以拒敌，黠者挟类而深逃，迨于锋刃所加，不过老弱胁从。且狼兵所过，不减于盗；转输之苦，重困于民。近年以来，江西有姚源之役，疮痍甫起；福建有汀漳之寇，军旅未旋；府江之师方集于两广；偏桥之讨未息于湖湘。兼之杼柚已轻，种不入土；而营建所输，四征未已；诛求之刻，百出方新。若复加以大兵，民将何以堪命？此则一拨去齿而儿亦随毙者也。夫由前之说，则如臣之昧劣，实惧不足以堪事，必择能者任之而后可。若大举夹攻，诚可以分咎而薄责，然臣不敢以身谋而废国议。惟陛下择其可否，断而行之。缘系地方紧急贼情事理，为此具本请旨。

类奏擒斩功次疏十二年五月二十八日

据江西按察司整饬兵备带管分巡岭北道副使杨璋呈："正德十二年二月二十等日，据赣州府龙南县申，总甲王受等呈，蒙差各役领兵与同已招大贼首黄秀玑等前往安远截捕流贼赖振禄等，行至地名湖江背，不料黄秀玑反招，主令伊弟黄大满、黄细满等沿途打抢民财，放火烧毁民人刘必甫等房屋，仍与贼首赖振禄等连谋行劫。本役督率兵快人等前到地名黎坑祭下与贼对敌，当阵杀获贼首黄秀玑、黄大满、黄细满、黄积瑜首级四颗，夺获黄黑旗二面，杀死贼徒三十余名。本年四月初九日，又有广东潮头老贼首池大鬓串同反招贼首黄秀魁、陈秀显等，纠众四百余徒，打劫千长何甫等家。本役又率兵夫至地名陈坑水与贼交锋，杀获首从贼人陈秀显等一十二颗，夺获红旗一面，大小黄牛五头。余贼归巢去讫。及据南安府申，据大庚县隘长张德报称，湖广桂阳县鱼黄峒峚贼首唐飞剑、总兵严宗清、千总赖必等纠众劫房，当起兵夫追至界首南流拗，与贼对敌，杀获唐飞剑、严宗清首级二颗。及南安县申，准县丞舒富关，峚贼三百余人出劫，当有保长王万湖等带领乡兵擒捕，杀获贼级一颗，生擒贼二名，夺回被房人口三名□，夺获黄牛二头，各解报到道，审验明白。"等因。又据广东按察司分巡岭南道金事黄昭呈："韶州府乳源县知县沈渊申称，本年二月十八日，有东山瑶贼首高快马等众突来城外，并附近乡村打劫，欲行攻陷南城。当即起集乡兵及打手民壮，固守城池，及相机与敌，射伤贼徒三名，各贼退在北城外扎营、随调深峒等处土兵协力，奋勇与贼交锋，射伤贼徒二十余名，射死贼徒一十六名，夺回被房人口三十二名□。"又据捕盗老人梁真等杀获贼级二颗，生擒贼徒一名。及据乐昌县知县李增申："强贼六百余徒出劫，当集打手兵壮前去截捕，到地名云门寺与贼交锋，斩获贼级二十四颗，生擒贼徒二名，夺获马七匹。"又据曲江县瑶总盘宗兴等擒获贼徒一名，夺获马一匹。各呈解到道，审验是实。等因。并据潮州府揭阳县申："流贼劫长乐、海丰等县黄义官等家，随调兵快，行至地名长门径，与贼对敌，擒获贼徒张宏福、王本四等一十六名，俘获贼妇二口。"及据惠州府申："准捕盗通判徐玑牒称，流贼一伙约有八十余徒，围劫新地屯徐百户等家，当督兵快打手追杀至地名马骏迳，擒获贼徒杜栋等四名，杀获贼级一颗；又督总甲郑全等在地名葵头障，擒获贼徒张仔等一十二名；及千长彭伯璿等率兵擒获贼徒黄贵等一十五名，杀获贼级一颗，俘获贼妇一□。又有总甲黄廷珠追获贼徒雷进保等八名。俱解赴岭东道审验。"等因。及据湖广郴桂等处兵备副使陈璧、守备指挥同知李璋各呈，广东苗贼一千余徒出劫兴宁等处，当起郴州杀手，令闲住千户孔世杰等管领追袭，至地名大田桥，遇贼，当阵擒斩首从贼人庞广等三十二名颗，夺获赃仗四十七件，马骡五匹，夺回被房人口二百五十名□。并据老人刘宣等，捕获贼徒雷克怒等六名，俘获妇女三口。申报到道，审验明白。各备由呈申开报到臣。

先为巡抚地方事，节该钦奉敕："命尔巡抚江西南安、赣州、福建汀州、漳州、广东南雄、韶州、惠州、潮州各府及湖广郴州地方，但有贼盗生发，即便设法剿捕。钦此。"钦遵。已经备行道守巡、兵备、守备等官，严督府、衙、所、州、县掌印、捕盗等官，集起父子乡兵，及顾募打手、杀手、弩手人等，各于贼行要路去处加谨防御，遇有盗兵出没，就便相机截捕，获功呈报，以靖地方。今据各呈，除行各该兵备等官将斩获贼级阅验明白，发仰枭首、生擒贼犯，问招回报；俘获贼属并牛马赃物俱变卖价银入官，与器械俱贮库；被房人口给亲完聚；获功人员照例最行给赏外，缘系擒获功次事理，为此具本题知。

添设清平县治疏 十二年五月二十八日

据福建按察司兵备金事胡琏呈："奉本院批，据漳州府呈：'准知府钟湘关据南靖县儒学生员张浩然等连名呈称，南靖县治僻在一隅，相离卢溪、平和、长乐等处，地里遥远，政教不及，小民罔知法度，不时劫掠乡村，肆无忌惮，酿成大祸。今日动三军之众，合二省之威，虽曰歼厥渠魁，扫除党类，此特一时之计，未为久远之规。乞于河头、中营处所，添设县治，引带汀、潮，喉襟清、宁。人烟辏集，道路适均；政教既敷，盗贼自息。考之近日，龙岩添设漳平而寇盗以靖，上杭添设永定而地方以宁，此皆明验。今若添设县治，可以永保无虞等情。又据南靖县义民乡老曾敦立、林大俊等呈称，河头地方北与户溪流恩山岗接境，西南与平和象湖山接境，而平和等乡又与广东饶平县大伞、箭灌等乡接境，皆系穷险贼巢。两省居民，相距所属县治各有五日之程，名虽分设都图，实则不闻政教。往往相诱出劫，一呼数千，所过荼毒，有不忍言。正德二年，虽蒙统兵剿捕，未曾设有县治；不过数月，遗党复兴。今蒙调兵剿抚，虽少宁息，诚恐漏网之徒复蹈前弊，呈乞添设县治，以控制贼巢；建立学校，以移风易俗。庶得久安长治等因。蒙漳南道督同本职，与南靖县知县施祥带领耆民曾敦立等，并山人洪钦顺等，亲诣河头地方，踏得大洋陂背山面水，地势宽平，周围量度可六百余丈，西接广东饶平，北联三团卢溪，堪以建设县治。合将南靖县清宁、新安等里，漳浦县二三等都，分割管摄，随地粮差。及看得卢溪枋头坂地势颇雄，宜立巡检司以为防御，就将小溪巡检司移建，仍量加编弓兵，点选乡夫，协同巡逻。遇有盗贼，随即扑捕。再三审据通都民人合词，执称南靖地方极临边境，盗贼易生，上策莫如设县。况今奏凯之后，军饷钱粮尚有余剩，各人亦愿凿山采石，挑土筑城，砍伐树木，烧造砖瓦，数月之内，工可告成。为照南靖县相离卢溪等处，委的窎远，难以提防管束，今欲于河头添设县治，枋头坂移设巡检司，外足以控制饶平邻境，内足以压服卢溪诸巢。又且民皆乐从，不烦官府督责，诚亦一劳永逸，事颇相应。具呈到道，呈乞照详。'等因。奉批：'看得开建县治，控制两省瑶寨，以奠数邑民居，实亦一劳永逸之图。但未经查勘奏请，仍仰该道会同始议各官，再行该府拘集父老子弟及地方新旧居民，审度事体，斟酌利害。如果远近无不称便，军民又皆乐从，事已举兴，势难中辍。即便具由呈来，以凭奏请定夺。仍一面俯顺民情，相度地势，就于建县地内，预行区画，街衢井巷，务要均适端方，可以永久无弊；听从愿从新旧人民，各先占地建屋，任便居住；其县治、学校、仓场，及一应该设衙门，姑且规留空址，待奏准命下之日，以次建立；仍一面通行镇巡等衙门，公同会议。此系设县安民、地方重事，各官务要计处周悉，经画审当，毋得苟且雷同，致贻后悔。批呈作急勘报。'等因。依蒙拘集坊郭父老，及河头新旧居民再三询访，各交口称便。有地者愿归官丈量，以建城池；有山者愿听上砍伐，以助木石；有人力者又皆忻然相聚，挑筑土基，业已垂成。惟恐上议中止，下情难遂。"等情，具呈到臣。

为照建立县治，固系御盗安民之长策，但当大兵之后，继以重役，窃恐民或不堪。臣时督兵其地，亲行访询父老，辄咨道路，众口一词，莫不举首愿望，仰心乐从，旦夕皇皇，惟恐或阻。臣随遣人私视其地，官府未有教令，先已伐木畚土，杂然并作，裹粮趋事，相望于道。究其所以，皆缘数邑之民积苦盗贼。设县控御之议，父老相沿已久，人心冀望甚渴，皆以为必须如此，而后百年之盗可散，数邑之民可安，故其乐事劝工，不令而速。臣观河头形势，实系两省贼寨咽喉。今象湖、可塘、大伞、箭灌诸巢虽已破荡，而遗孽残党，亦宁无有逃遁山谷者？旧因县治不立，征剿之后，浸复归据旧巢。乱乱相承，皆原于此。今诚于其地开设县治，正所谓抚其背而扼其喉，盗将不解自散，行且化为善良。不然，不过年余，必将复起。其时再举两省之兵，又糜数万之费，图之，已无及矣。臣窃以为开县治于河头，以控制群巢，于势为便。虽使民甚不欲，扰将强而从之，况其祝望欣趋若此，亦何惮而不为！至于移巡司于枋头坂，亦于事势有不容已。盖河头者，诸巢之咽喉；枋头者，河头之唇齿；势必相须。兼其事体已有成规，不过迁移之劳，所费无几。臣等皆已经画区处，大略已备，不过数月，可无督促而成。民之所未敢擅为者，惟县治学校，须命下之日，乃举行耳。伏愿陛下俯念一方荼毒之久，深惟百姓永远之图，下臣等所议于该部，采而行之。设县之后，有不如议，臣无所逃其责。今新抚之民，群聚于河头者二千有余，皆待此以息其反侧。若失今不图，众心一散，不可以复合；事机一去，不可以复追。后有噬脐之悔，徒使臣等得以为辞，然已无救于事矣。缘系添设县治永保地方事理，为此具本请旨。

疏通盐法疏 十二年六月十五日

据江西按察司整饬兵备带管分巡岭北道副使杨璋呈："奉巡抚江西右副都御史孙燧案验，准兵部咨：'行移各该巡抚官员，今岁俱免赴京议事，各要在彼修举职业。若有重大军务，应议事件，益于政体，便于军民者，明白条陈，听会官计议奏请。'等因，已经行仰所属查访去后，随据吉安、临江、袁州等府，万安、泰和、清江、宜春等县商民彭拱、刘常、郭闻、彭秀连各状告：'正德六年，蒙上司明文行令赣州府起立抽分盐厂，告示商民，但有贩到闽、广盐课，由南雄府曾经折梅亭，纳过劝借银两，止在赣州府发卖者，免其抽税；愿装至袁、临、吉三府卖者，每十引抽一引。闽盐自汀川过会昌羊角水，广盐自黄田江、九渡水来者，未经折梅亭，在赣州府发卖，每十引抽一引；愿装至袁、临、吉三府发卖，每十引又抽一引。疏通四年，官商两便。正德九年十月内，又蒙赣州府告示，该奉勘合开称，广盐止许南、赣二府发卖，其袁、临、吉不系旧例行盐地方，不许越境。以致数年广盐禁绝，淮盐因怯河道逆流，滩石险阻，止于省城。三府居民受其高价之苦，客商阻塞买卖之源。乞赐俯念吉、临等府与赣州地里相连，自昔至今，惟食广盐，一向未经禁革。况广盐许于南、赣二府发卖，原亦不系洪武旧制，乃是正统年间为建言民情事，奉总督两广衙门奏行新例。如蒙将广盐查照南、赣事例，照旧疏通下流发卖，万民幸甚。'等因。又据赣州府抽分厂委官照磨汪德进呈：'近奉勘合禁止广盐、止许南、赣发卖，不许下流。但赣州、吉安地理相连，水路不过一日之程。今年夏骤雨泛涨，虽有桥船阻隔，水势汹恶，冲断桥索，以致奸商计乘水势，聚积百船，执持凶器，用强越过。后虽拿获数起，问罪不过十之一二。又有投托势要官豪，夹带下流发卖者；又有挑担驮载，从兴国、赣县、南康等处小路越过发卖者。其弊多端，不禁则违事例，禁止则势所难行，呈乞议处。'等因。卷查正德六年，奉总制江西等处地方军务左都御史陈金批：'据江西布政司呈，准本司右布政使任汉咨称，查得江西十三府俱系两淮行盐地方，湖西、岭北二道滩石险恶，淮盐因而不到。商人往往越境私贩广盐，射利肥己。先蒙总督衙门奏准广盐许行南、赣二府发卖，仰令南雄照引追米纳价，类解梧州军门，官商两便，军饷充足。当时止是奏行南、赣，不曾开载袁、临、吉三府。合无遵照敕谕，便宜处置，暂许广盐得下袁、临、吉三府地方发卖，立厂盘掣，以助军饷。及据江西按察司兵备副使王秩亦呈前事。随该三司布政等官刘杲等议得委果于事有益，于法无碍，呈详，批允，前来遵照立厂，照例抽税'外。正德九年十月内，准户部咨，该巡抚都御史周南题，该本部覆议，内开广东盐课，仍照正德三年题奉钦依事理。有引官盐，许于南、赣二府发卖，不许再行抽税。袁、临、吉不系旧例行盐地方，不许到彼。如有犯者，不分有引无引，俱照律例问罪没官。又经行仰禁革去后，今据前因，随查得正德六年十一月二十七日设立抽分厂起，至正德九年五月终止，共抽过税银四万八百四十余两。陆续奉抚镇衙门，明文支发三省夹攻大帽山等处赏功军饷，并犒劳过狼兵官军士兵口粮，并取赴饶州征剿姚源军前应用，及起造抽分厂厅浮桥，修理城池，买谷上仓，预备赈济，及遵巡抚军门批申，借支赣州卫官军月粮等项，支过税银三万八千二百九十余两。由此观之，则地方粮饷之用，岁费不赀而仰给于商税独重。前项商税所入，诸货虽有，而取足于盐利独多。及查得近为紧急贼情事，该兵部题奉钦依，转行议处停当，具由呈报。该本道会同分守守备衙门议得贼首谢志珊有名大寨三十余处，拥众数万，盘据三省，穷凶极恶，神怒人怨。已经呈详转达奏闻，动调三省官兵会剿去后，及议得本省动调官兵以三万为率，半年为期，粮饷等费，约用数万。查得赣州府库收贮前项税银，除支用外，止余二千九百余两。又是节催起解赴部之数，续收银两，止有一千六百余两。但恐不日命下，克期进剿，军行粮食，所当预处。及查得广东所奏前项盐法，准行南、赣二府贩卖，果系一时权宜，不系洪武年间旧例，合无查照先年总制都御史陈金便宜事例，一面行令前商，许于袁、临、吉三府贩卖，所收银两，少为助给；一面别行议处，以备军饷。庶使有备无患，不致临期缺乏。候事少宁，另行具题禁止。庶袁、临、吉三府无乏盐之苦，南、赣二府军门得军饷之利，而关津把截去处，免阻隔意外之变，诚为一举而三得矣，等因。已经备由呈奉巡抚都御史孙燧批：'看得所议盐税，既不重累商人，抑且有裨军饷，舆情允协，事体颇宜。但其至赣州府十取其一，吉、临等府十而取二，似乎过重。仰行再加详议，斟酌适中。回报。'依奉，访得商民贩盐，下至三府发卖者，倍取其利，即许越境贩卖，乃其心悦诚服，并无税重之辞。又经呈详，奉批：'看得所议盐税事情，商贾疏通，军饷有赖，一举两得，合遵照钦奉敕谕便宜处置事理，仰行各道并该府县遵奉。仍禁革奸徒，不许乘机作弊，因而瞒官射利，扰害地方。'具由缴申。今照本院抚临，理合再行呈请照详。"等因，据呈到臣。

看得赣、南二府，闽、广喉襟，盗贼渊薮。即今具题夹攻，不日且将命下；粮饷之费，委果缺乏；计无所措，必须仰给他省。但闻广东以府江之师，库藏渐竭；湖广以偏桥之讨，称贷既多。亦皆自给不赡，恐无羡余可推。若不请发内帑，未免重科贫民。然内帑以营建方新，力或不逮；贫民则穷困已极，势难复征。及照前项盐税，商人既已心服，公私又皆两便，庶亦所谓不加赋而财足，不扰民而事办。臣除遵照敕谕，径自区画事理，批行该道，暂且照议施行。候地方平定之日，将抽过税银、支用过数目，另行具奏。抽分事宜，照例仍旧停止外，缘系地方事理，为此具本题知。

卷十　别录二

奏疏二

议夹剿兵粮疏正德十二年七月初五日

准兵部咨，该本部题，职方清吏司案呈奉本部送兵科抄出，巡抚湖广地方兼赞理军务都察院右副都御史秦金题称："会同巡按御史王度督同都、布、按三司掌印署都指挥佥事文恭、左布政使周季凤、副使恽巍等，议照湖广郴、桂等处所属地方，与广东乐昌、江西上犹等处县瑶贼密尔联络。彼处有名贼首龚福全、高仲仁、李斌、庞文亮、蓝友贵等，素恃巢穴险固，聚众行劫。先年用兵征剿，各贼漏殄未除，遂致祸延今日。臣等仰体皇上好生之心，设法抚处，冀图靖安，以成止戈之武。奈犬羊之性，变诈不同；豺狼之心，贪噬无厌。阳虽听招，阴实肆毒。今乃攻打县堡，虏官杀人，穷凶极恶，神人共愤。虽经各官兵擒斩数辈，稍惧归巢，缘其种类繁多，出没尚未可料。若非三省合兵，大彰天讨，恶孽终不殄除，疆宇何由宁谧！所据各官会呈，乞要大举。臣等再三筹议，非敢轻启兵端，但审时度势，诚有不容已者。况彼巢峒既多，贼党亦众，东追西窜，此出彼藏。必须调发本省土汉官军民兵杀手人等，共三万员名，分立哨道，刻期进剿。其两广、南、赣，仍须各调官军狼兵，把截夹攻，协济大事。臣等计算兵粮重大，区处艰难，抑且本省兵荒相继，财力匮乏，前项合用钱粮，预须计处。今将应调土汉官军数目，供给粮饷事宜，及战攻方略，开坐具奏。"该本部覆称："阃外兵权，贵在专委；征伐事宜，切忌遥制。今郴、桂瑶贼，为害日炽，既该湖广镇巡三司官会议兵不可已，要行克期进剿，朝廷若复犹豫不决，往返会议，必致误事。但七月进兵，天气尚炎。况今五月将中，三省约会，期限太迫。再请敕两广总督等官左都御史陈金等，及请教巡抚南赣左佥都御史王守仁，各照议定事理，钦遵会合行事，不许违期失误及改拟。九月中取齐进兵，庶三省路远，不误约会。"本年五月十一日，少保兼太子太保本部尚书王琼等具题奉钦依。备咨到臣。除钦遵外，卷查先据江西岭北道副使杨璋及湖广郴、桂兵备副使陈璧，并广东韶州府各呈申前事，臣参看得前贼恶贯已盈，神怒人怨，天讨在所必加。但近年以来，江西有桃源之役，疮痍甫起；福建有汀、漳之寇，军旅未旋。府江之师，方集于两广，偏桥之讨，未息于湖、湘。若复继以大兵，惟恐民不堪命。合无申明赏罚，容臣等徐为之图。惟复约会三省，并举夹攻。已经开陈两端，具本上请去后，今准前因，则巡抚湖广右副都御史秦金所题夹攻事理，既奉有成命矣。臣谨将南、赣二府议处兵粮事宜开坐。缘系地方紧急贼情事理，为此具本请旨。

计开：

一、南安府所属大庾、南康、上犹三县，各有贼巢，联络盘据，有众数千，西接湖广桂阳等县，南接广东韶州府乐昌等县。三省夹攻，必须湖广自桂阳、桂东等处进，广东自乐昌县进；在南安者，必须三县地方并进。赣州府所属，惟龙南县贼巢与广东惠州府龙川县浰头接境。浰头系大贼池大鬈等巢穴，有众数千，比之他贼，势尤猖獗。前此二次夹攻，俱被漏网。龙南虽有贼徒数伙，除之稍易。但其倚借浰头兵力以为声援，攻之则奔入浰头，兵退则复出为害。必须广东兵自龙川进，赣州兵自龙南进，庶可使无奔溃。

一、上犹去龙南几四百里，两处进兵，必须一时并举，庶无惊溃之患。大约计之，亦须用兵一万二千名。今拟调南康、上犹二县机兵、打手一千二百名；大庾县机兵、打手一千二百名；赣州府所属，除石城县外，宁都、信丰二县机兵、打手各一千名；其余七县，机兵、打手三千名；龙泉县机兵、打手一千名；安远县招安义民叶芳、老人梅南春等，龙南县招安新民王受、谢钺等，兵共二千名；汀州府上杭县打手一千名；潮州府程乡县打手一千名；共辖一万二千之数。但广、湖两省之兵，皆狼土精悍，贼所素畏，势必偏奔江西。江西之兵，最为怯懦，望贼而溃，乃其素习。今所拟调，皆新习未练。若使严以军法处治，庶几人心齐一，事功可成。

一、兵一万二千余名，每名日给米三升，一日该米三百七十余石。间日折支银一分五厘，一日该银一百八十余两。以六个月为率，约用米三万三千余石，用银二万余两。领哨、统兵、旗牌等官并使客合用廪给及赏功犒劳牛酒、银牌、花红、鱼、盐、火药等费，约用银二万余两。通前二项，约共用银五万两。二府商税银两，集兵以来，日有所费，见存银止有四千余两。二府并赣县、大庾、南康、上犹四县积谷，约计有七八万石，但贮积年久，恐舂米不及其数。见在前银不足支用，就欲别项区处，但恐缓不及事。查得江西布政司并各府县别无蓄积，止有该解南京折粮银两贮库未解，并一应纸米赃罚银两，合无行巡抚江西都御史孙燧转行布政司并行各府，照数借给应用。候事宁之日，或将以后抽掣商税，或开中盐引，另为计处，奏请补还，庶克有济。

一、合用本省巡按御史随军纪功，管理钱粮。及统兵、领哨官员，除本省三司分守、分巡、兵备、守备并南、赣二府官员临时定委外，访得九江府知府汪赖、吉安府知府伍文定、汀州府知府唐淳、惠州府知府陈祥，俱各才识练达；程乡县知县张戩、抚州府东乡县知县黄堂、建昌府新城县知县黄文鸑、袁州府萍乡县知县高桂、吉安府龙泉县知县陈允谐，俱有才名，俱各堪以领兵。候命下之日，听臣等取用。

臣等窃照师期已迫，自今七月上旬至九月中旬，仅余两月，中间合用前项钱粮器仗，及拟调兵快、应委官员之类，悉皆百未有措；又事干各省，道途相去，近者半月，远者月余，万一各官之中违抗推托，不肯遵依约束，临期误事，罪将安归！乞照湖广巡抚都御史秦金所奏该部题准事理，各官之中敢有抗违失误者，许臣等即以军法从事，庶几警惧，事可易集。

南赣擒斩功次疏 十二年七月初五日

据江西按察司整饬兵备带管分巡岭北道副使杨璋呈："据统兵等官南安府知府季敩呈：解生擒大贼首一名陈曰能，从贼林杲等二十七名，斩获首级十六颗，俘获贼属男女十三口，及马牛等物。并开称：捣过禾沙坑、船坑、石圳、上龙、狐狸、朱雀、黄石等贼巢七处，烧死贼徒不计其数，并房屋禾仓三百余间。南康县县丞舒富呈：解生擒大贼首一名钟明贵，从贼曾能志等二十一名，斩获贼级四十五颗，杀死未取首贼一百一十七名，俘获贼属男女一十六名□，及牛、马、驴等物。并开称：捣过石路坑、白水峒、杞州坑、旱坑、茶潭、竹坝、皮袍、樟木坑等贼巢八处，烧死贼徒三百四十六名，并烧毁房屋禾仓四百七十余间。赣县义官萧庚呈：解生擒大贼首一名唐洪，从贼蒲仁祥等六名，斩获首级并射死贼从一百三十八名，烧毁贼巢房屋禾仓一百二十间，乃俘获牛羊、器械等物。并开称，捣过长龙、鸡湖、杨梅、新溪等处贼巢四处。各缘由到道。随据统兵官员并乡导人等各呈称：自本年正月，蒙本院抚临以来，募兵练卒；各贼探知消息，将家属妇女什物俱各寄屯山寨林木茂密之处，其各精壮贼徒，昼则下山耕作，夜则各遁山寨。依奉本院方略，于六月二十日子时，各哨克期进剿。每巢止有二三十人或四五十人看守巢穴，见兵举火奋击，俱各惊溃；间有射伤药弩，即时身死，坠于深岩。及据县丞舒富、义官萧庚各回呈：止有上犹县白水峒、石路坑二巢，南康县鸡湖一巢险峻，巢内贼属颇多，被兵四面放火进攻，贼无出路，烧死数多。天明看视，止存骸骨，头面烧毁莫辨，以此难取首级，等因。案照先为紧急贼情事，据上犹县申称：四月间被崖巢贼徒不时虏掠耕牛人口，请兵追剿，乡民稍得昔莳插。今早谷将登，又闻各巢修整战具出劫，乞为防遏，庶得收割聊生，等因。并据县丞舒富及南安府呈：大庚县申，同前事。该本道查得上犹县邻近巢穴，则有旱坑、茶潭、杞州坑、樟木坑、石路坑、白水峒、竹潭、川坳、阴木潭等巢，南安县则有长龙、鸡湖、杨梅、新溪等巢，大庚县则有狐狸坑、船坑、禾沙坑、石圳、上龙、朱雀、黄石坑等巢，多则三五百名，少则七八十名。合无将本院选集之兵，委官统领，分投剿遏，等因。已经呈奉本院批：'看得各贼名号日渐僭拟，恶毒日加纵肆，若果遂其奸谋，得以乘虚入广，其为患害，关系匪轻。除密行南、韶等府分兵防截外，仰该道即便部勒诸军，定哨分委。仍密召各巢附近被害知因之人堪为乡导者，前来分引各兵，出城之时，不得张扬。今正当换班之月，就令俱以下班为名，昼伏夜行，克期各至分地，掩贼不备，同时举事。分领各官，务要严密奋勇，竭忠以副委托。如或推托误事，及军士之中敢有后期退缩者，悉以军法从事，决不轻贷。该道亦要亲帅重兵，随后继进，密屯贼巢要害处所，相机接应，以防不测。一应机宜，务须慎密周悉。仍要严缉各兵所获真正贼徒，不许滥加良善。'等因。遵奉，统领各兵，刻期进剿，及加谨防遏。今据复呈前因，通查得各哨共计生擒大贼首三名，首从贼徒五十四名；斩获首级六十八颗；杀死射死贼徒二百四十余名；烧死贼徒二百余名；捣过巢穴一十九处；烧毁房屋禾仓八百九十余间；俘获贼属男女二十九名口，水黄牛、马、骡、羊一百四十四头匹只。所据各该领兵等官所报擒斩之贼，数固不多，而巢穴已空，无可栖身；积聚已焚，无可仰给。就使屯集横水、桶冈大巢，将来人多食少，大举夹攻，为力已易。"等因，转呈到臣。

卷查先据副使杨璋呈称："据南安府并上犹等县及县丞舒富各呈申，访得大贼首谢志珊号'征南王'，纠率大贼首钟明贵、萧规模、陈曰能、唐洪、刘允昌等，约会乐昌高快马等，大修战具，并造吕公车，欲先将南康县打破。闻知广东官兵尽调征剿府江，就行乘虚入广。"等因，已经批仰该道部勒诸军，酌量贼巢强弱，派定哨分，选委谋勇属官统兵，密召知因乡导引领，昼伏夜行，刻定于六月二十日子时，入各贼巢，同时举火，并力奋击，务使噍类无遗，去后。今据前因，覆勘得前项贼巢，委果荡平殆尽，蓄积委果焚毁无遗。获功解报虽少，杀伤烧死实多；猖獗之势少摧，不轨之谋暂阻；居民得以秋获，地方亦为一宁。此皆遵依兵部申明律例事理，仰仗天威，官兵用命之所致，非臣之知谋所能及也。

臣惟南、赣之兵，素不练养，见贼而奔，则其常态。今各官乃能夜入贼巢，奋勇追击，在他所，未为可异之功，于南、赣，则实创见之事。及照副使杨璋，区画赞理，比于各官，劳勋尤多。今夹攻在迩，伏乞皇上特加劝赏，以作兴勇敢之风。庶几日后大举，臣等得以激励人心。除将获功人员量加犒赏，生擒贼徒监候审决，首级枭示，俘获贼属领养，牛马赏兵，有功人员，查审的确，造册奏缴外，缘系斩获功次事理，为此具本题知。

议夹剿方略疏十二年九月十五日

据江西岭北道副使杨璋呈："奉臣案验，准兵部咨，该巡抚湖广都御史秦金题，为紧急贼情事，备行计处兵粮，约会三省，将上犹县等处贼巢，克期九月中进剿，等因，遵依。随将本道兵粮事宜计呈本院转达奏闻定夺外，随据南安府上犹、大庾等县申称：'各县乡民早谷将登，各巢峒贼修整战具，要行出劫。'并据南康县县丞舒富呈：'访得大贼首谢志珊号征南王，纠率桶冈等巢贼首钟明贵等，约会广东大贼首高快马等，大修战具，并吕公车，欲要先将南康县打破。闻知广东官兵尽调府江，就行乘虚入广流劫，乞要早为扑剿。'等因。已经呈蒙本院密受方略，行委知府季敩、县丞舒富等领兵分剿。共生擒大贼首陈曰能等三名，首从贼徒五十四名，斩获贼首级六十八颗，杀死射死贼徒二百四十余名，烧死贼徒二百余名，捣过巢穴一十九处，烧毁房屋禾仓八百九十余间，俘获贼属二十九名口，水黄牛、马、羊、骡一百四十四头匹，通经呈报。又蒙本院虑，贼必将乘间复出，行委知府季敩、指挥来春等统兵屯南安，指挥姚玺、县丞舒富统兵屯上犹，指挥谢昶、千户林节统兵屯南康，各于要害去处往来防剿。至七月二十五日，贼首谢志珊果复统众一千五百余徒，攻打南安府城。各官督兵迎敌，生擒贼犯杨銮等七名，斩获首级四十五颗，贼众大败而去。八月二十五日，贼首谢志珊又统领二千余徒，复来攻打南安府城。各官督兵迎敌，生擒贼犯龙正等四十二名，斩获首级一百五十七颗，贼又大败而去。即今贼势少挫，若乘此机会直捣其巢，旬月之间，可期扫荡。但闻湖广之兵，既已齐集，而广东因府江班师未久，复调狼兵，未有定期。谨按地图，江西之南安，有上犹、大庾、桶冈等处贼巢，与湖广桂东、桂阳接境。夹攻之举，止该江西与湖广会合，而广东止于仁化县要害把截，夹攻不与焉。赣州之龙南有浰头贼巢，与广东龙川接境。夹攻之举，止该江西与广东会合，而湖广不与焉。广东乐昌乳源贼巢，与湖广宜章县接境。惠州贼巢，与湖广临武县接境；仁化县贼巢，与湖广桂阳县接境；夹攻之举，止该湖广、广东二省会合，而江西止于大庾县要害把截，夹攻不与焉。名虽三省大举，其实自有先后，举动次第，不相妨碍。若不此之察，必欲通待三省之兵齐集，然后进剿，则老师废财，为害匪细。合将前项事宜，约会三省，以次渐举，庶兵力不竭，粮饷可省。"等因，据呈到臣。看得三省夹攻，必须彼此克期定日，同时并举，斯乃事体之常。然兵无定势，谋贵从时，苟势或因地而异便，则事宜量力以乘机。三省贼巢，连络千里，虽声势相因，而其间亦自有种类之分、界限之隔。利则争趋，患不相顾，乃其性习。诚使三省之兵，皆已齐备，约会并进，夫岂不善？但今广东狼兵，方自府江班师而归，欲复调集，恐非旬月所能。两省之兵既集，久顿而不进，贼必惊疑愈生，其奸悍者奔突，黠者潜逃。老师费财，意外之虞，乘间而起，虽有智者，难善其后。诚使先合湖广、江西之兵，并力而举上犹诸贼。逮事之毕，广东之兵亦且集矣，则又合湖广、广东之兵，并力而举乐昌诸处。

逮事之毕，江西之兵又得以少息矣，则又合广东、江西之兵，并力而举龙川。方其并力于上犹，则姑遣人佯抚乐昌诸贼，以安其心。彼见广东既未有备，而湖广之兵又不及己，苟幸旦夕之生，必不敢越界以援上犹。及夫上犹既举，而湖广移兵以合广东，则乐昌诸贼，其势已孤。二省兵力益专，其举之益易。当是之时，龙川贼巢相去辽绝，自以为风马牛不相及，彼见江西之兵又撤，意必不疑。班师之日，出其不意，回军合击，蔑

八仙过海铜酒壶

有不济者矣。臣窃以为因地之宜，先后合击之便，除臣遵照兵部咨来题奉钦依，会兵征剿，亦听随宜会议施行事理，已将前项事宜移咨广东、湖广总督、巡抚等官知会，一面相机行事外，缘系地方紧急贼情事理，为此具本题知。

换敕谢恩疏 十二年九月十五日

近准兵部咨，为申明赏罚以励人心事，该臣奏，该本部覆题，节奉圣旨："是，王守仁著提督南、赣、汀、漳等处军务，换敕与他，钦此。"备咨到臣。本年九月十一日，节该钦奉敕谕："江西南安、赣州地方，与福建汀、漳二府，广东南、韶、潮、惠四府及湖广郴州桂阳县，壤地相接，山岭相连，其间盗贼不时生发，东追则西窜，南捕则北奔。盖因地分各省，事无统属，彼此推调，难为处置。先年尝设有都御史一员，巡抚前项地方，

就令督剿盗贼。但责任不专，类多因循苟且，不能申明赏罚以励人心，致令盗贼滋多，地方受祸。今因所奏及该部覆奏事理，特改命尔提督军务，抚安军民，修理城池，禁革奸弊。一应军马钱粮事宜，俱听便宜区画，以足军饷。但有盗贼生发，即便设法调兵剿杀，不许踵袭旧弊，招抚蒙蔽，重为民患。其管领兵快人等官员，不问文职武职，若在军前违期，并逗遛退缩者，俱听军法从事。生擒盗贼，鞫问明白，亦听就行斩首示众。斩获贼级，行令各该兵备守巡官，即时纪验明白，备行江西按察司，造册奏缴，查照升赏激劝。钦此。"俱钦遵外。窃念臣以凡庸，缪膺重寄。思逃罪责，深求祸源，始知盗贼之日炽，由于招抚之太滥；招抚之太滥，由于兵力之不足；兵力之不足，由于赏罚之不明。辄敢忘其僭妄，为陛下一陈其梗概。其实言不量力，请非其分，方虞戮辱之及，陛下特采该部之议，不惟不加咎谪，而又悉与施行；不惟悉与施行，而又隆以新命。是盖曲从试可之请，不忍以人废言也。

敕谕宣布之日，百姓填衢塞道，悚然改观易虑，以为圣天子明见万里，动察幽微；占群策之毕举，知国议之有人。莫不警惧振发，强息其暴，伪息其奸；怯者思奋而勇，后者思效而前；三军之气自倍，群盗之谋自阻。所谓舞于格苗运于庙堂之上，而震乎蛮貊之中者也。

夫过其言而不酬，有志者之所耻也；冒宠荣而不顾，自好者不为也。臣固谫劣，亦宁草木无知，不思鞭策以报知遇！虽其才力有所难强，而蝼蚁之诚决能自尽；虽于利钝不可逆睹，而狐兔之穴断期扫平。臣不胜感恩激切之至！

交收旗牌疏 十二年九月二十五日

准工部咨，该本部题称："看得兵部咨开都御史王守仁奉敕提督军务，应合照例给与旗牌，以振军威一节，既查有例，又奉钦依。合无于本部收有内，给与旗牌八面副，就令原来百户尹麟前去交与本官督军应用，务加爱惜，不得轻易损坏。候到，先将收领过日期号数，径自奏报查考，等因，具题奉圣旨：是，钦此。"钦遵。备咨到臣。随于本年九月十六日，据百户尹麟领赍令旗令牌八副面前来，除照数收领，调度军马应用，务加爱惜，不敢轻易损坏外，缘系交收旗牌事理，为此今将收领过日期、缘由并号数开坐，具本题知。

议南赣商税疏 十二年九月二十五日

据江西按察司分巡岭北道兵备副使杨璋呈："奉巡抚江西地方右副都御史孙燧案验，备行各道兵备等官，有地方重大军务，益于政体，便于军民，果系应议事件，即便条列呈报，以凭施行，等因，随据南安府呈缴本年春季分折梅亭抽分商税循环文簿，看得该府造报册内，某日共抽税银若干，不见开有某商人某货若干、抽银若干，中间不无任意抽报情弊，及看得一季总数倍少于前。原其所自，盖因抽分官员，止是典史、仓官、义民等项，不惜名节，惟嗜贪污；兼以官职卑微，人心玩视，以致过往客商，或假称权要而挟放，或买求官吏而带过；及被店牙通同客商，买求书算，以多作少，以有作无，奸弊百端。卷查前项抽分，创于巡抚都御史金泽，一则苏大庾过山之夫，一则济南赣军饷之用。题奉钦依，遵行年久。及查赣州龟角尾设立抽分厂，建白于总制都御史陈金，白正德六年十一月二十七日起，至九年七月终止，共抽过商税银四万二千六百八十六两六钱三分七毫五忽。本省大帽山、姚源、华林盗贼四起，大举夹攻，一应军饷，俱仰给于此，并未奏动内帑之积，亦未科派小民之财。以此而观，则商税之有益地方多矣。缘赣州之税，正德十一年该给事中黄重奏称，广货自南雄经南安折梅亭，已两税矣，赣州之税，不无重复，已经勘明停止赣河之税。近复大举夹攻，军饷仰给，全在折梅亭之税。今所入如此，非惟军饷无益，实惟奸宄是资。随会同分守左参议黄宏，议照合将南安之税，移于龟角尾抽分，既有分巡道之监临，又有巡抚之统驭。访察数多，奸弊自少。其大庚县顾夫银两，合令该县每季具印信领状赴道，批行赣州府支领。支尽查算，准令复支。如此，非惟大庚过岭之夫不缺，而军饷之用大增。合就会案呈详。"等因，据呈到臣。

看得南、赣二府商税，皆因给军饷、裕民力而设。折梅亭之税，名虽为夫役，而实以给军饷。龟角尾之税，事虽重军饷，而亦以裕民力。两税虽若二事，其实殊途同归。但折梅亭虽已抽分，而龟角尾不复致诘，未免有脱漏之弊。若折梅亭既已抽分，而龟角尾又复致诘，未免有留滞之扰。况监司既远，胥猾得以恣其侵渔。头绪既多，彼此得以容其奸隙。若革去折梅亭之抽分，而总税于龟角尾，则事体归一，奸弊自消，非但有资军饷，抑且便利客商。盖分合虽异，而于商税事体，无改纤毫。转移之间，而于民商利害，相去倍蓰。除臣钦遵节奉敕谕"一应军马钱粮事宜，俱听便宜区画"事理，将副使杨璋等所议行令该府，一面查照施行外，缘系地方事理，为此具本题知。

升赏谢恩疏正德十二年十月初□日

节该钦奉敕："得尔奏，'该福建兵备佥事等官胡琏等，统领军兵，各分哨路，于今年正月十八等日，先后攻破长富村、象湖山、可塘洞等处巢穴，擒斩首从贼级一千四百二十九名颗；及该广东兵备佥事等官顾应祥等，统领军兵，分哨并进，于今年正月二十四等日，克破古村、箭灌、水竹等寨，斩贼级一千二百七十二名颗；各俘获贼属、夺回人口、头畜、器械等数多。贼害既除，良民安堵。盖由尔申严号令，处置有方，以致各该官员奉行成算，有此成功。捷奏来闻，朕心嘉悦。除有功官军民快人等待查勘至日升赏外，升尔俸一级，赏银二十两，紵丝二表里。仍降敕奖励。尔其益竭心力，大展才猷，修明武备，多方计画；务使四省交界之区，数年啸聚之党，抚剿尽绝。地方永获安靖，斯称朕委任之意。毋或狃于此捷，遽生怠玩，致有他虞。钦此。"钦遵。

臣惟赏及微劳，则有功者益劝；罚行亲昵，则有罪者益警。近者闽、广之师幸而成功，其方略议于该部，成算出于朝廷；用命存于诸将，戮力因于士卒。臣不过申严号令，敷布督促之而已。曾有何功？而乃冒蒙褒赏，增其禄秩，锡以金币，臣实不胜惭汗惶恐之至！然臣尝有申明赏罚之奏矣，尝有愿陛下俯从惟重之典，以作敢勇之风之请矣，臣之微劳，惧不免于罪。而陛下曲从该部之议，特赐优渥之恩者，所谓赏及微劳，将以激劝有功也。昔人有云："死马且买之，千里马将至矣。"臣敢畏避冒赏之戮，苟为逊让，以仰辜陛下激励作兴之盛心乎？受命之余，感惧交集，誓竭犬马之力，以效涓埃之报！臣不胜受恩感激之至！

横水桶冈捷音疏 十二年闰十二月初二日

据江西布、按二司巡守岭北道兵备副使杨璋、左参议黄宏会呈："据一哨统兵赣州府知府邢珣呈：'督同兴国县典史区澄等官兵，于十月十二等日，攻破磨刀坑等巢；十一月初一等日，攻破桶冈洞等巢；二十三日，会兵击贼于上新地寨，共十四处。共擒斩大贼首雷鸣聪、蓝文亨、梁伯安等六名颗，贼从王礼生等二百四十一名颗；俘获贼属，并夺回被虏男妇二百五十七名口；烧毁贼巢房屋一百七十七间；及夺马牛赃仗等项。'二哨统兵福建汀州府知府唐淳呈：'督同上杭县县丞陈秉等官兵，于十月十二等日，攻破左溪等巢；十一月初一等日，攻破十八磊等巢；共十二处。共擒斩大贼首蓝天风、蓝八、苏景祥等四名颗，贼从廖欧保等二百六十四名颗；俘获贼属，并夺回被虏男妇五百四十四名口；烧毁贼巢房屋七百一十二间；及夺获马牛、器械、赃银等项。'三哨统兵南安府知府季敩呈：'督同同知朱宪、推官徐文英等官兵，于十月十二等日，攻破稳下等巢；十二月初三日，击贼于朱雀坑等巢；共八处。生擒大贼首高文辉、何文秀等五名；擒斩贼从杨礼等三百六十一名颗；俘获贼属，并夺回被虏男妇一百七十一名口；烧毁贼巢房屋五百七十八间；夺获牛马赃仗等物。及先于七月二十五等日，二次被贼拥众攻打本府城池，统领本营官兵会同指挥来春、冯翔，与贼对敌。本职下官兵舍人共擒斩贼从龙正等一百三名颗；来春下官兵擒斩贼从王伯崇等二十五名颗；冯翔下官兵擒斩贼从刘保等一百三十五名颗。'四哨统兵江西都司都指挥佥事许清开称：'督领千户林节等官兵，于十月十二等日，攻破鸡湖等巢，共九处。共擒斩大贼首唐洪、刘允昌、叶志亮、谭祐、李斌等共一十名颗，贼从王志成等一百四十六名颗；俘获贼属，并夺回被虏男妇一百三名口；烧毁贼巢房屋二百间；及夺获牛马赃仗等物。'五哨统兵守备南、赣二府地方以都指挥体统行事指挥使郑文呈：'督领安远县义官唐廷华官兵，于十月十二等日，攻破狮子寨等巢；二十三日，会兵击贼于上新地寨。斩获首贼蓝文昭等三名颗；擒斩贼从许受仔等一百六十六名颗；俘获贼属，并夺回被虏男妇九十八名口；烧毁贼巢房屋四百一十二间；及夺获牛马器械等项。'六哨统兵赣州卫指挥余恩呈：'统领龙南县新民王受等兵，于十月十二等日，攻破长流坑等巢，共五处。擒斩大贼首陈贵诚、薛文高、刘必深三名颗，贼从郭彦秀等一百七十七名颗；俘获贼属，并夺回被虏男妇九十九名口；烧毁贼巢房屋五百一十七间；及夺获马驴、器械、赃银等物。'七哨统兵宁都县知县王天与呈：'督同典史梁仪等官兵，于十月十二等日，攻破樟木坑等巢，共三处。擒斩大贼首邓崇泰、王孔洪等八名颗；擒斩贼从陈荣汉等一百三十九名颗；俘获贼属，并夺回被虏男妇二百七十五名口；烧毁贼巢房屋一百六间；及夺获牛马赃物等项。'八哨统兵南康县县丞舒富呈：'统领上犹县义官胡述等兵，于十月十二等日，攻破箬坑等巢，共五处。擒斩贼从康仲荣等四百一十九名颗；俘获贼属，并夺回被虏男妇一百八十三名口；烧毁贼巢房屋九百九十三间；及夺获牛马赃银等项。及先于九月二十一等日，大贼首谢志田等攻打白面寨，随督发寨长廖惟道等，擒斩首从贼徒谢志田等三十五名颗。'九哨统兵广东潮州府程乡县知县张戬呈：'统领本县新民等兵，于十月二十四日等，攻破杞州坑等巢；十一月初一等日，攻破西山界、桶冈等巢。共九处。擒斩大贼首萧贵富、钟得昌等六名颗，贼从何景聪等二百五十七名颗；俘获贼属，并夺回被虏男妇一百五十七名口；及夺获牛马、器械、赃银等物。'

十哨统兵吉安府知府伍文定呈：'统领庐陵县等官兵刘显等，于十月二十四等日，攻破寨下等巢；十一月初一等日，攻破上池等巢；二十日击贼于稳下等巢。共十二处。擒斩大贼首谢志珊、叶三等二十名颗，贼从王福儿等二百三十八名颗；俘获贼属，并夺回被虏男妇二百八十四名□；烧毁贼巢房屋一百三十三间；及夺获赃仗等物。'中营随征参随等官推官危寿、指挥谢昶等各呈：'蒙提督军门亲统各职等官兵，于十月十二等日，攻破长龙、横水大巢及庵背等巢，共七处。生擒大贼首萧贵模等一十四名；擒斩贼从萧容等四百六十五名颗；俘获贼属，并夺回被虏男妇二百四十八名□；烧毁贼巢房屋二百二间；及夺获牛马、金银、赃仗等项。'各呈报到道。

查得先为地方紧急贼情事，节奉提督军门案验，备仰本道计处兵粮，约会三省官兵，将上犹等处贼巢克期进剿。奏请定夺外，本年六月视五日，据大庾、上犹等县申，并据南康县县丞舒富呈称："大贼首谢志珊号'征南王'，纠率桶冈等巢贼首钟明贵等，约会广东大贼首高快马等，大修战具，并造吕公车，欲要先将南康县打破，就行乘虚入广。乞早为扑捕。"等因，备呈。本院行委知府季敩等分兵剿捕获功，呈报奏闻讫。又经本院行委知府季敩、指挥来春、姚玺、谢昶、冯翔、县丞舒富、千户林节，各于要害防遏。擒斩功次，俱发仰本道纪验，解送本院枭示外，随该本道会同分守参议黄宏，议照江西地方，惟桶冈一处该与湖广约会夹攻，龙川一县该与广东约会夹攻。其余三县腹心之贼，不时奔冲，难以止遏，合无以次剿捕等因，具呈本院。移文广东、湖广镇巡衙门，约会以次攻剿间，随奉本院分定哨道，指授方略。将知府邢珣等刻期进剿，备仰各道不妨职事，照旧军前纪验赞画等因，依奉催督各营官兵进攻，去后。今呈前因，除将擒斩贼徒首级俱类送巡按衙门会审纪验明白，生擒仍解提督军门处决，并贼级照例枭示，被虏人口给亲完聚，贼属男女并牛马骡变卖银两，收候赏功支用，器械赃物俱发赣县贮库外，职等议照上犹等县横水等巢大贼首谢志珊、谢志田、谢志富、谢志海、萧贵模、萧贵富、徐华、谭曰志、雷俊臣，桶冈大贼首蓝天凤、蓝八苏、蓝文昭、胡观、雷明聪、蓝文亨，鸡湖大贼首唐洪，新溪大贼首刘允昌，杨梅大贼首叶志亮，左溪大贼首薛文高、高诵、冯祥，朱雀坑大贼首何文秀，下关大贼首苏景祥，义安大贼首高文辉，密溪大贼首高玉瑄、康永，三丝茅坝大贼首唐曰富、刘必深，长河坝大贼首蔡积富、叶三梅，伏坑大贼首陈贵诚，鳌坑大贼首蓝通海，赤坑大贼首谭曰荣，双坝大贼首谭祐、李斌等，冥顽凶毒，恃险为恶，僭拟王号，伪称总兵；聚集党类数千，肆行流毒三省；攻围南安、南康府县城池，杀害千户主簿等官；流劫湖广桂阳、郴县、宜章，吉安府龙泉、万安、泰和、永新等县。良民子女，被其奴戮；房屋仓廪，被其焚烧；道路田土，被其阻荒占夺者，以千万顷；赋税屯粮，负累军民陪纳者，以千万石。其大贼首谢志珊、蓝天凤，各又自称'盘皇子孙'，收有传流宝印画像，蛊惑群贼，悉归约束。即其妖狐酷鼠之辈，固知决无所就。而原其封豕长蛇之心，实已有不可言。比之姚源之王浩八，华林之胡雪二，东乡之徐仰四，建昌之徐九龄，均为贼首，而奸雄实倍之。今则渠魁授首，巢穴荡平，擒斩既多，俘获亦尽。数十年之祸害已除，三省之冤愤顿释。悉皆仰仗朝廷怜念地方之荼毒，大兴征讨之王师，并提督军门指授成算，号令严明，亲临督阵，身先士卒，以致各哨官兵，用命争先，捐躯赴敌，或臻是捷。拟合会案呈详施行。"等因，据呈到臣。

卷查先准兵部咨，为申明赏罚以励人心事，该本部覆议请敕："南赣等处都御史假以提督军务名目，给与旗牌应用，以振军威。一应军马钱粮事宜，径自便宜区画；文职五品以下，武职三品以下，径自拿问发落。如遇盗贼入境，即便调兵剿杀，不许蹈袭旧弊招抚，重为民患。所部官军，若在军前违期逗遛退缩，俱听以军法从事。题奉圣旨：是，王守仁著提督南、赣、汀、漳等处军务，换敕与他。其余事宜，各依拟行。钦此。"及为地方紧急贼情事，准兵部咨："看得所奏攻治贼盗二说，合无行文交与都御史王守仁，悉依前项申明赏罚事理，便宜行事，期于成功，不限以时等因。题奉圣旨：是，这申明赏罚事宜，还行于王守仁知道。钦此。"又准兵部咨，该巡抚湖广都御史秦金题，该本部覆题："看得郴、桂等处与广东、江西所辖瑶峒密迩联络，若非三省会兵夹攻，贼必遁散。合无请教两广并南赣总督、巡抚等官会同行事，克期进兵等因。节奉圣旨：是，都依拟行。钦此。"又该巡按江西监察御史屠侨奏，要会同湖广、江西抚镇等官，各量起兵，约会克期夹剿。又该本部覆题："奉圣旨：是，这南赣地方贼情，只照依恁部里原拟事宜，着都御史王守仁自行量调官军，设法剿捕。如有该与江西、两广巡抚、总督等官会兵征剿的，听随会议施行。钦此。"续准兵部咨，该臣题开计处南、赣二府兵粮事宜，及合用本省巡按、御史纪功缘由，该本部覆题："奉圣旨：是，都依拟行。钦此。"俱钦遵。陆续备咨到臣，俱经行江西、广东、湖广各道兵备、守巡等官一体钦遵，调取官军兵快，克期夹攻。及咨巡抚江西都御史孙燧，并行巡按御史屠侨各查照外，续据领兵县丞舒富等呈称：各巢贼首闻知湖广土兵将到，集众据险，四出杀掠，猖炽日甚，乞为急处等因到臣。当将进兵机宜，督同兵备副使杨璋、分守参议黄宏、统兵知府等官邢珣等，议得桶冈、横水、左溪诸贼，荼毒三省，其患虽同，而事势各异。以湖广言之，则桶冈诸巢，为贼之咽喉，而横水、左溪诸巢，为之腹心；以江西言之，则横水、左溪诸巢，为贼之腹心，而桶冈诸巢，为之羽翼。今不先去横水、左溪腹心之患，而欲与湖广夹攻桶冈，进兵两寇之间，腹背受敌，势必不利。今议者纷纷，皆以为必须先攻桶冈，而湖广克期，乃在十一月初一日，贼见我兵未集，而师期尚远，且以为必先桶冈，势必观望未备。今若出其不意，进兵速击，可以得志。已破横水、左溪，移兵而临桶冈，破竹之势，蔑不济矣。于是，臣等乃决意先攻横水、左溪，密切分布哨道，使都指挥佥事许清率兵千余，自南康县所溪入；知府邢珣率兵千余，自上犹县石人坑入；知县王天与率兵千余，自上犹县白面入；令其皆会横水。使守备指挥郏文率兵千余，自大庾县义安入；知府唐淳率兵千余，自大庾县聂都入；知府季敩率兵千余，自大庾县稳下入；县丞舒富率兵千余，自上犹县金坑入；令其皆会左溪。知府伍文定、知县张戬，候各兵齐集，令其亦从上犹、南康分入，以遏奔冲。臣亦亲率兵千余，自南康进屯至坪，期直捣横水，以与诸军会；而使兵备副使杨璋、分守参议黄宏，监督各营官兵，往来给饷，以促其后。分布既定，乃于十月初七日夜，各哨齐发；初九日，臣兵至南康；初十日，进屯至坪。使间谍四路分探，皆以为诸贼不虞官兵猝进，各巢皆鸣锣聚众，往来呼噪奔走，为分投御敌之状，势甚张皇；然已于各险隘皆设有滚木礌石。度此时贼已据险，势未可近。臣兵乘夜遂进。十一日小饷，未至贼巢三十里，止舍，使人伐木立栅，开堑设堠，示以久屯之形。夜使报效听选官雷济、义民萧庚，分率乡兵及樵竖善登山者四百人，各与一旗，赍铳炮钩镰，使由间道攀崖悬壁而上，分列远近极高山项以觇贼。张立旗帜，爇茅为数千灶；度我兵且至险，则举炮燃火相应。十二日早，臣兵进至十八面隘。贼方据险迎敌，骤闻远近山顶礮声如雷，烟焰四起；我兵复呼噪奋逼，铳箭齐发。贼皆惊溃失措，以为我兵已尽入破其巢穴，遂弃险退走。臣预遣千户陈伟、高睿分率壮士数十，缘崖上夺贼险，尽发其滚木礌石。我兵乘胜骤进，声震天地。指挥谢昶、冯廷瑞兵由间道先入，尽焚贼巢。贼退无所据，乃大败奔溃。遂破长龙巢，破入八面隘巢，破先鹅头巢，破狗脚岭巢，破庵背巢，破白蓝、横水大巢。

先是，大贼首谢志珊、萧贵模等，皆以横水居众险之中，倚以为固。闻官兵四进，仓卒分众扼险，出御甚力。至是，见横水烟焰障天，铳炮之声撼摇山谷，亦各失势，弃险走。各哨官兵乘之，皆奋勇力战而入。知府邢珣遂破磨刀坑巢，破茶坑巢，破茶潭巢；知县王天与破樟木坑巢，破石王巢；都指挥许清破鸡湖巢，破新溪巢，破杨梅巢，俱至横水；知府唐淳破羊牯脑巢，破上关巢，破下关巢，破左溪大巢；守备指挥郏文破狮寨巢，破义安巢，破苦竹坑巢；指挥余恩破长流坑巢，破牛角窟巢，破龟坑巢；县丞舒富破箬坑巢，破赤坑巢，破竹坝巢；知府季敩破上西峰巢，破狐狸坑巢，破铅厂巢，俱至左溪。守巡各官亦随后督兵而至。是日，擒斩首从贼人、贼级并俘获贼属男妇、夺回被虏人口、牛马、赃仗数多，其余自相蹂践，堕岸填谷而死者，不可胜计。当是时，贼路所由入，皆刊崖倒树，设阱埋签，不可行。我兵昼夜涉深涧，蹈丛棘。遇险绝，则挂绳崖树，鱼贯而上，猿臂而下，往往失足堕深谷。幸而不死，经数日始能出。各兵已至横水、左溪，皆困甚，不复能驱逐。会日已暮，遂令收兵屯扎。次日，大雾，雨，咫尺不辨，连数日不开。乃令各营休兵享士，而使乡导数十人分探溃贼所往，并未破巢穴动静。十五日，得各乡导报，谓诸贼分阵，预于各山绝险崖壁立有栅寨，为退保之计，有复合聚于未破之巢者，俱不意我兵骤入，未及搬运粮谷。若分兵四散追击，可以尽获。臣等窃计湖、广夹攻在十一月初一，期已渐迫。此去桶冈尚百余里，山路险峻，三日始能达。

若此中之贼围之不克，而移兵桶冈，势分备多，前后瞻顾，非计之得。乃今各营皆分兵为奇正二哨，一攻其前，一袭其后，冒雾速进，分投急击。十六日，知府邢珣攻破旱坑巢，鸳井巢；知府季斆、守备指挥郏文攻破稳下巢，李家巢。十七日，知府唐淳攻破丝茅坝巢。十八日，都指挥许清攻破朱雀坑巢，村头坑巢，黄竹坳巢，观音山巢。十九日，指挥余恩攻破梅伏坑巢，石头坑巢。二十日，知府邢珣又攻破白封龙巢，芒背巢；知县王天与攻破黄泥坑巢，大富湾巢。二十二日，县丞舒富攻破白水洞巢。本日，知府伍文定、知县张戬兵亦至。二十四日，知府伍文定攻破寨下巢，知县张戬攻破杞州坑巢。二十五日，知县张戬又破朱坑巢，知府伍文定破杨家山巢。二十六日，知府季斆又破李坑巢，都指挥许清又破川坳巢。二十七日，守备指挥郏文又破长河洞巢。连日各擒斩首从贼人、贼级并俘获贼属男妇，夺回被虏人口、牛马、赃仗数多。

是日，各营官兵请乘胜进攻桶冈。臣复议得桶冈天险，四面青壁力仞，中盘百余里，连峰参天，深林绝谷，不睹日月。中所产旱谷、薯芋之类，足饷凶岁。往者亦尝夹攻，坐困数月，不能俘其一卒，竟以招抚为名而罢。及询访乡导，其所由入，惟锁匙龙、葫芦洞、茶坑、十八磊、新地五处，然皆架栈梯壑，黉悬绝壁而上。贼使数人于崖巅，坐发礌石，可无执兵而御我师。惟上章一路稍平，然深入湖广，迂回取道，半月始至。湖兵既从彼入，而我师复往，事皆非便。今横水、左溪余贼皆已奔入其中，同难合势，为守必力。善战者，其势险，其节短。今我欲乘全胜之锋，兼三日之程，长驱百余里而争利，彼若拒而不前，顿兵幽谷之底，所谓强弩之末，不能穿鲁缟矣。今若移屯近地，休兵养锐，振扬威声，先使人谕以祸福，彼必惧而请服。其或有不从者，乘其犹豫，袭而击之，乃可以逞。乃使素与贼通戴罪义官李正岩、医官刘福泰，释其罪，并纵所获桶冈贼钟景，于二十八日夜悬壁而入，期以初一日早，使人于锁匙龙受降。贼方甚恐，见三人至，皆喜，乃集众会议。而横水、左溪奔入之贼，果坚持不可，往复迟疑，不暇为备。臣遣县丞舒富率数百人屯锁匙龙，促使出降；而使知府邢珣入茶坑，知府伍文定入西山界，知府唐淳入十八磊，知县张戬入葫芦洞；皆于三十日乘夜各至分地。遇大雨，不得进。初一日早，冒雨疾登。大贼首蓝天凤方就锁匙龙聚议，闻各兵已入险，皆惊愕散乱，犹驱其众男妇千余人，据内隘绝壁，隔水为阵以拒。知府邢珣之兵渡水前击，张戬之兵冲行其右，伍文定之兵自张戬右悬崖而下，绕贼傍击。贼不能支，且战且却。及午，雨霁，各兵鼓奋而前，乃败走。县丞舒富、知县王天与所领兵，闻前山兵已入，亦从锁匙龙并登。各军乘胜擒斩，贼悉奔十八磊。知府唐淳之兵复严阵迎贼，又败。然会日晚，犹扼险相持。次早，诸军复合势并击，大战良久，遂大败。知府邢珣破桶冈大巢，破梅伏巢，破乌池巢；知县张戬破西山界巢、锁匙龙巢，破黄竹坑巢；知府唐淳破十八磊巢；知府伍文定破铁木里巢，破土池巢，破葫芦洞巢；知县王天与破员分巢，破背水坑巢；县丞舒富破太王岭巢。擒斩首从贼人、贼级并俘获贼属男妇、夺回被虏人口、牛马、赃仗数多。贼大势虽败，结阵分遁者尚多。是日，闻湖广土兵将至，臣使知府邢珣屯葫芦洞，知府唐淳屯十八磊，知府伍文定屯大水，守备指挥郑文屯下新地，知县张戬屯磜头，县丞舒富屯茶坑，指挥姚玺。知县王天与屯板岭；而副使杨璋巡行磜头、茶坑诸营，监督进止，以继其粮饷。又使知府季敩分屯聂都，以防贼之南奔；都指挥许清留屯横水，指挥余恩留屯左溪，以备腹心遗漏之贼；而使参议黄宏留扎南安，给粮饷，以为聂都之继。臣亦躬率帐下屯茶寮，使各营分兵，与湖兵相会，夹剿遁贼。初五日，知府邢珣又破上新地巢，破中新地巢，破下新地巢。初七日，知府唐淳又破杉木坳巢，破原陂巢，破木里巢。十一日，知县张戬破板岭巢，破天台庵巢；十三日，又破东桃坑巢，破龙背巢。连日各擒斩俘获数多。其间岩谷溪壑之内，饥饿病疹颠仆死者，不可以数。于是，桶冈之贼略尽。臣以其暇，亲行相视形势，据险立隘，使卒数百，斩木栈崖，凿山开道。又使典史梁仪领卒数百，相视横水，创筑土城；周围千余丈，亦设隘以夺其险。议以其地请建县治，控制三省诸瑶，断其往来之路，事方经营。十六日，据防遏推官徐文英呈称：广东鱼黄等巢被湖兵攻破，贼党男妇千余，突往鸡湖、新地、稳下、朱雀坑等处。臣复遣知府季敩分兵趋朱雀坑等处，知府伍文定趋稳下、鸡湖等处，守备指挥郏文、知府邢珣趋上新等处，各相机急剿。二十日，知府伍文定兵，击贼于稳下寨、西峰寨、苦竹坑寨，长河坝巢、黎坑巢。二十三日，守备指挥郏文、知府邢珣击贼于上新地巢，知府伍文定又追击于鸡湖巢。十二月初三日，知府季敩击贼于朱雀坑寨、狐狸坑巢。擒斩首从贼徒、俘获贼属、夺获赃仗数多。于是奔遁之贼始尽。然以湖、广二省之兵方合，虽近境之贼悉以扫荡，而四远奔突之虞，难保必无。乃留兵二千余，分屯茶寮、横水等隘，而以是月初九日回军近县，以休息疲劳；候二省夹攻尽绝，然后班师。两月之间，通计捣过巢穴八十余处，擒斩大贼首谢志珊、蓝天凤等八十六名颗，从贼首级三千一百六十八名颗，俘获贼属二千三百三十六名□，夺回被虏男妇八十三名□，牛马骡六百八只匹，赃仗二千一百三十一件，金银一百一十三两八钱一分；总计首从贼徒、贼属、牛马、赃仗共八千五百二十五名颗□只件。俱经行令转解纪功官处，审验纪录去后。

今呈前因，参照大贼首蓝天凤、谢志珊等，盘据千里，荼毒数郡；僭拟王号，图谋不轨；基祸种恶，且将数十余年。而虐焰之炽盛，流毒之惨极，亦已数年于兹。前此亦尝夹剿，曾不能损其一毛；屡加招抚，适足以长其桀骜。今乃驱卒不过万余，用费不满三万，两月之间，俘获六千有奇，破巢八十有四；渠魁授首，噍类无遗。此岂臣等能贤于昔人，是皆仰仗朝廷威德之被，庙堂处置得宜；既假臣以赏罚之权，复专臣以提督之任。故臣等得以伸缩自由，举动如志，奉成算以行事，循方略而指挥，将士有用命之美，进止无掣肘之虞，则是追获兽兔之捷，实由发纵指示之功。臣等偶叨任使，亦安敢冒非其绩！夫谋定于帷幄之中，而决胜于千里之外，命出于庙堂之上，而威行于百蛮之表。臣等敢为朝廷国议有人贺，且自幸其所遭，得以苟免覆𫗧之戮也。及照监军副使杨璋、参议黄宏、领兵都指挥佥事许清、都指挥使行事指挥使郑文、知府邢珣、季斅、伍文定、唐淳、知县王天与、张戬、指挥余恩、冯翔、县丞舒富、随征参谋等官指挥谢昶、冯廷瑞、姚玺、明德、同知朱宪、推官危寿、徐文英、知县陈允谐、黄文鸾、宋瑢、陆璬、千户陈伟、高睿等，以上各官，或监军督饷，或领兵随征，悉皆深历危险，备尝艰难，各效勤苦之力，共成克捷之功。俱合甄录，以励将来。伏愿皇上普彰庙堂之大赏，兼收行伍之微劳。激劝既行，功庸益集，自然贼盗寝息，百姓安生，则地方幸甚！臣等幸甚！

立崇义县治疏 十二年闰十二月初五日

据江西巡守岭北道兵备副使杨璋、左参议黄宏会呈："据南安府知府季斅呈：'备所属致仕省祭义官监生杨仲贵等呈称，上犹等县横水、左溪、长流、桶冈、关田、鸡湖等处，贼巢共计八十余处，界乎三县之中，东西南北相去三百余里，号令不及，人迹罕到。其初崒贼，原系广东流来。先年，奉巡抚都御史金泽行令安插于此，不过砍山耕活。年深日久，生长日蕃，羽翼渐多；居民受其杀戮，田地被其占据。又且潜引万安、龙泉等县避役逃民并百工技艺游食之人杂处于内，分群聚党，动以万计。始渐虏掠乡村，后乃攻劫郡县。近年肆无忌惮，遂立总兵，僭拟王号，罪恶贯盈，神人共怒。今幸奏闻征剿，蒙本院亲率诸军，捣其巢穴，擒其首恶，妖氛为之扫荡，地方为之底宁。三县之民欢欣鼓舞，如获更生。访得各县流来之贼，自闻夹攻消息，陆续逃出颇众。但恐大兵撤后，未免复聚为患。合无三县适中去处，建立县治，实为久安长治之策'等因到道。随取各县乡导，于军营研深。查得前项贼巢，系上犹、大庚、南康三县所属。上犹县崇义、上保、雁湖三里，先年多被贼杀戮，田地被其占据。大庚县义安三里，人户间被杀伤，田地贼占一半；南康县至坪一里，人户皆居县城，田地被贼阻荒。总计贼占田地六里有半。随蒙本院委领兵知府邢珣、知县王大与、黄文鸾亲历贼巢踏勘，三县之中适均去处，无如横水。原系上犹县崇义里地方，山水合抱，土地平坦，堪以设县。随会同分守左参议黄宏，议得合无于此建立县治，尽将三县贼人占据阻荒田地，通行割出。缘里分人户数少，查得南康县上龙一里、崇德一里，亦与至坪相接，缘至坪三都虽非全里，然而地方广阔，钱粮数多，堪以拆作一里，合割并属新县。其间人户数少者，田粮尚存，招人佃买，可以复全。县治既设，东去南康尚有一百二十里，要害去处则有长龙；西去湖广桂阳县界二百余里，要害去处则有上保；南去大庚县一百二十余里，要害去处则有铅厂；俱该设立巡检司。查得上犹县过步巡检司，路僻无用，宜改移上保，备由呈详。奉批：'看得横水开建县治，实亦事不容已。但未经奏请，须候命下，方可决议。兼之工程浩大，一时恐未易就。今贼势虽平，漏殄尚有，且宜遵照本院钦奉敕谕随宜处置事理，先于横水建立隘所，以备目前不测之虞。除委典史梁仪等一面竖立木栅，修筑土城，修建营房外，查得横水附近隘所，如至坪、雁湖、赖塘等处，盗贼既平，已为虚设。其附近村寨，如白面、长潭、杰坝、石玉、过步、果木、鸟溪、水眼等处居民，访得多系通贼窝主；及各县城郭村寨，亦多有通贼之人。合将各隘隘夫悉行拨守横水，其通贼人户，尽数查出，编充隘夫，永远把守；其不系通贼者，量丁多寡，抽选编金，轮班更替，务足一千余名之数。责委属官一员统领，常川守把。遇有残党啸聚出没，即便相机剿捕。候县治既立，人烟辏集，地方果已宁靖，再行议处裁损。其开建县治，本院亲行踏勘，再四筹度，固知事不可已。但举大事，须顺民情，兵革之后，尤宜存恤。仰该道会同分守等官，再行拘集地方父老子弟，多方询访，必须各县人民踊跃鼓舞，争先趋事，然后兴工，庶几事举而人有子来之美，工成而民享偕乐之休。仍呈抚按等衙门公同计议施行。'等因依奉会同参议黄宏遵照批呈事理，先于横水设立隘所，防范不虞。及行该府再行拘集询访外，随据府县各申，拘集父老到官，各交□欢欣，鼓舞趋事，别无民情不便等因，备呈到道。"覆审无异，转呈到臣。会同巡抚江西等处地方都察院右副都御史孙燧、巡按江西监察御史屠侨，议照前项地方，大贼既已平荡，后患所当预防。今议立县治并巡司等衙门，惩前虑后，杜渐防微，实皆地方至计，及查得横水议建县治处所，原系上犹县崇义里，因地名县，亦为相应。如蒙皇上悯念地方屡遭荼毒，乞敕该部俯顺民情，从长议处，早赐施行，并儒学巡司等衙门一体铨选官员，铸给印信。如此，则三省残孽，有控制之所而不敢聚，三省奸民，无潜匿之所而不敢逃。变盗贼强梁之区为礼义冠裳之地，久安长治，无出于此。

卷十一　别录三

奏疏三

乞休致疏正德十三年三月初四日

臣以菲才，遭逢明盛，荷蒙陛下涤垢掩瑕，曲成器使；既宽厂素之诛，复冒清显之职；增其禄秩，假以赏罚；念其行事之难，授以提督之任，言行计听。感激深恩，每思捐躯，以效犬马。奈何才骞福薄，志欲前而力不逮，功未就而病已先。臣自待罪鸿胪，即尝以病求退；后惧托疾避难之诛，辄复黾勉来此。驱驰兵革，侵染瘴疠，昼夜忧劳，疾患愈困。自去岁二月，往征闽寇，五月旋师，六月至于九月，俱有地方之警，十月攻横水，十一月破桶冈，十二月旋师。未儿，今年正月，又复出剿浰贼。前后一岁有余，往来二三千里之内，上下溪涧，出入险阻，皆扶病从事。然而不敢辄以疾辞者，诚以朝廷初申赏罚之请，再下提督之命，惟恐付托不效，以辜陛下听纳之明，负大臣荐扬之举。且其时盗贼方炽，坐视民之荼毒，而以罪累后人，非仁也；己逃其难，而遗人以艰，非义也；徒有其言，而事之不酬，非忠也。故宁委身以待罪，忍死以效职。

今赖陛下威德，庙堂成算，上犹、南康之贼既已扫荡，而涮寇残党亦复不多。旬日之间，度可底定，决不至于重遗后患，则臣之罪责，亦既可以少逭于万一。但惟臣病月深日亟，百疗罔效，潮热咳嗽，疮痏痛肿，手足麻痹，已成废人。昔人所谓绵弱之才，不堪任重；福薄之人，难与成功。二者臣皆有焉。伏惟陛下覆载生成，不忍一物失所，悯臣舆病讨贼所备尝之苦，哀臣忍死待罪不得已之情，念福薄之有限，怜疾疗之无期，准令旋师之日，放归田里。岂曰保全余息，尚图他日之效。苟遂丘首，臣亦感恩地下，能忘衔结之报乎？臣不胜哀恳祈望之至！

移置驿传疏 正德十三年二月二十五日

据江西按察司分巡岭北道兵备副使杨璋呈："奉臣批，据南安府大庾县峰山里民朱仕玖等连名告称：'本里先因敌御峯贼，正德十一年，被贼复仇，杀害本里妇男一百余命。各民惊惶，自愿筑砌城垣一座，搬移城内。告申上司，蒙给官银修理三门。今幸完成，居民无虞。正德十二年六月十九日，奉调本里百长谢玉山等五百名前去本府剿贼，已获功次解报，未蒙发回。今风闻峯贼又要前来复仇，但本城缺兵防守。乞赐裁革宰屋、龙华二隘人夫前来守城。其赤口巡检司缺官，就乞委官署掌印信，督兵防遏。及愿出地，迁移小溪驿进城，城池驿舍，俱保无虞。'等情。奉批岭北道议处。依奉，会同左参议黄宏，议将宰屋、龙华二隘人夫拨付该城防守，该府照磨邓华空闲，合委署掌印信，提督该司弓兵并该城兵众，并力防遏。其小溪驿迁移峰山城内一节，合行该府查勘，应否迁移；过往使客，有无便益；南北水路，有无适均；移驿之费，计算几何。缘由呈详本院，奉批：'去隘委官，俱准议行；移驿事，仰行该府作急勘报。'等因。已经行。据南安府呈：'蒙二隘人夫拨付峰山守城，行委照磨邓华署掌赤石巡检司印信。及查议得小溪旧驿止有人烟数家，孤处河边，且与鸡湖等贼巢相近，曾被强贼来驿，执虏官吏，烧毁公厅。见今贼势猖獗，使客辄受惊惶，不敢停歇。往年亦曾建议迁驿，奈小溪人民，俱各包当该驿夫役，积年射利得惯，官吏被其钤制，往往告称移驿不便。况移驿处所虽在城中，离河不远。工程所费亦不过四五十两。如此一举，委果水陆俱便，不惟该驿可保无虞，而往来使客宿歇，亦无惊恐。'等因，回报到道，覆议相同。"据呈到臣，簿查先为前事，已经批仰该道议处。回报去后，今据前因，看得小溪旧驿屡被贼患，移置峰山城内，委果相应。如蒙乞敕该部查议相同，俯从所请，则一劳永逸，实为地方之幸！

涮头捷音疏十三年四月二十日

据江西按察司分巡岭北道兵备副使杨璋呈："据一哨统兵守备南、赣二府地方以都指挥体统行事指挥使郏文呈称：'统领远安县义民孙洪舜等兵，于本年正月初七日，攻破曲潭等巢；十一日，攻破半径等巢；共五处。二月二十六日，与贼战于水源等处。擒斩大贼首吴积祥、陈秀谦、张秀鼎等七名颗，贼从陈希九等一百二十六名颗；俘获贼属男妇五十六名口；烧毁贼巢房屋禾仓二百五十三间；及夺获器械等物。'二哨统兵赣州府知府邢珣呈称：'督同同知夏克义、知县黄天与、典史梁仪、老人叶秀芳等官兵，于正月初七等日，攻破方竹湖等巢；初九日，攻破黄田坳等巢；共四处。二十五等日，覆贼于白沙；二月十六日，与贼战于芳竹湖等处。擒斩大贼首黄佐、张廷和、王蛮师、刘钦等一十名颗，贼从黄密等二百六十名颗；俘获贼属男妇八十三名口；烧毁贼巢房屋禾仓二百二十二间；及夺获赃仗牛马等项。'三哨领兵广东惠州府知府陈祥呈称：'督同通判徐玑、新民卢琢等官兵，于正月初七等日，攻破热水等巢；初九等日，攻破铁石障等巢；共五处。二十五等日，覆贼于五花障等处；二月初二等日，与贼战于和平等处。擒斩大贼首陈活鹉、黄弘闺。张玉林等十一名颗，贼从李廷祥四百三十一名颗；俘获贼属男妇二百二十名口；烧毁贼巢房屋禾仓五百七十二间；及夺获器械、赃银、牛马等项。'四哨统兵南安府知府季敩呈称：'统领训导蓝铎、百长许洪等官兵，于正月初三等日，攻破右坑等巢；十一日，攻破新田径等巢；共四处。二十七等日，覆贼于北山，又与战于风门奥等处。擒斩大贼首刘成珍等四名颗，贼从胡贵琢等一百三十名颗；俘获贼属男妇一百六十五名口；烧毁贼巢房屋禾仓七十三间；及夺获赃银等物。'五哨统兵赣州卫指挥佥事余恩呈称：'统领新民百长王受、黄金巢等兵，于正月初七日，会同推官危寿、千户孟俊，攻破上、中、下三涮大巢；十一日，攻破空背等巢；共四处。二十五日，覆贼于银坑水等处。擒斩大贼首赖振禄、王贵洪、李全、邹一惟等九名颗，贼从赖贱仔等三百五十名颗；俘获贼属男妇六十二名口；烧毁贼巢房屋禾仓三百二十一间；及夺获器械牛马等项。'六哨统兵赣州卫指挥佥事姚玺呈称：'统领新民梅南春等兵，于正月初七日，攻破淡方等巢；初九日，攻破岑冈等巢；共四处。二十七日，覆贼于乌虎镇。擒斩大贼首谢銮、曾用奇等五名颗，贼从卢任龙一百九十九名颗；俘获贼属男妇一百一十二名口；烧毁贼巢房屋禾仓三百七十间；及夺获器械牛马等项。'七哨统兵赣州府推官危寿呈称：'统领义官叶方等兵，于正月初七日，会同指挥余恩、千户孟俊，攻破上、中、下三涮大巢；初十等日，攻破镇里寨等巢；共四处。二十七日，覆贼于中村等处。擒斩大贼首池仲宁、高允贤、池仲安、朱万、林根等十二名颗，贼从黄稳等二百一十一名颗；俘获贼属男妇三十三名口；烧毁贼巢房屋禾仓三百二十三间；及夺获赃仗牛马等项。'八哨统兵赣州卫千户孟俊呈称：'统领义官陈英、郑志高、新民卢珂等兵，于正月初七等日，会同指挥余恩、推官危寿，攻破上、中、下三涮大巢；初十等日，攻破大门山等巢；共六处。擒斩大贼首谢凤经、吴宇、张廷与、石荣等九名颗，贼从张角子等一百九十二名颗；俘获贼属男妇一百四十三名口；烧毁贼巢房屋禾仓一百七十三间；及夺获器械、牛马、赃银等项。'九哨统兵南康县县丞舒富呈称：'统领义民赵志标等兵，于正月十一等日，攻破旗领等巢，共二处。二月十四日，与贼战于乾村等处。擒斩贼从刘三等一百七名颗；俘获贼属男妇二十一名口；烧毁贼巢房屋禾仓五十三间；及夺获器械等物。'等因，各呈报到道。

"查得先为地方紧急贼情事，据信丰县所呈称：'正德十二年二月初七日，龙南县贼首黄秀魁，纠合广东贼首池仲容等，突来本县，杀人放火。见今攻城不退，乞要发兵救援。'等因。该本道议，委经历王祚、县丞舒富领兵剿捕。斩获贼级四颗；被贼杀死报效义士杨习举等十名；执去经历王祚。随该本道新诣该县，暂将各贼招安，拨回原巢；经历王祚送出。参将失事知县王天爵、卢凤、千户郑铎、朱诚、洪恩、主簿周镇、镇抚刘镗等，俱各有罪。及将前贼应剿缘由，呈详转达具奏外，正德十三年正月初三日，奉提督军门纸牌：'议照上犹等县贼巢既平，广东龙川县涮头等处贼巢，奉有成命，应该会剿。其大贼首池仲容等，本院已行计诱擒获。见今军势颇振，若不乘此机会，出其不意，捣其不备，坐视以待广兵之来，未免有失事机之会。本院除遵奉敕逾内自行量调官军设法剿捕事理，部勒兵众，分布哨道，行仰守备指挥并知府等官郑文、陈祥等统领，各授进止方略外，备行本职前去军前纪验功次，及催各哨官兵上紧依期进剿。仍行巡按衙门前来核实施行。'等因，随呈巡按江西监察御史屠侨，批行本道：'先行纪验明白，通候核实施行。'依奉督率各省官兵，依期进剿去后。今据前因，除将前项功次俱类，巡按衙门会审纪验明白，生擒贼犯，解赴提督军门，斩首枭示，贼属男妇变卖银两，器械、赃仗、赃银俱贮库外，参照涮头大贼首池仲容、池仲宁、池仲安、高允贤、李全等，盘据一方，历有岁年，僭称王号，伪设官职；广东翁源、龙川、始兴，江西龙南、信丰、安远、会昌等县，屡被攻围城池，杀害官军，焚烧村寨，虏杀男妇，岁无虚日。曾经狼兵夹攻数次，俱被漏网。是乃众贼奸雄之巨擘，三省群盗之根源也。今幸天夺其魄，仲容束手就擒，仲宁、仲安等一时授首，各巢贼从擒斩殆尽。此皆仰仗朝廷德威远播，庙堂成算无遗，提督军门赏罚以信而号令严明，师出以律而机宜慎密，身先士卒而艰险之不辞，洞见敌情而抚剿之有道。以是数十年之巨寇，一旦削平；连四省之编氓，永期安辑。呈乞照详转达。"等因，据呈到臣。

卷查先为地方紧急贼情事，准兵部咨，该巡按江西监察御史屠侨奏，该本部覆题："节奉圣旨：是，这地方贼情，着都御史王守仁自行量调官军，设法剿捕。钦此。"及为申明赏罚以励人心事，准兵部覆题："请敕南、赣等处都御史，假以提督军务名目，给与旗牌应用，以振军威。一应军马钱粮事宜，径自便宜区画。如遇盗贼入境，即便调兵剿杀，不许踵袭旧弊招抚，重为民患。所部官军，若在军前违期逗留退缩，俱听以军法从事。生擒盗贼，亦听斩首示众。贼级听本处兵备会同该道守巡官，即时纪验明白，备行江西按察司造册奏缴，查照剿杀南方蛮贼见行旧例，议拟升赏等因，具题：奉圣旨：是，王守仁着提督南、赣、汀、漳等处军务，换敕与他。其余事宜，各依拟行。钦此。"又为地方紧急贼情事，准兵部覆题："看得所奏攻治盗贼二说，就令差来人赍文，交与都御史王守仁，悉依前项申明赏罚事理便宜行事。期于功成，不限以时，相机攻剿等因，具题：节该奉圣旨：是。钦此。"陆续备咨到臣。俱经通行抚属四省各道守巡、兵备、守备等官一体钦遵，并咨总督两广左都御史陈金查照外，续该臣看得南、赣盗贼，其在南安之横水、桶冈诸巢，则接境于湖郴；在赣州之浰头、桶冈诸巢，则连界于闽、广。接境于湖郴者，贼众而势散，恃山溪之险以为固；连界于闽、广者，贼狡而势聚，结党与之助以相援。臣等遵奉敕谕，及查照兵部咨示方略，初议先攻横水，次攻桶冈，而末乃与广东会兵，徐图浰头；如攻坚木，先其易者，后其节目。自正德十二年九月，臣等议将进兵横水，恐浰贼乘虚出扰，思有以沮离其党。臣乃自为告谕，具述祸福利害，使报效生员黄表、义民周祥等往谕各贼，因皆赐以银布。一时贼党亦多感动，各寨酋长黄金巢、刘逊、刘粗眉、温仲秀等，遂皆愿从表等出投。惟大贼首池仲容即池大鬓，独愤然谓其众曰："我等做贼，已非一年，官府来招，亦非一次，此亦何足为凭！待金巢等到官后，果无他说，我等遣人出投，亦未为晚。"其时臣等兵力既未能分，意且羁縻，令勿出为患，胡亦不复与较。金巢等至，臣乃释其罪，推诚厚抚，各愿出力杀贼立效。于是藉其众五百余，悉以为兵，使从征横水。十月十二日，臣等已破横水，仲容等闻之始惧。计臣等必且以次加兵，于是集其酋豪池仲宁、高飞甲等谋，使其弟池仲安率老弱二百余徒，亦赴臣所投招，求随众立效；意在援兵，因而窥觇虚实，乘间内应。臣逆知其谋，阳许之。及臣进攻桶冈，使领其众截路于上新地，以远其归途。内严警御之备，以防其衅；外示宽假之形，以安其心。阴使人分召邻贼诸县被贼害者，皆诣军门计事，旬日之间，至者数十。问所以攻剿之策，皆以此贼狡诈凶悍，非比他贼，其出劫行剽，皆有深谋，人不能测。自知恶极罪大，国法难容，故其所以扞拒之备，亦极险谲。前此两经夹剿，皆狼兵二三万，竟亦不能大捷。后虽败遁，所杀伤亦略相当。近年以来，奸谋愈熟，恶焰益炽。官府无可奈何，每以调狼兵恐之。彼辄谩曰："狼兵易与耳。纵调他来，也须半年；我纵避他，只消一月。"其意谓狼兵之来不能速，其留不能久也，是以益无忌惮。今已僭号设官，奸计逆谋，尤非昔比。必欲除之，非大调狼兵，事恐难济。臣以为兵无常势，在因敌变化而制胜。今各贼狃于故常，且谓必待狼兵而后敢攻，此所以不必狼兵而可以攻之也。乃为密画方略，使数十人者各归部集，候我兵有期，则据隘遏贼。

十一月，贼闻臣等复破桶冈，益惧，为战守备。臣使人至贼所，赐各酋长牛酒，以察其变。贼度不可隐，则诈称龙川新民卢珂、郑志高等将掩袭之，是以密为之防，非敢虞官兵也。臣亦阳信其言，因复阳怒卢珂、郑志高等擅兵仇杀，移檄龙川，使廉其实；且趣各贼伐木开道，将回兵自浰头取道往讨之。贼闻以为臣等实有为之之意，又恐假道伐之，且喜且惧。因遣来谢，且请无劳官兵，当悉力自防御之。卢珂、郑志高、陈英者，皆龙川旧招新民，有众三千余。远近皆为仲容所胁，而三人者独与之抗，故贼深仇忌之。十二月望，臣兵回至南康，卢珂、郑志高等各来告变，谓池仲容等僭号设官，今已点集兵众，号召远近各巢贼首，授以"总兵"、"都督"等伪官，使候三省夹攻之兵一至，即同时并举，行其不轨之谋。及以伪授卢珂等官爵"金龙霸王"印信文书一纸粘状来首。臣先已谍知其事，及珂等来，即阳怒，以为尔等擅兵仇杀投招之人，罪已当死；今又造此不根之言，乘机诬陷；且池仲容等方遣其弟领兵报效，诚心向化，安得有此。遂收卢珂等，将斩之。时池仲安之属方在营，见珂等入首，大惊惧；至是皆喜，罗拜欢呼，竞诉珂等罪恶。臣因亦阳令具状，谓将并拘其党属尽斩之。于是遂械系卢珂，而使人密喻以阳怒之意，欲以诱致仲容诸贼。且使卢珂等先遣人归，集其众，候珂等既还，乃发。臣又使生员黄表、听选官雷济往喻仲容，使勿以此自疑。密购其所亲信阴说之，使自来投诉。二十日，臣兵已还赣，乃张乐大享将士。下令城中，今南安贼巢皆已扫荡，而浰头新民又皆诚心归化，地方自此可以无虞。民久劳苦，亦宜暂休为乐。遂散兵，使各归农，示不复用。而使池仲安亦领众归，助其兄防守，且云卢珂等虽已系于此，恐其党致怨，或掩尔不虞。仲安归，具言其故，贼众皆喜，遂弛备。臣又使指挥余恩赍历往赐仲容等，令毋撤备，以防卢珂诸党，贼众亦喜。黄表、雷济因复说仲容："今官府所以安辑劳来尔等甚厚，何可不亲往一谢！况卢珂等日夜哀诉反状，乞官府试拘尔等，若拘而不至者，即可以证反状之实；今若不待拘而往，因面诉珂等罪恶，官府必益信尔无他，而谓珂等为诈，杀之必矣。"所购亲信者复从力赞，仲容然之，乃谓其众曰："若要伸，先用屈。赣州伎俩，亦须亲往勘破。"遂定议，率其麾下四十余人，自诣赣。臣使人探知仲容已就道，乃密遣人先行属县勒兵，分哨道，候报而发。又使千户孟俊先至龙川，督集卢珂、郑志高、陈英等兵；然以道经浰巢，恐摇诸贼，则别赍一牌，以拘捕卢珂等党属为名。各贼开闻往，果遮迎问故，俊出牌视之，乃皆罗拜，相争导送出境。俊已至龙川，始发牌部勒卢珂等兵。众贼闻之，皆以为拘捕其属，不复为意。

闰十二月二十三日，仲容等至赣，见各营官兵皆已散归，而街市多张灯设戏为乐，信以为不复用兵。密赂狱卒，私往觇卢珂等，又果械系深固。仲容乃大喜，遣人归，报其属曰："乃今吾事始得万全矣！"臣乃夜释卢珂、郑志高等，使驰归发兵；而令所属官僚次设羊酒，日犒仲容等，以缓其归。正月三日，度卢珂等已至家，所遣属县勒兵当已大集，臣乃设犒于庭，先伏甲士，引仲容入，并其党，悉擒之。出卢珂等所告状，讯鞫皆伏，遂置于狱。而夜使人趋发属县兵，期以初七日同时入巢。于是知府陈祥兵从龙川县和平都入，指挥姚玺兵从龙川县乌虎镇入，千户孟俊兵从龙川县平地水入，指挥余恩兵从龙南县高沙保入，推官危寿兵从龙南县南平入，知府邢珣兵从龙南县太平保入，守备指挥郏文兵从龙南县冷水径入，知府季斅兵从信丰县黄田冈入，县丞舒富兵从信丰县乌径入；臣自率帐下官兵，从龙南县冷水径直捣下浰大巢；而使各哨分路同时并进，会于三浰。

先是，贼徒得池仲容报，谓赣州兵已罢归，他已弛备，散处各巢。至是，骤闻官兵四路并进，皆惊惧失措。乃分投出御，而悉其精锐千余，据险设伏，并势迎敌于龙子岭。我兵聚为三冲，犄角而前。指挥余恩所领百长王受兵首与贼遇，大战良久，贼败却。王受等奋追里许，贼伏兵四起，奋击王受。推官危寿所领义官叶芳兵鼓噪而前，复奋击贼伏兵后；千户孟俊兵从傍绕出冈背，横冲贼伏，与王受合兵。于是贼乃大败奔溃，呼声震山谷。我兵乘胜逐北，遂克上、中、下三浰。各哨官兵遥闻三浰大巢已破，皆奋勇齐进，各贼皆溃败。知府陈祥兵遂破热水巢、五花障巢；指挥姚玺兵遂破淡方巢，石门山巢、上下陵巢；知府邢珣兵遂破芳竹湖、白沙巢；守备指挥郏文兵遂破曲潭巢、赤唐巢；知府季斅兵遂破布坑巢、三坑巢。是日，擒斩首从贼人、贼级，俘获贼属男妇、牛马、器仗数多，其余堕崖填谷死者不可胜计。是夜，贼复奔聚未破巢穴。次日早，乃令各哨官兵探贼所往，分投急击。初九日，知府陈祥兵破铁石障巢、羊角山巢，获贼首"金龙霸王"印信旗袍；知府邢珣兵破黄田坳巢；指挥姚玺兵破岑冈巢；指挥余恩兵破塘含洞巢、溪尾巢。初十日，千户孟俊兵破大门山巢，推官危寿兵破镇里寨巢。十一日，知府邢珣兵破中村巢；守备郏文兵破半径巢、都坑巢、尺八岭巢；知府季敩兵破新田径巢、古地巢；指挥余恩兵破空背巢；县丞舒富兵破旗岭巢、顿冈巢。十三日，千户孟俊兵破狗脚坳巢、水晶洞巢、五湖巢、蓝州巢。十六日，推官危寿兵破风盘巢、茶山巢。连日，各擒斩首从贼人、贼级并俘获贼属男妇、牛马、器仗数多。然各巢奔散之贼，其精悍者尚八百余徒，复哨聚九连大山，扼险自固。当臣看得九连山势极高，横亘数百余里，四面斩绝；我兵既不得进，而其内东接龙门山后诸处，贼巢若百数。以我兵进逼，贼必奔往其间；诱激诸巢，相连而起，势亦难制。然彼中既无把截之兵，欲从傍县潜军，断其后路，必须半月始达，缓不及事。止有贼所屯据崖壁之下一道可通，然贼已据险，自上发石滚木，我兵百无一全。于是，乃选精锐七百余人，皆衣所得贼衣，佯若奔溃者，乘暮直冲贼所据崖下涧道而过。贼以为各巢败散之党，皆从崖下招呼，我兵亦佯与呼应；贼疑，不敢击。已度险，遂扼断其后路。次日，贼始知为我兵，并势冲敌。我兵已据险，从上下击；贼不能支，乃退败。臣度其必溃，预令各哨官兵四路设伏以待。贼果分队潜遁。二十五日，知府陈祥兵覆贼于五花障，知府邢珣兵覆贼于白沙，指挥余恩兵覆贼于银坑水。二十七日，指挥姚玺兵覆贼于乌虎镇，推官危寿兵覆贼于中村，知府季敩兵覆贼于北山，又战于风门奥。其余奔散残党，尚三百余徒，分逃上下坪、黄田坳诸处，各哨官兵复黏踪会追。二月初二日，知府陈祥兵复与贼战于平和。初五日，复战于上坪、下坪。初八日，推官危寿、指挥余恩兵复与贼战于黄坳。十二日，知府陈祥兵复与贼战于铁障山。十四日，县丞舒富兵复与贼战于乾村，又战于梨树。十四日，知府邢珣、季敩兵复与贼战于芳竹湖。二十三日，县丞舒富兵复与贼战于北顺，又战于和洞。二十六日，守备郑文兵复与贼战于水源，战于长吉，战于天堂寨。连日擒斩首从贼人、贼级数多。三月初三日，据乡导人等四路爪探，皆以为各巢积恶凶狡之贼，皆已擒斩略尽；惟余党张仲全等二百余徒，其间多系老弱，及远近村寨一时为贼所驱胁、从恶未久之人，今皆势穷计迫，聚于九连谷口，呼号痛哭，诚心投招。臣遣报效生员黄表往验虚实，果如所探。因引其甲首张仲全等数人前来投见，诉其被胁不得已之情。臣量加责治，随遣知府邢珣往抚其众，籍其名数，遂安插于白沙。

初七日，据知府邢珣等呈称："我兵自去岁二月从征闽寇，迄今一年有余，未获少休。今幸各巢贼已扫荡，余党不多，又蒙俯顺招安；况今阴雨连绵，人多疾疫，兼之农功已动，人怀耕作，合无俯顺下情，还师息众。"及义官叶芳等并各村乡居民亦告前情。臣因亲行相视险易，督同副使杨璋、知府陈祥等经理立县设隘，可以久安长治之策，留兵防守而归。

盖自本年正月初七日起，至三月初八日止，前后两月之间，通共捣过巢穴三十八处，擒斩大贼首二十九名颗，次贼首三十八名颗，从贼二千零九名颗，俘获贼属男妇八百九十名口，夺获牛马一百二十二只匹，器械、赃仗二千八百七十件把，赃银七十两六钱六分。总计擒斩、俘获、夺获共五千九百五十五名颗口只匹件把。俱经行令兵备等官审验纪录，仍行纪功御史核实施行，具由呈报去后。今据前因，臣等会同江西巡按御史屠侨、广东巡按御史毛凤，参照大贼首池仲容等，荼毒万民，骚扰三省，阴图不轨，积有年岁，设官僭号，罪恶滔天；比之上犹诸贼，尤为桀骜难制。盖上犹诸贼，虽有僭窃不轨之名，而徒惟劫掠焚烧是嗜；至于浰头诸贼，虽亦剽劫掳掠是资，而实怀僭拟割据之志。故其招致四方无籍，隐匿远近妖邪；日夜规图，渐成奸计。兼之贼首池仲容、池仲安等，又皆力搏猛虎，捷竞飞猱；凶恶之名久已著闻，四方贼党素所向服；是以负固恃顽，屡征益炽。前此知其无可奈何，亦惟苟且招安，以幸无事；其实无救茶毒之惨，益养奸宄之谋。今乃臣等驱不练之兵，资缺乏之费，不逾两月，而破奸雄不制之虏，除三省数十年之患。此非朝廷威德，庙堂成算，何以及此！臣等切惟天下之事，成于责任之专一，而败于职守之分挠。就今事而言，前此尝夹攻二次，计剿数番；以兵，则前者强，而今者弱，前者数万，而今者数千；以时，则前者期年，而今者两月；以费，则前者再倍，而今者什一；以任事之人，则前者多知谋老练之士，而今者乃若臣之迂疏浅劣。然而计功较绩，顾反有加于昔，何哉？实由朝廷之上，明见万里，洞察往弊，处置得宜。既假臣以赏罚之杈，复改臣以提督之任；既以兵忌遥制，而重各省专征之责，又虑事或牵狃，而抑守臣干预之请；授之方略而不拘以制，责其功成而不限以时。以故诏旨一颁，而贼先破胆夺气；咨文一布，而人皆踊跃争先。效谋者，知无沮挠之患而务竟其功；希赏者，知无侵削之弊而毕致其死。是乃所谓"得先胜之算于庙堂，收折冲之功于樽俎"，实用兵之要道，制事之良法也。事每如此，天下之治，有不足成者矣？

臣等偶叨任使，何幸滥竽成功！敢是献捷之余，拜手稽首以贺，伏愿皇上推成功之所自，原发纵之有因，庶无僭赏，以旌始谋。及照兵备副使杨璋，监军给饷，纪功督战，备历辛勤，宜加显擢；守备指挥郏文、知府陈祥、邢珣、季斆、推官危寿、指挥余恩、姚玺及千户孟俊、县丞舒富等，皆身亲行阵，屡立战功，俱合奖擢，庶示激扬，以为后劝。

臣本凡庸，缪当重任；偶逢事机之会，幸免覆悚之诛。然功非其才，福已逾分，遂沾痿痹之疾，既成废弃之人。除已别行请罪乞休外，缘系捷音，及该兵部议拟期于成功，不限以时，题奉钦依事理，为此具本题知。

添设和平县治疏 十三年五月初一日

据江西按察司分巡岭北道兵备副使杨璋、广东按察司分巡岭东道兵备佥事朱昂会呈："据赣州府知府邢珣、惠州府知府陈祥呈，奉臣案验，据广东惠州龙川、河源等县省祭监生、生员、耆老陈震、余世美、黄宸等连名呈称：'浰头、岑冈等处叛贼池大鬌等，魁首动以百十，徒党不下数千，始则占耕民田，后遂攻打郡县。谢玉磷、邹训等倡乱于弘治之末，而此贼已为之先锋，徐允富、张文昌继乱于正德之初，而此贼复张其羽翼，荼毒三省。二十余年以来，乃为三省逋逃之主，遂称群贼桀骜之魁。捉河源县之主簿，房南安府之经历，绑龙南县之县官，戮信丰所之千户，肆然无忌。规图渐广，凶恶日增，僭称王号，伪建元帅、总兵、都督、将军等名目。虽屡蒙上司动调官兵，多方征剿，俱被漏网为患。今蒙提督军门亲捣贼巢，扫荡残党，除数郡之荼毒，雪万姓之冤愤。若不趁此机会，建立县治，以控制三省贼冲之路，切恐流贼复聚，祸根又萌。切见龙川和平地方，山水环抱，土地坦平，人烟辏集，千有余家。东去兴宁、长乐、安远，西抵河源，南界龙川，北际龙南，各有数日之程。其间山林阻隔，地里辽远，人迹既稀，奸宄多萃。查得父老相传，原系循州一州，龙川、雷乡二县，后因地方扰乱，人民稀少，除去循州、雷乡两处，止存龙川一县。洪武初间，龙川尚有五十五里，其后州县既除，声教不及。洪武十九等年，贼首谢仕真等相继作乱，将前项居民尽行杀戮，数百里内，人烟断绝。自此，贼巢日多，民居日耗，始将龙川县都图并作七里。迄于近年，民遭荼毒，遂至此极。如蒙怜念，于和平地方设建县治，以控制瑶洞；兴起学校，以移易风俗；及将和平巡检司改立浰头，屯兵堤备，庶几变盗贼之区为冠裳之地，实为保安至计。'等因，据呈到院。看得东南地方，但系盗贼盘据，即皆深山穷谷，阻险辽绝之区，是以征剿之后，其民类皆愿立县治，以控制要害，敷施政教而渐次化导之。故东南弭盗安民，则建立县治，亦其一策。近该本院亲剿浰贼，见今住军九连大山，往来浰头、和平等处，备阅山溪形势，讲求贼情民俗，深思善后之图，实有如各役所呈者。但开建县治，置立屯所，必须分割都图，创起关隘。城池宫室之费，力役输调之赀，未经查勘议处，难便奏闻。案：'仰本道即行副使杨璋，会同佥事朱昂，督同府县掌印官，拘集各该地方乡里甲人等，备勘和平、浰头两处，某处可以建筑城池，某地宜以添设巡逻，某县都图相近，可以分割，某里村寨接连，堪以拨补，某所巡司可以移镇，某乡丁户可以编佥。其移民以就田，调兵以守隘，一应工役所需，作何区处。再行考求图籍，诹诹诸耆老，必求至当归一。具由呈来，以凭议处定夺，仍呈总督、总镇、巡按衙门公同计议施行。'等因。各职遵依，督同龙川县署县事主簿陈甫、河源县署县事县丞朱炜，就近拘集龙川县通县并河源县惠化都里老沙海、钟秀山等，与原呈陈震等到职会勘。和平峒地方原有二千余家，因贼首池大鬓等作耗，内有八百余家投城居住，尚存一千余家。本峒羊子一处，地方宽平，山环水抱，水陆俱通，可以筑城立县于此；招回投城之人，复业居住。分割龙川县和平都、仁义都，并广三图，共三里，及割附近河源县惠化都，与接近江西龙南县邻界，亦折一里前来，共辖一县。及将先年各处流来已成家业寓民，尽数查出，责令立籍，拨补绝户图眼，一体当差。其和平巡检司宜立浰头，以控制险阻。仍于本县并龙南县量编隘夫几百名，委官管领，兼同该司弓兵巡逻，使盗贼不得盘据。其盖造衙门大小竹木，和平、浰头各山产有，俱派本处人户采办，不用官钱。其余砖石灰瓦、匠作工食之费，须查支官库银两。及差委公正府佐二官一员，清查浰头、岑冈等处田土，除良民产业被贼占耕者照数给主外，中间有典与新民，得受价银者，量追价银一半入官，其田给还管业；其余同途上盗田土，尽数归官卖价，以助筑修城池官廨之用。其龙川县分割三图，止存五图在彼，路通冲要，答应繁难。查得邻界长乐县所属清化都，正与龙川连近，乞于该都分割一图，补辏管辖，庶为适均等因。又据龙南县太平等保里老赖本立等呈称：'本县东南与广东龙川、河源二县，西南与广东始兴县连界，多深山穷谷，向因各处流贼过境劫掠，太平保设有横冈、角嵊二隘，上蒙、高沙二保设有牛冈、阳陂二隘，就于各保金点隘夫乡兵守把。后因池大鬓等不时出劫，各隘烧毁一空。

今征剿既平，宜将前项隘所修筑把守，可保四境无虞。及照本县止有四里半，邑小民寡，递年逋负追并；况与龙川县又系隔省窎远，乞免分割，以苏民困。'等因。各职并行会议得贼平之后，经久良图，诚无逾于添设县治者，今龙川县里老人等，愿于和平峒羊子铺添设县治，及分割都图，清卖贼田，移置巡司，量金隘夫等

青花山水纹罐

情，俱相应俯顺。惟称又要分拆江西赣州府龙南县附近都图，缘系两省地方，相隔愈远，未免影射差役，两无归着，难以准行。止该于龙南县该管

图保，修筑旧隘。其新兴地方，系通始兴县要路，宜添设一隘。各于邻近地方多金乡夫守把。及看得修筑城池、学校、仓场、铺舍等项，中间有碍百姓田庐税粮，亦该委官丈量，照数除豁。相距龙川县二百里之程，该量设铺舍十处。一应工程，除大小竹木派令人户采办，其余砖石、灰瓦等项物料，各色匠作工食，猝难料计，应合委官估计，通该银若干，扣除前项田价银两若干，余于惠州府库相应官银支给；尚有不敷，另行申请。合用人工，该起龙川县与河源县惠化都民夫答应。其移置涮头巡检司，应隶新县管辖。该司弓兵四十名，额数寡少，合于龙川县和平、仁义、广三图量编四百名，龙南县量编二百名，俱令该县掌印官编金造册，分为二班，半年一换。俱各委官管领，兼同该司官巡逻，遇有盗贼生发，即随扑获。隘夫限满，亦须该班者交代方还。各府、州、县巡捕官，俱要不时往来巡点。其清卖贼田，修筑城池等项，俱各委官分投干办，方得集事。再照新县里粮数少，官员应该减裁，且系偏僻之地，驿递不必添设。遇有使客往来，总于龙川县雷乡驿应付。前项居民，被贼残害，疮痍未苏，加以创县劳费，困苦可矜。成县之日，凡遇一应杂泛差役，坐派钱粮物料等项，俱各酌量减省。期待三年之后，方与各县一体差科。庶几舆情允惬，事体允当，等因，到道。会同佥事朱昂覆议相同，合就会案呈详。"等因，据呈到臣。会同钦差巡按广东监察御史毛凤，议照前项地方，实系山林深险之所，盗贼屯聚之乡；当四县交界之际，乃三省闰余之地；是以政教不及，人迹罕到。其间接连闽、广，反覆贼巢，动以百数。据而守之，真足以控诸贼之往来，杜奸宄之潜匿；弃而不守，断为狐鼠之窟穴，终萃逋逃之渊薮。况前此本亦州县旧区，始以县存，而民犹恃为保障，后因县废，而贼遂据以陆梁，是又往事之明验矣。当贼猖獗之日，地方父老屡有取复县治之议，然其时贼方盘据，势有不能。今赖朝廷威德，巢穴荡平，若不乘此机会，复建县治以扼其要害，将来之事，断未可知。臣等班师之日，胁从投招者尚不满百，今未两月，远近牵引而至且二百矣。若县治不立，制驭阔疏，不过一年，泛然投招之人，必皆复化为盗。其时又复兴师征剿，剿而复聚，长此不已，乱将安穷！夫盗贼之患，譬如病人，兴师征剿者，针药攻治之方；建县抚辑者，饮食调养之道。徒恃针药之攻治，而无饮食以调养之，岂徒病不旋踵，将元气遏绝，症患愈深，后虽扁鹊、仓公，无所施其术矣。臣等窃以设县移司，实为久安长治之策。伏愿皇上鉴往事之明验，为将来之永图，念事机之不可失，哀民困之不可再，俯采臣等所议，特敕该部早赐施行。及照建县之所，地名和平；以地名县，以为得宜。乞从所奏，并将该设职官印信即与铨选铸给。简员以省费，均地以平徭；移巡司以据险要，宽赋役以苏穷民。如此，则夷险为易，化盗为良，可计日而效。不惟臣等得以幸逃日后之谴责，朝廷亦免再役之勤，百姓永享太平之乐矣。

三省夹剿捷音疏 十三年六月十五日

据广东按察司等衙门整饬兵备监统佥事等官王大用等呈："正德十二年九月内，据乐昌县知县李增禀称：'贼首龚福全、高快马等，不时出没为患。近蒙军门案验，内开三省会兵进剿，缘照官兵未到，诚恐各贼探知，自分必死，群合四出攻劫，不惟居民受害，抑恐患及城池。议要从宜设法，以缓其势；待军兵到日，另行遵奉号令。'等因。本职看得各贼俱系先前大征漏网，招亡纳叛，踪迹诡秘。为今之计，必先诱其腹心以为我用，然后以次剪其羽翼，庶以贼攻贼，彼势可孤而我患可保。已经呈奉军门议处，设法诱致去后，续据知县李增报称：'歧田山贼犯龙贵等十二名，天塘贼犯陈满等十名，各挈家赴县首，愿擒获同伴解官。于本年十一月二十八日，督同龙贵等，计诱贼犯萧缘等六十名；十二月初二日，陈满等计诱贼犯李廷茂等二十三名。'等因。及据通判邹级、仁化县知县李萼呈称：'大贼首高快马带从贼一十五名、贼妇二口，潜往地名癞痢寨深坑，结巢藏住。随统民壮兵夫谭志泽等，于闰十二月初一日戌时进兵围寨。至初二日早擒捕，本贼突出，山头迎敌，追至始兴县界，各军奋勇向前，生擒大贼首高快马即高仲仁、从贼三名、贼妇贼女各一口，及行凶器械并被伤兵夫刘廷珍等。'开报到道。节据知府姚鹏等呈称：'督率军兵夫快抵巢，与贼交锋，陆续擒斩首从贼犯李万山、赖永达等一千三百二十名颗，俘获贼属男妇七十六名口，夺回被虏男妇一十三名口，及赃仗、牛马等物。'又据知县李增呈：'缉得贼首李斌，亡命在湖广乌春山躲住。飞报到职，当就发遣捕盗老人李攻瓒等，星夜潜至地名姜阳峒，藏踪缉探，始擒本贼，余党俱各奔遁。'缘由各开到道，参称贼首李斌节与高快马、龚福全等，纠众流毒三省，屡劳征讨；各遵奉军门号令，穷追深入，一旦就擒，各照悬示重赏。而知县李增督兵设策，屡有奇功，亦合奖劳，以励将来。"等因，备呈转报到臣。

亦据整饬兵备兼分巡岭东道监统金等官顾应祥等呈："据领哨通判莫相等呈称：'统领汉达、官军、民壮、打手人等，照依刻期，进剿上下横溪、阙峒、深峒等巢。贼党坚立排栅，统众迎敌，杀伤兵夫。彼时军兵协谋，奋勇斗战，当将各巢攻破。陆续擒斩贼犯吴瑄、邓仲玉等共六百九十名颗，俘获贼属男妇三百九十五名口，夺回被虏男妇七口，及牛马、器械等物，解送前来会审。又发兵搜斩贼级一十二颗，生擒贼人三名，并俘获贼属等项。'随据本官禀称：'横溪大贼首吴再玑招集亡命，遁住地名东田村深山结巢。即禀蒙监督金事顾应祥出给重赏，指示方略，密切发兵，抵吴玑巢穴，四面围攻。被玑等乱用药弩射出拒敌，我兵冒伤奋勇进剿，先用铳箭将吴巩打倒，贼势少却。我兵呼噪大进，将吴玑等首从并贼属尽数擒斩，共十三名颗，俘获贼属六口，夺回被虏妇女二口。阵亡兵夫六口。'缘由呈解到道。看得贼首吴玑，系是稔恶巨寇，流劫两省，拒敌官军。而通判莫相设法防捕，致缚前凶，应合奖劳。"等因，备呈开报到臣。

查得先准兵部咨，为地方紧急贼情事，该巡抚湖广都御史秦金奏，该本部覆题："看得郴、桂等处与广东、江西诸峒联络，若非三省会兵夹攻，贼必遁散他处。合无请敕两广并南、赣总督、巡抚等官，会同克期进兵。"等因，具题："节奉圣旨：是，都依拟行。钦此。"续为申明赏罚以励人心事，臣节该钦奉敕谕："但有盗贼生发，即便严督各该兵备、守备、守巡并军卫有司，设法剿杀。其领兵官员，不问文职武职，若在军前违期并逗遛退缩者，俱听以军法从事。仍要选委廉能属官，密切体访，或金所在大户，量加粮赏，或购令贼徒自相斩捕，皆听尔随宜处置。钦此。"又准兵部咨，为地方紧急贼情事，内开："节据乐昌县知县李增禀称，贼首高快马等八百余徒，在地名柜头村行劫。又据乳源县禀称，贼徒千余人在洲头街流劫。及据湖广郴州申，贼首龚福全、高仲仁等，虽蒙征剿，党恶犹存。正德七年，兵备衙门招抚龚福全，给与冠带，设为瑶官。高仲仁等给与衣巾，设为老人。未及两月，已出要路，劫杀军民，号称'高快马'、'游山虎'、'金钱豹'、'过天星'、'密地蜂'、'总兵'等官名目。正德十一年七月内，流劫乐昌及江西南康等县。后蒙抚谕，将高仲仁、李斌给与冠带，重设瑶官。未宁半月，一起八百余徒出劫乐昌，虏捉知县韩宗尧；一起七百余徒，出劫生员谭明浩等家；一起六百余徒，从老虎峒等处出劫；一起五百余徒，从兴宁县出劫。呈乞转达，请军夹剿。"等因，各报到臣。看得前项盗贼，恶贯已盈，神怒人怨。譬之疽痈之在身，若不速加攻治，必至溃肺决肠。而攻治之方，亦有二说等因，该本部覆题："看得所奏攻治盗贼二说，大意谓事权隆重，若无意于近功，而实足为攻取之几；征调四集，虽可以分咎，而不免为地方之累。穷究根本，辩析详明，言虽两端，意实有在。合无本部行文，就令差来人赍回，交与都御史王守仁，悉依前项申明赏罚事理，便宜行事。期于成功，不限以时，相机攻剿。"等因，具题："节该奉圣旨：是，钦此。"钦遵。节经通行各省及各该道守巡、兵备等官一体钦遵，勘处调集兵粮，克期攻剿，以靖地方。续据广东布政司等衙门左布政使等官吴廷举等会呈，奉臣并总督两广军务兼理巡抚、太子太保、都察院左都御史陈金案验，各准兵部咨，备行钦遵，查勘计处呈报等因，遵依。会同都、布、按三司等官欧儒等并岭东道兵备佥事等官王大用等，议将应剿贼巢，起调汉达官军士兵员名，分定哨道，监统把截，进攻道路及合用粮饷等项，备开呈详。随据监督兵备佥事王大用等，各将进兵机宜呈详到臣。

参看得两广总督总兵等官，虽已奉命行取回京，然军马钱粮调度方略，悉经区画，会有成案。本院见督官兵征剿浰头等贼，未能亲往督战。除分兵设策，督令副使杨璋等四面防截外，仰各官查照原议，上紧依期进剿，毋得迟疑参错，致误事机。一应临敌制度，俱在各官相机顺应。若贼势难为，兵力不逮，或先散离其党与，或阴诱致其腹心，声东击西，阳背阴袭，勿拘一议，惟求万全。军门遥远，不必一一呈禀，反成牵滞。又经牌仰上紧相机督剿去后。今据前因，除将各道呈报前项擒斩首从贼人贼级共二千八百九名颗，俘获贼属并夺回被虏男妇五百四名口，夺获器械赃物一百三十二件把，牛马八十三只匹；总计二千八百八名颗口只匹件把。行仰各道径送巡按纪功御史审验纪录，造册奏缴外，参照大贼首高仲仁、李斌、吴玑等，荼毒三省，稔恶多年，敌杀官兵，攻劫郡县。即其奸计，虽亦不过妖狐黠鼠之谋；就其虐焰，乃已渐成封豕长蛇之势。今其罪贯既盈，神怒人怨；数月之间，克遂歼殄；雪百姓之冤愤，解地方之倒悬。此皆仰仗天威，庙堂有先胜之算，帷幄授折冲之谋，贼徒破胆，将士用命之所致也。臣等获睹成功，岂胜庆幸！及照巡按纪功御史毛凤，振扬风纪，作励将士，既尽纪验之职，复多调度之方，比于常格，劳绩尤异。佥事王大用、顾应祥等，监统督调，备效勤劳；懋著经营之略，共收克捷之功。其都指挥王英、欧儒、知府姚鹏、通判邹级、莫相、知县李增、李蕚，或领兵督哨，或追剿防截，类皆身亲行阵，且历艰难，均合甄收，普加旌擢。伏望皇上既行大赏于朝，复沛覃恩于下，庶示激奖，以劝后功。

臣以凡庸，兼复多病，缪膺地方之责，属征调四出，不能身亲督战。然赖总督诸臣先已布授方略，领哨诸将得以遵照奉行，戮力效死，竟收完绩。真所谓碌碌因人成事，虽无共济之功，实切同舟之幸。除先已具本请罪告病乞休外，缘系捷音事理，为此具本题知。

辞免升荫乞以原职致仕疏十三年六月十八日

臣于六月初六日准兵部咨，为捷音事，该臣题，该本部覆题："节该奉圣旨：王守仁升右副都御史，荫子一人做锦衣卫，世袭百户，写敕奖励。钦此。"钦遵。臣闻命惊惶，莫知攸措，感极而惧，若坠冰渊。切念臣以章句腐儒，过蒙朝廷涤瑕掩垢，收录于摈弃之余，既又求长于短，拔之闲散之中，授以巡抚之寄。其时，臣以抱病在告，两疏乞休，偶值前官有托疾避难之嫌，该部论奏之义甚严，朝廷督责之旨又切，遂不遑他计，狼狈就途。莅事之后，兵耗财匮，盗炽民穷，缩手四顾，莫措一筹。朝廷悯念地方之颠危，虑臣才微力弱，必致倾偾，谓其责任之不专，无以连属人心；赏罚之不重，无以作兴士气；号令之不肃，无以督调远近。于是该部议假臣以赏罚，朝廷从而假之以赏罚；议给臣以旗牌，朝廷从而给之以旗牌；议改臣以提督之任，朝廷从而改之以提督之任；授之方略而不拘以制，责其成功而不限以时。由是臣以赏罚之柄，而激励三军之气；以旗牌之重，而号召远近之兵；以提督之权，而纪纲八府一州之官吏；伸缩如志，举动自由。于是兵威渐振，贼气先夺，成军而出，一鼓而破横水，再鼓而灭桶冈。全师克捷，振旅复举，又一鼓而破三浰，再鼓而下九连。皆役不再借，兵无挫刃。分巡官属，赍执旗牌，以麾督两广夹剿之师，亦莫不畏威用命，咸奏成功。由是言之，其始捉臣之米位事者，该部之议，朝廷之断也；旗牌之能号召者，该部之议，朝廷之断也；提督之能纪纲者，该部之议，朝廷之断也；方略之所分布，举动之得展舒者，该部之议，朝廷之断也。臣亦何功之有，而敢冒承其赏乎？譬之驽骀之马而得良御，齐辑乎辔衔之际，而缓急乎唇吻之和，内得于人心，外合于马志，故虽驽下，亦能尽日之力而至百里。人见其驽而百里，因谓之能；不知其能至此，皆御马者驱策之力。不然，将数里而踣，或十数里而止矣。马之疲劳，或诚有之，而遂以归功于马，其可乎？况臣驱逐之余，疾病交作，手足麻痹，渐成废人。前在贼巢，已尝具本请罪，告病乞休。日夜伏候允报，庶几生还畎亩。乃今求退而获进，请咎而蒙赏，虽臣贪冒垂涎，忍耻苟得，其如朝廷赏功之典何！伏望皇上推原功之所始，无使赏有滥及，收回成命。臣苟有微劳，不加罪戮，容令仍以原职致仕，延余喘于田野。如此，则上无滥恩，下无奸赏；宣力受任者，得免于覆悚之诛；量能度分者，获遂其知止之愿。臣无任感恩惧罪，恳切祈望之至！

再议崇义县治疏 十三年十月十一日

据江西按察司分巡岭北道兵备副使杨璋呈："奉臣案验，准户部咨，覆题建立县治，以期久安事。卷查先该本道议横水地方应行事宜，开列条款，备呈提督军门，议委南康县县丞舒富，将大庾，南康、上犹三县机快，各点集三百名，分作三班，专委本官统领，来往巡视。如有余党复集，即便擒拿。有功一体转达升赏。及于三县起人夫各一百名，分作三班，就委本官不妨往来巡逻，兼督采办木植，烧造砖瓦等役。俱经备行本官，将开去事宜查照施行外，随奉提督军门批：'据县丞舒富呈称，依奉前去横水建立县治处所，将县治公廨，儒学殿庑堂斋，布按分司及府馆、旌善、申明等亭，仓厫、牢狱、养济、仓场等房，并城中街道，带同地理阴阳曾成伦等，定立向止，分处停当，已经画图贴说呈报外，合用木植，督令义官李玉玺前去地名左溪、关田等处采运。随拘各项木作，于正德十三年四月初六日起手兴工。即今先将县治并儒学起造将完，各分司等衙门料物皆备，亦皆陆续起造。但砖瓦灰泥等匠工食，应该估计，不若包工论价，庶使工程易完。已经督同备估，共该银一千零七十一两七钱九分四厘。请给钱粮支用。'等因，批行本道，再与详审。看得所呈修理次第，已是停当；所议包工论价，亦为有见。合行赣州府将大征支剩银两照数支给应用。及照衙门既已建立，必须城池保障，合无仍行通行计处城墙周围高阔丈尺、工食，或先筑土城，待后包砌，或应一时兼举，就行本官会同各县掌印官，查照里分粮数多寡，均派修筑，与夫城门城楼之费，一并估修。已经备由通行呈奉抚按衙门依拟施行，俱行赣州府照数查发，及行县丞舒富遵照支散估修外，续据县丞舒富呈称：'量计新县城墙，周围五百丈，即今新筑土城，高一丈七尺，面阔七尺五寸，脚阔一丈。若令三县里甲自行修筑，不无延捱，必须雇请泰和县上工数百，先筑土城。自七月十一日起工，扣至八月终，土城可以通完。然后用砖包砌，庶得坚久。其三县征收工价解给，庶得实用。并将城门、城楼、城墙筑砌砖石工食，共计估该银八千四十五两六钱七分二厘，备由开呈。'等因。奉批：'仰分巡道再加议看施行。'查得大庾等县，共计仅五十二里，而估计银两颇多，疲弊之民，诚所不堪。及照大征变卖贼属牛马赃银二千六百七十一两四钱九分，及本道问过赃罚纸米价银一千余两，见在合查商税银辏补三百七十四两八分二厘，共四千四十五两六钱之数，先行给发，止余四千两。查将三县丁粮通融分派，责委公正官员征收监督，禁革侵渔骚扰等因，备由呈奉提督军门，批：'役三县而建横水，似亦动众劳民；建横水而屏三县，实乃一劳永逸。但当疲困之余，务以节省为贵。议并县最合事宜，非独民减科扰，抑且财获实用。仰悉照议施行。仍行各县，痛禁里胥，不得侵渔骚扰。晓谕居民，各宜乐事劝工，毋忘既往之患，共为久安之图。'呈缴依奉遵照查支分派修理去后，今照前项县治、学校、分司、各该衙门，盖造将完，而土城扣至八月终亦可完，官民住坐，可保无虞。烧砖包砌，计亦不难。其街道市廛，俱有次第，商贾往来，渐将贸易。缘县名未立，官员未除，所辖里分之民心，罔知趋向；所安新民之版籍，尚未归着。及照县治既建，凡百草创，为县官者，若非熟知地方与凡捕盗安民之术，民情土俗之宜，皆能洞晓，举而用之，鲜不败事。随会同江西布政司分守岭北道左参政吴大有，议得县丞舒富，先因前贼攻围该县，戮力拒贼，得以保全；后因大征领哨，获功居多，贼首谢志山独为所获；续委巡视三县，招安新民六百余名，帖然安堵；复委督修前项县治衙门城池，半年俱各就绪；今委署掌上犹县事，百废俱兴。及访本官存心刚直，行事公平，历官已及四年，未有公私过犯。虽未出身学校，经义亦能通晓。合无念新县草创之功，百务鼎新之始，转达具奏，升以新知县职事。然而升授正官，或于事例有碍，合无量授府州佐二之职，令其署掌新县县事。候数年后地方安妥，另行改选，庶官得其人，事得其理，而地方可得无虞。"等因，据呈到臣。

卷查先据副使杨璋、参议黄宏会呈："上犹等县群贼猖獗为害，幸蒙提督军门躬督诸军荡平巢穴，三县之民欢欣鼓舞，如获更生。但恐大兵撤后，余党未免啸聚，要于横水等处建立县治，并巡司等衙门，以绝后患。实为久安长治之策。"等因。已经批仰该道重覆查勘无异，会同江西巡抚都御史孙燧、巡按江西监察御史屠侨，处议明白，各具本奏请定夺去后，随准户部咨，该本部覆题："看得添设县治，既该府按官员会议，相应依拟，合咨提督南、赣、汀、漳军务左金都御史王守仁同抚按官会委该道守巡官，选委府县佐二能干官员，先将添设县治合用一应材木砖瓦等物料先为措置收买，并顾觅人夫工匠价银逐一估计辏处，就便兴修，务使工日就而民力不劳，物咸备而财用不乏。候城池、公宇、县治、学校、仓廒、街道、民居、吏舍等项，粗有规制，另为会奏，以凭上请定拟县名，及咨吏、礼二部选官铸印施行。"等因，具题："奉圣旨：是。钦此。"及准兵部覆题："议得勘乱于已发，固为有功；弭乱于未然，尤为有见。今都御史王守仁与巡抚、巡按及守巡官深谋远虑，议建县治、巡司，以控制无统之民，事体民情，俱各顺当。及先编金隘夫，委官守把，事在必行，不可犹豫。合无本部将开设县治一节移咨户部，奏请定立县名，速行遵守。仍依所奏，添设长龙、铅厂二巡检司，及将过步巡检司行移吏、礼二部，选调官员，铸换印信、条记，并行江西布政司查拨吏役，编金弓兵。中间一应事宜，悉听都御史王守仁会同巡抚都御史孙燧查照原拟，从宜处置，务在事体稳当，贼害绝除，期副委任。"等因，具题："奉圣旨：是。钦此。"钦遵。备行守巡该道一体钦遵施行。仍呈抚按衙门知会外，今呈前因。臣会同巡抚江西等处地方都察院右副都御史孙燧、巡按江西监察御史屠侨，议照该道所呈前项县治、学校、分司等衙门，盖造不日通完，而城池砌筑，亦已将备。惟称新县草创之初，百务鼎新，必须熟知民情土俗之宜者以为县官。及会访县丞舒富才力堪任，乞要量升府州佐二之职，令其署掌新县一节，实亦酌量时宜，保土安民之意。伏望皇上悯念远土凋敝之余，小邑草创之始，乞敕该部俯采会议原由，再加审察，将县丞舒富量为升职，管理新县；或别行咨访谙晓夷情，熟知土俗，刚果有为者，前来开创整理。庶几疮痍之民可以渐起，而反覆之地得以永宁矣。

再议平和县治疏 十三年十月十五日

据福建布政司呈称："漳州府知府钟湘关称，正德十二年四月撤兵之时，蒙福建参政陈策、副使唐泽批，据南靖县儒学生员张浩然等，及据本县清宁、河头社义民乡老曾敦五、林大俊等各呈，要于河头地方添设县治，以控制贼巢；建立学校，以易风俗；改移小溪巡检司，以防御缓急。行仰本职踏勘。随即呈蒙漳南道兵备佥事胡琏督同本职并南靖县知县施祥等踏勘，河头大洋陂一处，堪设县治，枋头板一处，堪设巡抚司；委果人心乐从，一劳永逸。议将南靖县清河、宁里二图，新安里三图，漳浦县二都二图、三都十图，计一十二图，十班人户，查揭册籍，割属新设县治管摄。其南靖县止有一十八图，应当里役，邑小事繁，办纳不前。又查龙溪县原有一百五十二图，内有二十一都并二十五图地方，与南靖密迩，相应拨补管辖，截长补短，里甲便于应当，钱粮易于催办，事颇相应。转呈镇巡抚按等衙门，各具本题奉钦依，准于前项地方添设县治。及改移巡司衙门。其县名并该设官吏印信，令行布政司径自奏请，给赐铨拨铸降。合用木石灰瓦等料，先尽本府并所属县分在库赃罚银两支给买办。若有不敷，从宜处置，不许动支军饷钱粮及科取小民等因。随即呈委南靖县知县施祥、漳平县知县徐凤岐，董工兴作。于正德十二年十二月初九日，本职督同各官亲到河头，告祀社土，伐木兴工。至次年五月内，据知县徐凤岐呈报，外筑城堞俱已完备，惟表城因风雨阻滞，期在九月工完。及据知县施祥呈报，县堂、衙宇、幕厅、仪门、六房，及明伦堂俱各坚完，惟殿庑、分司、府馆、仓库、城隍、社稷坛，亦因风雨阻滞，次第修举，期在仲冬工完。又据南靖县县丞余道呈称，带同木石匠陈恩钦等，前到漳汀枋头板地方丈量土城，周围一百一十丈，顾募乡夫春筑完固，给发官银，砍办木植，督造巡司公馆、前厅各一座，仪门一座，鼓楼一座，后堂各一座，各盖完备。惟土城公馆、巡司厢房欠瓦，暂将茅覆，候秋成农隙修举等因。随于正德十三年三月初六日，行令小溪巡检郭森前去到任，前去地方。今据各委官员呈报，功已垂成，势不容缓。照得县名须因土俗，本职奉委亲历诸巢，询知南靖县河头等乡，俱属平河社，以此议名平和县。及割南靖县清宁里七图、新安里五图，共计粮三千九百九石六斗七升四合七勺五抄，计一十二里，合为裁减县分，一知一典治之。原议漳浦县二都二图、三都十图，地方隔远，民不乐从，今议不必分割。再照新县所属多系新民，须得廉能官员，庶几开新创始，事不烦而民不扰。其学校教官，合无止选一员署印，先行提学道，将清宁、新安二里见在府县儒学生员，就便拨补廪增之数。其有不足，于府县学年深增附内，量拨充补。又或不足，于新民之家选取俊秀子弟入学，使其改心易虑，用图自新。及照南靖县，邑小事繁，分割一十二里，添设新县，办纳愈见不堪。合无亦作裁减县分，以一知一典治之。又查得龙溪县一百五十二图内，将二十一都七图、二十五都五图，共计一十二图，计粮一千六百八十一石七斗七升三合八勺三抄，拔辖南靖县，抵纳粮科。又照南靖小溪巡检司既已改立漳汀，合改漳汀巡检司印信，奏请改铸。并新县儒学、医、阴阳等衙门，俱例该铸印信。缘由备申到司。"转呈到臣。

卷查先据福建漳南道兵备佥事胡琏呈，前事已经查勘无异，具由奏请定夺去后。续据该道呈，备知府钟湘呈，将分割南靖等县都图随近新设县治管摄，以办粮差。并估计过城垣、城楼、窝铺等项工料银两数目。及查府库各项官银，实有一万余两，堪以支用，要行委官择日兴工筑砌。缘由备呈到臣。

看得开设县治，既以事体相应，已行具奏，及令该府一面俯顺民情，动支银两兴工外，其间分割都图、议估工价一应事务，军门路远，难以遥断。皆须该道及该府亲民各官自行查勘的确，果已宜于民情，便于事体，无他私弊，即便就行定议，以次举行。候奏准命下之日，应奏闻者。若更繁文往复，徒尔迟误日月，无益于事。又经批仰着实干理，仍行镇守巡按衙门知会间，随准户部覆题："内开前项情节，即该本官勘处停当，具奏前来，相应依拟。合无本部仍行左佥都御史王守仁，再查无异，准于前项地方添设县治，及改移巡检司衙门。"等因，具题："奉圣旨：是。这添设县治事宜，各依拟行。钦此。"钦遵。备咨前来，节经行仰福建布政司及分巡漳南道转行该府，一体钦依施行去后。今据前因，参看得所呈新设县治，既已议名平和，小溪巡检司改名漳汀巡检司，及学校例该一正二副，今称草创之初，止乞选官一员掌管，并拨补廪增生员等项，俱于事体相应。除行该司径自具奏外，为照南靖县原系全设衙门，今既分割都图，添补新县，委系邑小费繁，似应裁减；止用一知一典，已足敷治。又龙溪县一百五十二图，将二十一都七图、二十五都五图，共计一十二图拨辖南靖，抵纳粮差，揆于事体，颇亦均平。伏望皇上俯顺下情，乞敕该部议处裁拨，庶几量地制邑，得繁简之宜。而兴事任功，从远近之便。缘系裁减官员及拨都图事理，为此具本请旨。

再请疏通盐法疏 十三年十月二十二日

据江西按察司分巡岭北道兵备副使杨璋呈："备赣州府呈：'蒙备仰本府即将正德十二年正月起，至九月终止，抽过税银及上犹、龙川两次用兵支过军饷，并今剩余银两查报等因。依蒙查得正德十一年十二月终止，旧管银三千五百七十四两三钱一厘二丝一忽九微；并新收正德十二年正月起至正德十三年九月终止，共抽过商税银一万六千七百八十八两五钱八分七厘七毫五丝；两次用兵共用过银四万七千二百八十七两二钱二分八厘四毫三丝八忽六微，米九千九百四十九石五斗六升九合四勺四抄，谷五百三十九石四斗；内除提督南、赣、汀、漳等处军务都察院左佥都御史王守仁查发纸米价银八十九两六钱，巡抚江西等处地方都察院右副都御史孙燧查发纸米价银二千两，本道查发纸米价银七千八百二十两二钱七分八厘六毫，南、赣二府查出在库赃罚缺官柴薪等项银一万九千五十九两四分六厘六毫八忽三微外，实支用过商税银一万八千三百一十八两三钱三厘三毫三丝三微。见今余剩银二千四十四两五钱八分五厘七毫五丝一忽六微。'等因，开报到道。案查先为比例请官专管抽分以杜奸弊事，准户部咨，该巡抚右副都御史周南题：'备仰本道照奉钦依事理，即将所收商税再行参酌，从轻定议则例，仍严加稽考，务使税课所入，随多寡以为数，而不以多取为能。其广东盐课，许于南、赣二府发卖，不许再行抽税。袁、临、吉三府不系旧例行盐地方，不许到彼发卖。所抽分商税，除军饷听巡抚都御史动支外，其余不许擅动。年终差人解部，辖支光禄寺赊欠铺行厨料果品支用，以省加派小民。仍将再议过缘由，呈报施行。'等因。行据赣州府呈称：'依奉将贡水该抽诸货从轻定拟则例，及开称广东盐引，不许放过袁、临、吉三府发卖。'等因，备呈本院，详允出给禁约。及将余剩银二千九百六十七两一钱八分二厘二毫三丝一忽九微，行令起解间，随据该府呈，奉巡抚江西等处地方都察院右副都御史陈金批：'看得该府连年用兵之费，所积不多，近又定拟除减，所入亦少。况地方盗贼不时窃发，别无堪动钱粮，将余剩税银暂且存留在库，以备军饷。'等因。已该前兵备副使陈良珊，将自正德六年十一月二十七日立厂抽分起至，正德十二年终止，造册，差舍人王鼎，续该本职将正德十一年正月起，至本年十二月终止，造册，差舍人屠贤，各奏缴讫。本年九月二十六日，抄奉提督军门案验：'准户部咨，备行本道，照奉钦依事理，将广东官盐暂许袁、临、吉三府发卖，自今为始，至正德十三年终止。仍将先次未解，并今次抽税过银两、支用过数目缘由，造册径自奏缴，及造清册赍送该部并本院查考。'除遵奉外，查得正德十三年将终，及上犹、龙川两处征剿事毕，所据商税收支，应该造册解缴。备行该府查报去后，今据前因，查得南、赣地方两次用兵，中间商税实为军饷少助。然而商税之中，盐税实有三分之二。为照南、赣二府与广东翁源等县壤地接连，近该两广具奏，征剿前贼，乘虚越境，难保必无。见今府库空虚，民穷财尽，将来粮饷绝无仰给。况此盐利一止，私贩复生，虽有禁约，势所难遏。与其利归于奸人，孰若有助于军国！合无转达将前项盐税着为定例，许于袁、临、吉三府地方发卖；照旧抽税，以供军饷；每年终依期造报，余剩之数，解部转发光禄寺支用，以省加派小民。如此，则奸弊可革，军饷有赖，光禄寺供用亦得少资，诚所谓一举而数得矣。呈乞照详转达。"等因，具呈到臣。

查得接管卷内，先为处置盐铁以充军饷事，江西布政司呈，奉总制江西左都御史陈金批："查得广西、岭北二道滩石险恶，淮盐不到，商人往往私贩广盐，射利肥己。先蒙总督衙门奏准，广盐许行南、赣二府发卖，仰令南雄照引追纳米价，类解梧州军门，官商两便，军饷充足。当时止是奏行南、赣，不曾开载袁、临、吉三府，合无遵照敕谕，便宜处置，暂将广盐许下三府发卖，立厂盘掣，以助军饷。"随该布政司管官刘果等议称："委果于事有益，于法无碍，具呈详允，批行遵照立厂抽税。"等因。续该户部覆议，内开"广东盐课，许令南、赣二府发卖，不许到于袁、临、吉三府，备行禁革"外，正德十二年正月十五日，臣抚临赣州，随据副使杨璋呈称："奏调三省官兵夹剿上犹等巢，粮饷所费，约用数万石，若不早行计处，必致有误军机。查得前项盐法，准行南、赣二府贩卖，果系一时权宜，不系洪武年间旧例。合无查照先年便宜事例，行令前商，许令袁、临、吉三府贩卖。所收银两，少备军饷，候事少宁，另行具题禁止。"等因，呈详到臣。看得即今调兵夹剿，粮饷缺乏，遵照敕谕径自区画事理，批行该道暂且照议施行，候平定之日照旧停止。具题去后，随准户部覆议："将广东官盐暂于袁、临、吉三府发卖，至正德十三年终止。行该道官照前抽分，将税课供给军饷，不许多取妄用，至期照旧停止。"等因，具题："奉圣旨：是。钦此。"钦遵。已经转行该道一体钦遵去后。

今呈前因，为照袁、吉等地方，溪流湍悍，滩石峻险。淮盐逆水而上，动经旬月之久；广盐顺流而下，不过信宿之程。故民苦淮盐之难，而惟以广盐为便。自顷奉例停止，官府但有禁革之名，其实私盐无日不行。何者？因地势之便，从民心之欲，非但不能禁之于私，每遇水发，商舟动以百数，公然蔽河而下，如发机之弩。官府逻卒，寡不敌众，袖手岸傍，立视其过，孰得而沮遏之！故广盐行则商税集，而用资于军饷，赋省于贫民；广盐止则私贩兴，而弊滋于奸宄，利归于豪右，此近事之既验者。今南、赣盗贼，虽已仰仗天威，克平巢穴，然漏殄残党，难保必无。且地连三省，千数百里之内，连峰参天，深林蔽日；其间已招之新民，尚怀反覆；未平之贼垒，多相勾联，乘间窥窃，不时而有。方图保戍之策，未有撤兵之期。况后山、从化等处，见在调兵征剿，臣亦缪承方略之命，师行粮食，势所必然。今府库空虚，民穷财尽，若盐税一革，军饷之费，苟非科取于贫民，必须仰给于内帑。夫民已贫而敛不休，是驱之从盗也，外已竭而殚其内，是复残其本也。矧内帑之发，非徒缓不及事，抑恐力有未敷。臣切以为宜开复广盐，着为定例；籍其税课，以预备军饷不时之急；积其羡余，以少助内府缺乏之需；实夹公私两便，内外兼资。夫聚敛以为功，臣之所素耻也；掊克以招怨，臣之所不忍也。况臣废疾日深，决于求退，已可苟避地方之责，但其事势，不得不然。若已毕而复举，是遗后人以所难，而于职守为不忠矣。愿皇上悯地方之疮痍，哀民贫之已甚，虑军资之乏绝，察臣心之无他，特敕该部俯采所议，酌量裁处，早赐施行，则地方幸甚！

升荫谢恩疏 十四年正月初二日

正德十三年六月初六日，准兵部咨："为捷音事，该臣题，该本部覆题：'节该奉圣旨：王守仁升右副都御史，荫子一人做锦衣卫，世袭百户，写敕奖励。钦此。'备咨钦遵。"臣窃自念功微赏重，深惧冒滥之诛，已于本月十八日具本乞恩，辞免升荫，容照原职致仕。复蒙圣旨："王守仁才望素著，屡次剿贼成功，升官荫子，宜勉遵成命，不准休致。该部知道。钦此。"备咨钦遵。臣闻命自天，局身无地。窃惟因劳而进秩者，朝廷赏功之典；量能而受禄者，人臣自守之节。故功宜惟重。虽圣帝之宽仁，而食浮于行，尤君子所深耻。陛下之赐，行其赏功之典也，臣之不敢当者，亦惟伸其自守之节而已。军志有之："该罚而请，不罚者有诛；该赏而请，不赏者有诛。"古之人君执其赏罚，坚如金石，信如四时，是以令之所播如轰霆，兵之所加无坚敌，而功之所成无愆期。今日之事，兵事也。汉臣赵充国云："兵事，当为后法。"臣诚自知贪冒之耻，然亦安敢狥一己之小节，以乱陛下之军政乎！但荫子实非常典，私心终有所未安。黾勉受命，忧惭交集。自恨疾病之已缠，深惧图报之无日。感激洪恩，莫知攸措。除别行具本请罪乞休外，为此具本称谢！

乞放归田里疏 十四年正月十四日

正德十三年十月初二日，准吏部咨："该臣奏为久病待罪，乞恩休致事。奉圣旨：'王守仁帅师讨贼，贤劳懋著，偶有微疾，着善调理，以副委任。所辞不允。该部知道。钦此。'备咨钦遵。"又于本年十二月二十九日，准吏部咨："该臣奏为乞恩辞免升荫容照原职致仕事。奉圣旨：'王守仁才望素著，累次剿贼成功，升官荫子，宜勉遵成命，不准休致。该部知道。钦此。'备咨钦遵。"除已具本谢恩外，窃惟圣主之任官也，因才而器使，不强人以其所不能，是以上无废令，而下无弃才；人臣之受职也，量力而成事，不强图其所不任，是以言有可底之绩，而身无鳏旷之诛。历考往昔，盖未有不如此而可以免于愆谴者也。臣以狂愚，收录摈废，缪蒙推拔，授寄军旅。当时极知叨非其分，不敢冒膺，辞避未伸，而迫于公议，仓卒就道。既已抵任，则复黾勉从事，私计迂怯，终将偾败。遭际圣明，德威震赫；扶病策驽，仰遵成算，不意偶能集事。苟免颠覆，实皆出于意料之外。然此侥幸之事，岂可恃以为常者哉？庙堂之上，不暇深察，其所以增其禄秩，将遂举而委之。人苦不自知耳。臣之自量，则既审且熟，深惧戮亡之无日也。譬之懦夫，驾破败之舟以涉险，偶遇顺风安流，幸而获济。舟中之人既已狼狈失措，而岸傍观者尚未之知，以为是或有能焉，且将使之积重载，冲冒风涛而试洪河大江之中，几何其不沦溺也已！

今四方多故，銮舆远出，大小臣工，惶惶旦暮。臣虽鄙劣，竭忠效命，以死国事，亦其素所刻心。安忍托故，苟求退遁！顾力纤负巨，如以蒿支栋，据非其任，遂使殒身，徒以败事，亦何益矣！且臣比年以来，百病交攻；近因驱驰贼垒，瘴毒侵陵，呕吐潮热，肌骨羸削；或时昏眩，偃几仆地，竟日不惺，手足麻痹，已成废人；又以百岁祖母，卧病床褥，切思一念为诀。悲苦积郁，神志耗眊，视听恍惚，隔宿之事，不复记忆。以是求延旦夕之生，亦已难矣，而况使之当职承务，从征讨之后，其将能乎！夫豢畜牛羊，细事耳，亦且求良牧而付之，况于军务重任，生灵休戚之所关，乃以疾废瞆眊之人，覆败之戮，臣无足论，其如陛下一方之寄何！伏愿陛下念四省关系之大，不可委于匪人；察病废枯朽之才，不宜付以重任。怜桑榆之短景，而使得少遂其乌鸟之私；录犬马之微劳，而使得苟延其蝼蚁之息。别选贤能，委以兹任。放臣暂归田里，就医调治。倘存余喘，尚有报国之日。臣不胜感恩待罪恳切哀望之至！

卷十二 别录四

奏疏四

飞报宁王谋反疏十四年六月十九日

正德十四年六月初五日，节该钦奉敕："福州三卫军人进贵等胁众谋反，特命尔暂去彼处地方会同查议处置，参奏定夺，钦此。"钦遵，臣于本月初九日，自赣州启行，至本月十五日行至丰城县，地名黄土脑。据该县知县等官顾佖等禀称，本月十四日宁府称乱，将孙都御史、许副使并都司等官杀死；巡按及三司、府、县大小官员不从者俱被执缚，不知存亡；各衙门印信尽数收去，库藏搬抢一空；见监重囚俱行释放；舟楫蔽江而下，声言直取南京，一面分兵北上。各官皆来沮臣不宜轻进。其时臣尚未信，然逃乱之民果已四散奔溃，人情汹汹，臣亦自顾单旅危途，势难复进。方尔回程，随有兵卒千余已夹江并进，前来追臣。偶遇北风大作，臣亦张疑设计，整舟安行；兵不敢逼，幸而获免。

本月十八日，回至吉安府，据知府伍文定等禀称，地方无主，乞留暂回区画。远近军民亦皆遮拥呼号。随据临江府并新淦、丰城、奉新等县各差人飞报，宁府遣兵四出攻掠，拘收印信，及拿掌印官员，调取兵快，水兑粮船尽被驱胁而去等因。臣奉前旨，欲遂径往福建。但天下之事莫急于君父之难，若彼顺流东下，万一南都失备，为彼所袭，彼将乘胜北趋，旬月之间，必且动摇京辅。如此，则胜负之算未有所归，此诚天下安危之大机。虑念及此，痛心寒骨，义不忍舍之而去。故遂入城抚慰军民，督同知府等官伍文定等调集兵粮，号召义勇。又约会致仕乡官右副都御史王懋中、养病评事罗侨等，与之定谋设策，收合涣散之心，作起忠义之气；相机乘间，务为蹑后之图，共成犄角之势，牵其举动，而使进不得前，捣其巢穴，而使退无所据。日望天兵之速至，庶解东南之倒悬。伏望皇上省愆咎己，命将出师。因难兴邦，未必非此。

臣以弱劣多病，屡疏乞休，况此地方之责，本亦非臣之任。今兹扶病赴闽，实亦意图便道归省。临发之前，已具哀恳。赍奏之人去才数日，适当君父之急，不忍失此事机，姑复暂留，期纾国难。候区画少定，各官略可展布，朝廷命师一临，亦遂遵照前旨，入闽了事，就彼归看父疾。进不避嫌，退不避罪，惟民是保，而利于主，臣之心也。直行其报国之诚而忘其缓命之罪，求伸其哀痛之情而甘冒弃职之诛，臣之罪也。

窃照都御史王懋中、评事罗侨，忠义自许，才识练达；知府伍文定，果捷能断，忠勇有谋。累立战功，皆抑而不赏。久淹外郡，实屈而未伸。今江西阖省见无一官，若待他求，缓无所及；乞遂将各官授以紧要职任，庶可责之拯溺救焚，其余若裁革兵备副使罗循，养病副使罗钦德，郎中曾直，御史周鲁，同知郭祥鹏，省亲进士郭持平，驿丞李中、王思等，虽皆本土之人，咸秉忠贞之节，况亦见在同事，当多难之日，事宜从权，庶克有济。

再照宁府逆谋既著，彼若北趋不遂，必将还取两浙，南扰湖、湘，窥留都以断南北，收闽、广以益军资。若不即为控制，急遣重兵，必将噬脐无及。

又照抚州府知府陈槐，临江府知府戴德孺，赣州府知府邢珣，袁州府知府徐琏，宁都县知县王天与，丰城县知县顾佖，新淦县知县李美，奉新县知县刘守绪，泰和县知县李楫，南安府同知朱宪，赣州府同知夏克义，龙泉县知县陈允谐，及阖省各官今见在者，乞敕吏部就于其中推补本省方面知府兵备等官，庶可速令供职。其有城守之责者，亦各量升职衔，重其权势，使可展布。

又照南、赣军饷，惟资盐商诸税。近因户部奏革，顾募之兵无所仰给，悉已散遣。今未两月，即遇此变，复欲召募，将倚何资？辄复遵依敕旨，便宜事理，仍旧举行。然亦缓不及济，必须先于两广积储军饷数内量借一十余万，庶儿军众可集，地方有赖，国难可平。

缘系飞报地方谋反重情事理，为此具本专差舍人来仪亲赍，谨题请旨。

再报谋反疏十四年六月二十一日

节该钦奉敕福州三卫云云，缘系飞报地方谋反重情事理，为此具本，先于本月十九日专差舍人来仪奏报外；但叛党方盛，恐中途为所拦截，合再具本专差舍人任光亲赍，谨题请旨。

乞便道省葬疏 十四年六月二十一日

臣以父老祖丧，屡疏乞休，未蒙怜准。近者奉命扶疾赴闽，意图了事，即从此地冒罪逃归。旬日之前，亦已具奏。不意行至中途，遭值宁府反叛。此系国家大变，臣子之义不容舍之而去。又阖省抚巡方面等官，无一人见在者。天下事机间不容发，故复忍死暂留于此，为牵制攻讨之图。俟命师之至，即从初心，死无所避。

臣思祖母自幼鞠育之恩，不及一面为诀，每一号恸，割裂昏殒，日加尪瘠，仅存残喘。母丧权厝祖墓之侧，今葬祖母，亦欲因此改葬。臣父衰老日甚，近因祖丧，哭泣过节，见亦病卧苦庐。臣今扶病，驱驰兵革，往来于广信、南昌之间。广信去家不数日，欲从其地不时乘间抵家一哭，略为经画葬事，一省父病。

臣区区报国血诚上通于天，不辞灭宗之祸，不避形迹之嫌，冒非其任以勤国难，亦望朝廷鉴臣之心，不以法例绳缚，使臣得少伸乌鸟之痛。臣之感恩，死且图报。抢攘哀控，不知所云。

缘系恳乞天恩便道省葬事理，为此具本奏闻。

奏闻宸濠伪造檄榜疏 十四年七月初五日

正德十四年七月初一日，据吉安府知府伍文定申准领哨通判杨昉，千户萧英，在于墨潭地方捉获宁府赍檄榜官赵承芳等二十员名解送到臣。看得檄榜妄言惑众，讥讪主上，当即毁裂。又以事合闻奏，随即固封以进，审据赵承芳供系南昌府学教授。

六月十三日宁府生日，次日各官谢宴，突起反谋，杀死孙都御史、许副使，囚死黄参议、马主事，其余大小职官胁从不遂者俱被监禁，追夺印信，放囚劫库，邀截兑米，分遣通寇四散摽掠。声言要取南京，就往北京。十六日亲出城外迎取安福县举人刘养正，十七日迎取致仕都御史李士实，该入府内，号称军师、太师名目。二十一日将原禁各官放回各司，差人看守。二十二日令承芳并参政季敩代赍伪檄榜文，赴丰城、吉安、赣州、南安并王都御史及广东、南雄等处，俱各不写正德年号，止称大明己卯岁。比承芳等不合怕死及因妻子被拘，旗校管押，只得依听，赍至墨池地方。蒙本院防哨官兵将承芳等拿获。

随审季敩，供系先任南安府知府，近升广西参政，装带家小由水路赴任，行至省城，适遇宁王生日，传令庆贺。次日随众谢宴，变起仓卒，俱被监禁。比敩自分死国，因妻女在船，写书令妻要死夫、女俱死母。后因看守愈严，求死不遂。至二十一日放回本船，懵死良久方苏。二十二日，又将妻女拘执，急呼敩进府，将前伪檄榜差旗校十二人督押敩与承芳代赍。敩计欲投赴军门，脱身报效，不期官兵执送前来等因。

案照先为飞报地方谋反重情事，已经二次差人具奏去后，今审据前因，参照宁王不守藩服，敢此称乱，睥睨神器，指斥乘舆，擅杀大臣，放囚劫库，稔不逭之罪，犯无将之诛。致仕都御史李士实恩遇四朝，实托心膂，举人刘养正旧假恬退之名，新叨录用之典，今皆反面事仇，为之出谋发虑，既同狗彘之行，难道逭斧钺之诛。参政季敩，教授赵承芳，义未决于舍生，令已承于捧檄，但暴虐之威恐动于中，鹰犬之徒钤制于外，在法固所当罪，据情亦有可悯。除将赵承芳、季敩监禁，一面檄召兵民，随机应变，竭力讨贼，一应事宜，陆续奏闻处置外。

臣闻多难兴邦，殷忧启圣。陛下在位一十四年，屡经变难，民心骚动。尚尔巡游不已，致宗室谋动干戈，冀窃大宝。且今天下之觊觎，岂特一宁王；天下之奸雄，岂特在宗室。言念及此，懔骨寒心。昔汉武帝有轮台之悔，而天下向治；唐德宗下奉天之诏，而士民感泣。伏望皇上痛自刻责，易辙改弦，罢出奸谀以回天下豪杰之心，绝迹巡游以杜天下奸雄之望，定立国本，励精求治，则太平尚有可图，群臣不胜幸甚。为此具本，并将伪檄一纸封固，专差舍人秦沛亲赍，谨题请旨。

留用官员疏 十四年七月初五日

照得江西宁府谋反，据城练兵，分兵攻劫，囚禁方面官员，有操戈向阙之势。此君父之大难，臣子愤心之日也。臣在吉安地方调兵讨贼，四路阻绝，并无堪用官员。适遇钦差两广清军御史谢源，刷卷御史伍希儒各赴京复命，道经该府，不能前进。各官奋激，思效力讨贼以报朝廷，臣亦思军务紧急，各官俱有印敕，方便行事，遂留军前，同心戮力，经济大难。待事宁之日，赴京复命。缘系留用官员事理，未敢擅便，为此具本请旨。

江西捷音疏 十四年七月三十日

照得先因宁王图危宗社，兴兵作乱，已经具奏，请兵征剿外。随看得宁王阴谋不轨，已将十年，畜养死士二万余人，招诱四方盗贼渠魁亦以万数。举事之日，复驱其护卫党与并胁从之徒又六七万人，虐焰张炽。臣以百数疲弱之卒，势不敢轻举骤进，乃退保吉安。姑为牵制之图。

时远近军民劫于宁王之积威，道路以目，莫敢出声。臣一面督率吉安府知府伍文定等调集军民兵快，召募四方报效义勇之士，会计一应解留钱粮，支给粮赏，造作军器战船，奏留公差回任监察御史谢源、伍希儒分职任事。一面约会该府乡官先任右副都御史致仁

青花瓷脉枕

王懋中，养病痊可编修邹守益，刑部郎中曾直，评事罗侨，丁忧监察御史张龟山，先任浙江佥事今赴部调用刘蓝，省亲进士郭持平，军门参谋驿丞王思、李中，先任福建按察使致仕刘逊，先任参政致仕黄绣，先任嘉兴府知府闲住刘昭等，相与激发忠义，譬谕祸福，移檄远近，布朝廷之深仁，暴宁王之罪恶。于是豪杰响应，人始思奋。区画旬日，官兵稍稍四集。

时宁王声言先取南京。臣虑南京尚未有备，恐一时为彼所袭，乃先张疑兵于丰城，示以欲攻之势。故宁王先遣兵出攻南康、九江诸处，而自留居省城以御臣。至是七月初二日，探知臣等兵尚未集，乃留兵万余，属其心腹、宗支、郡王、仪宾、内官并伪授都督、都指挥等官使守江西省城，而自引兵向阙。

臣昼夜促各郡兵期以本月十五日会临江之樟树，而身督知府伍文定等兵径下。于是知府戴德孺引兵自临江来，知府徐琏引兵自袁州来，知府邢珣引兵自赣州来，通判胡尧元、童琦引兵自瑞州来，通判谭储，推官王晔、徐文英，新淦知县李美，泰和知县李楫，宁都知县王天与，万安知县王冕，亦各以其兵来赴。

十八日遂至丰城，分布哨道：使知府伍文定为一哨，攻广润门入；知府邢珣为二哨，攻顺化门入；知府徐琏攻惠民门入；知府戴德孺攻永和门

入：通判胡尧元、童琦攻章江门入；知县李美攻德胜门入；都指挥余恩攻进贤门入；通判谭储、推官王昕、知县李楫、王天与、王冕等各以其兵乘七门之衅，傍夹攻击，以佐其势。是日得谍报宁王伏兵千余于新旧坟厂，以备省城之援。臣乃遣奉新知县刘守绪、典史徐诚领兵四百，从间道夜袭破之，以摇城中。

十九日发市汊。臣乃大誓各军，申布朝廷之威，再暴宁王之恶，约诸将一鼓而附城，再鼓而登，三鼓而不克诛伍，四鼓而不克斩将。已誓，莫不切齿痛心，踊跃激愤。薄暮齐发。二十日黎明，各至信地。

先是城中为备甚严，滚木、灰瓶、火炮、石弩、机毒之械无不毕具。及臣所遣兵已破新旧坟厂，败溃之卒皆奔告城中，城中已惊惧。至是复闻我师四面骤集，皆震骇夺气。我师乘其动摇，呼噪并进，梯絙而登。城中之兵土崩瓦解，皆倒戈退奔。城遂破。擒其居守宜春王拱樤及伪太监万锐等千有余人。宁王宫中眷属闻变，纵火自焚，延及居民房屋。臣当令各官分道救火，抚定居民，散释胁从，封府库，谨关防，搜获原被劫收大小衙门印信九十六颗，三司胁从官布政使胡濂，参政刘斐，参议许效廉，副使唐锦，佥事赖凤，都指挥王玘等，皆自首投罪。除将擒斩功次发御史谢源、伍希儒权令审验纪录，一应事宜，查审明白，陆续具奏；及一面分兵四路，追蹑宁王向往，相机擒剿，另行奏报外。

窃照宁王逆焰熏天，众号一十八万，屠城破郡，远近震慑。今其猖獗已一月有余，而四方赴难之师尚未有一人应者。前项领哨各官及监军御史，本主养病、丁忧、致仕等官，皆从臣起于颠沛危急之际，并心协谋，倡率义勇，陷阵先登，以克破此坚城，据其巢穴。此虽臣子职分当然，亦其激切痛愤之本心。但当此物情暌二动摇之日，非赏罚无以鼓士气。今逆贼杀人如草芥，又挟其厚货，赏赉所及，一人动以千万。伏愿皇上处变从权，速将前项各官量加升赏，以励远近。事势难为之日，覆宗灭族之祸，臣且不避，况敢避邀赏之嫌乎？

　　缘系捷音事理，为此具本，专差千户詹明亲赍，谨具题知。

擒获宸濠捷音疏 十四年七月三十日

　　照得先因宁王图危宗社，兴兵作乱，已经具奏请兵征剿外。随看得宁王虐焰张炽，臣以百数疲弱之卒，未敢轻举骤进，乃退保吉安，姑为牵制之图。时远近军民劫于宁王之积威，道路以目，莫敢出声。臣一面督率吉安府知府伍文定等调集军民兵快，召募四方报效义勇之士，奏留监察御史谢源、伍希儒分职任事，一面约会该府乡官都御史王懋中，编修邹守益，郎中曾直，评事罗侨，监察御史张龟山，佥事刘蓝，进上郭持平，参谋驿丞王思、李中，按察使刘逊，参政黄绣，知府刘昭等，相与激发忠义，移檄远近，布朝廷之深仁，暴宁王之罪恶。于是豪杰响应，人始思奋。时宁王声言先取南京。臣虑南京尚未有备，恐为所袭，乃先张疑兵于丰城，示以欲攻之势。故宁王先遣兵出攻南康、九江，而自留居省城以御臣。至七月初二日，探知臣等兵尚未集，乃留兵万余，使守江西省城，而自引兵向阙。臣昼夜促兵，期以本月十五日会临江之樟树；而身督知府伍文定等兵径下。于是知府戴德孺、徐琏、邢珣，通判胡尧元、童琦、谈储，推官王旸、徐文英，知县李美、李楫、王天与、王冕各以其兵来赴。十八日遂至丰城，分哨道：使知府伍文定等进攻广润等七门。是日得谍报，宁王伏兵千余于新旧坟厂，以援省城。臣乃遣奉新知县刘守绪等从间道夜袭破之，以摇城中。十九日，发市汉，大誓各军，申布朝廷之威，再暴宁王之恶，莫不切齿痛心，踊跃激愤；薄暮出发。二十日黎明，各至信地。先是城中为备甚严，滚木、灰瓶、火炮、机械无不毕具。臣所遣兵已破新旧坟厂，败溃之卒皆奔告城中，城中皆已惊惧。至是复闻我师四面骤集，益震骇夺气。我师乘其动摇，呼噪并进，梯絙而登。城中之兵皆倒戈退奔，城遂破；擒其居首宜春王拱樤及伪太监万锐等千有余人。宁王宫中眷属闻变，纵火自焚，延及居民房屋。臣当令各官分道救火，散释胁从，封府库，谨关防，以抚军民。除将擒斩功次发御史谢源、伍希儒权令审验纪录，及一面分兵四路追蹑宁王向往，相机擒剿，于本月二十二日已经具题外。当于本日据谍报及据安庆逃回被掳船户十余人报称，宁王于十六日攻围安庆未下，自督兵夫运士填堑，期在必克。是日有守城军门官差人来报，赣州王都堂已引兵至丰城，城中军民震骇，乞作急分兵归援。宁王闻之大恐，即欲回舟。因太师李士实等阻劝，以为必须径往南京，既登大宝，则江西自服。宁王不应。次日，遂解安庆之围。移兵泊阮子江，会议先遣兵二万归援江西，宁王亦自后督兵随来等因。

先是臣等驻兵丰城，众议安庆被围，宜引兵直趋安庆。臣以九江、南康皆已为贼所据，而南昌城中数万之众，精悍亦且万余，食货充积，我兵若抵安庆，贼必回军死斗，安庆之兵仅仅自守，必不能援我于湖中，南昌之兵绝我粮道，而九江、南康之贼合势挠蹑，四方之援又不可望，事难图矣。今我师骤集，先声所加，城中必已震慑；因而并力急攻，其势必下。已破南昌，贼先破胆夺气，失其根本，势必归救。如此则安庆之围自解，而宁王亦可以坐擒矣。至是得报，果如臣等所料。

当臣督同领兵知府会集监军及倡义各乡官等官议所以御之之策，众多以宁王兵势众盛，气焰所及有如燎毛。今四方之援尚未有一人至者，彼凭其愤怒，悉众并力而萃于我，势必不支。且宜敛兵入城，坚壁自守，以待四邻之援，然后徐图进止。臣以宁王兵力虽强，军锋虽锐，然其所过，徒恃焚掠屠戮之惨，以威劫远近，未尝逢大敌，与之奇正相角，所以鼓动扇惑其下者，全以进取封爵之利为说。今出未旬月，而辄退归，士心既已摧沮，我若先出锐卒，乘其惰归，要迎掩击，一挫其锋，众将不战自溃，所谓"先人有夺人之气，攻瑕则坚者瑕"也。是日抚州府知府陈槐兵亦至。

于是遣知府伍文定、邢珣、徐琏、戴德孺合领精兵伍百，分道并进，击其不意。又遣都指挥余恩以兵四百往来湖上，以诱致贼兵。知府陈槐，通判胡尧元、童琦、谈储，推官王晖、徐文英，知县李美、李楫、王冕、王轼、刘守绪、刘源清等，使各领兵百余，四面张疑设伏，候伍文定等兵交，然后四起合击。分布既定，臣乃大赈城中军民。虑宗室郡王将军或为内应生变，亲慰谕之，以安其心。又出给告示，凡胁从皆不问，虽尝受贼官爵，能逃归者，皆免死。斩贼徒归降者给赏。使内外居民及乡道人等四路传播，以解散其党。

二十三日，复得谍报，宁王先锋已至樵舍，风帆蔽江，前后数十里，不能计其数。臣乃分督各兵乘夜趋进，使伍文定以正兵当其前，余恩继其后，邢珣引兵绕出贼背，徐琏、戴德孺张两翼以分其势。二十四日早，贼兵鼓噪乘风而前，逼黄家渡，其气骄甚。伍文定、余恩之兵佯北以致之。贼争进趋利，前后不相及。邢珣之兵前后横击，直贯其中，贼败走。文定、恩督兵乘之，琏、德孺合势夹攻，四面伏兵亦呼噪并起，贼不知所为，遂大溃。追奔十余里，擒斩二千余级，落水死者以万数。贼气大沮，引兵退保八字脑，贼众稍稍遁散。宁王震惧，乃身自激励将士，赏其当先者以千金，被伤者人百两。使人尽发九江、南康守城之兵以益师。

是日建昌府知府会玙引兵亦至。臣以九江不破则湖兵终不敢越九江以援我，南康不复则我兵亦不能逾南康以蹴贼。乃遣知府陈槐领兵四百，令饶州知府林城之兵乘间以攻九江，知府曾玙领兵四百，合广信知府周朝佐之兵乘间以取南康。

二十五日，贼复并力盛气挑战。时风势不便，我兵少却，死者数十人。臣急令人斩取先却者头。知府伍文等立于铳炮之间，火燎其须，不敢退，奋督各兵，殊死并进。炮及宁王舟。宁王退走，遂大败。擒斩二千余级，溺水死者不计其数。贼复退保樵舍，连舟为方阵，尽出其金银以赏士。臣乃夜督伍文定等为火攻之具，邢珣击其左，徐琏、戴德孺出其右，余恩等各官分兵四伏，期火发而合。

二十六日，宁王方朝群臣，拘集所执三司各官，责其间以不致死力，坐观成败者，将引出斩之；争论未决，而我兵已奋击，四面而集，火及宁王副舟，众遂奔散。宁王与妃嫔泣别。妃嫔宫人皆赴水死。我兵遂执宁王，并其世子、郡王、将军、仪宾及伪太师、国师、元帅、参赞、尚书、都督、都指挥、千百户等官李士实、刘养正、刘吉、屠钦、王纶、熊琼、卢珩、罗璜、丁馈、王春、吴十三、凌十一、秦荣、葛江、刘勋、何铠、王信、吴国七、火信等数百余人。被执胁从宫太监王宏，御史王金，主事金山，按察使杨璋，佥事王畴、潘鹏，参政程果，布政梁辰，都指挥郑文、马骥、白昂等。擒斩贼党三千余级，落水死者约三万余。弃其衣甲器仗财物，与浮尸积聚，横亘若洲焉。于是余贼数百艘四散逃溃，臣复遣各官分路追剿，毋令逸入他境为患。二十七日，及之于樵舍，大破之。又破之于吴城，擒斩复千余级，落水死者殆尽。二十八日，得知府陈槐等报，亦各与贼战于沿湖诸处，擒斩各千余级。

臣等既擒宁王而入，阖城内外军民聚观者以数万，欢呼之声震动天地，莫不举首加额，真若解倒悬之苦而出于水火之中也。除将宁王并其世子、郡王、将军、仪宾、伪授太师、国师、元帅、都督、都指挥等官各另监羁候解，被执胁从等官并各宗室别行议奏，及将擒斩俘获功次一万一千有奇，发御史谢源、伍希儒暂令审验纪录，另行造册缴报外。

照得臣节该钦奉敕谕："但有盗贼生发，即便严督各该兵备、守备、守巡并各军卫有司设法调兵剿杀。其管领兵快人等官员，不问文职武职，若在军前违期并逗遛退缩者，俱听以军法从事。生擒盗贼，鞫问明白，亦听就行斩首示众。斩获贼级，行令各该兵备、守巡、守备官即时纪验明白，备行江西按察司造册缴报，查照事例升赏激劝，钦此。"及准兵部题称："今后但草贼生发，事情紧急，该管官司即便依律调拨官军乘机剿捕，应合会捕者，亦即调发策应"等因。节奉钦依备咨前来。又即该奉敕："如或江西别府报有贼情紧急，移文至日，尔亦要及时遣兵策应，毋得违误，钦此。"俱经钦遵外。

窃照宁王丞淫奸暴，腥秽彰闻，贼杀善类，剥害细民，数其罪恶，世所未有。不轨之谋，已逾一纪；积威所劫，远被四方。士夫虽在千里之外，皆蔽目摇手，莫敢论其是非。小人虽在幽僻之中，且吞声饮恨，不敢诉其冤抑。兼又招纳叛亡，诱致剧贼渠魁如吴十三、凌十一之属，牵引数千余众，召募四方武艺骁勇、力能拔树排关者亦万有余徒。又使其党王春等分赍金银数万，阴置奸徒于沧州、淮扬、山东、河南之间，亦各数十。比其起事之日，从其护卫姻族，连其党与朋私，驱胁商旅军民，分遣其官属亲昵，使各募兵从行，多者数千，少者数百，帆樯蔽江，众号一十八万。其从之东下者，实亦不下八九万余。且又矫称密旨，以胁制远近；伪传檄谕，以摇惑人心。故其举兵倡乱一月有余，而四方震慑畏避，皆谓其大事已定，莫敢抗义出身，与之争衡从事。抱节者仅坚城而自守，忠愤者惟集兵以俟时，非知谋忠义之不足，其气焰使然也。

臣以孱弱多病之质，才不逮于凡庸，知每失之迂缪，当兹大变，辄敢冒非其任，以行旅百数之卒，起事于颠沛危疑之中。旬月之间，遂能克复坚城，俘擒元恶。以万余乌合之兵，而破强寇十万之众，是固上天之阴骘，宗社之默佑，陛下之威灵。而庙廊谋议诸臣消祸于将萌而预为之处，见几于未动而潜为之制；改臣提督，使得扼制上流，而凛然有虎豹在山之威；申明律例，使人自为战，而翕然有臂指相使之形；敕臣以及时策应，不限以地，而隐然有常山首尾之势；故臣得以不俟诏旨之下，而调集数郡之兵，数郡之民，亦不待诏旨之督，而自有以赴国家之难，长驱越境，直捣穷追，不以非任为嫌，是乃伏至险于无形之中，藏不测于常制之外，人徒见婴奚之多获，而不知王良之善御有以致之也。

然则今日之举，庙廊诸臣预谋早计之功，其又孰得而先之乎？及照御史谢源、伍希儒监军督哨，谋画居多，倡勇宣威，劳苦备尝。领哨知府伍文定、邢珣、徐琏、戴德孺、陈槐、曾玙、林城、周朝佐，署都指挥金事余恩，分哨通判胡尧元、童琦、谈储，推官王暐、徐文英，知县李楫、李美、王冕、王轼、刘源清、刘守绪、传南乔，随哨通判杨昉、陈旦，指挥麻玺、高睿、孟俊，知县张淮、应恩、王庭、顾佖、万士贤、马津等，虽效绩输能亦有等列，然皆首从义师，争赴国难，协谋并力，共收全功。其间若伍文定、邢珣、徐琏、戴德孺等冒险冲锋，功烈尤懋。乡官都御史王懋中，编修邹守益，御史张龟山，郎中曾直，评事罗侨，金事刘蓝，进士郭持平，驿丞王思、李中，按察使刘逊，参政黄绣，知府刘昭等，仗义兴兵，协张威武，连筹赞画，夹辅折冲，以上各官功劳，虽在寻常征剿，亦已甚为难得，况当震恐摇惑，四方知勇莫敢一膺其锋，而各官激烈忠愤，捐身殉国，乃能若此。

伏愿皇上论功朝锡之余，普加爵赏旌擢，以劝天下之忠义，以励将来之懦怯。仍诏示天下，使知奸雄若宁王者，蓄其不轨之谋已十有余年，而发之旬月，辄就擒灭；于以见天命之有在，神器之不可窥，以定天下之志。尤愿皇上罢息巡幸，建立国本，端拱励精，以承宗社之洪休，以绝奸雄之觊觎，则天下幸甚，臣等幸甚。

缘系捷音事理，为此具本，专差千户王佐亲赍，谨县题知。

奏闻益王助军饷疏 十四年七月三十日

近蒙益府长史司呈："该本司启案查宁藩有变，已经启行外，今照见奉提督都御史王案验内称：'本院已于七月初九日领兵前往丰城县市汊等处住扎，刻日进攻省城，牌差百户杨锐前来建昌府守取掌印官亲自统兵，毋分日夜，兼程前进，期本月十五、十六日俱赴军门，面授约束，并势追剿。'及照知府曾玙报称即日领兵起程，前赴军门听调进攻等因。看得国家之事，莫大于戎。今宁藩不轨，惊动多方，提督都御史等官倡义，协谋进攻，愤忠思剿，上以纾朝廷南顾之忧，下以解生民荼毒之苦。况我殿下国朝分封至亲，理宜助饷军门，共纾国难。具本启奉令旨发银一千两，差官胡敬仪，卫副陆澄，书办官并旗校官等，前去提督军务王都御史处犒赏，敬此。"敬遵，除将银两差官管送前来外，合行备由呈乞施行等因到臣。

为照宁王谋叛，稔衅多年，积威所劫，无不萎靡。况其举事之初，擅杀重臣，众号一十八万，肆然东下；虽平日士夫号称忠义，莫敢指斥。今益王殿下乃心宗社，出私帑以给军饷，非忠义奋发，急于讨贼，岂能倡言助正，以作兴军士之气如此。伏望皇上特敕奖励，以激宗室之义，以永益王殿下为善之心，以夹辅帝室，天下臣民不胜幸甚。

除将原发白银一千两唱名给散军士外，缘系宗室出私帑以给军饷事理，为此具本请旨。

旱灾疏 十四年七月三十日

据吉安等一十三府所属庐陵等县各申称本年自三月至于秋七月不雨，禾苗未及生发，尽行枯死。夏税秋粮，无从办纳，人民愁叹，将及流离。理合申乞转达、宽免等因到臣。节差官吏、老人踏勘。委自三月以来，雨泽不降，禾苗枯死。续该宁王谋反，乘衅鼓乱，传布伪命，优免租税。小人惟利是趋，汹汹思乱。臣因通行告示，许以奏闻优免税粮，谕以臣子大义，申祖宗休养之德泽，暴宁王诛求无厌之恶。由是人心稍稍安集，背逆趋顺，老弱居守，丁壮出征，团保馈饷，邑无遗户，家无遗夫。就使雨阳时若，江西之民亦已废耕耘之业，事征战之苦；况军旅干旱，一时并作，虽富室大户不免饥馑，下户小民得无转死沟壑，流散四方乎？设或饥寒所迫，征输所苦，人自为乱，将若之何？如蒙乞敕该部，暂将江西正德十四年分税粮通行优免，以救残伤之民，以防变乱之阶。伏望皇上罢冗员之俸，损不急之赏，止无名之征，节用省费，以足军国之需，天下幸甚。

请止亲征疏 十四年八月十七日

正德十四年八月十六日，准兵部咨：

该本部等衙门题，内开南京守备参赞官连奏十分紧急军情，相应急为议处，合无请命将官一员，挂平贼将军印，充总兵官，关领符验旗牌，挑选各营精锐官军三千余名，各给赏赐银两布疋，交兑正驮马匹，关给军火器械，上紧前去南京，相机战守；再有的报，就便会合各路人马征进；再请敕都御史王守仁选调堪用官军民快，亲自督领，于江西东南要路住扎把截，相机行事；仍委浙江布政司左参政闵楷选募处州民兵，统领定拟住扎地方，听调策应剿捕；再请敕一道，赍付都御史王守仁，不妨提督军务原任，兼巡抚江西地方。前项所报军情，如果南京守备差人休勘，再有的报，听前项领军官出给榜文告示，遍发江西地方张挂，传说晓谕，但有能聚集义兵，擒杀反逆贼犯者，量其功绩大小，封拜侯伯，及升授都挥千百户等官世袭，贼伙内有能自相擒斩首官者，与免本罪。具奏定夺等因具题。节该奉圣旨："这江西宁王谋为不法事情重大，你部里既会官义处停当，朕当亲率六师，奉天征讨，不必命将；王守仁暂且准行，钦此。"

钦遵，备咨到臣，案查先为飞报地方谋反重情事，属者宁王宸濠杀害守臣，举兵谋逆，臣于六月十九日具本奏闻之后，调集军兵，择委官属，激励士气，振扬武勇。七月二十日，先攻省城，墟其巢穴。本月二十四等日，兵至鄱阳湖，与贼连日大战。至二十六日，宸濠遂已就擒。谋党李士实等，贼首凌十一等，俱已擒获。贼从俱已扫荡，闽、广赴调兵士俱已散还，地方惊扰之民俱已抚帖。臣一念忠愤，誓不与贼共生；而迂疏薄劣之才，实亦何能办此：是皆祖宗在天之灵，我皇上圣武之懋昭，本兵谋略之素定，官属协力，士卒用命所致。臣已节次具本奏报外，窃惟宸濠擅作辟威，虐焰已张于远，睥睨神器，阴谋久蓄于中。招纳叛亡，辇毂之动静，探无遗迹；广致奸细，臣下之奏白，百无一通。发谋之始，逆料大驾必将亲征，先于沿途伏有奸党，期为博浪、荆轲之谋。今逆不旋踵，遂已成擒，法宜解赴阙门，式昭天讨。然欲付之部下各官押解，诚恐旧所潜布之徒，尚有存者，乘隙窃发，或致意外之虞，臣死且有遗憾。况平贼献俘，固国家之常典，亦臣子之职分。臣谨于九月十一日亲自量带官军，将宸濠并逆贼情重人犯督解赴阙外，缘系献俘馘，以昭圣武事理，为此具本，专差舍人金升亲赍，谨具题知。

奏留朝觐官疏 十四年八月十七日

正德十四年八月十六日，臣驻军江西省城，据各领哨知府吉安府伍文定，赣州府邢珣，袁州府徐琏，临江府戴德孺，抚州府陈槐，尧州府林㻛，广信府周朝佐，建昌府曾玙，连名呈称正德十五年正月初一例应朝觐。近因宁王谋反，蒙臣督委各职并各县掌印正官领兵征讨，今虽扫平，尚留在省防御，及安辑地方，未得回任。其各县掌印官，虽未曾领兵，缘各在任防御城池，措办粮饷。况布、按二司及南昌府知府郑瓛、瑞州府宋以方，俱自本年六月内先被拘执，未经复职管事。南康、九江二府亦被残破，近方收复。前项文册，多未成造，缘查旧规，行期在即，恐致迟误，合行呈乞奏知，及通行各府、州、县将册造完，行委佐二守领官员赍缴应朝，及布、按二司，亦乞裁处施行等因到臣。据此为照三年述职系朝廷大典，例该掌印正官赴京应朝。但今叛乱虽平，地方未辑，征调尚存，疮痍之民须抚；旱荒犹炽，意外之患当防。况各官在省，方图防守之规，未有还任之日。若不查例奏留，未免顾此失彼，后悔无及。合准所呈，欲候奏请命下之日，行令各府、州、县佐二首领官赍册应朝，复恐迟误。除一面通行各府、州、县造册完备，行委佐二首领依期启行，其布、按二司，候有新任官员及南昌府行见在通判陈旦，各造册赴朝，其九江、南康府县并南康、新建二县，委系官俱戴罪，听候吏部径自裁处外，缘系朝觐事理，未敢擅便，为此具本请旨。

奏闻淮王助军饷疏 十四年八月十七日

近该淮府长史司呈："该本司启案查宁藩有变，已经启行外，今照见奉提督都御史王案验内称：'本院已于七月初九日领兵前往丰城县市汊等处住扎，克日进攻省城，牌差百户任全善前来饶州府守取掌印官亲自统兵，毋分雨夜，兼程前进，期本月十五、十六日俱赴军门，面授约束，并势追剿。'及照知府林城报称即日领兵起程，前赴军门听调进攻等因。看得宁王敢为逆谋，肆奸天纪。提督都御史王首倡忠义，作率智勇，身任国家之急，事关宗社之虞。殿下藩翰之亲，忧心既切，馈饷之助，于理为宜。具本启奉令旨长史司将发下银伍百两差官胡祥等速赍前去，少资提督军门之用，敬此。"敬遵，除将银两差官管送前来外，合行备由呈乞施行等因到臣。照得先该益府出帑饷军，助义效忠，已经具题外，今淮王殿下亦能不靳私帑，以助军饷，良由身同休戚之情，心切门庭之寇所致。伏望皇上特敕奖励，以彰淮王殿下助正之心，以为宗藩为善之劝，天下臣民不胜幸甚。

恤重刑以实军伍疏十四年八月二十五日

据江西按察司呈：

"据本司经历司呈，蒙巡按两广监察御史谢源、伍希儒各纸牌前事，俱奏本院送发犯人裘良辅等二百六十六名，转送本司问报等因。依蒙问得犯人裘良辅招系南昌府新建县三十二都民，纳粟监生，给假在家。正德九月日不等，与同在官南昌前左二卫舍余杨滋、杨富，军余董俞、周大贵及指挥何铠等家人何祥、曹成等，各不合出入王府，生事害人，向未事发。正德十四年六月十四日，宁王谋反，良辅与杨滋等各因畏惧宁王威恶，各不合知情，从逆做兵，领受盘费二银，米一石，跟同前去安庆等处攻打城池，各将银米费用讫。于七月十二等日行至湖口等县，思系叛逆，惧怕官兵，就行四散逃回。各被南昌等府县统兵知府等官并地方人等陆续拿获，解赴提督王都御史处。蒙将良辅等一百八十四名转送谢御史，将夏景、周大贵、熊受等八十二名转送伍御史，俱发按察司审问。蒙将良辅等研审前情明白。取问罪犯杨滋等二百六十五名，各招与裘良辅、杨滋、杨富、王伟、夏景、黄俞、周大贵、何祥、曹成、丁进受、杨庆童、杨贵、万徐七、万羊七、徐四保、孙住保、周江、胡胜福、朱泼养、宋贵、王明、熊明、秦兰、王仲鉴、张雄、朱其、添喜、萧崇真、朱祥、彭隆保、徐仕贵、郭宣、舒銮、万岳、萧述、罗俊、江潮汉、魏凤、万三、罗秀、熊福、萧曰贵、萧胜、雷天富、萧文、尹天受、胡进保、李銮、郑凤、黄信、刘胜、殷醮仔、甘奇、余福童、郭进福、沈仕英、李洪珊、许凤、李景良、江銮、江仁、李钦、郑伦、胡福受、谭黑仔、赵正七、朱环二、邹秋狗、陈良二、聂景祥、魏仲华、王福、李寿、余珏、王贯、刘松、牛才、陈珂、陈兴、陈钊、刘添凤、余似虎、甘朴、谢天凤、郑贵、沈昌容、万清、向楚秀、郭銮、丁胜福、万全、龚受、熊六保、陈谏、何晚仔、王杰一、王琪、胡宣、杨正、曾受、王凤、王明、雷清、皮志渊、邹奎高、冯轩四、毛守松、熊天祥、李伯锦、杨子秀、陈天一、廖进禄、魏绍、魏天孙、吴富、陈昭弟、李伯奇、姜福、廖奇四、夏荑奇、陈善五、罗胜七、郭谨、罗玺、朱长子、陈瑞、竹汉、王宽、江天友、陈良善、召一、陈子政、卢萧胜、马龙、陈大伦、陈子伦、李钱、陈九信、徐义、徐钊、刘仪、熊孟华、王尚文、王天爵、傅十三、徐受、万奇、赵仕奇、郑朴、冯轩二、冯进录、周孟贞、周江、刘朋、唐朝贤、欧阳南、马兴、周兴、王毛子、秦进兴、罗兴、李保一、万元、林三十八、马爵、张进孙、高四、谭受、吴俊、万铠、熊守贵、钱龙、胡通、金万春、曹太、喻钦、刘后济、胡二、王世通、魏友子、杨章、熊录、熊克名、童保子、余景、陈四保、许虎保、熊受、萧文荣、杨廷贵、罗富、丁关保、江仕言、刘贵、丁朋、欧阳正、王引弟、熊富、唐天禄、王贵、周受、邱松、胡秀、李福、洪江、曾兴、邱桂、刘镇、邓山、萧清、夏胜四、夏由、孙甘继、张锦、谢鲁仙、熊华、谢凤、夏龙、娄奇、陆仲英、余胜虎、李进、胡胜、阮天祥、张全、彭天祥、洪经仔、徐受、乐福、张奇、冯进隆、冯诏、马喜子、杨烨揭、文兴、万孔湖、易忠、黄延、曹天右、徐大贵、萧曰高、萧曰广、李銮、吴显二、李贵、陈英、陈升、李胜祖、萧天佐、陆九成、郭钦、杨顺、丁祖、李万杜、杨銮、袁富、杨黄子、吴文、张銮、方灿、万天銮、胡进童、黄胜德、涂祖、唐历所犯除不应轻罪外，合依谋反知情故纵者，律斩决不待时。但宁王平昔威恶惨毒，上下人心罔不震慑，各犯从逆，虽是可恶，原情终非得已。及照南昌前卫军余多系胁从被杀，见今军伍缺人，合无将各犯免其前罪，俱编发本卫永远充军，庶使情法交申，卫所填实。"

呈详到臣，参看得裴良辅等俱曾徒逆，应该处斩。但该司参称宁王平昔威恶惨毒，上下人心罔不震慑；据法在所难容，原情亦非得已。宥之则失于轻，处斩似伤于重，合无俯顺舆情，乞敕该部查照酌量，或将各犯免其死罪，令其永远充军。不惟情法得以两尽，抑且军伍不致缺人。

缘系恤重刑以实军伍事理，为此具本请旨。

处置官员署印疏 十四年八月二十五日

照得先因宁王图危宗社，兴兵作乱，劫夺江西都、布、按三司并南昌府县大小衙门印信。臣随调集各府官军民快于本年七月二十日攻复省城，当于府内搜获前项印信，共计一百六颗到臣收候，已经捷报外，今照宁王已擒，余党诛戮，地方幸已稍宁，所有三司府县衙门，俱系钱量刑名军马城池等项重务，关涉匪轻。况今兵乱之后，人民困苦，不可一日缺官干办抚辑。但三司等官俱系被胁有罪人数，若待别除官员到日，非惟人心惶惑，抑且事无统纪。臣遵照钦奉敕谕便宜事理，将三司印信，布政司暂令布政使胡濂，按察司暂令按察使杨璋，各戴罪护管，随该新任参议周文光，按察使伍文定先后到任，各已替管外，其都司暂令都指挥马骥，提学道关防令副使唐锦，南昌道印信令佥事王畴，南昌府印信令知府郑璁，南、新二县印信令知县陈大道、郑公奇，各戴罪暂且管理外，及照南昌前、左二卫并各抚所衙门印信，俱各无官管理。除用木匣收盛，封发按察司，仍候事宁有官之日，该司径发掌管外，缘系处置官员署印以安地方事理，为此具本题知。

二乞便道省葬疏 十四年八月二十五日

照得先准吏部咨："该臣奏称：'以父老祖丧，屡疏乞休，未蒙怜准。近者奏命扶疾赴闽，意图了事，即从彼地冒罪逃归。旬日之前，亦已具奏。不意行至中途，遭值宁府反叛，系国家大变，臣子之义，不容舍之而去。又阖省抚巡方面等官，无一人见在者，天下事机，间不容发，故复忍死，暂留于此，而为牵制攻讨之图；俟命帅之至，即从初心，死无所避。臣思祖母自幼鞠育之恩，不及一面为诀，每一号恸，割裂昏殒，日加尪瘵，仅存残喘。母丧权厝祖墓之侧，今葬祖母，亦欲因此改葬。臣父衰老日甚，近因祖丧，哭泣过节，见亦病卧苦庐。臣今扶病，驱驰兵革，往来于广信、南昌之间。广信去家不数日，欲从其地不时乘间抵家一哭，略为经画葬事，一省父病。臣区区报国血诚上通于天，不辞灭宗之祸，不避形迹之嫌，冒非其任，以勤国难，亦望朝廷鉴臣此心，不以法例绳下。使臣得少伸乌鸟之痛，臣之感恩，死且图报，抢攘哀控，不知所云'等因。具本奏奉圣旨：'王守仁奉命巡视福建，行至丰城，一闻宸濠反叛，忠愤激烈，即便倡率所在官司起集义兵，合谋剿杀，气节可嘉，已有旨著督兵讨贼，兼巡抚江西地方。所奏省亲事情，待贼平之日来说。该部知道，钦此。'"

备咨到臣，除钦遵外，近照宁王逆党皆已仰赖皇上神武，庙堂神算，悉就擒获。地方亦已平靖，百姓室家相庆，得免征调之苦，复有更生之乐，莫不感激洪恩，沾被德泽。独臣以父病日深，母丧未葬之故，日夜哀苦，忧疾转剧。犬马驱驰之劳，不足齿录，而乌鸟迫切之情，实可矜悯。已蒙前旨，许"待贼平之日来说"，故敢不避斧钺，复伸前请。伏望皇上仁覆曲成，容臣暂归田里，一省父病，经纪葬事，臣不胜哀恳苦切祈望之至。

处置从逆官员疏 十四年八月二十五日

正德十四年七月二十三日，据南昌府知府郊瓛自宁王贼中逃出投到；本月二十六日，又据领兵官临江府知府戴德孺等临阵夺获先被宁王胁去巡按监察御史王金，户部公差主事金山，左布政使梁宸，参政程杲，按察使杨璋，副使贺锐，佥事王畴、潘鹏，都指挥同知马骥、许清，都指挥佥事白昂，守备南赣都指挥佥事郏文并胁从用事参政王纶，及据先被胁从令赴九江用事佥事师夔，先被胁从贼败脱走镇守太监王宏，各投送到臣。

照得先因宁王宸濠于六月十四日杀害巡按右副都御史孙燧，副使许逵，将各官绑缚迫胁。时臣奉命福建勘事，行至丰城闻变。顾惟地方之责，虽职各有专，而乱贼之讨，实义不容避。遂连夜奔还吉宏，督同知府伍文定等调集南、赣等府军兵，捐躯进剿。至七月二十日，攻破省城，捣其巢穴。随有被胁在城右布政使胡濂，参政刘斐，参义许效廉，副使唐锦，佥事赖凤，都指挥佥事王纪，各投首到臣。彼时军务方殷，暂将各官省候，督兵擒获宸濠，并逆党李士实、刘吉、凌十一等，臣已先后具本奏报去后。

本年八月二十三日，会集知府伍文定等将各事情逐一研审，得布政梁宸等各执称本年六月十三日，宁王生日，延待各官酒席，次日进府谢酒，不期宁王谋逆，喝令官校多人将前各官并先存后监。故户部公差主事马思聪，参义黄宏，原任参义今升陕西参政杨学礼等，俱各背绑要杀。当将孙都御史、许副使押出斩首，其余各官俱杻镣发仪卫司等处监禁。王纶留府用事，知府郑瓛先被宁王诬奏见监，按察司瑞州府知府宋以方缘事在省，本日俱拿监仪卫司，差人将各衙门印信搜夺入府。后参议黄宏，主事马思聪各不食，相继在监身故。宁王差人入监疏放各官桎镣，王畴、郑瓛二人不放。本月二十一日，将梁宸、胡濂、刘斐、贺锐各放回本司。本日宁王传檄各处，令人写成布政司咨呈备云檄文，转呈府部，自将搜去印信印使付与梁宸佥押。梁宸不合畏死听从佥押讫。本月二十三日，宁王告庙出师祭旗，加授王纶赞理军务，与刘吉等一同领兵。王纶不合畏死听从。本日又差柴内官等带领人众，将两司库内官银强搬入府，梁宸、贺锐在司署印，不合畏死，不行阻当。本日将杨璋仍拘仪卫司，各官改监湖东道。本月二十六、七等日，宁王差仪宾李琳等将伊收积米谷给散省城军民以邀人心，著令程杲、潘鹏监放。各不合畏死，到彼看放。二十七日，宁王因先遣承奉屠钦等带领贼兵往攻南京，各贼屯扎鄱阳湖上，久侯宁王不出，自行攻破南康、九江，掠取财物，二府人民走散，宁王要得招抚以收人心，押令师夔前去晓谕。不合畏死，往彼安抚。本月二十八日，宁王因要起程往取南京，恐省城变动，欲结人心，又差伪千户朱镇送银五百两与布政司梁宸、胡濂、刘斐、程杲、许效廉。各不合畏死，暂收入己。又将银七百两送按察司杨璋、唐锦、贺锐、王畴、师夔、潘鹏、赖凤。亦不合畏死，暂收入己。又押令刘斐、王玘替伊巡守，并押令许效廉、赖凤替伊接管放粮。各不合畏死，守城放米。七月初一日，差人将胡濂、唐锦送还本司，杨学礼放令之任，将梁宸、程杲、杨璋、贺锐、王畴、潘鹏、马骥、许清、白昂、郑文、郑瓛、宋以方胁拘上船，随行分投差拨仪宾等官张嵩等带领舍校看守，又将银二百两差伪千户吴景贤分送梁宸、胡濂、刘斐、许效廉等，及差万锐送银三百两分送杨璋、唐锦、贺锐、师夔、潘鹏、赦凤。各又不合畏死，暂收入己。本月初八日，至安庆，见攻城不克，因潘鹏系安庆人，差今逃引礼、白泓押同。潘鹏不合畏死听从，赍捧檄文，到彼招降。本月十五日，宁王因闻提督王都御史兵将至省，回兵归救省城。行至鄱阳湖地方，屡战屡败。至二十六日早，蒙大兵突至，宁王被擒，各官因得脱走前来。知府宋以方不知存亡等因。

随据布、按二司呈开布政司梁宸、胡濂、刘斐、程昊、许效廉，按察使杨璋、唐锦、贺锐、王畴、师夔、潘鹏、赖凤，各令家人首送前银，各在本司贮库等因。

尤恐不的，吊取见监擒获逆党刘吉、屠钦、凌十一等，各供称相同。

为照参政王纶胁受赞理，金事潘鹏、师夔被胁招降抚民，情罪尤重，王纶、师夔又该直隶、湖广抚按等衙门各具本参奏，知府郑𤩽已经别案问结奏请，俱合候命下之日遵奉另行外。参照布政梁宸、参政刘斐、程昊、参议许效廉，副使贺锐，金事赖凤，都指挥王玘，或行咨抚守，或盘库放粮，势虽由于迫胁，事已涉于顺从。镇守太监王宏，御史王金，主事金山，布政胡濂，按察使杨璋，副使唐锦，金事王畴，都指挥马骥、许清、白昂、郏文，或被拘于城内，或胁随于舟中，事虽涉于顺从，势实由于迫胁，以上各官甘被囚房而不能死，忍受贼贿而不敢拒，责以人臣守身之节，皆已不能无亏；就其情罪轻重而言，尚亦不能无等。伏愿皇上大奋乾刚，取其罪犯之显暴者，明正典刑，以为臣子不忠之戒；酌其心迹之堪悯者，量加黜谪，以存罪疑惟轻之仁。庶几奸谀知警，国宪可明。

处置府县从逆官员疏 十四年八月二十五日

正德十四年七月二十日，该臣兴举义兵，剿除逆贼，攻开省城。本日进城之后，随据都、布、按三司首领等官邢清等，南昌府等衙门同知等官何维周等，各投首到臣。于时逆贼未获，军务方殷，暂将各官省候。

本月二十六日，宸濠就缚，逆党尽擒，除已奏报去后，随拘邢清等到官。审得各供称本年六月十四日宁王谋反，将镇巡三司等官俱各被绑胁，当将孙都御史、许副使杀害。随差人将南昌府同知何维周，通判张元澄，检校曹楫，南昌县知县陈大道，县丞王儒，新建县知县郑公奇，南浦驿驿丞王洪，南浦递运所大使张秀，俱拿枢镣发监仪卫司。随将各官行李并各掌印俱搜检入府。彼有邢清与本司都事翟瓒，检校董俊，理问张裕，案牍陈学，司狱张达广，济库大使胡玉，副使姚麟，织染局大使秦尚爕，副使戴瓛，按察司经历尹鹍，知事张澍、照磨、雷爕，都指挥使司断事章璠，吏目周鹤，司狱沈海、南昌前卫署指挥佥事夏继春，经历周孟礼，镇抚忻伟、吕升，正副千户徐贤、郑春、张斌、傅英、唐荣、杜昂、李瀚、陈伟、姚钺、吴耀，百户徐隆、陈韬、张纲、王春、龚升，陈诏、冯淮、黄鉴、李钦、梅樗、茆富、陈瓒、王升、吕辅、赵昂、董钰、姚芳、刘磷、李琇、李祥、陆奇，南昌府儒学训导张桓、瞿云、汪潭，税课司大使杨纯广，济会大使左仪副使王大本、李谱，守支大使卓文正、陈琳，副使邓谔、李彬，南昌县主簿张誉，典史方汝实，儒学训导达宾，新建县县丞刘万钟，主簿熊辟，典史杨儒，儒学训导区宾、金清，俱各闻风逃躲，不曾被拿。后宁王临行，将何维周等释放，又将知事张澍拘拿上船，至今未知存亡。本年七月二十日，蒙大兵征剿，攻入省城，邢清等方得奔走军门投首等因。

据此，除将各官羁候，其镇巡并三司堂上官南昌府知府另已参奏外，参照邢清等被执不死，全无仗节之忠；闻变即逃，莫知讨贼之义，俱合重罪。但责任既轻，贼势复盛，力难设施，情可矜悯。合无行抚按衙门依律问拟，以为将来之戒，惟复别有定夺。

收复九江南康参失事官员疏 十四年九月初十日

据委官江西抚州府知府陈槐，饶州府知府林城，建昌府知府曾玙，广信府知府周朝佐，各呈先因宁王谋反，奉臣案验备行各府起兵擒剿，各遵依先后会集市汉等处。刻期破城之后，又奉臣牌照得九江、南康二府，先被宁王攻破，分留逆党据守城池，西扼湖兵之应援，南遏我师之追蹑。仰赖宗社威灵，幸已克复省城。除遣知府伍文定、邢珣、徐琏、戴德孺分布哨道，邀击宁贼，务在得获所据，逆党占据府县，应合分兵剿复。牌仰知府陈槐、林城前去九江，曾玙、周朝佐前去南康，相机行事，务要攻复城池，以扼贼人之咽喉，平靖反侧，以剪逆党之羽翼。居民人等不幸被胁，或因而逃窜者，就行出给告示，分投抚谕，使各回生理。务将人民加意赈恤，激以忠义，抚以宽仁，权举有司之职以理庶事，查处仓库之积以足军资。一面分兵邀诱宁贼，毋令东下。仍备查各官弃城逃走，致贼焚掠屠戮之故，具由回报，以凭参拿究治等因。

依奉陈槐选带知县传南乔、陶谔等，林城选带知县马津、赵荣显等，曾玙选带检校典节知县余莹、县丞陈全等，周朝佐选带知县谭缙、杜民表等各兵快一千余名，由水路分哨剿贼。十月二十四等日，宁贼回援省城，舟至鄱阳湖等处，与吉、赣等官兵相遇大战。职等各行领兵，连日在湖策应，与贼对敌。抚州府官兵擒斩贼犯共二百九十余名颗，饶州府擒斩贼犯共五百余名颗，建昌府擒斩贼犯共四百八十余名颗，广信府擒斩贼犯共五百余名颗，陆续各解本院，转送监察御史谢源、伍希儒处核实处决审发讫，各官随各统兵直至九江、南康府地方，照臣牌内行事。

知府陈槐、林城呈称，先该九江兵备副使曹雷同该府知府汪颖等亦行督发瑞昌等县兵快，与同九江卫掌印指挥刘勋等收召操军前来，声复城池。被贼探知官兵齐集，先行望风逃遁。九江军兵至城守扎，仍又分兵追至湖口等处剿杀贼党。职等入城，抚回逃窜男妇万余名□，复业生理。会案行拘九江府卫里老旗军，查访得副使曹雷先于六月初二日，带同通判张云鹏前往彭泽县水次兑粮；知府汪颖先因疟痢兼以母病不能视事，于十五日暂将印信牒行推官陈深署掌，库藏未经交盘。至十七日丑时，德化县老人罗

帝王行乐图

伦口报宁王谋反，杀害巡抚等官，彼有汪颖会同陈深并刘勋等点集城内官军机兵火夫上城照依，原分南门迤东由盘石门、福星门城上朵子军卫把守，南门迤西由溢浦门至望京门城上朵子有司把守，东门把守官指挥丁睿等三十四员，南门把守官指挥萧纲等二十一员，西门把守官指挥孙璋等二十员，九江门把守官指挥董方等十二员，福星北门把守官指挥李泮等十八员，共一百零五员。该卫军人先因放操回屯数多，一时不能齐集。十八日卯时，逆党涂承奉等领船二百余只，装载兵至福星北门外扎营，就临城下喝叫开门。指挥李泮等不从，各贼忿怒，分兵烧毁西门外军民房屋浔阳驿官厅等

处；杀死虏来四人，临门祭旗；随用铳炮火枪火箭等器并力攻打，至辰时，贼遂梯援上城。泮等俱各逃散，被贼将锁钥打脱，拥入。口称省城、南康等府俱已收服，巡抚等官俱各被害，官民不必逃散，只将印信来降。时汪颖、陈深、刘勋等俱在各把门首，因见力不能支，同德化县徐志道并前各门把守指挥千户镇抚及府县儒学训导仓场局务大小官员各怀印信从南门逃避去讫。内九江卫左千户所百户白升、马贵各遗失本所铜印一颗。随被各贼将大盈库银九千一百七十两零，德化县寄库银二百六十三两零，湖口县寄库银四百五十九两零，钞厂寄库银三千余两，司狱司囚重犯十二名，轻犯二十九名，广盈仓粮米二千四百四十石零，尽行劫取释放。又将军器库盔甲刀枪劫去，共一十一万九千二百二十四件。九江卫被贼劫去军器二千六百三十九件，演武厅军器一万六百三十件，并乡器八十余件。镇抚监贼犯蔡日奇等七名，尽行劫取释放。及烧毁大哨船五只，军舍房屋七十六间。驾去大哨船二只，小哨船十一只。德化县被贼将县库银共三百二两零，预备仓稻谷一万七千二百石零。县监轻重囚犯二十名，尽行劫放。及烧毁官民房屋七百五十九间，杀死男妇一十五名。浔阳驿被贼烧毁官厅一座，耳房二间，及站船铺陈等物。惟指挥刘勋将兵备衙门赏功支剩银三十两六钱及赃罚银三十二两并运军行粮折银二十九两六钱收贮私家，捏开在卫被劫，事涉侵欺。

及查九江府钞厂寄库银两行，拘库子皮廷贵等审供侵分料银一千一百零六两四钱，情由在官，将各犯送府监候，拘齐未到人犯追问回报。

及查得佥事师夔持奉伪檄，前至九江安抚。因见府卫等官不从伪命，驾船去讫。

续查得该府所属湖口县于六月十七日酉时，被逆党熊内官等押兵到县，因无城池，知县章玄梅等带印暂避县后岭背集兵。次日对敌，杀死逆党魏清等，被贼杀死民快壮丁共一百二十名，杀死居民一十一名，放出县监重囚三名，轻犯一十一名，烧毁房屋二十间，民房一千八百三十五间。本县官库银两先已窖藏，及各衙门印信，俱各见在，止被劫去在仓米一百五十九石，在库皮盔铁铳弓弩三百件，铁弹子三十二斤，及衣服靴钞等物，并将远近年分卷册，俱各毁坏。

彭泽县于六月十八日卯时被贼蜂拥上街，延烧房屋吏舍一百余间，并无掳掠男妇。当有知县潘琨督同巡捕官兵守保，印信仓库钱粮文卷俱全。

德化县于六月十七日被从逆护卫指挥丁纲等统带旗校到屯，点取军丁，致被惊散乡村男妇。该县严督兵快人等保守城池，俱各无虞。

除重复查勘明白，将湖口，彭泽二县被害人民行令该府，斟酌被害重轻，将见在钱粮加意赈恤。其德化县被害之家，缘无钱可支，已行该府径申本院，请发钱粮赈恤，使被害残民得以存济。职等仍行多方抚谕，激以忠义，戒以勤俭，人皆感服遵听，遂有更生之乐等因。

又据知府曾玙、周朝佐呈称，查勘得南康府六月十六日夜，被贼船一千余只冲入本府。彼有该府通判俞椿，推官王诩，公出未回，知府陈霖，同知张禄，通判蔡让，因见城池新筑未完，民兵寡少，同附郭星子县掌印佐二并府县儒学仓场局务等官各带印信潜避庐山，贼遂入城，杀死官舍名快刘大等一十二名，被搬劫府库金一两五钱零，紫阳遗惠仓原贮谷一千七石零，劫放府狱重轻囚犯一百一十一名，烧毁六房卷宗黄册，及掠劫居民房屋家财。知府陈霖等潜往各乡集兵，陆续擒斩贼犯共二百三十余名颗。至二十七日，余贼五百余人奔来河下。知府陈霖同州县各官督兵擒斩贼犯一百余名颗。适遇委官知府曾玙、周朝佐各带官兵自王家渡一路追贼到府，协力剿杀各起余贼，又擒杀贼共三百三十余名颗，各解审讫。

查得星子县知县王渊之被贼追跌致死，署印县丞曹时中当将印信付与吏熊正背负，同主簿杨本禄俱入庐山，曹时中逃躲不知去向，兵快胡碧玉等五名被贼杀死，及劫掳居民男妇徐仲德等五十八名口，焚烧房屋并劫掠居民共五百三十六人家。劫放狱囚弓正道等四十四名，县廊库银九十七两零，及赃物钞贯俱被劫去，止有银二百一十三两四钱八分系库子戴汶泗收藏回家，首出还官。陆续擒获贼犯颜济等二十名。

又查得都昌县原无城池，闻贼入境，署印主簿王鼎，典史王仲祥，率兵迎敌，保守仓库，俱不曾被劫。被贼杀死、淹死兵快居民段容等三十一名，焚烧劫掠居民共一千二百一十六家。

又查建昌县原无城池，逆党仪宾李世英等带领贼兵三百余名来县，知县方铎，县丞钱惠，主簿王钺，同儒学教谕唐汶等见势不敌，各带印信潜避集兵。当被李世英将狱禁囚犯熊澄等八十四名尽行劫放，并无劫掠焚烧仓库钱粮官民房屋。随被方铎陆续擒获李世英等一百七十五名口，解报讫。

又查访勘得安义县新创，城池未完，被逆党旗校火信等领兵到县，将官厅烧毁三间，六房文卷俱被弃毁。知县王轼因见贼势众多，退避集兵。主簿董国宜因男董茂隆投入宁府，惧罪逃走。儒学训导陈仕端等亦随县官避出。其仓库狱禁居民房屋俱不曾被焚劫。王轼同各官前后领兵擒斩贼共一千余名颗，转解讫。

抚回南康府各属县复业逃民一万二千四百余家。遵奉通行各属，暂令管事及赈恤事宜，另行申请等因，各呈到称会同各官访勘相同。

臣等议得九江、南康府卫所县大小官员均有守土之寄，俱犯失事之律。欲将各官通革管事待罪，缘地方残破之余，又系朝觐年分，无官可委更代，姑从权宜，暂行管事。其各府县被害人民，并缺乏军资，已于先取见在钱粮内量数查发，前去赈给外。

参照九江地方当水陆之冲，据湖、湘之要，朝廷以其控带南圻，屏蔽江右，实为要地，故既有府卫之守，又特为兵备之设。其城池三面临水，地势四围险固，平时守备若严，临变必难骤破。各该守备官员安于承平，宽纵军士，虽预知贼报，而仓皇无备，及一闻贼至，而望风奔走。指挥刘勋除监守自盗官钱外，与李泮等弃城先遁，致贼残破。知府汪颍，推官陈深，知县徐志道等，因见守战无兵，亦各怀印逃难。百户白升等一印不保，安望守城。副使曹雷职专兵备，防守不严，虽城破之日，偶幸不与，而失事之责，终为有因。

再照南康地方固称土瘠民稀，然亦负山阻水，虽新创之城尚尔修筑未完，而守土之职惟当效死勿去。该府知府陈霖，同知陈禄，通判蔡让，星子县主簿杨永禄等，畏缩无备，逃难弃城。湖口、建昌二县知县章玄梅、方铎闻贼先遁，致残县治。安义县知县王轼，贼党在境，不知先事之图，后虽有功，无救地方之变。彭泽县知县潘琨，都昌县主簿王鼎等，印信仓库虽获无虞，而都昌被贼杀死兵快，彭泽被贼烧劫居民，失事之责，亦有攸归。星子县县丞曹时中，安义县主簿董国宣，一则脱逃不首，一则纵子投贼。至于各该府县首领儒学仓场局务等官，虽无守土之责，俱有弃城职之罪。

以上各官，求情固有轻重，揆义俱犯宪条；虽有后获之功，难掩先失之罪。又照近年以来，士气不振，兵律欠严，盖由姑息屡行，激励之方不立，规利避害者获免，委身效职者难容，是以偷靡成习，节义鲜彰。伏望皇上大奋乾刚，肃清纲纪，乞敕法司参详情罪轻重，通将各官究治如律。虽或量功末减，亦必各示惩创，庶有作新之机，足为将来之警。

卷十三　别录五

奏疏五

乞宽免税粮急救民困以弭灾变疏 十五年三月二十五日

　　照得正德十四年七月内，节据吉安等一十三府所属庐陵等县各申，为旱灾事开称，本年自三月至于秋七月不雨，禾苗未及发生，尽行枯死，夏税秋粮，无从办纳，人民愁叹，将及流离，申乞转达宽免等因到臣。节差官吏、老人踏勘前项地方，委自三月以来，雨泽不降，禾苗枯死。续该宁王谋反，乘衅鼓乱，传播伪命，优免租税。小人惟利是趋，汹汹思乱。臣因通行告示，许以奏闻优免税粮。谕以臣子大义，申祖宗休养生息之泽，暴宁王诛求无厌之恶，由是人心稍稍安集，背逆趋顺，老弱居守，丁壮出征，团保馈饷，邑无遗户，家无遗夫。就使雨旸时若，江西之民，亦已废耕耘之业，事征战之苦；况军旅旱干，一时并作，虽富室大户，不免饥馑，下户小民，得无转死沟壑，流散四方乎？设或饥寒所迫，征输所苦，人自为乱，将若之何？如蒙乞敕该部，暂将正德十四年分税粮通行优免，以救残伤之民，以防变乱之阶。伏望皇上罢冗员之俸，损不急之赏。止无名之征，节用省费，以足军国之需，天下幸甚。

缘由于本年七月三十日具题请旨，未奉明降。随蒙大驾亲征，京边官军前后万数，沓至并临，填城塞郭。百姓戍守锋镝之余，未及息肩弛担，又复救死扶伤，呻吟奔走，以给厮养一应诛求。妻孥鬻于草料，骨髓竭于征输。当是之时，鸟惊鱼散，贫民老弱流离，弃委沟壑；狡健者逃窜山泽，群聚为盗；独遗其稍有家业与良善守死者十之二三，又皆颠顿号呼于梃刃捶挞之下。郡县官吏，咸赴省城与兵马住屯之所奔命听役，不复得亲民事。上下汹汹，如驾漏船于风涛颠沛之中，惟惧覆溺之不暇，岂遑复顾其他，为日后之虑，忧及税赋之不免，征科之未完乎！当是之时，虽臣等亦皆奔走道路，危疑仓皇，恐不能为小民请一旦之命，岂遑为岁月之虑，忧及赋税之不免，征课之未完，而暇为之复请乎！

若是者又数月，京边官军始将有旅归之期，而户部岁额之征已下，漕运交兑之文已促，督催之使，切责之檄，已交驰四集矣。流移之民闻官军之将去，稍稍胁息延望，归寻其故业。足未入境，而颈已系于追求者之手矣！夫荒旱极矣，而又因之以变乱；变乱极矣，而又竭之以师旅；师旅极矣，而又竭之以供馈，益之以诛求，亟之以征敛。当是之时，有目者不忍睹，有耳者不忍闻，又从而朘其膏血，有人心者而尚忍为之乎？

今远近军民，号呼匍匐，诉告喧腾，求朝廷出帑藏以赈济，久而未获，反有追征之令。拱然兴怨，谓臣等昔日蠲赋之言为绐己。窃相伤嗟，谓宸濠叛逆，独知优免租税，以要人心。我辈朝廷赤子，皆尝竭骨髓、出死力以勤国难，今困穷已极，独不蒙少加优恤，又从而追征之，将何以自全。是以令之而益不信，抚之而益愤愤，谕之而益咉咉，甫怀收复之望，又为流徙之图。计穷势迫，匿而为奸，肆而为寇，两月以来，有司之以鼠窃警报者，月无虚日。无怪也，彼无家业衣食之资，无父母妻子之恋，而又旁有追呼之苦，上有捶剥之灾，自非礼义之士，孰肯闭口枵腹，坐以待死乎？

今朝廷亦尝有宽恤之令矣，亦尝有赈济之典矣，然宽恤赈济，内无帑藏之发，外无官府之储，而徒使有司措置。措置者岂能神输而鬼运？必将取诸富民。今富民则又皆贫民矣！削贫以济贫，犹割心脔肉以啖口，口未饱而身先毙。且又有侵克之毙，又有渔猎之奸，民之赖以生者，不能什一，民之坐而死者，常十九矣。故宽恤之虚文，不若蠲租之实惠；赈济之难及，不若免租之易行。今不免租税，不息诛求，而徒曰宽恤赈济。是夺其口中之食，而曰："吾将疗汝之饥。"刳其腹肾之肉，而曰："吾将救汝之死。"凡有血气，皆将不信之矣。

夫户部以国计为官，漕运以转输为任，今岁额之催，交兑之促，皆其职之使然。但民者邦之本，邦本一摇，虽有粟，吾得而食诸？伏望皇上轸念地方涂炭之余，小民困苦已极，思邦本之当固，虑祸变之可忧，乞敕该部速将正德十四、十五年该省钱粮悉行宽免；其南昌、南康、九江等府残破尤甚者，重加宽贷，使得渐回喘息，修复生理。非但解江西一省之倒悬，臣等无地方变乱之祸，得免于诛戮，实天下之大幸，宗社之福也。

夫免江西一省之粮税，不过四十万石，今吝四十万石而不肯蠲异，时祸变卒起，即出数百万石，既已无救于难矣。此其形迹已见，事理甚明者。臣等上不能会计征敛以足国用，下不能建谋设策以济民穷，徒痛哭流涕，一言小民疾苦之状，惟陛下速将臣等黜归田里，早赐施行，以纾祸变。

缘系宽免税粮，急救民困，以弭灾变事理，为此具本请旨。

计处地方疏 十五年五月十五日

臣惟财者民之心也，财散则民聚。民者邦之本也，本固则邦宁。故文帝以赐租致富乐之效，太宗以裕民成给足之风。君民一体，古今同符。

臣会同巡按江西监察御史唐龙，议照宁贼宸濠，志穷荒度，谋肆并吞，其于民间田地山塘房屋等项，或用势强占，或减价贱买，或因官本准折，或摭别事抄收。有中人之家者，一遭其毒，即无栖身之所。有上农之田者，一中其奸，即无用锄之地。尤且虚填契书，以杜人言，私置簿籍，以增租额。利归一己，害及万家。故先有副使胡世宁直言指陈，续该科道等官交章举发，言皆有据，事非无征。近奉诏书曰："宸濠天性凶恶，自作不靖，强夺官民田产，动以万计。"则陛下明以烛奸，深知宸濠田产皆夺诸百姓者也。又曰："占夺田产悉还本主。"则陛下仁以悯下，尽欲举百姓之田产而给还之也。圣言犹在，昭如日星，国信不移，坚如金石。

始者，宸濠既败，该臣等已行守巡等官，将该府及各贼党田地房屋，许令府县等官俱抄没在官，造报在册矣。但委官查勘之时，正事变抢攘之际，业主惊散，俱未宁家，上司督责，急欲了事，依契涸查，凭人浪报，多寡是较，占买未分。明诏虽有给主之条，小民犹抱失业之恨，昔之居，不得而居也，昔之田，不得而食也。泽未下究，怨徒上归。况屋无主则毁，地不耕则荒。故兵马之后，瓦柱仅存，田野之间，草莱渐长。兼以势室豪强，恣行包侵之计，奸徒私窃，动开埋没之端。及今审处不早，将来遗失益多。

再照前项田产，多在南昌、新建二县，受害独深，人人被其诛求，家家被其检括。且贼师起事，抄掠尤惨，官兵破围，伤残未苏。财尽已极，民困莫加。查得二县额派兑军淮安京库三项粮米共十一万九千石有零，淮、益二府禄米共四千二石，节奏宽免，未奉停征。运官守催，旗校逼取，势急若火，案积如山，民纳不前，官宜为处。

及照一方之统会在于省城，各府之钱粮并于司库。查得本布政司官库，先被贼兵劫抢，继因军饷动支，官吏徒守乎空柜，纸笔亦赊于铺家。大兵必有荒年，民穷必有盗贼，万一变生无常，衅起不测，则寸兵尺铁，皆无所需，束刍斗粮，亦不能办，公私失恃，缓急可忧。

再照省城各门城楼窝铺及诸司衙门，先是王府占据，多属疏隘，近因兵火蔓延，半遭荡焚，夫城楼者，一方防御之所关，衙门者，诸司政令之所出，托始创新，固无民力，因陋就简，见有官房。

如蒙乞敕该部查议，将前项抄没过宁府及各贼党下田地山塘房屋等项，行令布政司会同按察司各掌印官及分守分巡官并府县官，从实覆行查勘明白，委系占夺百姓者，遵照诏书内事理，给还本主管业。及将于内官房酌量移改城楼窝铺衙门，余外无碍田地山塘房屋，仍令各官公同照依时估变价银入官，先尽拨补南、新二县兑军淮安京库折银粮米及王府禄米，外有余羡，收贮布政司官库，用备缓急。仍禁约势豪之家，不得用强占买，各委官亦不得畏势市恩，致招物议。凡拨给变卖事情，若有势豪强占强买及委官畏势市恩各情弊，许抚按衙门指实纠劾惩究。施行事完，该司将各项数目径自造册奏报，并呈该部查考。是盖以百姓之业，纳百姓之粮，以地方之财，还地方之用。民沾惠而国不费，事就绪而财不伤。《书》曰"守邦在众"，《易》曰"聚人曰财"，惟陛下留意焉。

缘系计处地方事理，未敢擅便，为此具本请旨。

水灾自劾疏 十五年五月十五日

臣惟有官守者，不得其职则去。受人之牛羊而为之牧者，求牧与刍而不得，则反诸其人。

臣以匪才，缪膺江西巡抚之寄，今且数月，曾未能有分毫及民之政。而地方日以多故，民日益困，财日益匮，灾变日兴，祸患日促。自春入夏，雨水连绵，江湖涨溢，经月不退。自赣、吉、临、瑞、广、抚、南昌、九江、南康沿江诸郡，无不被害，黍苗沦没，室庐漂荡，鱼鳖之民聚栖于木杪，商旅之舟经行于间巷，溃城决堤，千里为壑，烟火断绝，惟闻哭声。询诸父老，皆谓数十年来所未有也。除行各该司府州县修省踏勘具奏外，夫变不虚生，缘政而起，政不自弊，因官而作。官之失职，臣实其端，何所逃罪？

夫以江西之民，遭历宸濠之乱，脂膏已竭。而又因之以旱荒，继之以师旅，遂使丰稔连年，曲加赈恤，尚恐生理未易完复，今又重以非常之灾，危亟若此，当是之时，虽使稷、契为牧，周、召作监，亦恐计未有措。况病废昏劣如臣之尤者，而畀之怅然坐尸其间，譬使盲夫驾败舟于颠风巨海中，而责之以济险，不待智者，知其覆溺无所矣。又况部使之催征益急，意外之诛求未已。在昔，一方被灾，邻省尚有接济之望，今湖、湘连岁兵荒，闽、浙频年旱潦，两广之征剿未息，南畿之供馈日穷，淮、徐以北，山东、河南之间，闻亦饥馑相属。由此言之，自全之策既无所施，而四邻之济又已绝望，悠悠苍天，谁任其咎！

静言思究，臣罪实多！何者？宸濠之变，臣在接境，不能图于未形，致令猖突，震惊远迩，乃劳圣驾亲征，师徒暴于原野，百姓殆于道路。朝廷之政令，因而阀隔，四方之困惫，由是日深。臣之大罪一也。徒避形迹之嫌，苟为自全之计，隐忍观望，幸而脱祸。不能直言极谏以悟主听，臣之大罪二也。徒以逢迎附和为忠，而不知日陷于有过；徒以变更迁就为权，而不知日紊于旧章；徒以掇拾罗织为能，而不知日离天下之心；徒以聚敛征索为计，而不知日积小民之怨。此臣之大罪三也。上不能有裨于国，下不能有济于民，坐视困穷，沦胥以溺，臣之大罪四也。且臣忧悸之余，百病交作，尪羸衰眊，视息仅存。以前四者之罪，人臣有一于此，亦足以召灾而致变，况备而有之，其所以速天神之怒，深下民之愤，而致灾诊之集，又何疑乎。

伏惟皇上轸灾恤变，别选贤能，代臣巡抚。即以臣为显戮，彰大罚于天下，臣虽陨首，亦云幸也。即不以之为显戮，削其禄秩，黜还田里，以为人臣不职之戒；庶亦有位知警，民困可息，人怒可泄，天变可弭；而臣亦死无所憾。

重上江西捷音疏 十五年七月十七日遵奉大将军钧帖

照得先因宸濠图危宗社，兴兵作乱，已经具奏请兵征剿。间蒙钦差总督军务威武大将军总兵官后军都督府太师镇国公朱钧帖，钦奉制敕，内开："一遇有警，务要互相传报，彼此通知，设伏剿捕，务俾地方宁靖，军民安堵。"

蒙此，臣看得宸濠虐焰张炽，臣以百数疲弱之卒，未敢轻举骤进，乃退保吉安。一面督率吉安府知府伍文定等调集军民兵快，召募四方报效义勇之士，会计一应解留钱粮，支给粮饷，造作军器战船，责留回任监察御史谢源、伍希儒分职任事；一面约会该府乡官致仕都御史王懋中，养病痊可编修邹守益，刑部郎中曾直，评事罗侨，丁忧御史张鳌山，先任浙江金事、今赴部调用刘蓝，依亲进士郭持平，军门参谋驿丞王思、李中，致仕按察使刘逊，参政黄绣，闲住知府刘昭等，相与激发忠义。

七月初二日，宸濠探知臣等兵尚未集，乃留兵万余，属其心腹、宗支、郡王、仪宾、内官并伪授都督、都指挥等官使守江西省城，而自引兵向阙。臣昼夜促各郡兵，期以本月十五日会临江之樟树。而严督知府等官伍文定等各领兵，于十八日遂至丰城。分布伍文定等攻广润等七门。是日得报，宸濠伏兵千余于新旧坟厂，以备省城之援。臣遣知县刘守绪等领兵从间道夜袭破之。十九日，申布朝廷之威，再暴宸濠之恶，约诸将二十日黎明各至信地。我兵四面骤集，遂破江西，擒其居守宜春王拱樤及伪太监万锐等千有余人。宸濠宫中眷属闻变，纵火自焚，延及居民房屋。臣当令各官分道救火，抚定居民，散释胁从，搜获原被劫收大小衙门印信九十六颗，三司胁从布政使胡濂，参政刘斐，参议许效廉，副使唐锦，金事赖凤，都指挥王玘等，皆自首投罪。除将擒斩功次，发御史谢源、伍希儒权令审验纪录，及一面分兵四路追蹑宸濠向往，相机擒剿。

二十二日，臣等驻兵省城，督同知府伍文定等各领兵分道并进，击其不意；都指挥余恩领兵往来湖上，诱致贼兵。知府等官陈槐等各领兵四面设伏。二十三日，复得谍报宸濠先锋已至樵舍，风帆蔽江，前后数十里，不能计其数。二十四日早，贼兵鼓噪乘风而前，逼黄家渡。臣督各兵四面击贼，遂大溃，擒斩二千余级，落水死者万数。二十五日，又督各兵殊死并进，炮及宸濠舟。宸濠退走，遂大败。擒斩二千余级，溺水死者不计其数。

二十六日，臣夜督伍文定等为火攻之具，四面兜集，火及宸濠副舟，众遂奔败。宸濠与其妃嫔泣别，妃嫔宫人皆赴水死。我兵遂执宸濠，并其世子、郡王、将军、仪宾及伪太师、国师、元帅、参赞、尚书、都督、都指挥、指挥、千百户等官李士实、刘养正、刘吉、屠钦、王纶、熊琼、卢珂、罗璜、丁瞔、王春、吴十三、秦荣、葛江、刘勋、何镗、王信、吴国七、火信等数百余人，被执胁从太监王宏，御史王金，主事金山，按察使杨璋，佥事王畴、潘鹏，参政程杲，布政梁宸，都指挥郏文、马骥、白昂等，擒斩贼党三千余，落水死者万余，弃其衣甲器仗财物，与浮尸积聚，横亘十余里。余贼数百艘，四散逃溃。二十七日，战樵舍等处，又复擒斩千余，落水死者殆尽。二十八日，知府陈槐等各与贼战于沿湖诸处，擒斩各千余级。除将宸濠并其世子、郡王、将军、仪宾、伪授太师、国师、元帅、参赞、尚书、都督、都指挥、指挥等官各另监羁候解，被执胁从等官并各宗室别行议奏，及将擒斩俘获功次一万一千有奇，发御史谢源、伍希儒暂令审验纪录，另行造册缴报外。

照得臣节该钦奉敕谕："但有盗贼发生，即便严督各该兵备、守备、守巡各军卫有司设法调兵剿杀，其管领兵快人等官员，不问文职武职，若在军前违期，并逗遛退缩，俱听以军法从事。生擒盗贼，鞫问明白，亦听就行斩首示众。斩获贼级，行令各该兵备、守巡官即时纪验明白，备行江西按察司造册奏缴，查照升赏激劝，钦此。"及准兵部咨："为飞报贼情事，该本部题称，合无本部通行申明，今后但有草贼生发，事情紧急，该管官司即便依律调拨官军，乘机剿捕；应合会捕者，亦就调发策应。如有仍前朦胧隐蔽，不即申报，以致聚众滋蔓，贻害地方，从重参究，决不轻贷。"

等因，题奉钦依，备咨前来。

又蒙钦差总督军门发遣太监张永前到江西，查勘宸濠反叛事情，安边伯朱泰，太监张忠，左都督朱晖，各领兵亦到南京、江西征剿。

续蒙钦差总督军务威武大将军总兵官后军都督府太师镇国公朱统率六师，奉天征讨，及统提督等官司礼监太监魏彬，平虏伯朱彬等，并督理粮饷兵部左侍郎等官王宪等，亦各继至南京。

臣续又节该奉敕："如或江西别府报有贼情紧急，移文至日，尔要及时遣兵策应，毋得违误，钦此。"俱经钦遵外。

臣窃照宸濠烝淫奸暴，腥秽彰闻，数其罪恶，世所未有。不轨之谋，已逾一纪，积威所劫，远被四方。而旬月之间，遂克坚城，俘擒元恶，是皆钦差总督威德、指示、方略之所致也。及照御史谢源、伍希儒监军督哨，谋画居多；知府伍文定、邢珣、徐琏、戴德孺、陈槐、曾玙、林城、周朝佐，署都指挥佥事余恩，通判胡尧元、童琦、谈储，推官王暐、徐文英，知县李楫、李美、王冕、王轼、刘源清、刘守绪、傅南乔，通判杨昉、陈旦，指挥麻玺、高睿、孟俊，知县张淮、应恩、王庭、顾佖、万士贤、马津等，虽效绩输能，亦有等列，然皆首从义师，共收全功。其伍文定、邢珣、徐琏、戴德孺等，冒险冲锋，功烈尤懋。乡官都御史王懋中，编修邹守益，御史张鳌山，郎中曾直，评事罗侨，佥事刘蓝，进士郭持平，驿丞王思、李中，按察使刘逊，参政黄绣，知府刘昭等，仗义兴兵，协张威武。以上各官，功劳虽在寻常，征剿亦已难得，伏望皇上论功朝锡之余，普加爵赏旌擢，以劝天下之忠义，以励将来之懦怯。

缘系捷音事理，为此具本请旨。

四乞省葬疏 十五年闰八月二十日

照得先准吏部咨："该臣奏称：'以父老祖丧，屡疏乞休，未蒙怜准。近者奉命扶疾赴闽，意图了事，即从彼地冒罪逃归。旬月之前，亦已具奏。不意行至中途，遭值宁府反叛。此系国家大变，臣子之义，不容舍之而去。又阖省巡抚方面等官，无一人见在者，天下事机，间不容发，故复忍死，暂留于此，为牵制攻讨之图，俟命帅之至，即从初心，死无所避。臣思祖母自幼鞠育之恩，不及一面为诀，每一号痛，割裂昏殒，日加尫瘠，仅存残喘。母丧权厝祖母之侧，今葬祖母，亦欲因此改葬。臣父衰老日甚，近因祖丧，哭泣过节，见亦病卧苫庐。臣今扶病，驱驰兵革，往来于广信、南昌之间。广信去家不数日，欲从其地不时乘间抵家一哭，略为经画葬事，一省父病。臣区区报国血诚，上通于天，不辞灭宗之祸，不避形迹之嫌，冒非其任，以勤国难，亦望朝廷鉴臣此心，不以法例绳缚，使臣得少伸乌鸟之痛，臣之感恩，死且图报，抢攘哀控，不知所云。'等因。具本奏奉圣旨：'王守仁奉命巡视福建，行至丰城，一闻宸濠反叛，忠愤激烈，即便倡率所在官司，起集义兵，合谋剿杀，气节可嘉。已有旨着督兵讨贼，兼巡抚江西地方。所奏省亲事情，待贼平之日来说。该部知道，钦此。'"

备咨到臣，除钦遵外，近照宁王逆党皆已仰赖皇上神武，庙堂成算，悉就擒获；地方亦已平靖；百姓室家相庆，得免征调之苦，复有更生之乐，莫不感激洪恩，沾被德泽。独臣以父病日深，母丧未弊之故，日夜哀苦，忧病转剧。犬马驱驰之劳，不足齿录，而乌鸟迫切之情，实可矜悯。已蒙前旨，许"待贼平之日来说"，故敢不避斧钺，复申前请。伏望皇上仁覆曲成，容臣暂归田里，一省父病，经纪葬事，臣不胜苦切祈望之至等因。又经具本，于正德十四年八月二十五日，差舍人来仪赍奏去后，迄今已逾八月，未奉明旨。

臣旦暮惶惶，延颈以待，内积悲病之郁，外遭窘局之苦，新患交乘，旧病弥笃，方寸既乱，神气益昏，目眩耳聩，一切世事皆如梦寐。今虽抑情强处，不过闭门伏枕，呻吟喘息而已。岂能供职尽分，为陛下巡抚一方乎？夫人臣竭忠委命，以赴国事，及事之定，乃故使之不得一省其亲之疾，是沮义士之志，而伤孝子心也。且陛下既以许之，又复拘之，亦何以信于后？臣素贪恋官爵，志在进取，亦非高洁独行，甘心寂寞者。徒以疾患缠体，哀苦切心，不得已而为此。今亦未敢便求休退，惟乞暂回田里，一省父疾，经营母葬，臣亦因得就医调理，少延喘息。苟情事稍伸，病不至甚，即当奔走赴阙，终效犬马，昔人所谓报刘之日短，尽忠于陛下之日长也。臣不胜哀痛、号呼、恳切、控吁之至。具本又于正德十五年三月二十五日差舍人王霈赍奏去后，迄今复六月，未奉明旨。

臣之痛苦，刻骨剟心，忧病缠结，与死为邻，已无足论。而臣父衰疾日亟，呻吟床席，思臣一见，昼夜涕洟，每得家书，号恸颠殒，苏而复绝。夫虎狼恶兽，尚知父子；乌鸟微禽，犹怀反哺。今臣父病狼狈至此，惟欲望臣一归，而臣乃依依贪恋官爵，未能决然逃去，是禽兽之不若，何以立身于天地乎！夫人之大伦，内则父子，外则君臣。事君以忠，事父以孝；不忠不孝，为天下之大戮。纵复幸免国宪，然既辱于禽兽，则生不如死。臣之归省父疾，在朝廷视之，则一人之私情，自臣身言之，则一生之大节。往者宁藩之变，臣时欲归省父疾。然宗社危急，呼吸之间，存亡攸系，故臣捐九族之诛，委身以死国难。时则君臣之义为重。今国难已平，兵戈已息，臣待罪巡抚，不过素餐尸位，以苟岁月。而臣父又衰老病笃若此，尚尔贪恋禄位而不去，此尚可以为子乎！不可以为子者，尚可以为臣乎！臣今待罪巡抚，若不请而逃，窃恐传闻远迩，惊骇视听。夫人臣死君之难，则捐其九族之诛而不恤，至其急父之危，则亦捐其一身之戮而不顾。今复候命不至，臣必冒死逃归。若朝廷悯其前后恳迫之情，赦而不戮，臣死且图衔结。若遂正以国典，臣获一见老父而死，亦瞑目于地下矣。

臣不胜痛陨苦切，号控哀祈之至，除冒死一面，移疾舟次，沿途问医，待罪候命外，缘系四乞天恩，归省父疾，回籍待罪事理，为此具本奏闻。

开豁军前用过钱粮疏 十五年九月初四日

照得先因宁王变乱，该臣备行南、赣等府，起调各项官军兵快人等追剿，合用粮饷等项，就仰听将在官钱粮支给间。随据吉安府申，为处置军饷事，开称动调兵快数万，本府钱粮数少，乞为急处等情。已经通行各府，速将见贮不拘何项钱粮，以三分为率，内将二分解赴军前接济外。续为地方事，臣又看得各处军兵虽已起调，但前项事情，系国家大难，存亡所关，诚恐兵力不敷，未免误事，又行牌仰各该官司，即选父子乡兵在官操练，听将官钱支作口粮，候臣另有明文一至，随即启行，去后，续照前项首恶并其谋党，俱已擒斩。原调各处军兵，久已散归。就经备行江西布政司，通将各府州县自用兵日起，至于掣兵日止，用过一应在官钱粮等项，逐一查明造报，以凭施行，未报查催间。

又据江西按察司呈，为紧急军情事开称，先准江西布政司照会，正德十四年十月初一日，该蒙户部员外郎黄著案验，内开蒙本部题，奉钦依，差在军前整理粮草。今照各哨官军俱集江西省城，又闻圣驾亦将征讨，跟随官军，未知数目，驻扎月日，未知久近，所有粮料草束，合仰备行本司掌印等官从长设法处置，或支动在官银两，选委能干官员，趁早多买粮草，预备支应，庶无失误等因到司。

彼时，巡按御史唐龙未到，本院押解逆犯宸濠等在途，查得江西省城司府及南、新二县并南、康二府库藏，俱被宁贼抢劫空虚，无从措置。诚恐临期失误，就经会同江西布政司，一面议借军门发候解京赃银，及南昌府县追到官本等银给发，委官汪宪等各领买办粮草供应；一面议将各府派银接济，缘由会呈本院，奉批俱准议，造册缴报查考等因。依奉，除南康、九江、南昌三府县残破未派，备行抚州等十府，动支在官银两接济。续因起解首恶宸濠等并逆党宫眷等项，及补还原借解京赃银官本等银紧急，又经会呈议行各该府县，暂借在官银两，前来应济，共计用过银九千七百七十一两四钱。其余见存银两，俱系该解之数，悉行各府差人领回，听其收解外，呈乞施行等因到臣。

看得所呈前项供应粮料、买办草料，及自臣起兵以来费用过钱粮，中间多系京库折银，及兑准粮米等项，俱系支给赏劳兵快人等，及供应北来官军，并犒赈军民紧急支用，计出无聊，事非得已，别无浪费分文，据法似应措补。但今兵荒残破之余，库藏无不空虚，小民无不凋敝，远近人情汹汹，方求公帑赈济，若复派补，必致变生不测。其听解贼赃官本等银，实系宁贼抢劫官库积蓄，刻剥小民脂膏，相应存留，以救困竭。今又尽数解京，地方空匮，委果已极，查得各处用兵请给内帑，或借别省钱粮接济。迩者宁贼非常之变，事起仓卒，虽欲请给内帑，势有不及。后蒙该部议准，许于广东军饷银内支取十万。随幸贼势平定，前项准借银两亦遂停止，分毫不曾取用。

伏望皇上悯念地方师旅饥馑之余，民穷财尽，困苦已极。近又加以水灾为患，流离益甚。乞敕该部查照，转行江西布、按二司，将自用兵以来支取用费过各该府县京库折银，及兑准粮米等项，通行查明，各计若干，照数开豁，免行追补。乃仰备造文册，缴部查考。庶军民得以少苏，而地方可免于意外之虞矣。

征收秋粮稽迟待罪疏 十五年十二月初十日

据江西布政司呈："准布政使陈策等咨，照得正德十四年税粮，先准参议周文光奉户部勘合派属征解，随因圣驾南巡，各府州县官俱集省城听用，前项钱粮，不暇追征。正德十五年正月初二日，蒙巡按江西监察御史唐龙案验，为乞敕兵燹穷民以固邦本事，该巡抚苏松，都御史李充嗣题称：'江西变乱，南昌、南康、九江等府首被烧劫，其余府县，大军临省，供应浩繁，要将该年税粮尽行停免。'等因，备行分守南昌五道，勘议得：南昌府南、新二县被害深重，应免粮差三年；其余州县，并瑞州一十二府属县，俱应免粮关二年。回报到司，即转呈本院具题外。本年二月内，续蒙钦差户部员外郎龙诰案验为偿运粮储事，备行本司，督催该年兑准钱粮交兑，遵依节行催征间。本年三月初五日，漕运衙门照扎，坐到兑军本色米八万石，折色米三十二万石，改兑米一十七万石，每石连耗折银七钱，备行作急征完起运。本月二十八日，又蒙抚按衙门案验，为地方极疲，速赐恩恤以安邦本事，该南京工科给事中王纪等奏，奉钦依，自正德十四年以前，一应钱粮果系小民拖欠未完的，俱准暂且停征，还着各该官司设法赈济，毋视虚文。钦遵通行外，又蒙员外郎龙诰案牌，将粮里严加杖并，急如星火。小民纷纷援例，赴司告豁。呈蒙抚按衙门批行本司，给示晓谕，纳粮人户先将兑军征解。小民方肯完纳。转行参议魏彦昭督运。续因本官去任，又经呈批参政邢珣暂管督兑。本官于五月二十日遍历催儹，通将征完本色米八万石兑完起运讫。其折色银两，催据广信等府属县陆续征解。近于十一月十三等日，抄奉漕运衙门照扎备行本司，将兑运折色银三十四万三千两，务要征完足数，差官协同运官解部等因。依奉通行外，今照该年税粮，委因事变兵荒，经理不前，及专官管提督官员更代不常，况奉部院明文征免不一，小民不服输纳，官府制肘难行，因而稽延。若不预将前情转达，诚恐查究罪及未便。"等因，备呈到臣。

窃照江西钱粮，小民所以不肯输纳，与有司所以难于追征者，其故各有三，而究其罪归则责实在臣。何者？

宸濠之叛，首以伪檄除租，要结人心。臣时起兵旁郡，恐其扇惑，即时移文远近，宣布朝廷恩德，蠲其租赋，许以奏免，谕以君臣之分，激其忠义之心，百姓丁壮出战，老弱居守。既而旱灾益炽，民困益迫，然而小民不即离散者，以臣既为奏请，虽明旨未下，皆谓朝廷必能免其租税，尚可忍死以待也。夫危急之际，则唉之免租以竭其死力，事平之后，又罔民而刻取之，人怀怨忿不平，此其不肯输纳之故一也。

及宸濠之乱稍定，而大军随至，供馈愈烦，诛求愈急，其颠连困踣之状，臣于前奏已略言之。百姓不任其苦，强者窜而为寇，弱者匿而为奸。继而水灾助祸，千里之民，皆为鱼鳖，号哭载途，喧腾求赈。其时臣等既无帑藏之储，又无仓廪可发，所以绥劳抚定之者，更无别计，惟以奏免租税为言。百姓睊睊胥谗，谓命在旦夕，不能救我而徒曰免税，免税岂可待邪？盖其心以为免税已不待言，尚恨其无以赈之也。已而既不能赈，又从而追纳之，人怨益深，不平愈甚，此其不肯输纳之故二也。

当大军之驻省，臣等趋走奔命，日不暇给，亦以为既有前奏，则赋税必在所免，不复申请。其时巡抚苏松等处都御史李充嗣奏称，江西首被宸濠之害，乞将该年税粮军需等项俱行停免。该户部缀题：奉圣旨：是，各被害地方，着抚按官严督所属，用心设法赈济，钦此。"又该给事中王纪奏，本部役题："奉圣旨：是，这地方委的疲困已极，自正德十四年以前一应钱粮，果系小民托欠未完的，俱准暂且停征，还着各该官司设法赈济，毋视虚文，钦此。"俱钦遵，该部备咨前来，臣等正苦百姓呶呶，咨文一至，如解倒悬，即时宣布。百姓闻之，欢声雷动，递相传告，旦夕之间，深山穷谷，无不毕达。自是而后，坚守蠲免之说，虽部使督临，或遣人下乡催促，小民悉以为诈妄，群起而驱缚之。催征之令不复可行，此其不肯输纳之故三也。

郡县之官，亲见百姓之困苦，又当震荡颠危之日，惧其为变，其始惟恐百姓不信免租之说，指天画地，誓以必不食言，既而时事稍平，则尽反其说而征之，固已不能出诸其口矣，况从而鞭笞捶达之，其遽忍乎？此其难于追征之故一也。

三司各官，旧者既被驱胁，新者陆续而至，至则正当扰攘，分投供应，四出送迎，官离其职，吏失其守，纠结纷拏，事无专责，如群手杂缲于乱丝之中，东牵西绊，莫知端绪。既而部使骤临，欲于旬月之间，督并完集，神输鬼运，有不能矣。此其难于追征之故二也。

夫背信而行，势已不顺，若使民间尚有可征之粟，必不得已，剥剥而取之，忍心者尚或能办也。而民之疮痍已极矣，实无可输之物矣，别夫离妇，弃子鬻女，有耳者不忍闻，有目者不忍睹也。如是而必欲驱之死地，其将可行乎！此其难于追征之故三也。

夫小民之不肯输纳既如彼，而有司之难于追征又如此，后值部使身临坐并，急于风火，百姓怨谤纷腾，汹汹思乱，复如将溃之堤。臣于其时虑恐变生不测，谓各官与其激成地方之祸，无益国事，身膏草野，以贻朝廷之忧，孰若姑靖地方，宁以一身当迟慢之戮乎。因谕各官追征毋急，以纾民怨。各官内迫于部使，外窘于穷民，上调下辑，如居颠屋之下，东撑则西颓，前支则后圮，强颜陵诟之辱，掩耳怨詈之言，身营闾阎之下，□说田野之间，晓以京储之不可缺，谕以国计之不得已，或转为借贷，或教之典拆，忍心于捶骨剥脂之痛而浚其血，闭目于析骸食子之惨而责其通。共计江西十四年分兑军本色米八万石，折色米三十二万石，改兑米一十七万石。臣始度其势，以为决无可完之理，其后数月之间，亦复陆续起解完纳，是皆出于意料之外，在各官诚窘局艰苦，疲瘁已极，亦可谓之劳而有功矣。今闻部使参奏，且将不免于罪，臣窃冤之。

昔之人固有催科政拙，而自署下考者，亦有矫制发廪，而愿受其辜者，各官之以此获罪，固亦其所甘心。但始之因叛乱旱荒而为之奏免者，臣也；继之因水灾兵困而复为申奏者，臣也；又继之因朝廷两有停征赈贷之旨，而为之宣布于众者，亦臣也；又继之虑恐激成祸变，而谕令各官从权缓征者，又臣也。是各官之罪，皆臣之罪也。今使各官当迟慢之责，而臣独幸免，臣窃耻之。

夫司国计者，虑京储之空匮，欲重征收，后期者之罪，而有罚俸降级之议，此盖切于谋国，忠于事君者之不得已也。亦岂不念江西小民之困苦，与各官之难为哉？顾欲警众集事，创前而戒后，固有不得不然者，正所谓救焚身之患，不遑恤毛发之焦，攻心腹之疾，不得避针灼之苦耳。

伏望皇上悯各官之罪，出于事势之无已，特从眚灾肆赦之典，宽而宥之，则法虽若屈，而理亦未枉。必谓行令之始，不欲苟挠，则各官之罪实由于臣，即请贬削臣之禄秩，放还田里，以伸国议。如此，则不惟情法两得，而臣亦可以藉口江西之民免于欺上罔下之耻矣。臣不胜惶惧待罪之至！

缘系征收秋粮，稽迟待罪事理，为此具本请旨。

巡抚地方疏 十五年四月二十五日

据江西布政司呈：奉臣案验，照得本院前任巡抚衙门，近遭兵火废毁，兼以地址僻隘低洼，每遇淋雨，潢潦浸灌。见今本院在于都司贡院诸处衙门寄驻，迁徙不常，居无定止，人无定向。妨政失体，深为未便，合行议取，为此仰抄案回司，即便会同都、按二司官从长议查省城居民没官房屋，及革毁一应衙门，可以拆修改造者。会议停当，呈来定夺，毋得违错等因。依奉，会同都指挥佥事王继善，按察使伍文定，议得前项衙门，先年建于永和门内，僻在一隅，地势低洼，切近东湖，一遇淫雨，辄遭浸漫。近因大军驻扎，人马作践，俱各倒塌。及查巡按衙门，亦皆年久朽烂逼侧，俱难居住。欲择地盖造，缘今地方兵荒之后，取之于官则官库空竭，敛之于民则民穷财尽，反覆思惟，无从措置。查得承奉司并织造机房各一所，系是没官之数，俱各空闲，地势颇高，规模颇广。合无呈请将呈奉司暂改为都察院衙门，机房改为巡按衙门，委官相度，趁时修理。如此，则工费不繁，民力少节，实为两便。

缘由呈详到臣，查得先为计处地方事，该臣会同巡按御史唐龙议奏，乞将抄没宁府及各贼党田地房屋，令布、按二司掌印及守巡并府县官员从实覆查，委系占夺百姓，遵照诏书内事理，各给还本主管业。及将于内官房酌量移改城楼窝铺衙门，余外田地山塘房屋，仍令各官公同照依时估变卖价银入官。先尽拨补南、新二县兑军淮安京库折银粮米及王府禄米，外有余羡，收贮布政司官库，用备缓急。缘由会本具题去后，未奉明旨。今呈前来，为照各项衙门果已废毁，当兹兵火之余，民穷财尽，改创实难。今该司议将前项没官房屋暂改，不费于官，不劳于民，工省事易，诚亦两便，似应准议。除行该司一面委官趁时修改，暂且移驻，以便听理。候民困日苏，财用充给之日，力可改创，再行议处。

剿平安义判党疏 十六年五月十五日

据江西按察司按察使伍文定开称：奉臣批，据南康府通判林宽，安义县知县熊价，奉新县典史徐诚呈开，俱奉本院纸牌及巡按御史唐龙、朱节等计委追剿逆贼杨本荣等。依奉前后诱捕，及于沿湖各处敌战，擒斩共一百二十六名颗，并于杨子桥巢内搜获伊原助逆领授南昌护卫中千户所印信一颗，合就解呈。奉批抑按察司会同都、布二司官将解到贼级纪验，贼犯鞫审明白，解赴军门，以凭遵照钦奉敕谕事理，就行斩首示众。有功员役，分别等第呈来给赏施行。并蒙巡按江西临察御史唐龙批："按察司会同各掌印官审究，及将有功官役并阵亡之人查明，具招呈报。"又蒙巡按江西临察御史朱节批："看得各犯罪恶贯盈，致勤提督衙门调兵擒剿，事情重大。按察司会勘明白，中间如有事出胁从，情可矜疑者，通具呈报。"等因。

依奉会同都指挥金事高厚，左布政使陈策等，议得贼犯杨正贤等，累世穷凶，鄱湖剧患，近复从逆，幸而漏网，啸聚劫囚，敌杀官兵，滔天之罪，远近播闻。通判林宽等，克承方略，首事缉捕，虽有小衄，竟收成功。知县熊价到任甫及半月，仓卒偶当其冲，终能有备，多所擒获。典史徐诚奉调领兵破贼，适中机会。署都指挥佥事冯勋鼓勇而前，贼遂奔溃。其典史周祐阴谋散党，隐然之迹，未可泯弃。合无呈乞钧裁，将署都指挥佥事冯勋，通判林宽，知县熊价，典史徐诚，俱优加犒奖；林宽、熊价仍旌其除暴安民之劳；典史周祐另行赏赉；随征南昌前卫千户马喜，新建县县丞黄仲仁，南昌县主簿陈纪，安义县主簿崔锭，建昌县税课局大使江象，安义县领哨义官杨震七，协守县治安义县县丞何全，典史陈恒昭，把截九里三渡南昌前卫指挥梁端，千户周镇，俱量行犒劳；其余获贼吏兵哨长保长总小甲人等，查照近日告示事理，分别等第，一一给赏；阵亡阵伤义兵程碧、程魁七等，俱各优恤其家，给赏汤药之费。如此，庶使有功者录而人所知劝，死事者酬而人无所憾矣。仍行该府县将逆贼杨正贤等妻男财产估变价银，修筑县城，尤为便益。

缘由同查过功次文册关缴到司，备由转呈到臣，簿查正德十五年十一月初十日，据江西按察司副使陈槐关称：原问犯人胡顺并杨子桥等家属财产通该查抄解报，呈详已批该司查照施行，务得的实，毋致亏枉外，续据安义县申称：依奉拿获杨子桥妻周氏，男杨华五、华七、华八、月保并伊同居亲弟杨子楼收监、起解间，十二月二十二日辰时，不期子楼未获男杨本荣统集百十余徒，各持枪刀冲县。当同巡捕主簿崔锭督领机兵防御。彼贼势勇，打入狱门，劫去杨华五等，并原监杨正江、杨绍鉴及别犯胡清等一十八名，烧毁总甲张惟胜房屋，劫掠铺户传甫七等货物。随即起集哨长陈魁四等屯兵设法擒获杨华五等，仍旧收监。一面追获余贼杨子楼等，合行申报等情。

又据通判林宽呈称首恶杨本荣、杨华二等照旧立寨啸聚，批仰按察司会同各官议处。随据该司呈称：依奉会同署都指挥佥事王继善，左布政使陈策，副使顾应祥等议得杨本荣等罪恶，据法即当督兵擒捕；但访得杨姓一族，稔恶从乱者有数，若使兵刃一加，未免玉石未辨。合行该县再谕杨本荣等作急投首，庶几杨绍鉴等之罪可辨，杨本荣之情可原。若使负固不服，即将稔恶贼党指实，申来议处。

新年元宵景图

呈详到臣，照得本院前年驻兵省城，擒劫叛贼之后，即欲移兵扑灭逆党杨子桥等。彼因访得各犯亲族亦多良善连居，若大兵一临，未免玉石俱焚，方尔迟疑。当据杨子桥等自行投赴军门，本院仰体朝廷好生之德，正欲保全一方之生灵，当即遵照诏书黄榜事理，将子桥等量加杖责，释放回家，谕令改恶迁善。其余党恶，悉不根究外，后因解京逆党刘吉、陈贤等供攀不已，朝廷之意：将复发兵加诛，则恐失信于下；将遂置而不问，则一般从逆之人乃至极刑抄没，而子桥等独不略加惩创，亦何以警戒将来。故照旧释其党从以示信，独行拘子桥以明罚。其迁徙抄没，亦止及于子桥一身。朝廷之处，可谓仁至义尽矣。为之亲族党与者，正宜感激朝廷浩荡再生之恩，皆宜争出到官，输诚效款，自相分别，洗涤其既往之愆，而显明其维新之善。却乃略不改创，辄敢抗逆官府，冲县劫囚，自求诛灭。据法论情，已在必诛无赦。但念中间良善尚多，止因杨子桥同居稔恶之徒，缪以危言激诱，族党扇惑鼓动，以至于此，恐亦非其本心。今据三司各官呈议，亦与所访略同。准依所议，姑且未即加兵，就经批行该道守巡官先行分别善恶，令其亲族非同恶者自行告明官司，各另屯住。其被胁之人，若能投首到官，亦准免罪。有能并力擒捕首恶送官者，仍一体给赏。俱限一月之内投首输服。若过期不出，即将各犯背叛情由备细呈来，以凭发兵剿灭。一面行仰该县及各附近官司整集兵快义勇，固守把截，听候本院进止。仍备出告示，晓谕远近外。

续据通判林宽呈称：遵照明文，密唤杨姓良善户丁杨庸、杨邦、十五等七名到职，示以祸福，给以犒赏。着令分别良善，止捕冲县逆贼送官。随该杨庸等诱擒逆贼九名到县，又获贼犯十七名。随给牌面，令通县老人分投抚谕。而各贼仍前立寨不服。续又擒获贼犯四各。后闻官司要捣巢穴，连夜鼓挟邻族，约有百十余徒，掳船奔入鄱阳湖。欲即率即兵追剿，缘该县空虚，诚恐贼计中途回锋冲突，未可轻出。除差人飞报沿河保长，立寨防剿，一面牒府督率星子、建昌、都昌兵沿湖巡捕外，呈乞施行等因。

据呈，臣会同巡按御史等官看得贼既入湖，良善已分，正可四面合兵追剿，除行南昌守巡兵备点选兵快，就行都司冯勋统领，星夜前去跟踪贼踪，设法剿捕，就经批仰按察司，即便通行该道守巡官及沿湖各该官司地方保甲人等一体集兵防剿追捕，毋令远窜贻患。臣等又虑安义县治单弱，恐各贼乘虚归劫，另行牌调奉新县典史徐诚选兵四百，密从间道星夜前去该县，会同知县熊价协力防剿。又行牌仰各官于九姓良善之中，挑选义勇武艺，及于沿湖诸处，起集习水壮健惯战之人，各官身自督领，密取知因乡导，四路爪探，或蹑贼踪，或截要路，或归防县治，张疑设伏，声东击西。一应事机，俱听从宜施行；合用粮赏，就于司府库内原贮军饷银内支给。及差官赍执令旗、令牌前去督押行事。军兵人等但有军前不听号令，及退缩逗遛，侵扰良善者，遵照敕谕事理，就以军法从事。各官俱要竭忠尽力，慎重通果，杀贼立功，以靖地方。若畏避轻忽，致贼滋蔓，贻患地方，军令俱存，决难轻贷。完日通将擒斩功次获功人员等项一并开报，以凭施行去后。

今呈前因，照得臣先节该钦奉敕谕："但有盗贼生发，即便设法调兵剿杀，听尔随宜处置，钦此。"钦遵，除将前项有功官员支兵人等及阵亡被伤等项，俱准议于南昌府动支本院贮库支剩军饷银两，除已犒奖给赏优恤外，其未经奖犒给赏优恤者，批仰该司查照等第，逐一补给。贼属男妇估价变卖银两，亦准修筑该县城垣支用。擒获贼犯，鞫问明白，仍解军门斩首示众。斩获贼级，行令造册缴报，并行巡按衙门知会外。

臣等议照叛党杨正贤等肆其凶犷之习，恃其族类之繁，稔恶一方，流劫远近。既积有世代，比复兴兵助逆，脱漏诛殄，略无悔创，乃敢攻县劫狱，聚众称乱。恶贯满盈，天怒人怨，遂尔一旦扫灭。在朝廷固犹疥癣之搔爬，在江西实亦疽痈之溃决。巡按御史唐龙、朱节运谋监督，而按察使伍文定，布政使陈策等相与协议赞画，都指挥冯勋及通判林宽、知县熊价等又各趋事效命，并力于下。论各劳绩，皆宜旌录。臣守仁卧病待罪之余，仅存喘息，幸赖诸臣，苟免咎愆。

缘系剿平叛党事理，为此具本题知。

乞便道归省疏

臣于正德十六年六月十六日钦奉敕旨："以尔昔能剿平乱贼，安靖地方，朝廷新政之初，特兹召用。敕至，尔可驰驿来京，毋或稽迟，钦此。"

钦遵，已于本月二十日驰驿起程外，窃念臣自两年以来，四上归省之奏，皆以亲老多病，恳乞暂归省视，实皆出于人子迫切之至情。而其时复以权奸当事，谗嫉交兴，非独臣之愚悃无由自明，且虑变起不测，身罹暧昧之祸，冀得因事退归，父子苟全首领于牖下，故其时虽以暂归为请，而实有终身丘壑之念矣。既而宗社有灵，天启神圣，入承大统，革故鼎新，亲贤任旧，向之为谗嫉者，皆已诛斥略尽，阳德兴而公道显。臣于斯时，固已欣然改易其退遁之心矣。当明良之会，圣人作而万物睹，天下之士，孰不欣然有观光之愿，而况臣之方在忧危，骤获申雪者，若出陷阱而登之春台，其为喜幸感激何啻百倍，岂不欲朝发夕至，以一快其拜舞踊跃之私，归戴向往之诚乎。顾臣父既老且病，顷遭谗构之厄，危疑震恐，凶凶朝夕，常有父子不及相见之痛。今幸脱洗殃咎，复睹天日，父子之情，固思一见颜面，以叙其悲惨离隔之怀，以尽菽水欢欣之乐。况臣取道钱塘，迁程乡土止有一日。此在亲交之厚，将不能已于情，而况父子天性之爱，重以连年苦切之思乎。故臣之此行，其冒罪归省，亦情理之所必不容已者。然不以之明清于朝而私窃行之，是欺君也；惧稽延之戮，而忍割情于所生，是忘父也。欺君者不忠，忘父者不孝。世固未有不孝于父而能忠于其君者也，故臣敢冒罪以请。伏望皇上以孝为治，范围曲成，特宽稽命之诛，使臣得以少伸乌鸟之私，臣死且图衔结，臣不胜惶惧恳切之至！

辞封爵普恩赏以彰国典疏 嘉靖元年正月初十日

南京兵部尚书王守仁谨奏，为辞免封爵，普恩赏以彰国典事。臣于正德十六年十二月十九等日，节准兵部、吏部咨，俱为捷音事，节该题奉圣旨："江西反贼剿平，地方安定，各该官员功绩显著，你部里既会官集议，分别等第明白，王守仁封伯爵，给与诰券，子孙世世承袭，照旧参赞机务，钦此。""王守仁封新建伯，奉天翊卫推诚宣力守正文臣，特进光禄大夫柱国，还兼南京兵部尚书，照旧参赞机务，岁支禄米一千石，三代并妻一体追封，钦此。"前后备咨到臣，俱钦遵外，臣闻命惊惶，莫知攸措。

窃念臣以凡庸，误受国恩，在正德初年，以狂言被谴。先帝察无其他，随加收录，荐陟清显，缪膺军旅之寄，猥承巡抚之令。后值宁藩肇变，臣时适婴祸锋，义当死难，不量势力，与之犄角。赖朝廷威灵，幸无覆败。既而谗言朋兴，几陷不测，臣之心事，未及自明。先帝登遐，无阶控吁。乃幸天启神圣，陛下龙飞，开臣于覆盆之下，而照之以日月。悯恻慰劳，至勤诏旨，怜其乌鸟之情，使得归省，推之大孝之仁，优之以存问。超历常资，授以留都本兵之任。恳疏辞免，慰旨益勤。在昔名臣硕辅，鲜有获是于其君者，而况于臣之卑鄙浅劣，亦将何以堪此乎？今又加以封爵之崇，臣惧功微赏重，无其实而冒其名，忧祸败之将及也。夫人主与频笑之微，不以假于匪人，而况爵赏之重乎？人臣之事君也，先其事而后其食，食且不可，而况于封爵乎？且臣之所以不敢受爵，其说有四，然亦不敢不为陛下一陈其实矣。

宁藩不轨之谋，积之十数年矣，持满应机而发，不旬月而败，此非人力所及也。上天之意，厌乱思治，将启陛下之神圣，以中兴太平之业，故蹶其谋而夺之魄。斯固上天之为之也，而臣欲冒之，是叨天之功矣。其不敢受者一也。

先宁藩之未变，朝廷固已阴觉其谋，故改臣以提督之任，假臣以便宜之权，使据上游以制其势。故臣虽仓卒遇难，而得以从宜调兵，与之从事。当时帷幄谋议之臣，则有若大学士杨廷和等，该部调度之臣，则有若尚书王琼等，是皆有先事御备之谋，所谓发纵指示之功也。今诸臣未蒙显褒，而臣独冒膺重赏，是掩人之善矣。其不敢受者二也。

变之初起，势焰煊炽，人心疑惧退沮。当时首从义师，自伍文定、邢珣、徐琏、戴德孺诸人之外，又有知府陈槐、曾玙、胡尧元等，知县刘源清、马津、傅南乔、李美、李楫及杨材、王冕、顾佖、刘守绪、王轼等，乡官都御史王懋中，编修邹守益，御史张鳌山、伍希儒、谢源等诸人，臣今不能悉数，其间或催锋陷阵，或遮邀伏击，或赞画谋议，监录经纪。虽其平日人品，或有清浊高下，然就兹一事而言，固亦咸有捐躯效死之忠，戮力勤王之绩，所谓同功一体者也。今赏当其功者固已有之，然施不酬劳之人尚多也。其帐下之士，若听选官雷济，已故义官萧禹，致仕县丞龙光，指挥高睿，千户王佐等，或诈为兵檄，以挠其进止，坏其事机，或伪书反间，以离其心腹，散其党与，阴谋秘计，盖有诸将士所不与知，而辛苦艰难，亦有诸部领所未尝历者。臣于捷奏本内，既不敢琐琐烦渎。今闻纪功文册，复为改造者多所删削。其余或力战而死于锋镝，或犯难而委于沟渠，陈力效能者，尤不可以枚举。是皆一时号召之人，臣于颠沛抢攘之际，今已多不能记忆其姓名籍贯。复有举人冀元亨者，为臣劝说宁濠，反为奸党构陷，竟死狱中。以忠受祸，为贼报仇。抱冤赍恨，实由于臣。虽尽削臣职，移报元亨，亦无以赎此痛。此尤伤心惨目，负之于冥冥之中者。夫倡义调兵，虽起于臣，然犹有先事者为之指措。而戮力成功，必赖于众，则非臣一人之所能独济也。乃今诸将士之赏，尚多未称，而臣独蒙冒重爵，是袭下之能矣。其不敢受者三也。

夫周公之功大矣，亦臣子之分所当为。况区区犬马之微劳，又皆偶逢机会，幸而集事者，奚足以为功乎？臣世受国恩，碎身粉骨，亦无以报。缪当提督重任，承乏戎行，苟免鳏旷，况又超擢本兵，既已叨冒逾分。且臣近年以来，忧病相仍，神昏志散，目眩耳聋，无复可用于世。兼之亲族颠危，命在朝夕。又不度德量分，自知止足，乃冒昧贪进，据非其有，是忘己之耻矣。其不敢受者四也。

夫殃莫大于叨天之功，罪莫甚于掩人之善，恶莫深于袭下之能，辱莫重于记己之耻。四者备而祸全，故臣之不敢受爵，非敢以辞荣也，避祸焉尔已。

伏愿陛下鉴臣之辞出于诚恳，收还成命，容臣以今职终养老亲，苟全余喘于林下，以所以滥施于臣者普于众，以明赏罚之典，以彰大小之功，以慰不均之望，以励将来效忠赴义之臣，臣死且不朽矣。不胜受恩感激，恳切愿望之至！

缘系辞免封爵，普恩赏以彰国典事理，谨具本题。

再辞封爵普恩赏以彰国典疏嘉靖元年

臣于正德十六年十二月，节准兵部、吏部咨，节该题奉圣旨："江西反贼剿平，地方安靖，各该官员功绩显著，你部里既会官集议，分别等第明白，王守仁封伯爵，给与诰卷，子孙世世承袭，照旧参赞机务，钦此。""王守仁封新建伯，奉天翊运推诚宣力守正文臣，特进光禄大夫柱国，还兼南京兵部尚书，照旧参赞机务，岁支禄米一千石，三代并妻一体追封，钦此。"臣闻命惊惶，窃惧功微赏重，祸败将及，已经具本辞免去后。随于嘉靖元年七月十九日，准吏部咨，该臣奏前事，节奉圣旨："论功行赏，古今令典，诗书所载，具可考见。卿倡义督兵，剿除大患，尽忠报国，劳绩可嘉，特加封爵，以昭公义，宜勉承恩命，所辞不允。该部知道，钦此。"钦遵。

臣以积恶深重，祸延先人，臣方茕然瘠疾，仅未殒绝。闻命悸栗，魂魄散乱。已而伏块沉思，臣以微劳，冒膺重赏，所谓叨天之功，掩人之善，袭下之能，忘己之耻者，臣于前奏已具陈之矣。然而圣旨殷优，独加于臣，余皆未蒙采录者，岂以江西之功，果臣一人之所能独办乎？朝廷爵赏，本以公于天下，而臣以一身掠众美而独承之，是臣拥阏朝廷之大泽，而使天下有不均之望也，罪不滋重已乎？夫庙堂之赏，朝廷之议也，臣不敢僭及。至于臣所相与协力同事之人，则有不得不为一申白者。古者赏不逾时，欲人速得为善报也。今效忠赴义之士，延颈而待，已三年矣。此而更不一言，事日已远，而意日已衰，谁复有为之论列者。故臣辄敢割痛忍哀，冒斧钺而控吁，气息奄奄之中，忽不自觉其言之躁妄，亦其事有所感于昔，而情有所激于其中也。

窃惟宸濠之变，实起仓卒，其气势张皇，积威凌劫，虽在数千里外，无不震骇失措，而况江西诸郡县近切剥床，触目皆贼兵，随处有贼党。当此之时，臣以逆旅孤身，举事其间，虽仰仗威灵以号召远近，然而未受巡抚之命，则各官非统属也；未奉讨贼之旨，其事乃义倡也。若使其时郡县各官果怀畏死偷生之心，但以未有成命，各保土地为辞，则臣亦可何如哉。然而闻臣之调，即感激奋励，或提兵而至，或挺身而来，是非真有捐躯赴难之义，戮力报主之忠，孰肯甘粉齑之祸，从赤族之诛，蹈必死之地，以希万一难冀之功乎？然则凡在与臣共事者，皆有忠义之诚者也。夫均秉忠义之诚以同赴国难，而功成行赏，臣独当之，人将不食其余矣。此臣所为不敢受也。且宸濠之变，天实阴夺其魄而摧败之速，是以功成之后，不复以此同事诸人者为庸。使其时不幸而一蹶涂地，则粉身灭族之惨，亦同事诸人者自当之乎？将犹可以藉众议之解救而除免之乎？夫下之人犯必死之难以赴义，则上之人有必行之赏以报功。今臣独崇爵，而此同事诸人者乃或赏或否，或不行其赏而并削其绩，或常未及播而罚已先行，或虚受升职之名而因使退闲，或冒蒙不忠之号而随以废斥。由此言之，亦何苦捐身赴义，以来此哎哎之口，而自求无实之殃乎？乃不若退缩引避，反可以全身远害，安处富贵，而逭于众口之诽也。夫披坚执锐，身亲行伍，以及期赴难，而犹不免于不忠之罚，则容有托故推奸，坐而观望者，又将何以加之？今不彼之议，而独此之察，则已过矣。

昔人有蹊田而夺牛者，君子以为蹊田固有责，而夺牛则已甚。今人驱牛以耕我之田，既种且获矣，而追究其耕之未尽善也，复从而夺之牛，无乃太远于人情乎？方今议者，或以某也素贪而鄙，某也素躁而狂，故虽有功而当抑其赏，虽有劳而不赎其罪。噫！是亦过矣。

当宸濠之变，抚按三司等官，咸被驱缚，或死或从；其余大小之职，近者就縻，远者逃溃矣。当此之时，苟知有从我者，皆可以为忠义之士，尚得追论其平时邪！况所谓若贪与鄙者，或出于谗嫉之口而未皆真邪？若居常处易，选择而使，犹不免于失人，况一时乌合之众。而顾以此概之，其责于人，终无已乎？夫考素行，别贤否，以激扬士风者，考课之常典；较功力，信赏罚，以振作士气者，军旅之大权。故鄙猥之行，平时不耻于士列，而使贪使诈，军事有所不废也。急难呼吸之际，要在摧锋克敌而已，而暇逆计其他乎？当此之时，虽有御人国门之寇，苟能效其智力以协济吾事，亦将用之；用之而事果有成，亦必赏之。况乎均在士人之列，同有勤事之忠者乎？人于平居无事，扼腕抵掌而谈，孰不曰我能临大节，死大难。及当小小利害，未必至于死也，而或有仓皇失措者有矣。又况矢石之下，剑刃之间，前有必死之形，而后有夷灭之祸，人亦何不设以身处其地而少亮之乎？

夫考课之典，军旅之政，固并行而不相悖。然亦不可以混而施之。今人方有可录之功，吾且遂行其赏可矣。纵有既往之愆，亦得以今而赎。但据其显然可见者，毋深求其隐然不可见者赏行矣。而其人之过犹未改也，则从而行其黜谪。人将曰："昔以功而赏，今以罪而黜，功罪显而劝惩彰矣。"今也将明军旅之赏，而阴以考课之意行于其间，人但见其赏未施而罚已及，功不录而罪有加，不能创奸警恶，而徒以阻忠义之气，快谗嫉之心。譬之投杯醪于河水，而曰："是有醪焉，亦可饮而醉也。"非易牙之口，将不能辨之矣，而求饮者之醉，可得乎？

人臣于国家之难，凡其心之可望，力之可为，涂肝脑而膏髓骨，皆其职分所当。然则此同事诸臣者，遂敢以此自为之功而邀赏于其上乎？顾臣与之同事同功，今赏积于臣，而彼有未逮，臣复抗颜直受而不以一言，是使朝廷之上果以其功独归于臣，而此诸人者之绩因臣之为蔽而卒无以自显于世也。且自平难以来，此同事诸人者，非独为已斥诸权奸之所诬构挫辱而已也，群憎众嫉，惟事指摘搜罗以为快，曾未见有鸣其不平而伸其屈抑者。幸而陛下龙飞，赫然开日月之光，英贤辅翼，廓清风而鼓震电，于是阴气始散而魍魉潜消。然而覆盆之下，尚或有未能自露者也。故臣敢不避矜夸僭妄之戮，而辄为诸臣者一诉其艰难抑郁之情。

昔汉臣赵充国破羌而归，人有访之谦让功能者。充国曰："吾老矣，爵位已极，岂嫌伐一时事以欺明主哉？兵政国之大事，当为后法，老臣不以余命，一为主上明言其利害，卒死，谁当复言之者？"卒以实对。夫人之忠于国也，杀身夷族有不避，而乃避其自矜功伐之嫌乎？臣始遇变于丰城也，盖举事于仓卒茫昧之中，其时岂能逆睹其功之必就，谓有今日爵赏之荣而为哉？徒以事关宗社，是以不计成败利钝，捐身家，弃九族，但以输忠愤而死节，是臣之初心也。至于号告三军，则虽激之以忠义，而实歆之以爵禄延世之荣；励之以名节，而复动之以恩赏绚耀之美。是非敢以虚言诱之也，以为功而克成，则此爵禄恩赏亦有国之常典，理所必有也。今臣受殊赏而众有未逮，是臣以虚言罔诱其下，竭众人之死而共成之，掩众人之美而独取之，见利忘信，始之以忠信，终之以贪鄙，外以欺其下，而内失其初心，亦何颜面以视其人乎？故臣之不敢独当殊赏者，非不知封爵之为荣也，所谓有重于封爵者，故不为苟得耳。

伏愿陛下鉴臣之言，不以为夸也，而因以察诸臣之隐；允臣之辞，不以为伪也，而因以普诸臣之施。果以其赏在所薄与，则臣亦不得而独厚；果以其赏或可厚与，则诸臣亦不得而遂薄也。江西同事诸臣，臣于前奏亦已略举，且该部具有成册可查，不敢复有所尘渎。臣在衰绖忧苦之中，非可有言之日，事不容已而有是举，不胜受恩感激，含哀冒死，战栗惶惧，恳切祈祷之至！

卷十四　别录六

奏疏六

辞免重任乞恩养病疏嘉靖六年六月

臣自正德十四年江西事平之后，身罹谗构，危疑汹汹，不保朝夕。幸遇圣上龙飞，天开日朗，鉴臣蝼蚁之忠，下诏褒扬洗涤，出臣于覆盆之下；进官封爵，召还京师。因乞便道归省，随蒙赐敕遣官奖劳慰谕，锡以银币，犒以羊酒。臣感激天恩，虽粉骨碎身，云何能报。不幸遭继父丧，未获赴阙陈谢。服满之后，又连年病卧，喘息奄奄，苟避形迹。皇上天高地厚之恩，迄今六年于此矣，尚未能一睹天颜，稽首阙廷之下，臣实瞻戴恋慕，昼夜热中，若身在芒刺。迩者曾蒙谢恩之召，臣之至愿；惟不能即时就道，顾乃病卧呻吟，徒北望感泣，神魂飞驰而已。

今年六月初六日，兵部差官赍文前到臣家，内开奏奉钦依，以两广未靖，命臣总制军务，督同都御史姚镆等勘处者。臣闻命惊惶，莫知攸措。伏自思惟，臣于君命之召，当不俟驾而行，矧兹军旅，何敢言辞？顾臣病患久积，潮热痰嗽，日甚月深，每一发咳，必至顿绝，久始渐苏。乃者谢恩之行，轻舟安卧，尚未敢强，又况兵甲驱劳，岂复堪任。夫委身以图报，臣之本心也。若冒病轻出，至于偾事，死无及矣。

臣又伏思两广之役，起于土官仇杀，比之寇贼之攻劫郡县，荼毒生灵者，势尚差缓。若处置得宜，事亦可集。姚镆平日素称老成慎重，一时利钝前却斯亦兵家之常，要在责成，难拘速效。御史石金据事论奏，是盖忠于陛下，将为国家宏仁覆久远之图，所以激励镆等，使之集谋决策，收之桑榆也。

臣本书生，不习军旅，往岁江西之役，皆偶会机宜，幸而成事。臣之才识，自视未及姚镆，且近年以来，又已多病。况兹用兵举事，镆等必尝深思熟虑，得其始末条贯，中事少沮，辄以臣之庸劣参与其间，行事之际，所见或有同异，镆等益难展布。

夫军旅之任，在号令严一，赏罚信果而已。慎择主帅，授钺分阃，当听其所为。臣以为两广今日之事，宜专责镆等，隆其委任，重其威权，略其小过，假以岁月，而要其成功。至于终无底绩，然后别选才能，兼于民情土俗素相谙悉，如南京工部尚书胡世宁，刑部尚书李承勋者往代其任。

夫朝廷用人，不贵其有过人之才，而贵其有事君之忠，苟无事君之忠，而徒有过人之才，则其所谓才者，仅足以济其一己之功利，全躯保妻子而已耳。如臣之迂疏多病，徒持文墨议论，未必能济实用者，诚宜哀其不逮，容令养疾田野。俟病瘥之后，不终弃废，或可量置闲散之地，使自得效其涓埃。则朝廷于任贤御将之体，因物曲成之仁，道并行而不相背矣。臣不敢苟冒任使以欺国事，不胜感恩激义，恳切祈望之至。

赴任谢恩遂陈肤见疏 六年十二月初一日

臣于病废之余，特蒙恩旨起用，授以两广军旅重寄。臣自惟朽才病质，深惧不任驱使，以误国事，具本辞免。过蒙圣旨"卿识敏才高，忠诚体国，今两广多事，方藉卿威望抚定地方，用纾朕南顾之怀。姚镆已致仕了，卿宜星夜前去，节制诸司，调度军马，抚剿贼寇，安戢兵民，勿再迟疑推诿，以负朕望。还差官铺马裹赍文前去敦趣赴任行事，该部知道，钦此。"钦遵兵部移咨到臣，捧读感泣，莫知攸措。

伏念世受国恩，粉骨齑骸，亦无能报。又况遭逢明圣，温旨勤拳若是，何能复顾其他。已于九月初八日扶病起程，沿途就医，服药调理，昼夜前进。奈秋暑旱涩，舟行甚难，至十一月二十日，始抵梧州。思恩、田州之事，尚未及会同各官查审区处，然臣沿途涉历，访诸士夫之论，询诸行旅之口，颇有所闻，不敢不为陛下一言其略。

臣惟岑猛父子固有可诛之罪，然所以致彼若是者，则前此当事诸人亦宜分受其责。

盖两广军门专为诸瑶、獞及诸流贼而设，朝廷付之军马钱粮事权，亦已不为不专且重，若使振其军威，自足以制服诸蛮。然而因循怠弛，军政日坏，上无可任之将，下无可用之兵，一有惊急，必须倚调土官狼兵，若猛之属者而后行事。故此辈得以凭恃兵力，日增其桀骜。今夫父兄之于子弟，苟役使频劳，亦且不能无倦；况于此辈夷犷之性，岁岁调发，奔走道途，不得顾其家室，其能以无倦且怨乎？及事之平，则又功归于上，而彼无所与。兼有不才有司，因而需索引诱，与之为奸，其能以无怒且慢乎？

既倦且怨，又怒以慢；始而征发愆期，既而调遣不至。上嫉下愤，日深月积，劫之以势而威益亵，笼之以诈而术愈穷；由是谕之而益梗，抚之而益疑，遂至于有今日，加以叛逆之罪而欲征之。

夫即其已暴之恶征之，诚亦非过，然所以致彼若是，已非一朝一夕之故。且当反思其咎，姑务自责自励，修我军政，布我威德，抚我人民，使内治外攘而我有余力，则近悦远怀而彼将自服，顾不复自反而一意愤怒之。

夫所可愤者，不过岑猛父子及其党恶数人而已，其下万余之众，固皆无罪之人也。今岑猛父子及其党恶数人既云诛戮，已足暴扬，所遗二酋，原非有名恶目，自可宽宥者也。又不胜二酋之愤，遂不顾万余之命，竭两省之财，动三省之兵，使民男不得耕，女不得织，数千里内骚然涂炭者两年于兹。然而二酋之愤，至今尚未能雪也。徒尔兵连祸结，征发益多，财馈益殚，民困益深，无罪之民死者十已六七。山瑶海贼乘衅摇动，穷迫必死之寇既从而煽诱之，贫苦流亡之民又从而逃归之，其可忧危何啻十百于二酋者之为患。其事已兆而变已形，顾犹不此之虑，而汲汲于于二酋，则当事者之过计矣。

今当事者之于是役，其悴心憔思亦可谓勤且至矣。特发于愤激而狃为其难，是以劳而未效。夫二酋者之沮兵拒险，亦不过畏罪逃死，苟为自全之计；非如四方流劫之贼攻城堡，掠乡村，掳财物，杀良民，日为百姓之患，人人欲得而诛之者。今驱困惫之民，使裹粮荷戈，以征不为民患、素无仇怨之虏，此人心之所以不奋，而事之所以难济也。

又今狼达土汉官兵亦不下数万，与万余畏罪逋诛之虏相持已三月有余，而未能一决者，盖以我兵发机太早，而四面防守太密，是乃投之无所往，而示之以必不活，益使彼先虑预备，并心协力，坚其必死之志以抗我师。

就使我师将勇卒奋，决能取胜，亦必多杀士众，非全军之道，又况人无战志，而徒欲合围待毙，坐收成功，此我兵之所以虽众而势日以懈，贼虽寡而志日以合，备日密而气日以锐者也。夫当事者之意，固无非欲计出万全，然以用兵而言，亦已失之巧迟，所谓强弩之末，不能穿鲁缟矣。

臣愚以为且宜释此二酋者之罪，开其自新之路。而彼犹顽梗自如，然后从而杀之，我亦可以无憾。苟可曲全，则且姑务息兵罢饷，以休养疮痍之民，以绝觊觎之奸，以弭不测之变。迨于区处既定，德威既洽，蛮夷悦服之后，此二酋者遂能改恶自新，则我亦岂必固求其罪。若其尚不知悛，执而杀之，不过一狱吏之事，何至兵甲之烦哉？

或者以为征之不克，而遽释之，则纪纲疑于不振。臣窃以为不然。夫天子于天下之民物，如天覆地载，无不欲爱养而生全之，宁有蕞尔小丑，乃与之争愤求胜，而谓之振纪纲者？惟后世贪暴诸侯，强凌弱，众吞寡，则必务于求胜而后已，斯固五霸之罪人也。昔苗顽不即工，舜使禹、益徂征，三旬，苗民逆命，禹及班师振旅。夫以三圣人者为之君帅，以征一顽苗，谓宜终朝而克捷。顾历三旬之久，而复至于班师以归，自今言之，其不振甚矣；然终致有苗之格，而万世称圣；古之所谓振纪纲者，固若是耳。

臣以匪才，缪膺重命，得总制四省军务，以从事于偏隅之小丑，非不知乘此机会，可以侥幸成功，苟免于怯懦退避。然此必多调军兵，多伤士卒，多杀无罪，多费粮饷，又不足以振扬威武，信服诸夷，仅能取快于二酋之愤，而忘其遗忠于两省之民，但知徼功于目前，而不知投艰于日后。此人臣喜事者之利，非国家之福，生民之庇，臣所不忍也。

臣又闻两广主计之吏，谓自用兵以来，所费银两已不下数十万，梧州库藏所遗，不满五万之数矣；所食粮米已不下数十万，梧州仓廪所存，不满一万之数矣。由是言之，尚可用兵不息，而不思所以善后之图乎？

臣又闻诸两省士民之言，皆谓流官之设，亦徒有虚名而反受实祸。诘其所以，皆云思恩未设流官之前，土人岁出土兵三千以听官府之调遣；既设流官之后，官府岁发民兵数千以防土人之反覆。即此一事，利害可知。且思恩自设流官以来，十八九年之间，反者五六起，前后征剿，曾无休息，不知调集军兵若干，费用粮饷若干，杀伤良民若干。朝廷曾不能得其分寸之益，而反为之忧劳征发。浚良民之膏血而涂诸无用之地，此流官之无益，亦断然可睹矣。但论者皆以为既设流官而复去之，则有更改之嫌，恐启人言而招物议，是以宁使一方之民久罹涂炭，而不敢明为朝廷一言，宁负朝廷而不敢犯众议。甚哉。人臣之不忠也。苟利于国而庇于民，死且为之矣，而何人言物议之足计乎。

臣始至，地方虽未能周知备历，然形势大略亦可概见。田州切邻交趾，其间深山绝谷，皆瑶、僮之所盘据，动以千百。必须仍存土官，则可藉其兵力，以为中土屏蔽。若尽杀其人，改土为流，则边鄙之患，我自当之，自撤藩篱，非久安之计，后必有悔。思恩、田州处置事宜，俟事平之日，遵照敕旨，公同各官另行议奏。但臣既有所闻见，不敢不先为陛下一言，使朝廷之上早有定处，臣等得一意奉行，不致往复查议，失误事机，可以速安反侧，实地方之幸，臣等之幸。臣不胜受恩感激，竭忠愿效之至。

辞巡抚兼任举能自代疏 七年正月初二日

嘉靖六年十二月初二日，准本院咨节该吏部题奉圣旨："王守仁暂令兼理巡抚两广等处地方，写敕与他，钦此。"钦遵外，臣闻命之余，愈增惶惧。

　　窃念臣以迂疏多病之躯，缪承总制四省军务之命，既已有不胜其任之忧矣。方尔昼夜驱驰，图其所以仰副朝廷之重委者，而尚未知所措。今又加巡抚之责，岂其所能堪乎。况两广地方，比于他处，尤繁且难：蛮夷瑶、僮之巢穴，处处而是，攻劫抢掳之警报，日日而有；近年以来，加之以师旅，因之以饥馑，郡县之凋敝日甚，小民之困苦益深。巡抚之任，非得才力精强者，重其事权，渐其官阶，而久其职任，殆未可求效于岁月之间也。盖非重其事权则不可以渐其官阶，非渐其官阶则不以久其职任，非久其职任则凡所举动，多苟且目前之计，而不为日后久长之谋，邀一时之虚名，而或遗百年之实祸。膏泽未洽于下，而小民无爱戴感恋之诚；德威未敷于远，而蛮夷无信服归向之志。此巡抚两广之任，虽才能相继，而治效之所以未究也。

　　切见致仕副都御史伍文定质性勇果，识见明达，往岁宁藩之变，尝从臣起兵讨逆，臣备知其能。今年力未衰，置之闲散，诚有可惜。若起而用之，以为巡抚，其于经略之方，抚绥之术，必能不负所委。及照刑部左侍郎梁村，新升南赣副都御史汪鋐，亦皆才能素著，抑且旧在两广，备谙土俗民情，皆足以堪斯任。乞敕吏部于三人之中选择而使之。臣之驽劣多病，俾得专意思、田之役，幸而了事，容令照旧回还原籍调理。非独巡抚得人，地方有所倚赖，而臣之不肖，亦苟免于覆𫗧之消矣。

奏报田州思恩平复疏七年二月十三日

嘉靖七年正月二十七日，据广西田州府目民卢苏、陆豹、黄笋、胡喜、邢相、卢保、罗黄、王陈、罗宽、戴庆等连名具状，为悔罪投降，陈情乞恩事，投称：先因本府土官岑猛与泗城州屡年互相仇杀，获罪上司，于嘉靖五年六月内，致蒙奏请官兵征剿临境。岑猛自思原无反叛情由，意得招抚，先自同道士钱一真及亲信家人逃躲归顺州界，苏等俱各畏避，四散逃入山林；止有各处寄住客户千余，躲避不及，冒犯官军，俱蒙杀剿，目民人等俱不敢抵抗官军；惟有陆绥不曾远遁，当被擒斩；其余韦好、罗河等俱蒙官军陆续搜山杀死。蓦于当年九月内，归顺土官岑璋书报岑猛见在该州，前月已将道士钱一真功次假作岑猛解报军门，尔可作急平定地方，来迎尔主。苏等听信，遣人即送衣服槟榔等件。岑璋一一收受，言说岑猛不可轻易见人，官府得知累我。续于十月内，岑猛又差人促令邀同王受招复乡村，因见府治空虚，乘便入城休息。又遣迎岑猛、岑璋回说，尔今地方未定，姑候来春，我当发兵三十余营送尔主来，且替尔防宁。苏等因此逃命屯聚，以候岑猛，并无叛心。嘉靖六年正月，有人传说岑猛于天泉岩内急病身死，尸骨被岑璋烧毁，金银尽被收获。随遣人去归顺探问，又被岑璋杀死。苏等痛悔无由，窃思官男岑邦彦先已齐村病故，今闻岑猛又死，无可靠，欲出投诉。切见四方军马充斥，声言务要尽剿，又恐飞虫附火，必损其身；又蒙上司阴使王受图杀卢苏，又使卢苏图杀王受，反覆难信，投降无路，日切苦痛。今幸朝廷宽赦，钦命总制天星体天行道，按临在此，神鬼信服，苏等方敢舍命求生，率领阖府目民男子大小人等共计四万余名□尽数投降。伏乞悯念生灵草命，赦死立功，以赎前罪。哀乞怜悯岑猛原无反叛情罪，存其一脉，俯顺夷情，办纳粮差，实为万幸等情。

并据思恩府头目王受、卢苏、黄容、卢平、韦文明、侣马、黄留、黄石、陆宗、覃鉴、潘成等，亦连名具状，告同前事，投称：本府原系土官，自改立流官，开图立里，土俗不便，奈缘小人冥顽，不谙汉法，屡次扰乱不定。受等同辞恳乞上司仍立目甲，不意反致官府嗔怪。近又蒙官兵征剿田州，要将受等一概诛灭，必要穷追逐捕，只得逃遁山林。兼以八寨蛮子原以剽掠为生，乘机假受姓名，每每攻图城邑，劫掳乡村，虚名受祸。受等即欲挺身投诉，见得四方军马把截，兼闻阴使卢苏图杀王受，又使王受图杀卢苏，反覆信，以此连年抱苦，控诉无由。且受等颇知利害，岂敢自速灭亡。今幸朝廷宽恩，命总制天星按临在此，神鬼信服，受等方敢率领所部目民男女大小人等共计三万余名□舍命投降，伏乞详情赦死，以全草命。更望俯顺夷情，仍复目甲，使得办纳粮差，实为万幸等因。各投诉到臣。

据此照得先于嘉靖六年七月初七日，为地方事，节奉敕谕："先该广西田州地方逆贼岑猛为乱，已令提督两广等官都御史姚镆等督兵进剿。随该各官奏称岑猛父子悉已擒斩，巢穴荡平，捷音上闻，已经降敕奖励，论功行赏。续该各官复奏恶目卢苏倡乱复叛，王受攻陷思恩。及节据石金所奏，前项地方卢苏、王受结为死党，互相依倚，祸孽日深，将来不可收拾。又参称先后抚臣举措失当，姚镆等攘夷无策，轻信寡谋，图田州已不可得，并思恩胥复失之，要得通信查究追夺。兵部议奏，以各官先后所论事宜，意见不同，且兵连两广调遣，事干邻境地方，必得重臣前去总制，督同议处，方得停当。今特命尔提督两广及江西、湖广等处地方军务，星驰前去彼处，即查前项夷情，田州因何复叛，思恩因何失守。督同姚镆等斟酌事势，将各夷叛乱未形者可抚则抚，反形已露者当剿即剿，一应主客官军，从宜调遣，主副将官及三司等官，悉听节制。公同计议应设土官、流官，何者经久利便。并先今抚镇等官，有功有过，分别大小轻重，明白奏闻区处。事体十分重大者，具奏定夺。朕以尔功绩久著，才望素隆，特兹简任。尔务以体国为心，闻命就道，竭忠尽力，大展谋猷，俾夷患殄除，地方安靖，以纾朕西南之忧。仍须深虑却顾，事出万全，一劳永逸，以为广人久远之休。毋得循例辞避，以孤众望，钦此。"

钦遵，随于九月内节该兵部咨为辞免重任乞恩养病事，臣奏奉圣旨："卿识敏才高，忠诚体国，今两广多事，方藉卿威望抚定地方，用纾朕南顾之怀。姚镆已致仕了，卿宜星夜前去，节制诸司，调度军马，抚剿贼寇，安戢兵民，勿再迟疑推诿，以负朕望。还差官铺马赍赍文前去敦趣赴任行事。该部知道，钦此。"钦遵，当即启行，至十一月二十一日抵梧州莅任。

十二月内，续准兵部咨为地方大计紧急用人事，该礼部右侍郎方献夫奏，节奉圣旨："方献夫所奏关系地方大计，郑润、朱麟与姚镆事同一体，姚镆已着致仕，郑润等因贼情未宁，暂且留用。今既这等说，郑润取回，代替的朕自简用朱麟。应否去留着兵部会议，并堪任更代的，推举相应官两员来看。田州应否设都御史在彼住扎，还着王守仁议处，具奏定夺，钦此。"备咨前来知会，俱经钦遵外，本月初五日进至平南县地方，与都御史姚镆交代。二十二等日，太监郑润，总兵官朱麟陆续各回梧州、广州等处，听候新任。

总兵、太监交代去讫，当臣公同巡按纪功御史石金，右布政林富，参政汪必东、邹辙，副使祝品、林大辂，佥事汪滧、张邦信、申惠、吴天挺，参将李璋、沈希仪、张经及旧任副总兵今闲住都指挥同知张祐，并各见在军前用事等官，会议得思恩、田州之役，兵连祸结两省，荼毒已逾二年，兵力尽于哨守，民脂竭于转输，官吏罢于奔走。即今地方已如破坏之舟，漂泊于颠风巨浪中，覆溺之患，汹汹在目，不待智者而知之矣。今若必欲穷兵雪愤，以收前功，未论其不克，纵复克之，亦有十忠。何者？

今皇上方推至孝以治天下，恻怛之仁，覆被海宇，惟恐一物不得其所，虽一夫之狱，犹虑有所亏枉，亲临断决，况兹数万无辜之赤子，而必欲穷搜极捕，使之噍类不遗，伤伐天地之和，亏损好生之德，其患一也。

屯兵十万，日费千金，自始事以来，所费银米各已数十余万。前岁之冬，二酋复乱，至今且余二年。未尝与贼交一矢，接一战，而其费已若此；今若复欲进兵，以近计之，亦须数月，省约其费，亦须银米各十余万。计今梧州仓库所余银不满五万，米不满一万矣，兵连不息，而财匮粮绝，其患二也。

调集之兵，远近数万，屯戍日久，人怀归思。兼之水土不服，而前岁之疫死者一二万人，众情忧惑。自顷以来，疾病死者不可以数，无日无之。溃散逃亡，追捕斩杀而不能禁。其未敌而已若此，今复驱之锋镝之下，必有土崩瓦解之势，其患三也。

用兵以来，两省之民，男不得耕，女不得织，已余二年；衣食之道日穷，老稚转乎沟壑。今春若复进兵，又将废一年之耕，百姓饥寒切身，群起而为盗，不逞之徒，因而号召之，其祸殆有甚于思、田之乱者，其患四也。

论者皆以不诛二酋则无以威服土官，其殆不然。今所赖以诛二酋者，乃皆土官之兵，而在我曾无一旅可恃之卒。又不能宣布主上威德，明示赏罚，而徒以市井狙狯之谋相欺相诱，计穷诈见，益为彼所轻侮。每一调发旗牌之官，十余往反，而彼犹骜然不出，反挟此以肆其贪求，纵其吞噬。我方有赖于彼，纵之而不敢问。彼亦知我之不能彼禁也，益狂诞而无所忌。岑猛之僭妄，亦由此等积渐成之。是欲诛一二逃死之遗孽，而养成十数岑猛，其患五也。

两广盗贼，瑶、僮之巢穴动以数千百计，军卫有司营堡关隘之兵，时尝召募增补，然且不敷。今复尽取而聚之思、田之一隅，山瑶海寇，乘间窃发，遂至无可捍御。近益窥我空虚，出掠愈频，为患愈肆。今若复闻进兵，彼知事未易息，远近相煽蜂起，我兵势难中辍，救之不能，弃之不可，其为惨毒可忧，尤有甚于饥寒之民，其患六也。

军旅一动，馈运之夫，骑征之马，各以千计。每夫一名，顾直一两；马一匹，四两；马之死者则又追偿其主之直；是皆取办于南宁诸属县。百姓连年兵疲，困苦已极，而复重之以此，其不亡而为盗者，则亦沟中之瘠矣，其患七也。

两省土官于岑猛之灭，已各怀唇齿之疑，其各州土目于苏、受之讨，又皆有狐兔之憾，是以迟疑观望，莫肯效力。所凭恃者，独湖兵耳。然前岁之疫，湖兵死者过半，其间固多借倩而来，兵回之日，死者之家例有偿命银两，总其所费，亦以万数。今兹复调，踣顿道途。不得顾其家室，亦已三年，劳苦怨郁，潜逃而归者，相望于道，诛之不能，止因一隅之小愤，而重失三省土人之心，其间伏忧隐祸，殆难尽言，其患八也。

田州外捍交趾，内屏各郡，其间深山绝谷，又皆瑶、僮之所盘据。若必尽诛其人，异时虽欲改土设流，亦已无民可守。非独自撤藩篱，势有不可，抑亦藉膏腴之田以资瑶、僮，而为边夷拓土开疆，其患九也。

既以兵克，必以兵守，岁岁调发，劳费无已。秦时胜、广之乱，实兴于闾左之戍。且一夫制驭，变乱随生，反覆相寻，祸将焉极，其患十也。

故为今日之举，莫善于罢兵而行抚；抚之有十善。

活数万无辜之死命，以明昭皇上好生之仁，同符虞舜有苗之征，使远夷荒服无不感恩怀德，培国家元气以贻燕翼之谋，其善一也。息财省费，得节缩赢余以备他虞，百姓无椎脂刻髓之苦，其善二也。久戍之兵得遂其思归之愿，而免于疾病死亡脱锋镝之惨，无土崩瓦解之患，其善三也。又得及时耕种，不废农作，虽在困穷之际，然皆获顾其家室，亦各渐有回生之望，不致转徙自弃而为盗，其善四也。罢散土官之兵，各归守其境土，使知朝廷自有神武不杀之威，而无所恃赖于彼，阴消其桀骜之气，而沮慑其僭妄之心，反侧之奸自息，其善五也。远近之兵，各归旧守，穷边沿海，咸得修复其备御，盗贼有所惮而不敢肆，城郭乡村免于惊扰劫掠，无虚内事外，顾此失彼之患，其善六也。息馈运之劳，省夫马之役，贫民解于倒悬，得以稍稍苏复，起呻吟于沟壑之中，其善七也。土民释兔死狐悲之憾，土官无唇亡齿寒之危，湖兵遂全师早归之愿，莫不安心定志，涵育深仁而感慕德化，其善八也。思、田遗民得还旧土，招集散亡，复其家室，因其土俗，仍置酋长，彼将各保其境土而人自为守，内制瑶、僮，外防边夷，中土得以安枕无事，其善九也，土民既皆诚心悦服，不须复以兵守，省调发之费，岁以数千官军，免蹭顿道途之苦，居民无往来骚屑之患，商旅能通行，农安其业，近悦远来，德威覃被，其善十也。

夫进兵行剿之患既如彼，罢兵行抚之善复如此，然而当事之人乃犹往往利于进兵者，其间又有二幸四毁焉。下之人幸有数级之获，以要将来之赏；上之人幸成一时之捷，以盖日前之愆；是谓二幸。始谋请兵而终鲜成效，则有轻举妄动之毁；顿兵竭饷而得不偿失，则有浪费财力之毁；聚数万之众，而竟无一战之克，则有退缩畏避之毁；循土夷之情，而拂士夫之议，则有形迹嫌疑之毁；是谓四毁。二幸蔽于其中，而四毁惕于其外，是以宁犯十患而不顾，弃十善而不为。夫人臣之事君也，杀其身而苟利于国，灭其族而有裨于上，皆甘心焉；岂以侥幸之私，毁誉之末，而足以挠乱其志者。今日之抚，利害较然，事在必行，断无可疑者矣。于是众皆以为然。

二十六日，臣至南宁府，乃下令尽撤调集防守之兵，数日之内，解散而归者数万有余。湖兵数千，道阻且远，不易即归，仍使分留南宁、宾州，解甲休养，待间而发。

初，卢苏、王受等闻臣奉命前来查勘，始知朝廷亦无必杀之意，皆有投生之念，日夜悬望，惟恐臣至之不速。已而闻太监、总兵等官复皆相继召还，至是又见防守之兵尽撤，其投生之念益坚，乃遣其头目黄富等十余人于正月初七日先付军门诉苦，愿得扫境投生，惟乞宥免一死。臣等谕以朝廷之意正恐尔等亏枉，故特遣大臣前来查勘，开尔等更生之路，尔等果能诚心投顺，决当贷尔之死。因复开陈朝廷威德，备写纸牌，使各持归省谕卢苏、王受等。大意以为：

岑猛父子纵无叛逆之谋，即其凶残酷暴，慢上虐下，自有可诛之罪。今其父子党与俱已伏其辜，尔等原非有名恶目，本无大罪，至于部下数万之众，尤为无辜。今因尔等阻兵负险，致令数万无辜之民破家失业，父母死亡，妻子离散，奔逃困苦，已将两年；又上烦朝廷兴师命将，劳扰三省之民，尔等之罪固已日深。但念尔等所以阻兵负险者亦无他意，不过畏罪逃死，苟为自全之计，其情亦有可悯。方今圣上推至孝之仁，以子爱黎元，惟恐一物不得其所，虽一夫之狱，尚恐或有亏枉，亲临断决，何况尔等数万之命，岂肯轻意剿杀。故今特遣大臣前来查勘，开尔更生之路，非独救此数万无辜之民，亦使尔等得以改恶从善，舍死投生。牌至，尔等部下兵夫即可解散，各归复业安生。尔等即时出来投到，决当宥尔之死，全尔身家。若迟疑观望，则天讨遂行，后悔无及。限尔二十日内；尔若不至，是朝廷必欲开尔生路，而尔必欲自求死路，进兵杀尔，亦可以无憾矣。

苏、受等得牌，皆罗拜踊跃，炊声雷动。当即撤守备，具衣粮，尽率其众扫境来归，本月二十六日，俱至南宁府城下，分屯为四营。明日，苏、受等皆囚首自缚，各与其头目数百人赴军门投见。号哀控诉，各具投状，告称前情，乞免一死，愿得竭力报效。

臣等看得苏、受等所诉情节，亦与臣等前后所闻所访大略相同，其间虽有饰说，亦多真情，良可哀悯，因复照前牌谕所称，谕以朝廷恩德。以为朝廷既已赦尔等之死，许尔投降，宁肯诱尔至此，又复杀尔，亏失信义；尔之一死，决当宥尔矣，尔可勿复忧疑。但尔苏、受二人拥众负险，虽由畏死，然此一方为尔之故，骚扰二年有余，至上烦九重之虑，下疲三省之民，若不略示责罚，亦何以舒泄军民之愤。于是下卢苏、王受于军门，各杖之一百，众皆合辞扣首，为之请命，乃解其缚，谕以："今日宥尔一死者，是朝廷天地好生之仁；杖尔一百者，乃我等人臣执法之义。"于是众皆扣首悦服。臣亦随至其营，抚定余众，皆莫不感泣欢呼，皆谓朝廷如此再生之恩，我等誓以死报。

及据状末告"乞怜悯岑猛原无反叛情罪，存其一脉，俯顺夷情，办纳粮差"一节，自臣奉命而来，沿途询诸商买行旅，访诸士夫军民，莫不以为宜从夷俗，仍立土官，庶可永久无变；不然，反覆之患终恐不免。及臣至此，又公同大小各官审度事势，屡经酌量议处，亦皆以为治夷之道，宜顺其情。臣于先次谢恩本内，已经略具奏闻，至是因其控告哀切，当即遵照敕谕便宜事理，许以其情奏请。且谕以朝廷之意无非欲生全尔等，尔等但要诚心向化，改恶从善，竭忠报国，勿虑朝廷不能顺尔之情，于是又皆感激欢呼，皆谓朝廷如此再生之恩，我等誓以死报，且乞即愿杀贼立功以赎前罪。臣因谕以朝廷意惟愿生全尔等，今尔方来投生，岂忍又驱之兵刃之下。尔等逃窜日久，家业破荡，且宜速归，完尔家室，及时耕种，修复生理。至于各处盗贼，军门自有区处，不须尔等剿除：待尔家事稍定，徐当调发尔等。于是又皆感激欢呼，皆谓朝廷如此再生之恩，我等誓以死报。臣于是遂委右布政林富，旧任总兵官张祐分投省谕，安插其众，俱于二月初八日督令各归复业去讫。地方之事幸遂平定。

皆皇上至孝达顺之德，感格上下，神武不杀之威，震慑鬼神，风行于朝堂之上，而草偃于百蛮之表，是以班师不待七旬，而顽夷即尔来格，不折一矢，不戮一卒，而全活数万生灵，是所谓"绥之斯来，动之斯和"者也。臣以蹇劣，缪承任使，仰赖鸿休，得免罪责，快睹盛明，岂胜庆幸。

除将设立土官及地方一应经久事宜，遵照敕旨，公同各官再行议处，另行具奏外，缘系奏报平复地方事理，为此具本，专差冠带舍人王洪亲赍，谨具题知。

地方紧急用人疏七年二月十五日

先该礼部右待郎方献夫奏前事，节奉圣旨："田州应否设都御史在彼住扎，还着王守仁议处，具奏定夺，钦此。"兵部备咨前来知会，除钦遵外，随于今年正月二十七日该思恩、田州二府土目卢苏、王受等各率众数万自缚归降，该臣遵照敕谕事理，悉已抚定。当遣广西右布政林富，旧任副总兵张祐，分投督领各夷，各归原土复业安生。已经具本奏报外。

照得思恩、田州连年兵火杀戮之余，官府民居悉已烧毁破荡，虽蔀屋寻丈之庐，亦遭翻挖发掘，曾无完土，荒村僻坞，不遗片瓦尺椽，伤心惨目，诚不忍见，各夷近已诚心投服，毁弃兵戈，卖刀买牛，见已各事田作；自后反侧之患，以臣料之，或已可免。但其风景凄戚，生意萧条，忧惶困苦之余，无以自存，必得老成宽厚之人抚恤绥柔之，臣等见其悲惨无聊之状，诚亦未忍一旦弃去而不顾。况思、田去梧州军门水路一月之程，一时照料，有所不及。近又与各官议欲于田州建立流官府治，以制御土官；修复城池廨宇等项，必须劳民动众，自非素得夷情者为之经理区画，各夷凋

明代古钱币

弊之余，岂复堪此骚屑；况议设知府等官皆未曾到，一应事务，莫有任其责者。

看得右布政林富慈祥恺悌，识达行坚，素立信义，见在思、田地方安插各夷。合无准如方献夫所奏，将林富量改宪职，仍听臣等节制，暂于思、田地方往来住扎，抚循缉理，其于事理，亦甚相应。

臣又看得思、田地方原系蛮夷瑶、僮之区，不可治以中土礼法，虽流官之设，尚且不可，又况常设重臣，住扎其地，岂其所堪；则其供馈之费，送迎之劳，必且重贻地方异日之扰，斯亦不可不预言之者。合无将本官廪给口粮一应合用之费，及往来夫马一应合用之人，俱于南宁府卫取办，银两于库贮军饷内支给，一不以干思、田之人；俟一年之后，各夷生理渐复，府治城郭廨宇渐以完备，则将林富量移别处任用；而思、田止存知府理治，或设兵备官一员于宾州住扎，或就以南宁兵备兼理，不时往来抚循。如此，则目前既可以得抚定绥柔之益，而日后又可以免困顿烦劳之扰。臣之愚见，所议如此，惟复别有定夺，均乞圣明裁处。

地方急缺官员疏 七年二月十八日

先据广西副总兵李璋呈前事，看得柳、庆地方新任参将王继善既已病故，地方盗贼生发，不可一日缺官，乞暂委相应官一员前去代理等因到臣。该臣看得柳、庆地方，近因思、田用兵不息，瑶贼乘间出掠；参将王继善既已病故，而该道守巡兵备等官又以思、田之役皆在军门督饷督哨，地方重寄，委无一官之托。为照参将沈希仪虽系专设田州住扎官员，然田州之事，臣与各官见驻南宁，自可分理。本官旧在柳、庆，夷情土俗，备能谙悉，而谋勇才能，足当一面，求可委用，无逾本官者。该臣遵照钦奉敕谕便宜事理，就行暂委本官前去管理参将行事，听候奏请外。

近该思恩、田州土目卢苏、王受等率众归降，该臣行委右布政林富，闲住副总兵张祐，分投督领各夷各归原土复业安生，今各夷见已卖刀买牛，争事农作，度其事势，将来或可以无反侧之患；则前项驻扎参将，似亦可以无设。但今议于田州修复流官府治以控制士官，则城郭廨宇之役，未免劳民动众；疮痍大病之后，各夷岂复堪此。臣等议调腹里安靖地方官军、打手之属约二千名，隐然有屯戍之形，而实以备修建之役，庶几工可速就而又得免于起夫之扰。然非统驭得人，则于各夷或亦未免有所惊疑。除布政林富已另行议奏外，看得闲住总兵张祐才识通敏，计虑周悉，将略堪折冲之任，文事兼抚绥之长，今又见在思、田地方安插各夷，皆能得其欢心。乞敕兵部俯从臣议，将张佑复其旧职，暂委督令前项各兵，经理修建之役。仍令与布政林富更互往来于思、田之间，省谕安抚诸夷。其合用廪给夫马之类，悉照议处林富事例，于南宁府卫取办。俟一二年后各夷生理尽复，府治城郭廨宇悉已完备，则将张祐量改他处任用，而田州止存知府理治，仍乞将沈希仪或就改驻柳、庆地方守备。惟复别有定夺，均乞圣明裁处。

处置平复地方以图久安疏七年四月初六日

臣闻传说之告高宗曰："明王奉若天道，建邦设都，树后王君公，承以大夫师长，不惟逸豫，惟以乱民。"今天下郡县之设，乃有大小繁简之别，中土边方之殊，流官土袭之不同者，岂故为是多端哉？盖亦因其广谷大川风土之异气，人生其间，刚柔缓急之异禀，服食器用，好恶习尚之异类，是以顺其情不违其俗，循其故不异其宜，要在使人各得其所，固亦惟以乱民而已矣。

臣以迂庸，缪膺重命，勘处兵事于兹土，节该钦奉敕谕，谓"可抚则抚，当剿即剿"。是陛下之心，惟在于除患安民，未尝有所意必也。又节该钦奉敕谕，谓"贼平之后，公同议处，应设土官流官，何者经久利便"。是陛下之心，惟在于安民息乱，未尝有所意必也。始者思、田梗化，既举兵而加诛矣，因其悔罪来投，遂复宥而释之。固亦莫非仰体陛下不嗜杀人之心，倦倦忧悯赤子之无辜也。然而今之议者，或以为流官之设，中土之制也，已设流官而复去之，则嫌于失中土之制；土官之设，蛮夷之俗也，已去土官而复设之，则嫌于从蛮之俗。二者将不能逃于物议，其何以能建事而底绩乎。

是皆不然。夫流官设而夷民服，何苦而不设流官乎？夫惟流官一设，而夷民因以骚乱，仁人君子亦安忍宁使斯民之骚乱，而必于流官之设者？土官去而夷民服，何苦而必土官乎？夫惟土官一去而夷民因以背叛，仁人君子亦安忍宁使斯民之背叛，而必于土官之去者。是皆虞目前之毁誉，避日后之形迹，苟为周身之虑，而不为国家思久长之图者也。其亦安能仰窥陛下如天之仁，固平平荡荡，无偏无党，惟以乱民为心乎。

臣于思恩、田州平复之后，即已仰遵圣谕，公同总镇、镇巡、副参、三司等官太监张赐、御史石金等议应设流官、土官，何者经久利便，不得苟有嫌疑避忌，而心有不尽，谋有不忠。乃皆以为宜仍土官以顺其情，分土目以散其党，设流官以制其势。盖蛮夷之性，譬犹禽兽麋鹿，必欲制以中土之郡县，而绳之以流官之法，是群麋鹿于堂室之中，而欲其驯扰帖服，终必触樽俎，翻几席，狂跳而骇掷矣。故必放之闲旷之区，以顺适其犷野之性；今所以仍土官之旧者，是顺适其犷野之性也。然一惟土官之为，而不思有以散其党与制其猖獗，是纵麋鹿于田野之中，而无有乎墙墉之限，豮牙童梏之道，终必长奔直窜而无以维絷之矣。今所以分立土目者，是墙墉之限，豮牙童梏之道也。然分立土目而终无连属纲维于其间，是畜麋鹿于苑囿，而无守视之人以时守其墙墉，禁其群触，终将逾垣远逝而不知，践禾稼，决藩篱，而莫之省者。今所以特设流官者，是守视苑囿之人也。

议既佥同，臣犹以为土夷之心未必尽得，而穷山僻壤或有隐情也，则亦安能保其必行乎。则又备历田州、思恩之境，按行其村落而经理其城堡，因而以其所以处之之道询诸其目长，率皆以为善。又以询诸其父老子弟，又皆以为善。又以询诸其顽钝无耻，斯役下贱之徒，则又亦皆以为善。然后信其可以久行，而庶或幸免于他日之戮也矣，夫然后敢具本以请。亦恃圣明在上，洞见万里，而无微不烛，故臣得以信其愚忠，不复有所顾忌。然犹反覆其辞而更互其说者，非敢有虞于陛下不能亮臣之愚，良以今之士人，率多执己见而倡臆说，亦足以摇众心而偾成事，故臣不避烦舌之腾者，亦欲因是以晓之也。烦渎圣听，臣不胜战粟惶惧之至。

缘系处置平复地方以图久安长治事理，未敢擅便，为此开坐具本请旨。

计开：

一，特设流官知府以制土官之势。

臣等议得：思、田初服，朝廷威德方新，今虽仍设土官，数年之间，决知可无反侧之虑。但十余年后，其众日聚，其力日强，则其志日广，亦将渐有纵肆并兼之患。故必特设流官知府以节制之。其御之之道，则虽不治以中土之经界，而纳其岁办租税之人，使之知有所归效；虽不莅以中土之等威，而操其袭授调发之权，使之知有所统摄；虽不绳以中土之礼教，而制其朝会贡献之期，使之知有所尊奉；虽不严以中土之法禁，而申其冤抑不平之鸣，使之知有所赴诉；因其岁时伏腊之请，庆贺参谒之来，而宣其间隔之情，通其上下之义；矜其不能，教其不逮，寓警戒于温恤之中，消倔强于涵濡之内，使之日驯月习，忽不自知其为善良之归。盖含洪坦易以顺其俗，而委曲调停以制其乱，此今日知府之设，所以异于昔日之流官，而为久安长治之策也。

臣等看得田州故地宽衍平旷，堪以建设流官衙门。但其冲射凶恶，居民弗宁。今拟因其城垣略加改创修理，备立应设衙门。地僻事简，官不必备。环府之田二甲，皆以属之府官。府官既无民事案牍之扰，终岁可以专力于农，为之辟其荒芜，备其旱潦，通其沟洫；丁力不足，则听其募人耕种，官给牛具种子。岁收其入三分之一以廪官吏，而其余以食佃人，城之内外，渐置佃人庐舍，而岁益增募招徕以充实之。田州旧有商课，仍许设于河下薄取其税，以资祭祀宾旅柴薪马夫之给。凡流官之所须者，一不以及于土夷。如此，则虽草创之地，而三四年后，亦可以渐为富庶之乡。若其经营之始，则且须仰给于南宁府库。逮其城郭府治完备，事体大定，然后总会其土夷之所输，公田之所入，商税之所积，每岁若干，而官吏之所需者每岁若干，斟酌通融，立为经久之计。又必上司之制用者务从宽假，无太苛削，官吏其土者得以优裕展布，无局促牵制之繁，此又体悉远臣绥柔荒服之道也。至于思恩旧已设有流官，但因开图立里，绳以郡县之法，是以其民遂乱。今宜照旧仍设流官知府，听其土目各以土俗自治；而其连属制御之道，悉如臣等前之所议，庶可经久无患，均乞圣明裁处。

一，仍立土官知州以顺土夷之情。

臣等议得：岑氏世有田州，其系恋之私恩久结于人心。今岑猛虽诛，各夷无贤愚老少，莫不悲怆怀思，愿得复立其后。故苏、受之变，翕然蜂起，不约而同。自官府论之，则皆以为苗顽逆命之徒；在各夷言之，则皆自以为婴、臼存孤之义。故自兵兴以来，远近军民往往亦有哀怜其志，而反不直官府之为者。况各夷告称其先世岑伯颜者，尝钦奉太祖高皇帝敕旨："岑、黄二姓五百年忠孝之家，礼部好生看他，着江夏侯护送岑伯颜为田州府土官知府，职事传授子孙，代代相继承袭，钦此。"钦遵，其后如岑永通、岑祥、岑绍、岑鉴、岑镛、岑溥皆尝著征讨之绩，有保障之功，猛之暴虐骚纵，罪虽可戮，而往岁姚源之役，近年刘召之剿，亦皆间关奔走，勤劳在人。各夷告称官兵未进之先，猛尚遣人奉表朝贺贡献，又遣人赍本赴京控诉；官兵将进之时，猛遂率众远遁，未尝敢有抗拒。以此言之，其无反叛之谋，踪迹颇明。今欲仍设土官以顺各夷之情，而若非岑氏之后，彼亦终有未服。故今日土官之立，必须岑氏子孙而后可。

臣等看得田州府城之外，西北一隅，地形平坦，堪以居民。议以其地降为田州，而于旧属四十八甲之内，割其八甲以属之，听以其土俗自治。立岑猛之子一人，始授以署州事吏目；三年之后，地方宁靖，效有勤劳，则授以判官；六年之后，地方宁靖，效有勤劳，则授以为同知；九年之后，地方宁靖，效有勤劳，则授以为知州，使承岑氏之祀而隶之流官知府。其制御之道，则悉如臣等前之所议。如此，则朝廷于讨猛之罪，记猛之劳，追录其先世之忠，俯顺其下民之望者，兼得之矣。昔文武之政，罪人不孥，兴灭继绝，而天下之民归心。远近蛮夷见朝廷之所以处岑氏者若此，莫不曰猛肆其恶而举兵加诛，法之正也；明其非叛而不及其孥，仁之至也；录其先忠而不绝其祀，德之厚也；不利其土而复与其民，义之尽也；矜其冥顽而曲加生全，恩之极也。即此一举，而四方之土官莫不畏威怀德，心悦诚服，信义昭布，而蛮夷自此大定矣。此今日知州之设，所以异于昔日之土官，而为久安长治之策也。

臣等又看得岑猛之子，存者二人，其长者为岑邦佐，其幼者为岑邦相。邦佐自幼出继武靖州为知州；前者徒以诛猛之故，有司奏请安置于漳州。然彼实无可革之罪，今日田州之立，无有宜于邦佐者。但武靖当瑶贼之冲，而邦佐素得其民心，其才足能制御；迩者武靖之民以盗贼昌炽，州民无主之故，往往来告，愿得复还邦佐为知州，以保障地方。臣等方欲为之上请，如欲更一人，诸夷未必肯服。莫若仍以邦佐归之武靖，而立邦相于田州。用其强立有能者于折冲捍御之所，而存其幼弱未立者于安守宗祀之区，庶为两得其宜。至于思恩，则岑浚之后已绝，自不必复有土官之设矣。均乞圣明裁处。

一，分设土官巡检以散各夷之党。

臣等议得：土官知州既立，若仍以各土目之兵尽属于知州，则其势并力众，骄恣易生，数年之后，必有报仇复怨，吞弱暴寡之事，则土官之患，犹如故也。且土目既属于土官，而操其生杀予夺之权，则彼但惟土官之是从，宁复知有流官知府者。则流官知府虽欲行其控御节制之道，施其绥怀抚恤之仁，亦无因而与各土目者相接矣。

故臣等议以旧属八甲割以立州之外，其余四十甲者，每三甲或二甲立以为一巡检司，而属之流官知府；每司立土巡检一员，以土目之素为众所信服者为之，而听其各以土俗自治；其始授以署巡检司事土目，三年之后，而地方宁靖，效有勤劳，则授以冠带；六年之后，而地方宁靖，效有勤劳，则授以为土巡检；其粮税之入，则径纳于流官知府，而不必转输于州之土官，以省其费；其军马之出，亦径调于流官知府，而不必转发于州之土官，以重其劳。其官职土地，各得以传诸子孙，则人人知自爱惜，而不敢轻犯法；其袭授予夺，皆必经由于知府，则人人知所依附，而不敢辄携二。势分难合，息朋奸济虐之谋；地小易制，绝恃众跋扈之患。如此，则土官既无羽翼爪牙之助，而不敢纵肆于为恶；土目各有土地人民之保，而不敢党比以为乱。此今日巡检之设，所以异于昔日之土目，而为久安长治之策也。

至于思恩事体，悉与田州无异，亦宜割其目甲，分立以为土巡检司，听其以土俗自治，而属之流官知府；其办纳兵粮与连属制御之道，一如田州。则流官之设，既不失朝廷之旧，巡司之立，又足以散土夷之党，而土俗之治，复可以顺远人之情，一举而两得矣。均乞圣明裁处。

一，田州既改流官，亦宜更其府名。

初，岑猛之将变，忽有石自田州江心浮出，倾卧岸侧。其时民间有"田石倾，田州兵。田石平，田州宁"之谣。猛甚恶之，禁人勿言，密起百余人夜平其石。旦即复倾。如是者屡屡，已而果有兵变。今年二月，卢苏等既有投顺，归视其石，则已平矣。皆共喜异，传以为祥。臣至田州，亲视其石，闻土人之言如此。民间多取"田宁"二字私拟其名。臣等欲乞朝廷遂以此意命之；虽非大义所关，亦足以新耳目而定人心之一端也。

其该府所设官员，臣等拟于知府之外，佐二则同知或通判一员，首领则经历知事各一员，吏胥略具而已。今见在者，已有通判张华，知事林光甫，照磨李世亨；其知府亦已选有一员陈能，然至今尚未到任。臣尝访询其故，咸谓陈能原奉朝旨，升广西布政司右参政，管田州府事，又赐之敕旨，以重其权。吏部奏有钦依令其先赴该司到任，然后往莅田州。该司左布政严纮谓其既掌府事，即系属官，不得于该司到任。陈能遂竟还原籍，至今亦不复来。参照严纮妄自尊大，但知立上司之体势，而辄敢慢视敕旨，蔑废部移，固已深为可罪。陈能则褊狭使气，徒欲申一己之小愤，而遂尔委朝命于草莱，弃职任如敝履；使为人臣者而皆若是，则地方之责焉所寄托，而朝廷威令何以复行乎。臣等所访如此，但未委虚的。乞将二人通行提究，重加惩戒，以警将来。臣观陈能气性悻悻若此，亦非可使以绥柔新附之民者。看得广东化州知州林宽，旧任南康通判，剪缉安义诸贼，甚得调理；且其才识通敏，干办勤励，臣时巡抚江西，深知其有可用；近因田州改建府治，修复城垣，地方无官可任，已经行文委令经理其事。即若升以该府同知，而使之久于其职，其所建立，必有可观。迨其累有成绩，遂擢以为知府，使终身其地，彼亦欣然过望，必且乐为不倦；为益地方，决知不少矣。

大抵田州之乱起于搜剔太甚，今其归附，皆出诚心，原非以兵力强取而得者。故不必过为振厉驾抑，急其机防，反足生变；但与之休养生息，略施控御其间可矣。夫走狗逐兔，而捕鼠以狸，人之才器，各有所宜也。伏乞圣明采择。

一，思恩府设立流官，亦宜如田州之数。

其知府一员吴期英见在，但己屡有奔逃之辱，难以复临其下，然未有可去之罪，且宜改用于他所，姑使之自效可矣。看得柳州府同知桂鳌，督饷宾州，思恩之人闻其行事，颇知信向；近以修复思恩府治，委之经理，其所谋猷，虽未见有大过于人，然皆平实详审，不为浮饰，似于思恩之人为宜。苟未能灼知超然卓异之才，举而用之，以一新政化，则得如鳌者器而使之，姑且修弊补罅，休劳息困，以与久疲之民相安于无事，当亦能有所济也。乞敕吏部再加裁酌而改用之。

一，田州各甲，今拟分设为九土巡检司；其思恩各城头，今拟分设为九土巡检司；各立土目之素为众所信服者管之。其连属之制，升授之差，俱已备有前议。但各甲、城头既已分析，若无人管理，复恐或生弊端。臣等遵照敕谕便宜事理，已先行牌仰各头目暂且各照分掌管，办纳兵粮，候奏请命下，然后钦遵施行。

一，田州凌时甲、完冠砦陶甲、腮水源坤官位甲、旧朔勒甲兼州子半甲共四甲半，拟立为凌时土巡检司，拟以土目龙寄管之；缘龙寄先来投顺，故分甲比众独多。

一，田州砦马甲、略罗博、温甲共三甲，拟立为砦马土巡检司，拟以土目卢苏管之。

一，田州大田子甲、那带甲、锦养甲共三甲，拟立为大田土巡检司，拟以土目黄富管之。

一，田州万洞甲、周甲共二甲，拟立为万洞土巡检司，拟以十目陆豹管之。

一，田州阳院右邓甲、控讲水册槐并畔甲共二甲，拟立为阳院土巡检司，拟以土目林盛管之。

一，田州思郎那召甲、舍甲共二甲，拟立为思郎土巡检司，拟以土目胡喜管之。

一，田州累彩甲、子轩忧甲、笃忙下甲共三甲，拟立为累彩土巡检司，拟以土目卢凤管之。

一，田州怕何甲、速甲，共二甲，拟为怕何土巡检司，拟以土目罗玉管之。

一，田州武龙甲、里定甲共二甲，拟立为武龙巡检司，拟以土目黄笋管之。

一，田州栱甲、白石甲共二甲，拟立为栱甲土巡检司，拟以土目邢相管之。

一，田州床甲、砦例甲共二甲，拟立为床甲土巡检司，拟以土目卢保管之。

一，田州嫠凤甲、工尧降甲共二甲，拟立为嫠凤土巡检司，拟以土目黄陈管之。

一，田州下隆甲、周甲共二甲，拟立为下隆土巡检司，拟以土目黄对管之。

一，田州县甲、环甫蛙可甲共二甲，拟立为县甲土巡检司，拟以土目罗宽管之。

一，田州篆甲、炼甲共二甲，拟立为篆甲土巡检司，拟以土目王莱管之。

一，田州桑砦甲、义宁江那半甲共一甲半，拟立为砦桑土巡检司，拟以土目戴德管之。

一，田州思幼东平夫棒甲尽甲子半甲共一甲半，拟立为思幼土巡检司，拟以土目杨赵管之。

一，田州侯周怕丰甲一甲，拟立为侯周土巡检司，拟以土目戴庆管之。

一，思恩兴隆七城头兼都阳十城头，拟立为土巡检司，拟以土目韦贵管之；缘韦贵先来向官，故授地比众独多。

一，思恩白山七城头兼丹良十城头，拟立为白山土巡检司，拟以土目王受管之。

一，思恩定罗十二城头，拟立为定罗土巡检司，拟以土目徐五管之。

一，思恩安定六城头，拟立为安定土巡检司，拟以土目潘良管之。

一，思恩古零、通感、那学、下半四堡四城头，拟立为古零土巡检司，拟以土目罩益管之。

一，思恩旧城十一城头，拟立旧城土巡检司，拟以土目黄石管之。

一，思恩那马十六城头，拟立为那马土巡检司，拟以土目苏关管之。

一，思恩下旺一城头，拟立为下旺土巡检司，拟以土目韦文明管之。

一，思恩都阳中团一城头，拟立为都阳土巡检司，拟以土目王留管之。

右各目之内，惟田州之龙寄，思恩之韦贵、徐五，事体于各目不同，而韦贵又与徐五、龙寄稍异。盖韦于事变之始即来投顺官府，又尝效有勤劳，宜不待三年，而即与之以实授土巡检以旌其功；徐五亦随韦贵顺投，而效劳不及，龙寄虽无功劳，而投顺在一年之前，二人者宜次韦贵，不待三年而即与之以冠带，三年而即与之以实授土巡检。如此，则功罪之大小，投顺之先后，皆有差等，而劝惩之道著矣。或又以卢苏、王受不当与各土目并立者。臣等又以为不然。方其率众为乱，则苏、受者固所谓罪之魁矣；及其率众来降，则苏、受者，又所谓功之首也。况二府目民又皆素服二人，今若立各土目，而二人不与，非但二人者未能帖然于众目之下，众目固亦未敢安然而处其上，非所以为定乱息争之道也。故臣等仍议以卢苏、王受为众目之首，庶几事体稳帖，而人心允服矣。

一，田州、思恩各官目人等见监家属男妇，初拟解京，今各目人等即已投顺，则其家属男妇相应给还领养。均乞圣明裁允。

一，田州新服，用夏变夷，宜有学校。但疮痍逃窜之余，尚无受廛之民，焉有入学之士。况齐膳廪饩，俱无所出，即欲建学，亦为徒劳。然风化之原，终不可缓。臣等议欲于附近府州县学教官之内，令提学官选委一员，暂领田州学事，听各学生徒之愿改田州府学及各处儒生之愿来田州附籍入学者，皆令寄名其间。所委教官，时至其地相与讲肄游息，或于民间兴起孝弟，或倡远近举行乡约，随事开引，渐为之兆。俟休养生息一二年后，流移尽归，商旅凑集，民居已觉既庶，财力渐有可为，则如学校及阴阳医学之类，典制之所宜备者，皆听该府官以次举行上请，然后为之设官定制。如此，则施为有渐而民不知扰，似亦招徕填实之道，鼓舞作新之机也。均乞圣明裁处。

一，思、田去梧州水陆一月之程，军门隔远，难于控驭调度；兼之府治虽立，而规制未成，流官虽设，而职守未定；且疮痍未复，人心忧惶，须得重臣抚理。臣等已经具题，乞将右布政林富量升宪职，存留旧任；副总兵张祐，使之更迭往来于二府地方，绥缉经理；仍乞赐以便宜规救书，将南宁、宾州等府卫州县及东兰、南丹、泗城、那地、都康、向武等土官衙门俱听林富等节制。臣等所议地方经久事宜，候奏请命下之日，悉以委之林富等，使之钦遵，以次施行，庶几事无隳堕，而功可责成矣。

卷十五 别录七

奏疏七

征剿荐恶瑶贼疏七年四月十五日

据留抚田州、思恩等处地方，广西布政司右布政林富，原任副总兵都指挥同知张祐等会呈前事，开称："田州、思恩平复，居民悉已各安生理，土夷亦皆各事农耕，地方实已万幸。但惟八寨瑶贼，积年千百成徒，流劫州县乡村，杀害良民，虏掠子女生口财物，岁无虚月，月无虚旬。民遭荼毒冤苦，屡经奏告，乞要分兵剿灭者，已不知几百十番。为因地方多事，若要进兵，未免重为民困，是以官府隐忍抚谕，冀其悔罪改过。而彼乃悍然不顾，愈加凶横，出劫益频。盖缘此贼有众数万，盘据山谷，凭恃险阻，南通交趾等夷，西接云、贵诸蛮，东北与断藤、牛肠、仙台、花相、风门、佛子及柳、庆、府江、古田诸处瑶贼回旋连络，延袤周遭二千余里，东掠西窜，南摽北突。近因思、田扰攘，各贼乘机出攻州县乡村，远近相煽，几为地方大变。仰赖朝廷威令传播，苟幸未动。缘此瑶贼之与居民，势不两立，若瑶贼不除，则居民决无安生之理。乞要乘此军威，速加征剿，庶不贻患地方。"缘由。呈乞照详施行等因。

据此，行间随据左江道守巡守备等官，左参议汪必东，佥事吴天挺，参将张经等会呈，为请兵征剿积年穷凶极恶瑶贼，以除民患事，开称："断藤峡、牛肠、六寺、磨刀等处瑶贼，上连八寨诸蛮，下通白竹、古陶、罗凤、仙台、花相、风门、佛子等峒各贼，累年攻劫郡县乡村，杀人放火，房掠子女财畜，民遭荼毒，逃窜死亡，抛弃田业，居民日少，村落日空，延袤千百里内，皆已变为盗贼之区。各处被害军民，累奏请兵诛剿，为因地方多事，兵力不敷，官府隐忍招抚，期暂少息，而各贼愈肆猖獗。近因思、田用兵，遂与八寨及白竹、古陶、罗凤等贼乘势朋比连结，杀房抢劫，月无虚旬。扇惑摇动，将成大变。仰赖神武传播，幸未举发。近幸思、田之诸夷，感慕圣化，悉已自缚归降，远近向服。各山瑶、僮，亦皆出来投抚，请给告示，愿求自新，从此不敢为恶。虽其诚伪未可逆料，然皆尚有畏惧之心。独此断藤各巢逆贼，自知罪在不赦，恃险如故，截路劫村，略无忌惮。若不乘此军威，进兵剿灭，将来祸患，焉有纪极。"缘由。会案呈详到臣。

照得臣近因思、田之役，奉命前来，驻军南宁府地方，与八寨瑶贼相去六日之程。朝廷德威宣布，虽外国远夷皆知震慑向慕，输情纳款；而此瑶贼独敢拥众千百，四出劫掠武缘等处乡村，杀人放火，略无忌惮，此臣所亲知。即此焰炽桀骜，平时抑又可知。及照牛肠、六寺、磨刀、古竹、古陶、罗凤、仙台、花相、风门、佛子等巢稔恶各贼，自弘治、正德以来，至于今日，二三十年之间，节该桂平等县被害人户李子太等前后控奏，乞行剿除民害，不下数十余次，皆有部咨行令勘议计剿。若不及今讨伐，其为地方之患，终无底极，诚有如各官所呈者。况臣驻扎南宁，小民纷纷诉苦，请兵急救荼毒，皆为朝不谋夕。各贼之恶，委已数穷贯满，神怒人怨，难复通诛。即欲会案奏请，俟命下之日行事，切恐声迹昭彰，反致冲突奔窜。则虽调十数万之众，以一二年为期，亦未易平荡了事。照得臣节该钦奉敕谕："但遇贼寇生发，即便相机，可抚则抚，可捕则捕，钦此。"钦遵。为照思、田变乱之时，该前都御史等官姚镇等奏调湖广永、保二司土兵前来南宁等处听用，近幸地方悉已平靖，各兵正在班师放回之际，归途所经，正与各贼巢穴相去不远。况思、田二府新附，土目卢苏、王受等感激朝廷生全之恩，屡乞杀贼报效。俱各遵奉敕谕事理，除一面量调官军，协同前项各兵，行委左江道守巡参将等官监统永、保二司宣慰官男领各头目土兵人等分道进剿牛肠、六寺、仙台、花相等贼，并行留抚思、田布政及右江分巡兵备守备等官监统思、田土目兵夫，分道进剿八寨等贼，所获功次，俱仰该道分巡兵备官收解、纪功御史纪验、造册奏报，及行总镇太监张赐密切公同行事，并密行镇巡等官知会外，缘系征剿积年稔恶瑶贼，以除民患，以安地方事理，为此具本题知。

举能抚治疏 七年五月二十五日

案照先该礼部右侍郎方献夫奏前事，节奉圣旨："田州应否设都御史在彼住扎，还着王守仁议处，具奏定夺，钦此。"兵部备咨前来知会，随钦遵外，随于今年正月二十七日，该思恩、田州二府土目卢苏、王受等各率众数万，自缚归降，该臣遵照敕谕事理，悉已抚定。当遣广东右布政林富，旧任副总兵张祐，分投督领各夷，各归原土复业安生。已经具本奏报外，为照思恩、田州连年兵火杀戮之余，官府民居，悉已烧毁破荡，虽蔀屋寻丈之庐，亦遭翻挖发掘，曾无完土，荒村僻坞，不遗片瓦尺椽，伤心惨目，诚不忍见。各夷近已诚心投服，毁弃兵戈，卖刀买牛，见已各事田作。自后反侧之患，以臣料之，或已可免。但其风最凄戚，生意萧条，忧惶困苦之余，无以自存，非得老成宽厚之人抚恤绥柔之，臣等见其悲惨无聊之状，诚亦未忍一旦弃去而不顾。况思、田去梧州军门，水路一月之程，一时照料，有所不及。近又与各官议，欲于田州建立流官府治，以制御土官。修复城池廨宇等项，必须劳民动众，自非素得夷情者为之经理区画，各夷雕弊之余，岂复堪此骚屑。况议设知府等官，皆未曾到，一应事务，莫有任其责者。该臣看得右布政林富，慈祥恺悌，识达行坚，素立信义，见在思、田地方安插，各夷皆能得其欢心。合无准如方献夫所奏，将林富量升宪职，仍听臣等节制，暂于思、田地方往来住扎，抚循缉理，其于事理，亦甚相应。俟一二年后，各夷生理渐复，府治城郭廨宇渐已完备，则将林富量移别处任用，而思、田止存知府理治，或设兵备官一员于宾州住扎，或就以南宁兵备兼理，不时往来抚循。如此，则目前既可以得抚定绥柔之益，而日后又可以免困顿劳烦之扰。已经具本于本年二月十五日差舍人汤祥赍奏请旨。

续为处置平复地方，以图久安长治事，节该臣看得思恩、田州二府地方，府治虽立而规制未成，流官虽设而职守未定，且疮痍未服，人心忧惶，乞将右布政林富量升宪职，及存留旧任副总兵张祐，使之更迭往来于二府地方，绥缉经理；仍乞赐以便宜敕书，将南宁、贵州等府卫州县及东兰、南丹、泗城、那地、都康、向武等土官衙门俱听林富等节制。臣等所议地方经久事宜，候奏请命下之日，悉以委之林富等，使之钦遵，以次施行，庶几事无隳堕而功可责成。又经条陈具本于本年四月初六日差承差杨宗赍奏请旨，俱未奉明示。

本年五月二十二日，本官已蒙钦升都察院右副都御史，抚治湖广郧阳等处地方去讫，所有思、田二府抚循缉理官员，尚未奉有成命。如蒙皇上轸念边方，俯从臣等所请，乞于两广及邻省附近地方各官内选用，庶可令其作速到任，不致久旷职业。臣本昧于知人，不敢泛然僭举。切照广东右布政使王大用，湖广按察使周期雍，皆才识过人，可以任重致远。臣往年巡抚南、赣，二臣皆在属司，为兵备佥事，与之周旋兵革之间，知其皆肯实心干事。江西未叛一年之前，臣尝与周期雍密论宸濠之恶，不可不为之备，期雍归去汀、漳，即为养兵蓄锐以待。及臣遇变丰城，传檄各省，独期雍与布政席书闻变即发。当是时，四方援兵皆莫敢动，迄宸濠就擒，竟无一人至者，独席书行至中途，复受臣檄，归调海沧打手，又行至中途，闻事平而止。其先后引领至江西省城者，惟周期雍、王大用两人而已。当时以捷奏既上，随复谗言朋兴，各臣之忠勤，遂不及一白，臣为之每怀歉然。即是而观，其能竭忠赴义，不肯上负国家，亦可知矣。乞敕吏部酌臣所议，于二臣之内选用其一，非惟地方付托得人，永有所赖，而臣等亦可免于身后之戮，地方幸甚。

边方缺官荐才赞理疏 七年七月初六日

迩者思恩、田州之变，诸夷感慕圣化，悔罪求生。已蒙浩荡之仁，宥纳而抚全之，地方亦即宁定矣。但凋弊之余，必须得人以时绥缉。况两府设立流官衙门，及修筑城池营堡等项，百务并举，若无专官夙夜经理催督，则事无统纪，功难责成。已经臣等具题，乞将右布政林富等升职留抚，随蒙将林富升任去讫。又经臣等仍乞推选相应官员替任，俱未奉明旨。

臣看得今岁例当朝觐，各该掌印官员不久皆将赴京，而广西布、按二司等官适多迁转去任者，右布政林富升郧阳副都御史，参政黄芳升江西布政副使，李如圭升陕西按察使，参政龙诰、参议汪必东、佥事吴天挺等，督押湖兵出境，往复之间，即须半年，参议邹辄、金事申惠皆赍捧表笺进京，其余虽有一二新任官员，皆未到任，止存左布政严纮，按察使钱宏各掌司印，金事张邦信分巡桂林，李杰分巡苍梧，而臣在南宁、思、田等处舆疾往来调度，再无一官随从赞理者。近日止有兵备副使翁素来管右江道事，缘其才性乃慈祥恺悌之人，用之中土，分理司事，足为循良。而置之边方瘴毒多事之乡，则其禀质稍弱，不耐崎险，易生疾病，似于风土亦非所宜。臣看得为民副使陈槐，平生奋志忠节，才既有为，而又能不避艰险。致仕知府朱衮，年力壮健，才识通敏。去任副使施儒，学明气充，忠信果断。闲住副使杨必进，晓练军务，识达事机。此四人者，皆堪右江兵备之任。施儒旧为兵备于潮、惠，杨必进旧为兵备于府江，皆尝著有成绩，两地夷民至今思念不忘。若于四人之中选用其一，其余地方之事必有所济。

及照田州新附之地，知府陈能尚未到任。该臣看得化州知州林宽，旧在江西，知其才能足充任使，已经具奏行委，见在该府管事。但其禀质乃亦不禁炎瘴，于风土非宜，莅事以来，终月卧病，呻吟床席，躯命且不能保，又何能经理地方之事乎？臣又访得潮州府推官李乔木者，才力足以有为，而又熟知土俗夷情，服于水土；但系梧州籍贯，稍有乡里之嫌。臣看得广西军卫有司衙门所属官员及各学教职，亦皆多用本省士人，今田州虽设流官知府，而其所属乃皆土夷，自无乡里之嫌可避，亦与各教职无异者。乞敕吏部改用林宽于别地，俯采臣议，将李乔木改升田州同知；庶可使之久于其任，以责成功，则地方之幸，臣之幸也。

臣惟任贤图治，得人实难，其在边夷绝域反覆多事之地，则其难尤甚。何者？反覆边夷之地，非得忠实勇果，通达坦易之才，固未易以定其乱。有其才矣，使不谙其土俗而悉其情性，或过刚使气，率意径行，则亦未易以得其心。得其心矣，使不耐其水土，而多生疾病，亦不能以久居于其地，以收积累之效，而成可底之绩。故用人于边方，必兼是三者而后可。即如右江一兵备，此臣之所最切心者，臣窃为吏部私计其人，终夜不寝而思之，竟未见有快心如意者，盖兼是三者而求之也。如前所举四人者，固皆可用之才，今乃皆为时例所拘，弃置不用，而更劳心远索，则亦过矣。

臣近于南宁、思、田诸处，因无可用之才，调取其发身科第以迁谪而至者三四人，其志向才识，果自不群，足可任用。但到未旬日而辄以患病告归，皆相继狼狈扶携而去矣。不得已，就其见在者而使之，则皆庸劣陋下，素不可齿于士类者。然无可奈何，则略其全体之恶而用其一肢之能，既其终事，所就不能以尺寸，而破坏则寻丈矣。用是观之，亦何怪乎斯土之民愈困，乱愈积，而祸日以深也哉！是固相沿积习之弊，不及今一洗而改革之，边患未见其能有瘳也。

夫今之以朝觐考察而去者，固多贪暴不才之人矣。其间乃有虽无过人之才，而亦无显著之恶，尚在可用不可用之间者，皆未暇论。至其平生磊落，自负卓然，思有所建立，而其学识才能果足以有为者，乃为一时爱憎毁誉之所乱，亦遂忿然就抑而去，斯固天下之所共为不平，公论弥彰者，孰得而终掩之。陛下何不使在位大臣一时各举十余人之可用者，陛下合而考之，若一人举之而九人不举，未可也；三人举之而七人不举，已在所察矣；五人举之而五人不举，其察又宜详矣；或七人八人举之而一二人不举，则其人之可用，亦断在不疑者矣。若此者，亦在朝觐二次三次之后，或七年、或十年而后一举，夫身退十年之后，则是非已明，公论已定，虽有党比，自不能容。今边方绝域，无可用之人，至取其庸劣陋下者而使之，以滋益地方之苦弊。其豪杰可用之才，乃为时例所拘，弃置而不用。夫所谓时例者，固朝廷为之也，可拘而拘，不可拘而不拘，无不可者。陛下何忍一方之祸患日深月积，乃惜破例而用一人以救之乎？夫考察而去者，果皆贪恶庸劣陋之徒，则固蝇营狗苟，无时而不侥幸以求进。若磊落自负，有过人之见者，则虽屈抑而退，自放于山水田野之间，亦足以自乐。今若用之于边夷困弊之地，殆亦未必其所欲。但为朝廷爱惜人才，则当此宵旰侧席，遑遑求贤之日，而使有用之才废弃终身，乃不得已至取其庸劣陋下者而用之，以益民困，岂不大可惜乎？臣因地方缺人，心切其事，不觉其言之烦渎。伏望陛下恕其愚妄，下臣议于吏部，采择而去取之。臣不胜渎冒恐惧之至！

八寨断藤峡捷音疏 七年七月初十日

据湖广按察司分巡上湖南道监军佥事汪溙，广西按察司分巡左江道监军佥事吴天挺，分巡右江道监军副使翁素等会呈，节据广西领哨浔州卫指挥马文瑞、王勋、唐宏、卞琚、张缙、千户刘宗本，永顺统兵宣慰彭明辅，官男彭宗舜，保靖统兵宣慰彭九霄，及辰州等卫部押指挥彭飞、张恩等各呈前事，职等遵奉统领各该军兵，依期于本年四月初二日密到龙村埠登岸。当蒙统督参将张经，都指挥谢珮，督同宣慰彭明辅，分布官男彭宗舜，头目彭明弼、彭杰，领土兵一千六百名；随同领哨指挥马文瑞，头目向永寿、严谨，领土兵一千二百名；随同领哨指挥王勋，又督同宣慰彭九霄等，分布官男彭荩臣，下报效头目彭志明，领土兵六百名；随同领哨指挥唐宏，头目彭九皋，领土兵六百名；随同领哨指挥卞琚，头目彭辅，领土兵六百名；随同领哨指挥张缙，头目贾英，领土兵六百名；随同领哨千户刘宗本，并各哨官员，领浔州等卫所及武靖州汉土官兵乡导人等，共一千余名。永顺进剿牛肠，保靖进剿六寺等贼巢，刻定初三日寅时一齐抵巢。

各贼先防湖兵经过，各将家属生畜驱入巢后大山潜伏，贼首胡缘二等各率徒党团结防拒。然访知本院住扎南宁，寂无征剿消息，又不见调兵集粮，而湖兵之归，又皆偃旗息鼓，略无警备，遂皆怠弛，不以为意。至是突遇官兵，四面攻围，各贼仓惶失措，然犹恃其骁悍，蜂拥来敌。当有彭明辅、彭九霄、彭宗舜并头目田大有、彭辅等，督率目兵，奋不顾身，冲突矢石，敌杀数合，贼锋摧败。当阵生擒斩获首贼并次从贼徒贼级六十九名颗，俘获男妇及夺回被虏人口、牛只、器械等项数多。余贼退败，复据仙女大山，凭险结寨。各兵追围，攀木缘崖，设策仰攻，至初四日，复破贼寨，当阵生擒斩获首贼并次从贼徒贼级六十二名颗。初五日，复攻破油榨、石壁、大陂等巢，生擒斩获首贼及次从贼徒贼级七十九名颗，俘获男妇、牛只、器械等项数多。余贼奔至断藤峡、横石江边，因追兵紧急，争渡覆溺死者，约有六百余徒。官兵复从后奋勇追杀，当阵生擒获斩首贼及次从贼徒贼级六十五名颗，俘获男妇、牛畜、器械等项数多。各贼间有一二漏网，亦皆奔窜他境。官兵追杀，至于本月初十日，遍搜山峒无遗。禀蒙收兵，回至浔州府住扎间。随蒙本院密切牌谕，复令职等移兵进剿仙台等贼。

就于本月十一日黄夜仍前分布各哨官兵，遵照牌内方略，永顺于盘石、大黄江登岸，进剿仙台、花相等处；保靖于乌江口、丹竹埠登岸，进剿白竹、古陶、罗凤等处。刻定于十三日寅时一齐抵巢。各贼闻知牛肠等巢破灭，方怀疑惧，谋欲据险自固。贼首黄公豹、廖公田等各率徒党，沿途设伏埋签，合势出拒。官兵骤进，翕如风雨。各贼虽已夺气，然犹舍死冲敌，比之牛肠等贼凶恶尤甚。各该官兵奋勇夹击，争先陷阵，生擒斩获首贼及次从贼徒贼级四百九十名颗，俘获贼属男妇、牛畜、器械等项数多。各贼奔入永安边界，地名玄山，恃险结寨。当蒙摘调指挥王良辅并目兵彭恺等，于本月二十四日亦各分路并进，奋勇争先，四面仰攻。贼乃败散，当阵生擒斩获首贼及次从贼徒贼级一百七十二名颗，俘获男妇、牛畜、器械数多。余贼远窜，追杀无遗。

又据把截邀击参将沈希仪解报擒斩首从贼徒贼级八十六名颗。把截头目邓宗七，抚瑶老人陈嘉猷，旗军洪狗驴等，及贵县典史苏桂芳，把隘指挥孙龙、官舍覃锘，浔州府捕盗通判徐俊，平南知县刘乔等，亦各呈解擒斩首从贼徒贼级八十一名颗，俘获男妇器械等项数多。

又该督兵右布政林富，旧任副总兵张祐等，遵奉本院方略，分督田州府报效头目卢苏等目兵及官军人等三千名，思恩府报效头目王受等目兵及官军人等二千名，韦贵等目兵及官军乡款人等一千一百名，照依分定哨道，进剿八寨稔恶瑶贼，刻期于本年四月二十三日卯时一齐抵巢。先于二十二日晚，于新墟地方，集各土目人等，申布本院密授方略，乘夜衔枚速进，所过村寨，寂然不知有兵。黎明，各抵贼寨，遂突破石门天险，我兵尽入。贼方惊觉，皆以为兵从天降，震骇溃窜，莫知所为。我兵乘胜追斩，各贼且奔且战。薄午，四远各寨骁贼聚众二千余徒，各执长标毒弩，并势呼拥来拒，极其猛悍。我兵鼓噪奋击而前，声震崖谷，无不一当十。贼既失险夺气，而我兵俞战益奋，贼不能支，遂大奔溃。当阵生擒斩获首贼及次从贼徒贼级二百九十一名颗，俘获男妇、畜产、器械数多。贼皆分阵聚党，奔入极高大山，据险立寨。我兵亦分道追蹑围剿，然崖壁峻绝，我兵自下仰攻，战势不便。贼从巅崖发石滚木，多为所伤。于是多方设策，夜发精锐，掩其不备。二十四日，我兵复攻破古蓬等寨，生擒斩获首贼及次从贼徒贼级共一百三名颗，俘获数多。二十八日复攻破周安等寨，生擒斩获首贼及次从贼徒贼级共一百四十六名颗，俘获数多。五月初一日，复攻破古钵等寨，生擒斩获首从贼徒贼级一百二十七名颗，俘获数多。初十日，复攻破都者峒等寨，斩获首从贼徒贼级一百四名颗，俘获数多。

本月十二等日，复据参将沈希仪解到督领指挥孙继武等官军及迁江土目兵夫人等于高径、洛春、大潘等处追剿邀击各寨奔贼，斩获首从贼徒贼级九十八名颗；都指挥高崧解到督领指挥程万全等官军及土目兵夫人等于思卢、北山等处搜剿截捕各寨奔贼，斩获首从贼徒贼级九十一名颗；又据同知桂鏊监督思恩土目韦贵、徐五等目兵，分剿铜盆等寨，斩获首从贼徒贼级一百九十二名颗，俘获数多；又据通判陈志敬督领武缘、应虚等处乡兵，搜剿大鸣等山奔贼，斩获首从贼徒贼级八十六名颗。

又于本月十七等日，卢苏、王受等复攻破黄田等寨，斩首从贼徒贼级三百六十二名颗，俘获数多。六月初七等日，复攻破铁坑等寨，斩获首从贼徒贼级二百五十三名颗，俘获数多。又据指挥康寿松、千黉、王俊等督领官兵，于绿茅等处把隘搜截，斩获首从贼徒贼级四十八名颗。

各贼始虽败溃，然犹或散或合，至是，见其渠魁骁悍，悉就擒斩，遂各深逃远窜。其稍有强力者尚一千余徒，将奔往柳、庆诸处贼巢。我兵四路夹追，及之于横水江。各贼皆已入舟离岸，兵不能及。然贼众船小，皆层叠而载，舟不可运。复因争渡，自相格斗，适遇飓风大作，各船尽役，浮迫登岸得不死者，仅二十余徒而已。我兵既无舟渡，又风雨益甚，遂各归营。既晴，我兵仍分路入山搜剿，各贼茫无踪迹。又复深入，见崖谷之间，颠堕而死者不可胜计，臭恶薰蒸，不可复前。远近岩峒之中，林木之下，堆叠死者，男妇老少大约且四千有余。盖各贼皆仓卒奔逃，不曾赍有禾米，大雨之中，饥饿经旬，而既晴之后，烈日焚炙，瘴毒蒸炽，又且半月有余，故皆糜烂而死。八寨之贼略已荡尽，虽有脱网，亦不能满数十余徒矣。

本院议于八寨之中，据其要害，移设卫所，以控制诸蛮，复于三里设县，以迭相引带。亲临相视思恩府基，景定卫县规则。其时暑毒日甚，山溪水涨，皆恶流臭秽，饮者皆成疫痢。本院因见各贼既已扫荡，而我兵又多疾疫死亡，乃遂班师而出。

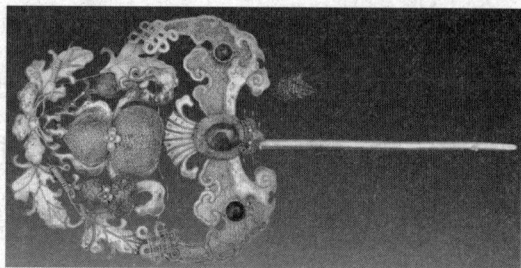

明代宫廷用金发簪

照得各职于本年三月二十三等日，先奉本院钧牌："据左江道守巡、守备等官呈称断藤峡等处瑶贼，上连八寨，下通仙台、花相等峒，累年攻劫郡县乡村，杀害军民，累奏请兵诛剿，乞要乘此兵威剿灭等因，行仰各职监统各该官兵进剿各贼。谕令未至信地三日之前，停军中途，候约参将张经，与同守巡各官集议，先将进兵道路之险夷远近，各巢贼徒之多寡强弱，及所过良民村分之经由往复，面同各乡导人等逐一备细讲究明白，务要彼此习熟，若出一人；然后刻定日时，偃旗息鼓，寂若无人，密至信地，乘夜速发，务使迅雷不及掩耳，将各稔恶贼魁尽数擒剿，以除民害，以靖地方。除临阵斩获外，其余胁从老弱，一切皆可宥免。今兹之举，惟以定乱安民为事，不以多获首级为功。各官务要仰体朝廷忧悯困穷之心，俯念地方久罹荼毒之苦，仍要禁约军兵人等，所过良民村分，毋得侵扰一草一木，有犯令者，当依军法斩首示众。各官既有地方责任，兼复素怀忠义，当兹委任，务竭心力，以祛患安民。事完之日，通将获过功次开报纪功御史纪验，以凭奏报。"奉此，各职会同参议汪必东，佥事汪溱、吴天挺，参将张经，都指挥谢珮，遵照军门成算，分布各哨官兵，申明纪律，严督依期进剿前项各贼巢穴，获功解报闻。

随准参将张经手本，密奉本院钧牌："仰候牛肠事毕，即便移兵进剿古陶诸贼。就使各贼先已闻风逃遁，亦须整兵深入，扫其巢穴，以宣声罪致讨之威。若其遂能悔罪效顺，亦宜姑与招安。如其仍前凭险纵恣，两征不已至于三,三征不已至于四,务在殄灭,以绝祸根。各官就彼分定哨道,永顺进剿仙台诸处,保靖进剿白竹诸处,各分乡导人等引路进兵,务在计虑周悉,相机而行,各毋偏执己见,致有误事。彼中事势,参将张经久于其地,必能知悉,仍要本官勇当力任,断决而行,不得含糊两可,终难辞责。"又经遵照方略,依期进剿,获功解报闻。

又于四月初五等日,各职先奉本院密切钧牌:"据右布政林富,副总兵张祐等呈称:'八寨瑶贼,毒害万民,千百里内,涂炭已极。乞要乘此军威,急除一方大患。'等因。本院看得八寨之贼,既极骁猛,而石门天险,自来兵不能入,此可以计取,未易以兵力图者。迩者思、田既附,湖兵尚留,彼贼心怀疑惧,必已设有备御。今各州狼兵悉已罢散,而思、田新附之民,方各归事农耕,湖兵又已撤回,彼必以我为无复有意于彼,是以近日稍稍复出剽掠,是殆以此探望官府举动。今我若罔闻知,且听其出没,彼亦放纵懈弛,谓我不复能为。此正天亡之时,机不可失。前者思、田各目,感激朝廷再生之恩,求欲立功报效。当时许其休息三月,然后调用。今已及期,仰右布政林富,副总兵张祐照牌事理,即便分投密切起调各目兵夫,迂路前到南宁面听约束行事。"各职遵奉起调,行至新墟地方,又密奉进兵方略,刻定日期。当即遵奉连夜分哨速进,遂克攻破巢穴,连战皆捷,斩获功次解报闻。

职等各蒙巡按广西监察御史石金案验:"为纪获功次事,案行该道,各不妨监督,如遇参将张经,旧任副总兵张祐等官各解到擒斩贼人贼级,并俘获贼属男妇牛马,俱要就彼审验真的,事完通查获功员役,分别首从功次多寡,缘由造册赍报,以凭覆审奏报。"等因。除遵奉外,今据进剿断藤峡谷,各哨土目官兵解到生擒斩获首从贼徒贼级一千一百四名颗,俘获贼属五百六十八名口;进剿八寨,各哨土目官兵解到生擒斩获首从贼徒贼级一千九百一名颗,俘获贼属五百八十七名口。两处共计擒斩获三千五名颗,俘获贼属一千一百五十五名口。除遵照案验事理，再行验实造册另报外，其各哨解到生擒、斩获、俘获等项功次数目，合先开报。

职等会同参照断藤峡诸贼，连络数十余巢，盘亘三百余里，彼此掎角结聚，凭险稔恶，流劫郡县乡村。自国初以来，屡征不服。至天顺年间，该都御史韩雍统兵二十余万来平两广，然后破其巢穴。兵退未久，各贼复攻陷浔州，据城大乱。后复合兵攻剿，兼行招抚，然后退还巢穴。自是而后，官府曲加抚处，或时暂有数月之安，而稍不如意，辄复猖獗，杀掠愈毒。盖其祖父以来，狠戾相承，凶恶成性，不可改化。近年以来，官府剿抚之计益穷，各贼残毒之害日甚，盖已至于不可支持矣。至于八寨诸贼，尤为凶悍猛恶，利镖毒弩，莫当其锋，且其寨壁天险，进兵无路。自国初韩都督尝以数万之众围困其地，亦不能破，竟从招抚，其后屡次合剿，一无所获，反多挠丧，惟成化年间，土官岑瑛能慑服诸瑶，尝合各州狼兵一入其巢穴，斩获二百余级。已而贼势大涌，力不能支，当遂退兵，亦以招安而罢。自是而后，莫可谁何，流劫远近，岁无虚月，民遭荼毒，冤苦无所控吁。自思、田多事，两地之贼相连煽动，将有不可明言之变，千里之间，方尔汹汹朝夕。今幸朝廷威德宣扬，军门方略密授，因湖广之回兵而利导其顺便之势，作思、田之新附而善用其报效之饥，翕若雷霆，疾如风雨，事举而远近不知有兵兴之役，敌破而士卒莫测其举动之端。两地进兵，各不满八千之众，而三月报绩，共已逾三千之功，盖其劳费未及大征十之一，而其斩获加于大征三之二，远近室家相庆，道路欢腾，皆以为数十年来未见，其斯举也。

职等承乏任使，虽冲冒炎毒，攀援险阻，不敢不竭力效命。但仅遵奉方略，安能仰赞一等。照得宣慰彭明辅、彭九霄，官男彭宗舜等扶病冒暑，督兵剿贼，颠顿崖谷，仆而益奋，遂能扫荡巢穴，殄灭渠党。即其忠义激发，诚亦人所难能。其思、田报效头目卢苏、王受等，感激再生之恩，共竭效死之报，自备资粮，争先首敌，遂破贼险，捣自昔不到之巢，斩自来难敌之寇。盖有仰攻险寨堕崖而碎首者，犹曰"我死不憾"；亦有仰受贼弩挂树而裂肢者，犹曰"我死甘心"。民间传诵，以为卢苏、王受昔未招抚，惟恐其为地方之患，今既招抚，乃复为地方除患，啧啧称叹，谓其竭忠报德之诚，虽子弟之于父兄，亦不能是过矣。再照督兵、督哨、防截、给饷等项，凡有事于军前，各官虽其职有崇卑，功有大小，然皆冲冒矢石炎瘴，备历险阻艰难，比之往来大征，合围守困，坐待成功，其为利害劳逸，相去倍蓰。均乞录奏，以劝将来等因到臣。

照得先该各官呈称前项各巢各贼，积年穷凶稔恶，千百里内，被其惨毒，万姓冤苦，朝不保夕，乞要乘此军威，急救一方涂炭等因。其时臣方驻扎南宁，目睹其害，诚不忍坐视斯民之苦，一至此极。及查兵部屡次咨来题奉钦依事理，要将前项各贼即行发兵计剿，以除民患，正亦臣等职所当尽之责。但虑贼众势大，连络千里，可以计破，难以力攻。欲俟再行奏请，命下然后举行，必致形迹昭闻，虽用十万之师，图以岁年，亦未可克。故遂仰遵钦奉敕谕，但有贼盗生发，当抚则抚，可剿则剿及便宜行事事理，一面密切相机行事，及密行总镇太监张赐知会，随该镇守两广丰城侯李昙亦相继到任，又经转行知会外。

今据各呈前因，该臣等会同总镇太监张赐，总兵李昙，及镇巡三司等官，看得八寨、断藤、牛肠、六寺、磨刀、古陶、白竹、罗凤、龙尾、仙台、花相等贼巢穴连络，盘据千百余里，凶悍骁猛，酷虐万姓，流毒一方，自来征剿所不能克，果已贯盈罪极，神怒人怨，委有如各官所呈者。是诚两广盗贼之渊薮根柢，此而不去，两广盗贼终未有衰息之渐也。乃今于三月之内，止因湖广便道之归师，及用思、田报效之新附，两地进兵，不满八千，而斩获三千有奇，巢穴扫荡，一洗万民之冤，以除百年之患。此岂臣等知谋才略之所能及？皆是皇上除患救民之诚心，默赞于天地鬼神，而神武不杀之威，任人不疑之断，震慑远迩，感动上下。且庙廊诸臣咸能推诚举任，公同协赞，惟国是谋，与人为善。故臣等得以展布四体，无复顾虑，信其力之所能为，竭其心之所可尽，动无不宜，举无弗振，诸将用命，军士效力，以克致此。虽未足为可称之功，而朝廷之上，所以能使臣等获成是功者，实可以为后世行事之法矣。不然，则兵耗财竭，凋弊困苦之余，仅仅自守，尚恐未克，而况敢望此意外之事哉？

照得宣慰彭明辅、彭九霄、官男彭宗舜等，皆冲犯暑毒，身亲陷阵，事竣之后，狼狈扶病而归，生死皆未可必。其官男彭荩臣者，亦遣家丁远来报效。两年之间，颠顿道途，疾疫死亡，诚有人情所不能堪者。而彭明辅等忠义奋发，略无悔怠，即其一念报国之诚，殊有所不可泯者。至于思、田报效头目卢苏、王受等，感激朝廷再生之恩，自备资粮，力辞军饷，实能舍死破敌，争先陷阵，惟恐功效不立，无以自白其本心。谓子弟之于父兄，亦不过是，诚非虚言。此皆臣所亲见者也。

及照留抚思、田右布政林富，已闻都御史之擢，而忠义激发，犹且不计体面，必欲督兵入巢，破贼而后出。是尤人所难能。旧任副总兵张祐，参将张经、沈希仪，湖广督兵佥事汪溱，广西督兵佥事吴天挺，参议汪必东，副使汪素，湖广督兵都指挥谢珮，广西都指挥高崧，及各督哨、督押、指挥等官马文瑞、王勋、唐宏、卞琚、张缙、彭飞、张恩、周彻宗、赵璇、林节、刘铠、武銮、千户刘宗本等，督剿县丞林应聪，主簿李本，并防截、搜捕、调度、给饷等项官员知府程云鹏、蒋山卿、同知桂鏊、史立诚、舒柏，通判陈志敬、徐俊，知州林宽、李东，谕召知县刘乔，县丞杜桐、萧尚贤，经历周奎等，虽其才猷功绩各有大小等级之殊，而利害勤苦亦有缓急久暂之异，然当兹炎毒暑雨之中，瘴疫薰蒸，经冒锋镝之场，出入崎险之地，固皆同效捍勤事之绩，均有百死一生之危者也。

伏望皇上明昭军旅之政，既行庙堂协赞举任之上赏，亦录诸臣分职供事之微劳，及将宣慰彭明辅等特加升奖，官男彭宗舜、彭荩臣免其赴京，就彼袭替，以旌其报国之义。土目卢苏、王受等，亦曲赐恩典，或不待三年而遂锡之冠带，以励其报效之忠。如此，庶几功无不赏，而益兴忠义之心，赏当其功，而自息侥幸之望矣。

臣以懦劣迂疏，缪蒙不世之知遇，授以军旅重任，言无不录，计无不行，且又慰以温旨，使之不必顾忌。臣伏读感泣，自誓此生鞠躬尽死以报深恩。今兹之役，本无足言，然亦自幸苟无覆败，以免戮辱。但恨身婴危疾，自后任劳颇难，已具本告回养病，乞赐俯允，俾得全复余生，尚有图报之日，臣不胜愿望！

处置八寨断藤峡以图永安疏嘉靖七年七月十二日

照得臣于去岁奉命勘处思、田两府，皆蒙皇上天地好生之仁，悉从宽宥。两府人民今皆复业安居，化为无事宁靖之地，白此可以永无反覆之患，而免于防守屯息之劳矣。惟是八寨及断藤峡诸贼，积年痛毒生民，千百里内，涂炭已极。臣既目睹其害，不忍坐视而不救，遂遵奉敕谕事理，乘机举兵征剿。仰赖神武威德，幸已剪灭荡平，一方倒悬之苦，略已为之一解。但将来之患，不可以不预防，而事机之会，亦不可以轻失。臣因督兵，亲历诸巢，见其形势要害，各有宜改立卫所，开设县治，以断其脉络而扼其咽喉者。若失今不为，则数年之间，贼以渐复，归聚生息，不过十年，又有地方之患矣。臣以多病之故，自度精神力量断已不能了此，但已心知其事势不得不然，不敢仰负陛下之托，俯贻地方之忧，辄已遵奉敕谕便宜事理，一面相度举行，不避烦渎之诛，开陈上请，乞赐采择施行，实地方之幸，臣等之幸。

计开：

一，移筑南丹卫城于八寨。

臣等看得八寨之贼，实为柳、庆诸贼之根柢。盖其东连柳州陇蛤、三都岭、三北四等处，贼峒以数十，北连庆远忻城、东欧、莫往、八仙等处，贼峒亦以数十，西连东兰等州及夷江、土者等处，贼峒以十数，南接思恩及宾州上林县诸处，贼村亦以十数。各处贼巢虽多，其小者仅百数人，大者不过数百人及千人而止。各贼巢穴皆有山溪之限，险厄之守，不相通和。至期有急，或欲有所攻劫，纠合会聚，然后有一二千之众，多至数千者。惟八寨之贼每寨有众千余，四山环合，同据一险，无事则分路出劫，有警急奔入其巢，数千之众皆不纠而聚，不约而同，不谋而合。故名虽为"八"，实则一寨，此八寨之贼所以势众力大，而自来攻之有不能克者也。各巢之贼皆倚恃八寨为逋逃主，每有缓急，一投八寨，即无所致其穷诘。八寨为之一呼，则群贼皆应声而聚。故群贼之于八寨，犹车轮之有轴，树木之有本。若八寨不除，则群贼决无衰息之期也。今幸八寨悉已破荡，正宜乘此平靖之时，据其要害，建置卫所，以控驭群贼。

臣等看得周安堡正当八寨之中，四方贼巢道路之所会，议于其地创筑一城，度可以居数千之众者，而移设南丹一卫于其间。盖南丹卫旧在南丹州地方，为广西极边穷苦之地，非中土之人所可居者。故自先年屡求内徙，今已三迁而至宾州，遂为中土富乐之乡。宾州既有守御千户一所官军，而又益以南丹一卫，自远来徙，无片田尺土之籍，但惟安居坐食，取给于宾州。州城之内，皆职官旗舍之居，州民反避处于四远村寨，每遇粮差徭役，然后入城。故州官号令不行于城中，而政事牵沮，地方益弊。今计一卫之官军，虽不满五百之数，盖尽移其家众则亦不下二千。以二千之众，而屯聚于一城，其气势亦已渐盛，足充守御。遂清理屯田之在八寨者，使之屯种，又分拨各贼占据之田，使各官军得以为业，以稍省俸给月粮之费，彼亦无不乐从。且宾州之城既空，又可以还聚居民，修复有司之治，亦事之两便者也。

臣等又看得迁江八所，皆土官、指挥、千百户等职，旧有狼兵数千，以分制八寨瑶贼之势。后因贼势日盛，各官皆不敢复入，反遂与之交通结契，及为之居停指引，分其劫掠之所得，共为地方之害，已非一日。官府察知其奸，欲加惩究，则又倚贼为重，不可根极。近臣督兵其地，悉将各官遵照敕谕事理，绑赴军门，议欲斩首示众，以警远近。而各官哀求免死，愿得杀贼立功自赎。然其时贼势已平，遂许其各率士兵入屯八寨，就与该卫官军分工效力，助筑城垣。待城完之日，就与城外别筑营堡，与南丹卫官军掎角而守。亦各分拨贼田，使之耕种，以资衣粮。今八所土兵虽已比旧衰耗，然亦尚有四千余众，若留其微弱者四所于外，以分屯其所遗之田，而调其强盛者四所于内，合南丹一卫之众以守，亦且四千有余，隐然足为柳、庆之间一巨镇矣。此镇一立，则各贼之脉络断，咽喉绝，自将沮丧震慑其势，莫敢轻动。稍有反侧者，据险出兵而扑之，夕发而旦至，各贼之交，自不能合，如取机上之肉，下箸无弗得者。此真破车轮之轴，而诸辐自解，伐树木之本，而众于自枯。不过十年，柳、庆诸贼不必征剿，皆将效顺而服化矣。伏乞圣明裁允。

一，改筑思恩府城于荒田。

臣等看得思恩旧治，原在寨城山内，尚历高山数十余里。其后土官岑浚始移出，地名桥利，就岩险垒石为城而居，四面皆斩山绝壁，府治亦在碑确之上，芒利硗砑之石冲射抵触，如处戈矛剑戟之中。自岑浚被诛，继是二十余年，反者数起，曾不能有一岁之安。人皆以为风气所使，虽未可尽信，然顽石之上，不生嘉禾，而阴崖之下，必有狐鼠，要亦事理之有然者。况其地瘴雾昏塞，薄午始开，中土之人来居，辄生疾疫。自春初思、田归附之后，臣时即已经营料理其事，竟未能有相应之地。近因督剿八寨，复亲往相度，乃于未至桥利六十里外地名荒田者，其地四野宽衍，皆膏腴之田，而后山起伏蜿蜒，敷为平原，环抱涵蓄，两水夹绕后山而出，合流于前，屈曲数十里，入武缘江水，达于南宁，四面山势重叠盘回，皆轩豁秀丽，真可以建立府治。臣因信宿其地，为之景定方向，创设规则。诸夷来集，莫不踊跃欢喜，争先趋事赴工。遂令署府事同知桂鳌督令各役择日兴工。

盖思恩旧治皆在万山之中，水道不通，故各夷所须鱼盐诸货类，皆远出展转鬻买，往反旬月，十不致一，常多匮绝。旧府既地险气恶，又无所资食，故各夷终岁不一至，府治情益疏离，易生嫌隙。今府治既通江水，商货自集，诸夷所须，皆仰给于府，朝夕络绎，自然日加亲附归向。而武缘都里，旧尝割属思恩者，其始多因路险地隔，不供粮差。今荒田就系武缘止戈乡一图二图之地，四望平野，坦然大道，朝往夕反，无复阻隔，则该府之官自可因城头巡检之制，循土俗以顺各夷之情，又可开图立里，用汉法以治武缘之众。夷夏交和，公私两便，则改筑思恩府成于荒田者，是亦保治安民，势不容已之事。伏乞圣明裁允。

一，改凤化县治于三里。

臣等勘得思恩旧有凤化一县，然无城郭县治廨宇。选来知县等官，多借居民村，或寄其家眷于宾州诸处，而迁徙无常，如流寓者然。上司怜其所依泊，则委之管理别印，或以公务差遣，往来于外，以苟岁月。故凤化之在思恩，徒寄虚名，而实无县治。臣近督剿八寨，看得上林县地名三里者，乃在八寨之间。其地平广博衍，东西数里外，石山周围，如城自厚，极高石山之间，独抽土山一脉，起顿昂伏，分为两股，环抱而前，遂有两水夹流土山之外，当心交合，出水之口，石山十余重，错互回盘，转折二三十里，极外石山，合为城门，水从此出，是为外隘。其间多良田茂林，村落相望，前此居民十余家，皆极饶富，后为寨贼所驱杀占据，遂各四散逃亡，不敢归视其土者，已二十余年。今各贼既灭，遂空其地。不及今创设县治以据其险，或有漏殄之贼潜回其间，日渐生息结聚，后阻石门之险，前守外隘之塞，不过数年，又将渐为地方之梗矣。故臣以为宜割上林上下无虞乡三里之地属之思恩，而移设凤化县治于其内。量为筑立城垣廨宇，选委才能之官兴督其役。远近闻之，不过三四月，而逃亡之民将尽来归，各修复其田业，供其粮差，蔚然遂可以成一方之保障。且其南通南丹新卫五六十里，南丹在石门之内，凤化当石门之外，内外声势连合，而石门之险亡。西至思恩一百余里，取道于那学，沿途村寨，荒塞日久，因此两地之人往来络绎，而道途益通。又上林旧在大鸣山与八寨各贼之间，势极孤悬，今得凤化为之唇齿，气势日益，虽割三里之地以与凤化，而绿茅、绿篆等村寨旧所亡失土田，皆将以次归复，则亦失之于东而收于西矣。

及照思恩虽已设立流官知府，然其所属皆土目巡检，旧属凤化一县亦皆徒寄空名，实未尝有，今割武缘止戈一图二图之地改筑思恩府城，而又割上林上下无虞三里之地改设凤化县治，固于思恩亦已稍有资辅。但自凤化三里至于思恩一百五六十里，中间尚隔上林一县。臣以为并割上林一县而通以属之思恩，似于事势为便，而于体统尤宜。何者？

柳州一府所属二州十县，宾州盖柳州所属者，且有上林、迁江两县，今思恩既设流官知府，固亦一府之尊，而反不若柳州所属之一州也，其于体统亦有所未称矣。况宾州自有十五里，而又有迁江一县，虽割上林以与思恩，其地犹倍于思恩，未为遽损也。上林之属宾州，与属思恩均之为一属邑，亦未有所加损也。然以之属于思恩，则思恩始可以成一府之规模，而其间有无相须，缓急相援，气势相倚，流官之体统益尊，则土俗之归向益谨，郡县之政化日新，则夷民之感发日易，固有不可尽言之益也。

夫立新县以扼据地险，改属县以辅成府治，是皆所以又安地方者也。伏乞圣明裁允。

一，添设流官县治于思龙。

照得南宁自宣化县至于田宁，逆流十日之程。宣化所属如思龙、十图等处，相去尚有五日六日，其间错以土夷村寨，地既隔越，而穷乡小民，畏见官府，故其粮差多在县之宿奸老蠹与之包团，因而以一科十，小民不胜迫胁，往往逃入夷寨，土夷又从而侵暴之，地日凋残，盗贼日起。近年以来，思龙之图乡民屡次奏乞添设县治以便粮差。盖亦内迫于县民之奸，外苦于土夷之暴，不得已而然。臣因入抚田宁，亲历其所。民之拥道控告者以千数，因停舟其地，为之经理相度。得村名那久者，其地亦宽平深厚，江水萦回环匝，傍有一江来会，亦正于此合流。沿江民居千余家，竹树森翳，烟火相接，且向武各州道路皆经由其傍，亦为四通之地。若于此分割宣化县思龙一、五、六、七、八、九、十、十二及西乡之六、八图共十里之地而设立一县治，则非独以便穷乡小民之粮差赋役，亦足以镇据要害，消沮盗贼。其间小民村居，如那茄、马坳、三颜、那排之类，未可悉数，皆久已沦入于夷，今若县治一立，则此等村寨诸夷自不得而隐占，皆将渐次归复流官，而其地遂接比于田宁，固可以所设之县而遂以属之田宁矣。

夫南宁一府，所属一州三县。而宣化一县，自有五十二里，今虽分割十里之地以与田宁，而宣化尚有四十二里，一县之地，犹四倍于一府也。况田宁又系新创流官府治，所统皆土目巡检，今得此一属县为之傍辅，又自不同。臣于前割上林以属思恩之议已略言之矣。且左江一带，自苍梧以达南宁，皆在流官腹里之地。自南宁以达于田宁，自田宁以通于云、贵、交趾，则皆夷村土寨。稍有疑传，易成阔隔。今田宁、思恩二府既皆改设流官，与南宁鼎峙而立，而又得此新创一县以疏附交连于其间，平居无事，商货流通，厚生利用，一旦或有境外之役，道路所经，皆流官衙门，从门庭中度兵，更无阻隔之患。此亦安民利国之事，势所当为者也。伏乞圣明裁允，仍定赐县名，选官给印，地方幸甚。

一，增筑守镇城堡于五屯。

照得断藤峡诸贼既平，守巡各官议调土、汉官兵数千于浔州，以防不测。该臣看得各贼既灭，纵有一二漏网，其势非三四年亦未能复聚。为今之计，正宜剿抚并行。盖破灭穷凶各贼者，所以惩恶，而抚恤向化诸瑶者，所以劝善。今惩恶之余，即宜急为劝善之政，使军卫有司各官分投遍历向化村寨，慰劳而存恤之，给以告示，赐以鱼盐，因而为之选立酋长，谕以朝廷所以征剿各巢者，为其稔恶也。今尔等向化村寨，自安心乐业，益坚为善之志；但有反侧悖乱者，即宜擒送官府，自当重赏，以酬尔劳；其漏殄诸贼，果能诚心悔恶，亦皆许其归附，待以良民。夫使向化者益劝于为善而日加亲附，则恶党自孤，贼势自散，不复能合，纵遗一二，终将屈而顺服矣。乃今则不然，贼既破剿而犹屯兵不散，使漏殄之徒得以藉口摇惑远近；其向化村分又略不加恤，奸恶之民复乘机而驱胁虐害之。彼见贼已破灭而复聚兵，已心怀惊疑矣，而又外惑于贼党之扇摇，内激于奸民之驱胁，遂勾结相连而起也。近年以来，所以乱始平而变复作，皆迷误于相沿之弊而不察也。今各贼新破，势决未敢轻出，虽屯数千之众，不过困顿坐食，徒秽扰民居，耗竭粮饷，而实无益于事。吾民久被贼苦，今始一解其倒悬，又复自聚无用之兵以重困之，此岂计之得者哉？惟于各寨之中，相其要害之地，创立一镇以控制之，此则事理之所当行，亦正宜乘此扫荡之余而速图之者。

其在断藤、牛肠诸处，则既切近浔州府卫，不必更有所设。至于四方各寨，遍历其要害险阻，则惟五屯正当风门、佛子诸巢穴，而西通府江，北接荔浦各处瑶贼，最为紧要之区，宜设一镇，以控御远迩。而旧已有千户所统率官兵，亦几及一千之数，困于差徭，日渐躲避于附近土目村寨，官司失于清理，止有五百，其后上司不闻地方之艰难，又于五百之中分调哨守于他所，而所余遂不满二百。即而贼乱四起，守御缺乏，则又取调潮州之兵数百以来协守五屯。事既纷乱，人无所遵，兼以统驭非人，故地方遂致大坏。且其屯堡墙垣亦甚卑隘，不足以壮威设险。今宜开拓其地，增筑高城，度可以居二千之众，而设守备衙门于其内，取回五百之中分调哨守于他所之兵，其自潮州调来协守者，则尽数发还原卫，以免两地各兵背离乡土之苦，往复道路之费，仍于附近土寨目兵之中，清查拣补其原避差役者，务足原数一千。选委智略忠勇之官一员，重任而专责之，使之训练抚摩，敷之以威信，而怀之以仁恩。务在地险既设而士心益和，自然动无不克而行无不利。参将兵备各官，又不时新至其地，经理而振作之，或案行其村寨，或劝督其农耕，或召其顽梗，而曲示训惩，或进其善良，而优加奖赐，或救恤其灾患，或听断其是非，如农夫之去稂莠而养嘉禾，渐次耕耨而耘锄之。无事之时，随意取调附近土官兵款，或百人，或七八十人，以协同哨守为名，使之两月一更班，而络绎往来于道路，以惯习远近各巢之耳目。自后我兵出入，自将无所惊疑。果有凶梗，当事举动，然后密调精悍可用土目一二千名，如寻常哨守然，以次潜集城中，畜力养锐，相机而发。夫无事而屯数千之兵，则一月粮饷费逾千金，若每一年无屯军之费，用之以筑城设险，犒赏兵士，招来远人，亦何军不行，何工不就？此增筑城堡以据要害，所谓谋成而敌自败，城完而寇自解，险设而贼自摧，威霸而奸自伏，正宜及今为之，而亦事势之不可已焉者也。伏乞圣明裁允。